1518
NTIA
PER
SEVER
ANTIA
FIDENTIA
RATIO
NOBILI
POTENTIA
HONOR
MAGNIFICENTIA

Weihnachten 1988

# Recht und Gerechtigkeit im Spiegel der europäischen Kunst

Wolfgang Pleister / Wolfgang Schild (Hrsg.)

Mit Beiträgen von
Hans Latz, Johannes Latz, Wolfgang Pleister,
Wolfgang Schild und Kurt Seelmann

DuMont Buchverlag Köln

Umschlagabbildung vorn: Detail aus dem Fresko *Das gute Regiment* von Ambrogio Lorenzetti. Siena, Palazzo Pubblico (vgl. Abb. 206, 207)

Umschlagabbildung hinten: Justitia (Domenico Beccafumi zugeschr., vgl. Abb. 164)

Vorsatzseiten vorn: Albrecht Dürer, Triumphzug Kaiser Maximilians. 1518. Aquarellierte Federzeichnung. Wien, Graphische Sammlung Albertina

Vorsatzseiten hinten: Das Jüngste Gericht (Hendrik de Clerck zugeschr.). Um 1600. Zeichnung. Paris, Louvre (Ausschnitt)

Frontispiz: Jacob Jordaens, Das menschliche Gesetz basiert auf dem göttlichen. Öl auf Leinwand, 230 × 230 cm. Antwerpen, Koninklijk Museum voor Schone Kunsten

CIP-Titelaufnahme der Deutschen Bibliothek

**Recht und Gerechtigkeit im Spiegel der europäischen Kunst /**
Wolfgang Pleister ; Wolfgang Schild (Hrsg.). Mit Beitr. von
Hans Latz . . . - Köln : DuMont, 1988
ISBN 3-7701-1676-3
NE: Pleister, Wolfgang [Hrsg.]; Latz, Hans [Mitverf.]


Satz und Druck: Rasch, Bramsche
Buchbinderische Verarbeitung: Bramscher Buchbinder Betriebe
Reproduktionen: Litho Köcher, Köln
Printed in Germany ISBN 3-7701-1676-3

# Inhalt

# *Vorwort der Herausgeber*

Eine Arbeit über Recht und Gerechtigkeit im Spiegel der europäischen Kunst zu schreiben, ist nicht einfach, da das zu bewältigende Material unüberschaubar ist. Doch ist diese Schwierigkeit nicht der Grund dafür, daß in diesem Buch Beiträge von fünf Autoren zusammengefaßt sind, sondern diese Zahl hat sich bei den Vorarbeiten allmählich ergeben. 1982 war es Hans Latz, den der Verlag wegen eines solchen Projektes ansprach; bald kamen Kurt Seelmann, Wolfgang Pleister und Johannes Latz dazu. Nach vielen Besprechungen entwickelte Wolfgang Pleister, der mit der Herausgeberschaft betraut worden war, ein erstes Konzept. Schließlich trat 1984 noch Wolfgang Schild in den Kreis der Autoren und Herausgeber. Das Konzept wurde umgearbeitet, eine neue Gliederung entworfen. Bald lagen die Beiträge von vier Verfassern vor. Nur Wolfgang Schild verstrickte sich immer mehr im Versuch einer geschichtsphilosophischen Darstellung; als er endlich Anfang 1987 zum Abschluß kam, war das Manuskript so umfangreich geworden, daß es bereits deshalb (aber auch vom Inhalt her) den Rahmen des Buches gesprengt hätte. So entschloß sich der Autor, diese Untersuchungen einer selbständigen Publikation vorzubehalten und für das vorliegende Buch zwei neue Beiträge (nach der ursprünglichen Gliederung) zu schreiben.

So enthält dieses Buch sieben Beiträge von fünf Autoren. Jedes Kapitel ist ein in sich geschlossener Aufsatz, sein Inhalt fällt allein in die Verantwortung seines Verfassers; Überschneidungen sind in kleinem Maße möglich, unterschiedliche Interpretationen werden akzeptiert. Trotzdem stehen die Beiträge nicht beziehungslos nebeneinander, sondern bilden insgesamt eine, wenn auch spannungsreiche, Einheit. In den ersten drei Kapiteln werden drei Dimensionen des Rechtsdenkens im Zusammenhang mit der Darstellung in der Kunst als Epochen unserer Vergangenheit vorgestellt: der Mythos des Rechts, die Theologie des Rechts (konzentriert auf die Vorstellung von Christus als Weltenrichter) und die Ethik (Tugendlehre) der Gerechtigkeit. Ihre Inhalte sind uns heute fremd, fremd geworden. Denn ›Recht‹ bedeutet für uns die vom Staat gesetzte und durchgesetzte Ordnung der Gesetze. ›Gerechtigkeit‹ ist allenfalls die Forderung an den Gesetzgeber, vernünftige (nicht willkürliche) Regelungen zu erlassen, und das Gebot an den Richter, den Einzelfall nach Gesetz und Recht zu entscheiden. Deshalb sollen einige Ausblicke im dritten Kapitel wenigstens die Linie der Herausbildung unseres heutigen Rechts- und Gerechtigkeitsverständnisses vor Augen stellen. Auch das vierte Kapitel zeichnet anhand von Tierfabeln die Umsetzung des Rechtsmythos' in die Kategorien des Praktisch-Alltäglichen unseres modernen Lebens nach. Darüber hinaus werden Umrisse einer ›Anthropologie des Rechts‹ auf der Basis der seit der Antike sehr beliebten und im frühen 19. Jahrhundert ihren Höhepunkt erreichenden Tierphysiognomik skizziert. Die letzten drei Kapitel bringen wichtige Einzelaspekte, die das Panorama des europäischen Rechtsgedankens, der seit der Aufklärung im Zeichen der Freiheit steht, abrunden. Zunächst wird die Relativierung von Recht und Gerechtigkeit durch die Geschichte bis in die Gegenwart verfolgt. Das sechste Kapitel widmet sich den neuzeitlichen Verbindungen des Rechts mit Herrschaftskritik und -legitimation anhand von markanten Beispielen aus der Kunst. Zum Abschluß wird die Rückseite des Verhältnisses dargestellt, die Kunst nämlich im Spiegel des Rechts: und damit werden die Probleme behandelt, die der Kunstbegriff des positiven Rechts, das in Art. 5 III GG die ›Freiheit der Kunst‹ garantiert, aufwirft.

So ist ein Buch entstanden, das bei aller Heterogenität der Themenwahl und Verschiedenheit der methodischen Ansätze der Autoren sowie ihrer schriftstellerischen Temperamente den Rahmen seines Themas nicht nur weit und vielgestaltig genug abgesteckt hat, sondern seinem Titel auch im wesentlichen gerecht geworden ist.

Wolfgang Pleister

# I Der Mythos des Rechts

Von **dem** Mythos des Rechts zu reden, ist eigentlich schon eine unerlaubte Abstraktion. Denn *mýthos* in seiner den Griechen geläufigen Bedeutung beinhaltet »gesprochene Rede, Wort, Erzählung«[1]. Von dieser Grundbedeutung ausgehend, kann man die Mythen der Griechen und diejenigen anderer Völker als »traditionelle Erzählungen über Götter und Heroen« definieren; dabei muß eine Geschichte, die das Prädikat ›traditionell‹ verdient, »außer unterhaltend zu sein, sowohl außerordentliche epische Kraft als auch für einen wichtigen Aspekt des [individuellen oder sozialen, W. P.] Lebens eine eindeutige funktionale Bedeutung besitzen«[2]. So verstanden, wären Rechtsmythen Geschichten über Rechtsgottheiten sowie über Vorgänge und Verhältnisse rechtlichen Charakters.

Freilich sieht man mit derart nüchternen Umschreibungen die Dinge etwas zu sehr von außen: Für die griechischen Dichter der Frühzeit (8. Jh. v. Chr.) über die archaische Periode (ab 650 v. Chr.) bis zum Ausgang des 5. Jahrhunderts v. Chr. – allen voran Homer (wohl 8. Jh. v. Chr.) und noch sehr viel prinzipieller Hesiod (um 700 v. Chr.) – war Dichtung Dienst an den Musen, den Göttinnen des Dichtersangs[3]. Dies bedeutet: Sie trugen nicht nur bestimmte, tradierte persönlich oder gesellschaftlich bedeutsame Geschichten vor, sondern kündeten von einer Wirklichkeit, die sie ergriff und die nicht nur nicht in ihrem Belieben stand, sondern darüber hinaus den mit ihr konfrontierten Menschen Wahrheit und Allgemeingültigkeit verbürgte. Der Mythos – jedenfalls in seiner griechisch-römischen Gestalt – ist somit Ausdruck einer Ontologie, welche sich von den für unsere Zeit verbindlichen wissenschaftlichen Ontologien[4] zwar grundlegend unterscheidet, aber – was Rationalität[5], Umfang des Erfahrungsstoffs und Komplexität der Erfahrungsverarbeitung anbelangt – an Leistungsfähigkeit hinter diesen sowohl intellektuell als auch moralisch prinzipiell nicht zurücksteht. Diese mythische Ontologie ist durch ein Denk- und Erfahrungssystem gekennzeichnet, in dem sich Allgemeines und Individuelles, Ideelles und Materielles, Natur und Geist, Innen und Außen, Traum und Wirklichkeit als Einheit darstellen.

Dieser Grundzug mythischer Denkweise wird bei der Homerisch-Hesiodischen Götterwelt – denn diese beiden Dichter waren es ja, die nach dem Zeugnis des »Vaters der europäischen Geschichte«, Herodot aus Halikarnassos (ca. 485–424 v. Chr.), den Stammbaum der Götter aufstellten, ihnen Beinamen gaben, die Tätigkeiten und Ämter unter sie verteilten und ihre Gestalten bezeichneten[6] – besonders deutlich: Die Götter werden als »Seinsmächte«[7] erfahren, d. h. als lebendige Realitäten, die einzelne oder mehrere Bereiche der Wirklichkeit erfüllen und beherrschen, und zwar stets (in jedem Augenblick) und überall; zugleich sind sie individuell-konkrete Wesen, die in Zeit und Geschichte Taten vollbringen und mit ihresgleichen sowie mit den Menschen in Verkehr treten. Am Beispiel der Göttin Themis sei dieser Sachverhalt erläutert: Sie waltet immer dort, wo die Menschen sich *thémis*-gemäß verhalten, also die überkommenen, altehrwürdigen natürlich-sittlichen Grundlagen menschlichen Zusammenlebens wahren. Aber sie ist gleichzeitig eine ganz bestimmte Gestalt, die dem, der sie aufsucht, entgegentritt und z. B. ein Orakel mit einem seinen individuellen Fall betreffenden Inhalt erteilt. Deshalb ist es auch unrichtig, die Götter und insbesondere die Rechtsgottheiten als ›Personifikationen‹ abstrakter Begriffe aufzufassen; vielmehr sind ›Person‹ und mit ihr bezeichnete ›Sache‹ ein und dasselbe[8].

Für dieses mehr der bildhaft-anschaulichen Synthese als abstrakt-isolierender Analyse verpflichtete Denken ist es schließlich charakteristisch, daß Begriffe wie Recht, Moral und Sitte mit den ihnen zugeordneten Regeln und Kategorien noch nicht voneinander geschieden sind, ja streng genommen als solche noch gar nicht existieren. Deshalb fallen unter das, was *thémis* ist[9], keineswegs nur Regeln des Rechts, sondern auch solche des natürlichen Verhaltens, des Anstands und der Ethik, kurz: das gesamte, wohlgeordnete menschliche Leben war von der Göttin Themis durchwaltet und auf sie bezogen. Der Rechtsdogmatiker und Rechtsphilosoph Rudolf von Jhering (1818–1892) hat diese frühe Stufe des Rechtsbewußtseins wie folgt umschrieben: »Das Rechtsgefühl war etwas Ungetheiltes, Einiges, kein Theil desselben arbeitete für sich allein; es war ein Spiegel, der die concreten Rechtsverhältnisse mit **einem** Male in ihrer ganzen Erscheinung, in all ihren Bezügen, nach allen Seiten hin erfaßte. Kurz es war die Unmittelbarkeit des Totaleindrucks, welche in der Periode der Naivetät das Urtheil bestimmte. Wie aber jetzt? Der Spiegel ist in Stücke zerschlagen, und aus den Splittern und Stücken sind die schmalen Paragraphen eines Gesetzes oder Gesetzbuches geworden.«[10]

# Rechtsgottheiten der klassischen Antike

In diesem Abschnitt werden die griechisch-römischen Rechtsgottheiten vorgestellt.

## Themis

Äußere Erscheinung und Wesen der Themis ergänzen einander in harmonischer Weise: Die schöne, ehrwürdige[11] Themis ist eine Titanin, Tochter des Uranos (Himmel) und seiner Mutter Gaia (Erde)[12]. Diesem Ursprung ist sie treu geblieben: Denn sie verkörpert einerseits das Chthonische (Erdhafte) ihrer Mutter als das Wohlgefügte, Dauerhafte und Feststehende, dem uralte Weisheit eigen ist und das sich den Sterblichen und Unsterblichen in Weissagungen offenbart[13]. Andererseits hat sie das Lichtvolle, Helle ihres Vaters; sie bringt Licht in die Dinge und zeigt sie in ihrer wahren Beschaffenheit und ihrer eigentümlichen Natur. So vereinigt sie liebevolle Mütterlichkeit und hoheitsvolle Klarheit in ihrem Wesen, die auch in dem einzigen von ihr überlieferten Standbild (Abb. 1) aus relativ später (hellenistischer) Zeit noch nachklingen[14]. Ihre Würde kommt besonders darin zum Ausdruck, daß sie eine der Gemahlinnen des Zeus war[15].

Die Geschichten um Themis sind vielfältig und zur Erfassung ihrer Funktion sehr aufschlußreich. Denn Mythen sind ja im wesentlichen Geschichten, und so wird das Wesen einer Gottheit erst dadurch klar, daß man die sich um ihre Person rankenden Erzählungen kennt. Themis wird immer wieder als »Göttin des guten Rates«[16] apostrophiert. Daran ist richtig, daß sie die »wohlratende« Beisitzerin des Zeus ist und ihn kraft ihrer Weisheit zu weitreichenden Entschlüssen leitet[17]. Ein derart schwerwiegender Entschluß war derjenige zur Entfesselung des Trojanischen Krieges. In den leider fast völlig verschollenen nachhomerischen *Kyprien*[18] wird berichtet, daß Themis dem besorgten Zeus zu diesem für die beteiligten Völker so verhängnisvollen Ereignis riet, weil die immer zahlreicher werdenden Menschen die Mutter Erde belasteten und sich in frechem Trotz (*hýbris*) gegenüber den Göttern ergingen. Abbildung 2 stellt genau den Moment des Ratschlagens dar[19]. Bekanntlich kam es dann zum Ausbruch des Krieges, als der trojanische Königssohn Paris seine unheilvolle Wahl traf und den Apfel der Eris, den Zankapfel, der ›Schönsten‹, nämlich der Liebesgöttin Aphrodite zusprach[20]. Diese hatte ihm die schönste Sterbliche, nämlich Helena, die Gemahlin des Spartanerkönigs Menelaos, versprochen; Paris konnte sie nur durch den Bruch des Gastrechts nach Troja entführen[21]. Auf der hier abgebildeten Rekonstruktionszeichnung eines Kraters (Abb. 3) schauen Eris und Themis vom Himmel auf das denkwürdige Geschehen herab.

Themis berät aber nicht nur die Götter, sie offenbart ihre Weisheit auch den Menschen in Orakelsprüchen: Sie besaß nach ihrer Mutter Gaia das Delphische Orakel, bevor es vom Sehergott Apollon übernommen wurde[22]. Die Trinkschale des hoch-

1 Themis von Rhamnus. Statue des Chairestratos. Um 280 v. Chr. Athen, Archäologisches Museum

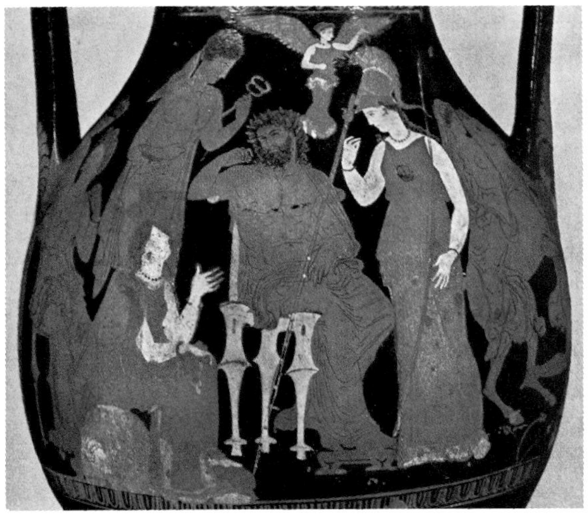

2 Zeus, umgeben von Hermes und Athene, befragt Themis. Attische Pelike des Eleusis-Malers. Um 350–340 v. Chr. Leningrad, Eremitage

3 Das Urteil des Paris. Rekonstruktionszeichnung des attischen Kalyx-Kraters des Kadmos-Malers. Ende 5. Jh. v. Chr. Original: Leningrad, Eremitage

4 Themis und Aigeus. Attische Schale des Kodros-Malers. 440–430 v. Chr., Vulci. Tonschale, rotfigurig, ∅ 32 cm, Innenbild ∅ 17,5 cm (Detail). Berlin (West), Staatliche Museen Preußischer Kulturbesitz, Antikenmuseum

klassischen Kodros-Malers (Abb. 4) zeigt sie auf dem Dreisitz vor Aigeus. Damit hat es folgende Bewandtnis: Aigeus, König in Athen, von dem das Ägäische Meer seinen Namen hat, war trotz zweier Ehen kinderlos geblieben. Er ging nach Delphi, den Rat der Göttin einzuholen. Ihr Orakelspruch war ziemlich schwer verständlich:

»Den vorragenden Fuß des Weinschlauchs, Stärkster der Männer,
Öffne du nicht, eh denn ins Land von Athen du gekommen.«

Aigeus ging daraufhin zu dem als weise gerühmten Pittheus, dem König von Troizen. Dieser verstand sogleich, daß mit dem Fuß des Weinschlauchs das männliche Glied gemeint war, und weil er erfahren hatte, daß Aigeus einen großen tapferen Helden zeugen würde, machte er ihn betrunken und legte ihn zu seiner Tochter Aithra, die daraufhin den Theseus gebar[23].

Es wurde schon gesagt, daß Themis die naturgemäße, gute Ordnung verkörpert, die wohlgefügte Sittlichkeit[24]. Das thémis-gemäße Leben schließt sowohl völlig natürliche wie sittliche, rechtliche und religiöse Verhaltensweisen ein, wie z. B. Gottesfurcht, das Verhalten der Geschlechter zueinander, die Ehrerbietung der Kinder gegenüber ihren Eltern, die Einhaltung des Gastrechts. Das Gastrecht umfaßt die Pflicht des Gastgebers, Fremde aufzunehmen und zu bewirten, aber auch die Pflicht des Gastes, sich wie ein solcher zu benehmen und die Gastlichkeit nicht zu mißbrauchen. Ferner kann Themis nur dort walten, wo die Menschen sich versammeln, gemeinsamen Rat pflegen und jedermann, auch der Fremde, das Wort ergreifen darf.

Wer daher Versammlungen verschmäht und das Gastrecht mißachtet, ist ein *athémistos,* ein Wesen ohne Ordnung, dem das wahrhaft Menschliche fremd ist. Als so ruchlose Menschen erwiesen sich auch die Freier im Hause des Odysseus, die es um seine Vorräte plünderten, die Mägde entehrten und auch sonst das Hausrecht brachen. Dieser schwere Verstoß gegen die Themis-Ordnung konnte nach griechischer Überzeugung nur durch die tödliche Bestrafung der Freier gesühnt werden (Abb. 5a u. b)[25].

In den der Themis heiligen Versammlungen führt der Herrscher den Vorsitz. Das Zepter als Zeichen seiner Würde hat Zeus ihm verliehen und die *thémistes.* Dies sind keine Satzungen oder sonstige von den Vorgängen des Lebens abstrahierte Regeln, sondern aus der jeweiligen Situation heraus geschöpfte, mit göttlicher Autorität umkleidete Rechtsweisungen, mit denen der Fürst einen Rechtsstreit entschied.[26]

Bei den vom Herrscher oder dem durch ihn bestellten Richter zu schlichtenden Rechtsstreitigkeiten ging es um ganz handfeste Eingriffe in den Rechtskreis eines anderen, um Schädigungen an Gut, Leib und Leben: »Unrecht kommt dem homerischen Menschen nur zum Bewußtsein, wenn ein fremdes Handeln in den Bereich eingreift, in dem er frei zu schalten gewohnt ist. Es ist das Überschreiten einer Grenze, ›Übertretung‹ oder ›Hybris‹, wie die Griechen sagen.«[22] Derartige Übertretungen würden stets die Privatrache des Verletzten und seines Anhangs nach sich ziehen, wenn es nicht die rechtsprechende Gewalt des Herrschers oder der von ihm beauftragten Richter gäbe, die dem Geschädigten mit ihren *thémistes* den ihm gebührenden Ausgleich in Form einer Geld- oder Sachleistung (das sogenannte auch den Germanen bekannte Wergeld) zusprechen.

Es war daher eine schmerzliche Erfahrung für Achill und traf sein reges Rechts- und Ehrgefühl empfindlich, daß er gegen die *hýbris* Agamemnons, des höchsten Heerführers und Richters, welcher ihm die Gefangene Briseis eigenmächtig genommen hatte, keine irdische Instanz anrufen konnte, weil er den Weg der Selbsthilfe auf Athenes göttliches Eingreifen hin nicht beschreiten wollte (Abb. 7)[28]. Aber er bleibt dem Kampfgeschehen fern mit der Folge, daß die Griechen durch die von Zeus unterstützten Trojaner in arge Bedrängnis geraten. Es wüten Eris und der unbesonnene Kriegs-

gott Ares, der keine *thémistes* kennt. Es herrschen die Werke des Krieges, und unter ihnen kann die stille, freundliche Themis sich nicht entfalten, in deren Gefolge Frieden und Reichtum sich zeigen (Odyssee 19, 107–114).

Selbst im Totenreich bedarf man der *thémistes* noch und der Richter, die sie erteilen, damit auch unter den Toten *thémis* herrsche und Rechtsstreitigkeiten zwischen ihnen auf friedlichem Wege beigelegt werden. So jedenfalls erzählt es der aus der Unterwelt zurückgekehrte Odysseus vom Totenrichter Minos im Kreise der Phäaken. Minos hatte also nicht über im **Leben** begangene Taten zu urteilen und über sie irgendwelche Strafen zu verhängen, sondern er wirkte im Hades wie ein Richter auf dem Markte unter Lebenden[29]. Später gesellte man dem Minos noch andere weise Richter in unbestimmter Zahl hinzu, legte sich aber schließlich auf die bei den Griechen so beliebte Dreizahl fest, so daß nunmehr Minos (oder Triptolemos), Aiakos und Radamanthys als Hadesrichter auftreten und als solche auch auf mehreren Vasenbildern zu sehen sind (Abb. 6a)[30].

5a/b Odysseus bestraft die Freier. Attischer rotfiguriger Skyphos des Penelope-Malers. Um 440 v. Chr. Berlin (Ost), Staatliche Museen zu Berlin, Antiken-Sammlung

6a Die Unterwelt mit drei Totenrichtern. Apulischer Volutenkrater. Um 330 v. Chr. München, Staatliche Antikensammlungen und Glyptothek

6b Herakles, den Unterweltshund Kerberos entführend; Qualen der Frevler Sisyphos und Tantalos in der Unterwelt. Detail des apulischen Volutenkraters

7 Peter Paul Rubens, Achill zürnt Agamemnon. Um 1630–32.
Öl auf Leinwand, 106 × 108 cm.
University of London, Courtauld Institute Galleries

## Die Horen

Vorab sind über die Horen als Natur- und Zeitgöttinnen und ihren Zusammenhang mit dem politischen Bereich einige Worte zu verlieren. Themis gebar Zeus die drei »truglosen« Horen Dike, Eirene und Eunomia, »die die Werke der hinfälligen Sterblichen hegen«[31]. Sie weisen wie ihre Mutter eine Doppelnatur auf, denn sie sind nicht nur die Gottheiten des natürlich-materiellen, sondern auch des ideell-gesellschaftlichen Segens, Blühens und Gedeihens.

Ursprünglich waren sie wohl Naturgottheiten[32]. Dies legt schon ihr Name nahe: Er ist die Pluralform des Substantivs *hora* und bedeutet »die Zeiten« im Sinne von natürlichen, durch die Naturordnung vorgegebenen Zeitabschnitten. Darunter verstand man sowohl die Jahreszeiten als auch die Zeiten von Tag und Nacht, später sogar die einzelnen Tagesstunden.

Sie sind ein »zartes, fröhliches, mit goldnem Geschmeide und mit Blumen und Früchten bekränztes . . ., leicht hinschwebendes Geschlecht«[33], das die großen olympischen Gottheiten – namentlich Aphrodite und Dionysos – in festlichem Reigen umtanzt. Als Gottheiten froher Festlichkeit stellen sie sich auch auf der Hochzeit von Peleus und Thetis, den Eltern Achills, ein; die älteste Darstellung, die von ihnen überliefert ist (Abb. 8), hält diesen Moment fest. Die eleganten späthellenistischen Reliefs (Abb. 9/10) dokumentieren durch ihren Fundort (Dionysostheater in Athen) die Nähe der Horen zum Kult des Dionysos, des Gottes der üppigen Vegetation[35].

Mit ihrer natürlichen Seite als Fruchtbarkeits- und Wachstumsgöttinnen ist die ethisch-politische eng verschwistert. Denn wie in ihrer Gegenwart und durch ihr Walten die Natur im Tages- und Jahreslauf blüht und gedeiht, so geht es auch dem

8 Besuch der Götter beim jungvermählten Paar Peleus und Thetis mit Darstellung der drei Horen. Attischer Volutenkrater des Kleitias und des Töpfers Ergomitos (sog. François-Vase). 1. Hälfte 6. Jh. v. Chr. Florenz, Museo Archeologico

9/10 Tanzende Horen. 1. Jh. v. Chr. Athen, Dionysos-Theater, heute Archäologisches Museum

11 Dike von Epidauros (Peloponnes). 4. Jh. v. Chr. Athen, Archäologisches Museum

Gemeinwesen *(polis),* das sie achtet und ehrt. Der entscheidende Unterschied ist freilich, daß es hierzu eines entsprechenden sittlichen Verhaltens, einer ethischen Anstrengung der Polis-Bürger bedarf. Es ist Hesiods großes Verdienst, die Horen als erster in der Menschenwelt – und zwar der geschichtlich-politischen Umwelt des frühen Griechentums: der Welt der werdenden Polis (Stadtstaat) – angesiedelt und durch seine Namensgebung wichtige moralische Voraussetzungen aufgestellt zu haben, die ein Blühen und Gedeihen der Polisgemeinschaft ermöglichen und garantieren: Gute Ordnung (Eunomia), Rechtlichkeit (Dike) und Frieden (Eirene); in *Werke und Tage* (Vers 286 ff.) kommt als weitere Voraussetzung noch die ehrliche Arbeit hinzu.

## Dike

Dike[36] ist eine hoheitsvolle, ehrfurchtgebietende, gnadenlos richtende Göttin[37].

Ihrem harten Naturell entspricht als Attribut weniger die Waage als das Schwert, die Keule oder Stab und Doppelaxt, mit denen sie in voller Schönheit auf die häßliche Adikia, das Unrecht, einschlägt, sie zugleich mit der anderen Hand am Halse würgend: So stellte es sehr drastisch die nicht mehr existierende, aber vom griechischen Reiseschriftsteller Pausanias (110/115–um 180 n. Chr.) ausführlich beschriebene Kypselos-Lade (um 600 v. Chr.), eine mit mythologischen Szenen reich geschmückte Truhe des korinthischen Tyrannen Kypselos, dar[38]. Glücklicherweise hat sich eine etwas jüngere archaische Vase erhalten, auf der obige Szene in fast identischer Weise wiedergegeben ist (Abb. 12).

Auch als Unterweltsgöttin erscheint sie, etwa in der Nähe des Frevlers Peirithoos und seines Freundes Theseus (Abb. 6a, rechts oben), und stets ist ihr das meist gezückte Schwert als Zeichen ihrer Strafgewalt beigefügt[39]. Ferner existiert auch von ihr ein vollplastisches Standbild, das aber erst aus spätklassischer Zeit stammt: die sogenannte Dike von Epidauros (Abb. 11)[40].

Dikes Funktion und ihre Bedeutung im Kreise der Rechtsgottheiten werden erst richtig klar, wenn man sich den Sinn des Dike zugeordneten Substantivs *díke* vergegenwärtigt: Bei Homer, der Dike als göttliche Gestalt noch nicht erwähnt, ist er ein Komplementärbegriff zu *thémis* und den dieser Ordnung gemäßen geraden (richtigen/gerechten) *thémistes* und bedeutet »das Anrecht, de(n) Anspruch, das einem Menschen wesensgemäß Zukommende und seine Zuteilung«[41].

Von dieser Grundbedeutung geht auch Hesiod aus, aber es kommt bei ihm wesentlich Neues hinzu: *díke* wird immer mehr aus dem Bereich der ebenfalls von Hesiod vorausgesetzten Themis-Ordnung herausgelöst und an etwas Abstraktem, einem Maßstab, gemessen: dem, was recht ist *(to díkaion, Werke und Tage,* Vers 217, 226). An die Stelle der autoritativen, von Zeus eingegebenen Rechtsweisungen *(thémistes)* treten die Rechtsbescheide *(díkai)* der Herrscher und Richter, die diese in einer gewissen Eigenverantwortlichkeit zu fällen und in weiser Voraussicht der schlimmen Folgen nach dem Recht, d. h. dem, was einem jeden zusteht, auszurichten haben. Dike wird als göttliche Macht erkannt und zur Garantin der Ordnung ihrer Mutter Themis, an deren Stelle als Beisitzerin des Zeus sie auch tritt[42].

### Geschichten von Dike und ihrem Geschick in den fünf Weltaltern

Doch woran liegt es, daß Dike oft so arg mißhandelt wird, wie Hesiod es (*Werke und Tage,* Vers 220 ff.) schildert, daß die Richter sie wegzerren und mit ihren ›krummen‹ Rechtssprüchen aus der Polis vertreiben? Weil die Menschen arbeiten und zusätzlich

12 Dike erschlägt Adikia. Attische Bandhenkel-Amphore. Um 520 v. Chr. Wien, Kunsthistorisches Museum

13 Epimetheus von Pandora betört. Attischer Volutenkrater aus dem Umkreis des Polygnotos. Um 450 v. Chr. Oxford, Ashmolean Museum

schwere Leiden erdulden müssen, meint Hesiod. Die Notwendigkeit der Arbeit hat ihren Grund in dem Zwist zwischen Zeus und dem listigen Titanen Prometheus. Denn dieser hatte Zeus in Mekone betrogen, indem er den Menschen die eßbaren Teile der Opfertiere vorbehielt, den Göttern aber nur Fett und Knochen ließ. Deshalb verbarg Zeus den Menschen die Nahrung in der Erde, und sie mußten sich mit schwerer Arbeit darum bemühen. Außerdem enthielt er ihnen das Feuer vor, aber Prometheus raubte es vom Himmel. Für diesen gegen den Willen des Göttervaters erlisteten Kulturfort-

14 Lucas Cranach d. Ä., Das Goldene Zeitalter. Um 1530. Öl auf Holz, auf neue Tafel übertragen, 73,5 × 105,5 cm. München, Bayerische Staatsgemäldesammlungen, Alte Pinakothek

schritt büßten die Menschen ihr früheres schmerzfreies Dasein ein. Denn Zeus ersann ein Strafgeschenk: das Urweib Pandora, die von allen übrigen Göttern (auch von den Horen) Geschmückte und Beschenkte. Als diese im Haus des törichten Epimetheus, der sie entgegen der Warnung seines Bruders Prometheus als Geschenk angenommen hatte und sich sogleich sterblich in sie verliebte (Abb. 13), neugierig den Deckel von einem Faß hob, entwichen ihm allerlei Übel, welche die Menschen heute noch plagen[43].

Aber statt daß sie nun bescheiden und redlich arbeiten, folgen die Menschen der bösen Eris und ihrer finsteren Nachkommenschaft (*Werke und Tage,* Vers 27–41, *Theogonie,* Vers 226–232) – Hader und Trug, Hin- und Widerreden, schlechte Ordnung –, neiden einander den Erwerb und bringen sich durch teure Prozesse um ihre Habe.

Mit dieser negativen Bestandsaufnahme befindet sich Hesiod schon mitten in seiner eigenen Zeit. Der wahrscheinlich von persischen und indischen Vorstellungen beeinflußte Weltalter-Mythos[44] zeigt, wie es dazu kam (Abb. 14–17e). Zum ersten Mal auf europäischem Boden wird ein Modell des Geschichtsverlaufs entworfen, das zwar noch mythologischen Vorstellungen und Denkformen verpflichtet ist, mit seinem rationalen Realismus aber schon auf das spätere griechische Geschichtsdenken vorausweist. Die Schilderung des menschlichen Entwicklungsgangs ist tief pessimistisch, denn es wird in prägnanten Zügen das Bild wachsender körperlicher, geistiger und moralischer Entartung gezeichnet; aber sie ist frei von einem die Gegebenheiten passiv hinnehmenden Fatalismus, weil Hesiods inbrünstiger Glaube an Zeus' Gerechtigkeit ihn hoffen läßt, daß der Mensch durch Festhalten an Dike und durch Arbeit der Verwilderung und dem sittlichen Verfall Einhalt gebieten kann.

Die vier ersten Zeitalter werden recht summarisch charakterisiert: Das Goldene nach Art eines Schlaraffenlandes, in dem reichliche Nahrung wächst und das Dasein ein ständiges Fest ist. Über die moralische Vollkommenheit der damals lebenden Menschen, ihre ausgeprägte Rechtlichkeit, sagt Hesiod nichts Näheres. Sie ergibt sich aber indirekt aus der Fülle der Glücksgüter, die ihnen zuteil wird, und aus der Existenz, die sie nach einem schmerzlosen Tod genießen dürfen: Sie wandeln als gute, reine Geister über die Erde und fungieren als Helfer Dikes, indem sie achtgeben »aufs Sprechen des Rechts und auf frevelnde Taten« (*Werke und Tage,* Vers 124). Erst Aratos und Ovid werden dieses Zeitalter um spezifisch rechtliche Züge bereichern: Die Menschen tun das Rechte ohne Gesetz aus eigenem Antrieb, und Dike singt auf dem Markt »volksfreundliche Rechtssprüche«[45].

Das Geschlecht des Silbernen Zeitalters ist schon »weit geringer«: Es verbringt sein Leben in kindlicher Tändelei, und weil es sich über einen wesentlichen Bestandteil der Themis-Ordnung – die Ehrfurcht vor den Göttern: siehe den Altar (Abb. 17b links), auf dem kein Feuer brennt – hinwegsetzt, läßt es der ergrimmte Zeus von der Erde verschwinden.

Das dritte Geschlecht im Ehernen oder Bronzenen Zeitalter ist roh, kriegerisch und gewalttätig; es vernichtet sich selbst.

Das vierte Geschlecht der Heroen ist zwar »gerechter und besser geartet« als das dritte, aber es führt ebenfalls seinen eigenen Untergang herbei, indem es sich vor Troja und Theben dezimiert.

Beim fünften, dem Eisernen Zeitalter (*Werke und Tage,* Vers 174–201), in dem er selbst leben muß, wird Hesiod ausführlicher, denn ihm gilt seine zornige Sorge: Zunächst schildert er seinen Zustand ganz ähnlich wie den, der durch Pandoras Neugier – das Öffnen des unheilbringenden Fasses – über die Welt kam. Die Menschen ruhen weder bei Tag noch bei Nacht von »Mühsal und Weh« (Vers 177). »Dennoch« fügt er bedeutsam hinzu, »wird auch für sie zu den Übeln Gutes gemischt sein« (Vers 179). Das Gute besteht in den Glücksgütern und dem Segen, die Zeus der Polis beschert, in welcher seine Tochter Dike geachtet wird und die Bürger fleißig ihrer Arbeit nachgehen. Wenn aber die Menschen Faulheit, Lug und Trug wählen, wenn sie das Recht nicht gerade zuteilen, dann – und hier erhebt sich Hesiod zu einer apokalyptischen Prophezeihung – wird Zeus auch dieses Geschlecht von der Erde vertilgen. Den Zustand kurz vor dem bösen Ende malt er mit den schwärzesten Farben aus: Es herrscht das totale moralische Chaos – die Familien- und Freundschaftsbande sind zerrissen, das »Recht der Fäuste« (Vers 192) regiert, der Gewalttäter steht in Ehren:

> »Dann wird es sein, daß fort zum Olymp von den Straßen der Erde
> Tief ins weiße Gewand ihr herrliches Aussehn verhüllend
> Gehn zu der Sippe der Götter hinweg von den Menschen die beiden:
> Ehrfurcht [Aidos, W. P.] und Rechtes Vergelten [Nemesis, W. P.] . . .«[46]

15 Lucas Cranach d. Ä., Das Silberne Zeitalter. Um 1527. Silberstiftzeichnung, 19,4 × 14,4 cm. Berlin (West), Staatliche Museen Preußischer Kulturbesitz, Kupferstichkabinett

16 Lucas Cranach d. Ä., Das Eiserne Zeitalter. 1527. Öl auf Holz, 53 × 38,1 cm. Weimar, Kunstsammlungen

17a

17b

17c

17d

17e

18a

18a Raymond La Fage, Astraea (Justitia) verläßt die Erde. Ende 17. Jh. Federzeichnung. Paris, Louvre, Cabinet des dessins

18b Sternbild der Virgo (Justitia). 1056. Vatikanische Bibliothek, Cod. Reg. lat. Nr. 123

◁ 17 John Flaxman, Zeichnungen zu *Werke und Tage,* gestochen von William Blake. 1817
a) Das Goldene Zeitalter; b) Das Silberne Zeitalter; c) Das Eherne Zeitalter; d) Das Eiserne Zeitalter; e) Nemesis und Aidos fliehen zum Olymp

18b

Nach anderen war es Dike selbst, die der Erde entfloh. So sieht es auch Aratos: Schon als das letzte (bei ihm das eherne) Geschlecht sein frevelhaftes Wirken auf Erden begann, floh sie »voll Haß über das Geschlecht dieser Menschen zum Himmel und nahm Wohnung an dem Ort, wo sie nächtlich noch den Menschen erscheint«, als Sternbild der Jungfrau (Abb. 18a)[47]. Dike, auf Erden niemals realisierbar, steht uns in unüberbrückbarer Ferne, aber als ständige Mahnung vor Augen, auf daß man nach ihr strebe, ohne sie je zu erreichen.

Die Römer griffen Aratos' astronomische Spekulation begierig auf und identifizierten Dike/Astraea mit Justitia und Aequitas: »Zugleich wird das Bild der Sternjungfrau dadurch weiterentwickelt, daß man ihr die Waage, die als 12. Tierkreiszeichen an die Stelle des der Astraea benachbarten Skorpions gesetzt worden ist, in die Hand gab.«[48] In dieser Form wird sie von der mittelalterlichen Astronomie rezipiert: Abbildung 18b zeigt sie zusätzlich mit dem Schwert in ihrer rechten Hand[49].

Zucchi hat dem heidnischen Mythos von den Weltaltern eine christliche Interpretation gegeben, die von negativen Implikationen weitgehend frei ist[50]:

19

20

21

19 Jacopo Zucchi, Das Goldene Zeitalter. Um 1570. Öl auf Holz, 50 × 38,5 cm. Florenz, Uffizien

20 Jacopo Zucchi, Das Silberne Zeitalter. Um 1570. Öl auf Holz, 50 × 38,5 cm. Florenz, Uffizien

21 Jacopo Zucchi, Das Eiserne Zeitalter. Um 1570. Öl auf Kupfer, 50 × 39 cm. Florenz, Uffizien

Das Goldene Zeitalter (Abb. 19) symbolisiert die Welt vor dem Sündenfall, vor dem Auftreten wölfischer Gier und der Instrumente allzu eifrigen Erwerbssinns und eitlen Wissensdrangs: Alphabet, Himmelsglobus und Steuerruder (für die Schiffahrt). Es war ein glückseliger Zustand natürlicher Moral und Gerechtigkeit. Im Himmel schwebende Frauen halten ein Spruchband mit der Aufschrift: »O bell' anni del' Oro« (oh, glückliche Goldene Jahre).

Das Silberne Zeitalter (Abb. 20) markiert den Eintritt in die Zeitlichkeit und ihre Zwänge, nachdem der Mensch seine paradiesische Unschuld, die keine Zeit kannte, durch den Sündenfall preisgab: Er ist abhängig vom Lauf der Monde (12 Horen) und dem, was sie bringen. Harte Arbeit ist sein Teil (der pflügende Bauer im Hintergrund), denn Gott hatte zu Adam gesagt: »Im Schweiße deines Angesichts sollst du dein Brot essen« (1. Mose 3, 19) – dies steht in lateinischer Sprache auf der Tafel, die der Putto rechts von Justitia hält. Aber diese Welt ist keineswegs ohne Tugenden: Handels- und Gewerbefleiß (rechts), Caritas/Liebe (im Mittelgrund) und fromme Ehrfurcht (links) bestimmen das Leben. Aber sie alle werden beherrscht von der als christliche Tugend begriffenen Justitia, die das Schwert als Zeichen der Strafe und die Waage zur Abwägung von Gut und Böse trägt; denn nun weiß der Mensch, was gut und böse ist (1. Mose, 3, 5, 22). Mit dem sogenannten Eisernen Zeitalter (Abb. 21) löst Zucchi sich von der Ovidischen Vorlage völlig, der er mit seinem ersten Bild noch weitgehend, mit dem zweiten nur hier und da (Zeiteinteilung, Ackerbau) gefolgt war: Jupiter (Zeus) und Juno (Hera) sitzen im Himmel umgeben von Merkur (Hermes), dem Gott des Handels und Gewerbes, in der Renaissance aber auch der Wissenschaften und Künste, von Ceres/Demeter (Landwirtschaft) und von Justitia. Auf der untersten Thronstufe ist zu lesen: »Cuique suum« (Jedem das Seine), die Maxime der *iustitia distributiva,* der austeilenden Gerechtigkeit[51], als der wichtigsten Tugend eines gerechten Herrschers. In Zucchis Gemälde kann also eine Allegorie auf das gerechte, billige Regiment als Voraussetzung für das Blühen eines Landes in all den Bereichen, die durch Ceres und Merkur personifiziert sind, gesehen werden.

22 Eirene. Kopie nach Kephisodot. Um 370 v. Chr. München, Staatliche Antikensammlungen und Glyptothek

## Eirene und Eunomia

Glück, Wohlfahrt und Reichtum sind auch die Segensgüter von Dikes »blühender« Schwester Eirene, der Friedensgöttin[52]. Aber ihr Bezug zum individuellen und sozialen Gedeihen ist doch ein anderer: Während nämlich Dike das Wirken der düsteren Gegenmacht Eris geradezu voraussetzt, denn wo kein Streit ist, bedarf es auch keiner Schlichtung durch »gerade Rechtsweisungen«, läßt Eirene einen solchen erst gar nicht aufkommen. Mit anderen Worten: Wird Dike geachtet, stellt auch Eirene sich ein – und mit ihr alle Wohlfahrt; verhält man sich friedlich, dann ist Eirene anwesend, ohne daß Dike in Aktion treten muß. Dementsprechend ist auch ihr Verhältnis zum Reichtum wesentlich enger: Sie hegt und pflegt ihn, er stellt sich nicht nur ein wie bei Dike. Deshalb überrascht es auch nicht, daß das Knäblein, zu dem Eirenes von Kephisodot[53] geschaffenes, überlebensgroßes Standbild (Abb. 22) mit einem zarten Lächeln herunterblickt, Plutos, der Gott des Reichtums, ist. Zusätzlich trug sie noch ein Füllhorn, welches ebenfalls den Reichtum symbolisiert. Leider hat sie bei den Griechen keine große Resonanz gehabt, was schon daraus erhellt, daß sich ihr Kult nur für Athen mit Sicherheit nachweisen läßt. Sehr viel häufiger huldigte man der Siegesgöttin Nike; eine Fülle von Standbildern und sonstigen Monumenten hat man ihr errichtet und Münzbilder mit ihr geschmückt.

Wie Eirene bleibt auch Eunomia als mythische Gestalt eigentümlich blaß: Sie bedeutet ursprünglich »Wohlgeordnetheit« des gesellschaftlichen Lebens[54]. Später, mit dem immer stärkeren Aufkommen der Polis-Ordnung, trat die »Wohlverfaßtheit« (gute Verfassung) der Polis, d. h. ihre dem guten Herkommen und den vernünftigen Gesetzen verpflichtete Gestaltung als Begriffselement hinzu (Solon), ohne daß der alte Wortsinn je ganz in Vergessenheit geriet. Eunomia als Begriff und als diesen personifizierende Gottheit umfaßt also den Bereich des ›öffentlichen‹ wie den des ›privaten‹ Lebens und mit letzterem die Beziehungen der Individuen zueinander und ihr ganz persönliches Wohlverhalten. Denn die uns so geläufige Unterscheidung von staatlich/öffentlich und privat/persönlich war den Griechen der archaischen und klassischen Zeit bis zum Ausgang des 5. Jahrhunderts v. Chr. noch völlig fremd.

Zwar genoß auch Eunomia, meist im Verein mit anderen verwandten Göttinnen (z. B. Dike), kultische Verehrung, aber ein größeres Kultbild ist von ihr nicht überliefert. Mehrfach ist sie auf rotfigurigen Vasen abgebildet, wobei ihre Darstellung als Teilnehmerin an der Hochzeit von Herakles und Hebe (Abb. 23) besonderes Interesse verdient: Herakles, nach mannigfachen irdischen Mühen im Olymp aufgenommen, feiert dort Hochzeit mit Hebe, der Göttin ewiger Jugend (oberer Bildstreifen des Vasenkörpers). Im unteren Bildstreifen befindet sich Eunomia gegenüber Apoll und Artemis; sie hält eine Schale in der linken Hand und streut Weihrauch in einen Weihrauchständer. Auf der rechten Seite sind die Mänade Euthymiё und Dionysos mit Panthergespann dargestellt. Diese Gestalten symbolisieren Verhaltensweisen und Zustände des menschlichen Lebens, die einander antithetisch gegenübergestellt sind: Wohlverhalten, Pflicht und Sitte (personifiziert durch Apoll, Artemis und Eunomia) einerseits, Wohlbefinden, Glück und Freude (welche von Dionysos und der Mänade repräsentiert werden) andererseits; aber durch die Zuordnung von Herakles treten sie in ein Verhältnis von Ursache und Folge zueinander: Herakles errang durch seine Tugend, sein gutes Verhalten (Eunomia) Glückseligkeit und ewige Jugend[55].

23 Herakles und Hebe mit Eunomia. Detail eines apulischen Volutenkraters. Um 360 v. Chr. Berlin (Ost), Staatliche Museen, Antiken-Sammlung

Wir befinden uns auf einer Stufe des Mythos, wo er der Allegorisierung bestimmter gedanklicher Sachverhalte, insbesondere auch seelischer Vorgänge, dient. Die Göttergestalten sind Personifikationen sowohl der Tugenden geworden als auch des Lohnes, den man durch Betätigung im Sinne dieser Tugenden erhält. Eunomia hat ihr Wirkungsfeld aus dem öffentlichen Bereich des durch gute Sitten und Gesetze geordneten Zusammenlebens der Bürger ins Private, Innermenschliche, Individuelle verlegt.

## Weitere Rechtsgottheiten

Neben Themis und den Horen kannte der griechische Mythos weitere Rechtsgottheiten. Anzumerken ist, daß auch die olympischen Hauptgottheiten wie Zeus, Hera, Apollon und Athene rechtsrelevante Eigenschaften aufweisen, über die aber im Rahmen dieses Überblicks nicht zu schreiben ist.

### *Nemesis*

Nemesis ist eine schwer faßbare, noch stärker als die Horen (in der auf Hesiod zurückgehenden ethisch-politischen Bedeutung) dem Gedanklich-Unanschaulichen zugehörige Göttin[56].

Ursprünglich bedeutet das Substantiv *némesis* Zuteilung des in Natur und Menschenwelt jeweils Zukommenden, Gebührenden. Die Göttin Nemesis ist daher die ›Zuteilerin‹, d. h. die göttliche Macht, welche die angemessene Verteilung bewirkt. Insofern ist sie also auf Themis und die von ihr repräsentierte Ordnung bezogen: »Wird Themis nicht beachtet, ist Nemesis da«[57]. Anders als Dike, die darauf achtet, daß ein jeder das ihm Zukommende, Gebührende erhält und behält und daß der Richter dieses durch »gerade Rechtssprüche« auch zuspricht, achtet Nemesis darauf, daß die Menschen nicht **mehr** erhalten und beanspruchen, als ihnen zusteht, daß also die Verteilung der irdischen Güter unter ihnen stimmt und keiner einen größeren Anteil *(moíra)* bekommt und erstrebt, als ihm das Schicksal *(Moira)* bestimmt hat[58].

Hauptkultorte der Nemesis waren Smyrna in Kleinasien und der kleine attische Ort Rhamnus[59]. Dort wurde sie zusammen mit Themis verehrt, und dort befand sich auch das bekannte, vom Phidias-Schüler Agorakritos geschaffene Kultbild, von dem sich einige Bruchstücke erhalten haben. Pausanias und andere Schriftsteller haben es eingehend beschrieben und wegen seiner Schönheit hoch gelobt[60]. Wie die Rekonstruktionszeichnung (Abb. 24) zeigt, trug sie in der rechten Hand eine Schale, die den von ihr gespendeten Segen für gute Taten symbolisieren könnte. Der Apfelzweig in der Linken hängt vielleicht mit den Sühnebräuchen für begangene Frevel zusammen, welche im Nemesis-Kult üblich gewesen sein dürften. Von noch größerem Interesse für unsere Thematik war das Relief auf der Vorderseite der Basis: Es stellt die jugendliche Helena dar, wie sie von Leda, welche sie aufzog, ihrer Mutter Nemesis zugeführt wird. Diese soll sie nach der örtlichen Überlieferung in Rhamnus zur Welt gebracht haben. Denn nach dem *Kyprien* hatte Zeus Helena auf den Rat der Themis hin mit dieser und nicht mit Leda gezeugt. Das durch Helena heraufbeschworene Unglück des Trojanischen Krieges[61] ist die von Zeus beschlossene und mit Hilfe der Nemesis an den Menschen vollzogene Strafe für ihre *hýbris*.

Ihre Attribute sind vielfältig: Als wichtigste seien Elle und Zügel genannt[62]. Die Elle oder der Maßstab bezeichnet Nemesis als Wahrerin des rechtes Maßes, das einem jeden Menschen zugemessen ist und das er nicht überschreiten darf, will er sich nicht der *hýbris* schuldig machen. Tut er dies, gebraucht sie die Zügel, um ihn zur Räson zu bringen und zur Einhaltung seiner Grenzen zu zwingen. Indem sie dafür sorgt, daß die Bäume der Übergroßen nicht in den Himmel wachsen, begünstigt sie die Kleinen, die sonst allzu sehr in deren Schatten ständen. Mit Flügeln, deren Herkunft noch nicht

24 Nemesis von Rhamnus. Rekonstruktionszeichnung nach Agorakritos. Um 420 v. Chr.

25a Albrecht Dürer, Nemesis (ehem. *Das große Glück*). Um 1501/02. Kupferstich, 33,3 × 22,9 cm. Berlin (West), Staatliche Museen Preußischer Kulturbesitz, Kupferstichkabinett

25b Pierre Paul Prud'hon, Nemesis schleppt zwei Delinquenten vor den Thron der Gerechtigkeit. Um 1805. Schwarze und weiße Kreide auf blauem Papier, 38,9 × 50 cm. Paris, Louvre, Cabinet des dessins

befriedigend geklärt ist, wurde sie erst in hellenistischer Zeit (seit dem 3. Jh. v. Chr.) abgebildet; sie zeigen die Schnelligkeit, mit der sie das Unrecht verfolgt, deuten aber auch darauf hin, daß sie manches vom Wesen der seit dem 5. Jahrhundert v. Chr. stets geflügelt dargestellten Nike (Sieg) übernommen hat. Überhaupt verschmolz sie in nachklassischer Zeit immer stärker mit anderen Gottheiten wie Dike, zu deren Tochter sie erklärt wurde, der Glücks- und Schicksalsgöttin Tyche/Fortuna und den Erinyen, da sie als Rächerin jeglichen Unrechts, auch in der Unterwelt, deren Aufgaben mitübernahm[63]. Als ein solches Mischwesen zeigt sich auch Dürers *Nemesis* (Abb. 25a), früher fälschlich als *Das große Glück* bezeichnet[64]. Die Thematik wurde ihm durch ein lateinisches Gedicht des italienischen Humanisten und Poeten Angelo Poliziano (1454–1494) vermittelt, wo es dem Sinne nach heißt:

»Mit einem weißen Mantel bekleidet, schwebt sie im Leeren, mit rauhen Flügeln die Luft zerreißend, hin und her getrieben von den Winden, und immer mit einem verächtlichen Lächeln den Pokal und die Zügel führend = Sinnbilder von Gunst und Züchtigung« (man kann ergänzen: von Lohn und Strafe). Bei Dürer ist aus dem weißen Mantel eine schwungvolle Draperie geworden, die zusammen mit den lebhaft gekräuselten Wolken die rasche Bewegung der Göttin veranschaulicht. An die Stelle des in der Antike häufigeren Rades[65] ist die für Fortuna typische Erdkugel getreten.

Das Thema der Nemesis als Göttin rächender Vergeltung hat der französische Frühromantiker Proudhon gestaltet (Abb. 25b): Die geflügelte Nemesis schleppt zwei Delinquenten vor die auf ihrem Thron sitzende Gerechtigkeit, auf daß sie ihnen die gebührende Strafe erteilt. Umgeben ist sie von den übrigen drei Kardinaltugenden: Links von ihr ist die Mäßigkeit (mit dem Zaumzeug) zu erkennen, dahinter wohl die Klugheit und rechts die Tapferkeit.

*Kairos*

Dieser leicht beschwingte Gott ist eine relativ späte Erfindung der griechischen Mythologie (5. Jh. v. Chr.), den man besser als eine geistreiche Allegorie des günstigen Augenblicks bezeichnen sollte[66]. Zu Zeus' jüngstem Sohn hat man ihn gemacht, als jugendlicher beschwingter Genius war er auch dargestellt, und zwar von Lysippos, dem neben Praxiteles bedeutendsten griechischen Bildhauer des 4. Jahrhunderts v. Chr. Sein vollplastisches Bronzebildnis hat sich nicht erhalten, aber das elegante römische Marmorrelief (Abb. 26) vermittelt eine gute Vorstellung des Werkes[67].

Der windschnell vorübereilende Gott, der »auf des Messers Schneide«[68] die Waage pendeln läßt und den rechten Moment austariert, ist der wahre Gott der aktiv Tätigen: der Kaufleute, der im Showgeschäft Tätigen und nicht zuletzt der Juristen sowie der Politiker. Doch darüber hinaus kann kein Mensch seines Beistands entbehren: Wie oft bietet sich uns eine günstige Gelegenheit, und wir sind voller Reue, wenn wir sie verpaßt haben (Kairos ist hinten kahl), denn sie kommt nicht mehr zurück. Deshalb darf Kairos auch in einem Buch, das den Kulturbezügen des Rechtsgedankens, seinen vielfältigen Erscheinungsformen im Leben der Menschen nachgeht, nicht fehlen: Bedarf doch die Rechtsanwendung, die nie im leeren Raum stattfindet, der Zeit, der Umstände und der menschlichen Geschicklichkeit, um dem Recht zur Verwirklichung zu verhelfen. Dies gilt für den gewandten Anwalt ebenso wie für den besonnenen Richter oder den pragmatischen Verwaltungsjuristen.

26 Kairos. Römische Kopie nach Lysippos. Um 330 v. Chr., 60 × 65 cm. Turin, Museo di Antichità

Die Erinyen

Die düster-ernsten, furchtbaren Erin(n)yen[69] sind uralte, vorolympische chthonische[70] Gottheiten, die von jeher eine dem Menschen unheilvolle, schreckliche und eine segensreiche, menschenfreundliche Seite aufwiesen. Sie heißen Erin(n)yen wegen ihres wütenden Zorns und Rachedrangs[71] und Eumeniden/Semnai (Wohlwollende/Ehrwürdige) wegen der aufgrund ihres Wirkens aus dem Boden sprießenden Segenskräfte, der Fruchtbarkeit der Äcker, aber auch der Tiere und Menschen. Zunächst beschäftige ich mich mit den ethischen Funktionen, sodann mit Namen, Anzahl und Äußerem der Erinyen.

Die Erinyen sind vor allem Hüterinnen der natürlichen menschlichen Ordnungen, und insofern sind auch sie auf Themis bezogen. Allerdings ahnden sie nicht alles, was nicht *thémis* ist, sondern treten nur bei ganz elementaren Verstößen gegen die althergebrachte Ordnung auf den Plan. In erster Linie bei Mord unter nahen Verwandten: zunächst dem Muttermord, wie sich am Beispiel des Orestes zeigt[72], sodann beim Vater-, Gatten-, Kindes- und Brudermord. Sie fallen den Mörder wie wütende Hunde an und treiben ihn in den Wahnsinn[73]. Diese Einschränkung des geschützten Personenkreises auf nahe Anverwandte hat ihren guten Sinn und zeugt von einem ausgeprägten Gerechtigkeitsempfinden: denn bei Mord unter Sippenangehörigen fehlte es an Personen, die das Rächeramt übernehmen konnten, weil die verletzte Sippe schlecht gegen sich selbst antreten konnte. Der Mörder wurde daher nicht getötet, sondern ›lediglich‹ ausgestoßen und den Erinyen überantwortet, welche die Rache an ihm zu vollstrecken hatten. Man hat daher die Erinyen mit den Vergeltung übenden Todesgeistern (oder gar den rachgierigen Seelen selbst) derjenigen Ermordeten identifiziert, welchen »kein irdischer Rächer lebt«, und ihren Ursprung aus dem Totenglauben abgeleitet[74].

Ihr Aufgabenkreis geht jedoch schon bei Homer darüber hinaus: Sie wachen z. B. über die Rechte der jeweils Älteren: der Eltern gegenüber ihren Kindern, des älteren

27 Kopf einer Erinys mit schwarzem Gesicht. Apulisches Vasenfragment. Um 390 v. Chr. Rotfigurig, 3,5 × 10 cm. Amsterdam, Allard Pierson Museum

28 Rasender Lykurgos mit Erinys. Detail eines apulischen Volutenkraters des Brooklyn-Budapest-Malers. 380 v. Chr. Rotfigurig, Ø 36 cm, Höhe 60 cm. Neapel, Museo Nazionale

29 Tod des Hippolytos mit Erinys. Apulischer Volutenkrater des Dareios-Malers. Nach 350 v. Chr. London, British Museum

Bruders gegenüber dem jüngeren, Bettler und Fremde stehen in ihrer Obhut; den Eid halten sie heilig und bestrafen den Meineidigen[75]. Später haben insbesondere die Dichter und unter ihnen die Tragiker, ihre Wirksamkeit weiter ausgedehnt: etwa auf die Wahrung der ehelichen Treue, die Bestrafung des an Göttern verübten Frevels und der sorglos in ihrem unverdienten Glück Schwelgenden und deswegen frevelhaft Stolzen, was sie mit Nemesis verbindet, und sogar auf den Schutz der Tierwelt.

Schließlich sah man sie als Unheil stiftende Schicksals- und Todesgöttinnen an, was wiederum mit ihrer chthonisch-nächtlichen Natur zusammenhängt. Sie strafen die Mörder und andere schwere Rechtsbrecher über ihren Tod hinaus in der Unterwelt, weshalb man sie sich gerne als Plagegeister der großen Frevler Tantalos, Sisyphos, Ixion u. a. vorstellte (Abb. 6b).

Die Angaben der antiken Autoren über die Anzahl der Erinyen sind sehr uneinheitlich: Homer spricht von ihnen meist in der Mehrzahl, gebraucht aber auch die Einzahl; die Tragiker, außer Euripides, verwenden überwiegend die Einzahl, nur Aischylos läßt sie in den *Eumeniden* als Chor zu 12 oder 15 Personen auftreten. Seit Euripides, der erstmals die beliebte Dreizahl nennt, wird diese vorherrschend. Von ihr gehen auch die ihnen verliehenen gebräuchlichen Namen aus[76]: Alekto, die (in der Verfolgung) nicht Nachlassende (Unaufhörliche); Tisiphone, die den Mord Rächende; Megaira, die (zornvolle) Neiderin mit dem bösen Blick.

Während Homer sich über ihr Äußeres weitgehend ausschweigt und sich mit dem bloßen Hinweis begnügt, daß sie im Dunklen wandeln, ein unversöhnliches Herz haben und allgemein verhaßt sind, und auch die übrigen Erwähnungen in der älteren Literatur nur ganz Summarisches über ihre Erscheinung enthalten, wagt Aischylos, der sie in den *Eumeniden* als erster auf die Bühne brachte, eine ausführliche Schilderung[77], deren bilderreiche Drastik die Jahrhunderte nach ihm beherrscht hat. Die spätere, auch die römische Literatur hat dem nur einige wenige Züge hinzuzufügen vermocht: Schwarz sind ihre Gewänder, schwarz oder fahl-bleich ihre Hautfarbe. In ihren Haaren winden sich Schlangen, welche sie öfters auch in den Händen und um den Leib gewickelt tragen. Aus den Augen sprüht Feuer und quillt Blut, ihren Mündern entströmt ekelhafter Gestank (Totengeruch), und sie sind von blutigem Schaum umgeben. Aischylos hat ihnen die Flügel abgesprochen, sich damit aber insbesondere bei den bildenden Künstlern nicht durchsetzen können; auf den meisten Vasen sind sie daher geflügelt dargestellt.

Ihre Attribute sind die Fackel, die lautknallende Peitsche oder der Stachelstab, mit denen sie den Wahnsinn hervorrufen; ferner der Speer oder die Doppelaxt. Die bildende Kunst der Griechen – auch sie von Aischylos tief beeinflußt – hat allerdings die Erinyen nie so grausig dargestellt[78], wie man es nach den obigen Ausführungen annehmen muß: Weder alt noch besonders häßlich erscheinen sie in der Regel, allenfalls mit grimmigem Blick und zerzaustem oder im Winde flatterndem Haar, in dem sich hier und da auch einmal Schlangen winden. Nur selten ist die Hautfarbe schwarz, wie auf dem spätklassischen Vasenfragment (Abb. 27), das eine auch sonst recht unheimliche Erinys zeigt.

Überhaupt scheint man das Furchterregende mehr durch die dramatische Aktion als durch besonders abstoßende Äußerlichkeiten veranschaulicht zu haben: so z. B. auf Abbildung 28, wo eine Erinys sich von oben herab auf den rasenden Lykurgos stürzt[79], den auf ihn gerichteten Speer in der rechten und den Stachelstab in der linken Hand. Besonders gern hat man sie als schnellfüßige, oft noch zusätzlich geflügelte Jägerinnen nach dem Typos der Jagdgöttin Artemis mit kurzem Chiton, Schnürstiefeln und zuweilen auch mit über die Schulter geworfenem Pantherfell auftreten lassen; in dieser Aufmachung schreckt eine Erinys (Abb. 29, vgl. auch Abb. 6b) mit Fackel als Todes- und Strafgöttin zusammen mit einem feurigen Stier Hippolytos, der darüber zu Tode kommt[80].

Das vielfältige Fortwirken der Erinyen in der nachantiken Kunst sei anhand von zwei mir besonders interessant erscheinenden Beispielen belegt: Einmal an einer Illustration zum VI. Buch der *Aeneis,* welches eine ausführliche Schilderung der Unterwelt enthält (Abb. 30). Sie entstammt der vom *Narrenschiff*-Dichter Sebastian Brant (1458–1521) herausgegebenen Ausgabe der Werke Vergils[81]. Die Illustration führt die Bestrafung der Frevler im Tartarus, dem tiefsten Grund der Unterwelt eindringlich vor Augen[82]. Bei der Beschreibung der Furien hält Vergil sich übrigens ganz an die von Aischylos vorgezeichnete Tradition.

30 Die Strafen der großen Übeltäter in der Unterwelt (unbek. südd. Künstler). 1502. Holzschnitt, 21,7 × 16,4 cm. Wolfenbüttel, Herzog August Bibliothek

31 Max Klinger, Vertreibung. Radierung aus dem Zyklus *Zelt.* 1915 Privatbesitz

Das zweite Beispiel ist eine Radierung Max Klingers (Abb. 31) aus seinem letzten Graphik-Zyklus *Zelt:* Sie bringt in der Figur des von einer Furie verfolgten Mannes sehr plastisch den Gedanken des von seiner Schuld gepeinigten und umhergetriebenen Menschen zum Ausdruck[83].

## Dike als *ius talionis* in den Theseus-Taten

Die angeblichen Taten des Gründungsheroen von Athen, Theseus, sind der wohl markanteste Ausdruck, den der Solonische Vergeltungsgedanke in der bildenden Kunst gefunden hat. Der Staatsmann und Weise Solon von Athen (um 640–560 v. Chr.)[84], hatte gelehrt, daß Zeus' und Dikes Vergeltung sowohl die Individuen (bzw. ihre Nachkommenschaft) als auch die Polis, die sich gegen die göttliche Ordnung durch ihre *hýbris* und das daraus wachsende Unrecht vergangen haben, mit der gleichen unfehlbaren Sicherheit trifft, mit der Naturereignisse nach unverbrüchlichen Gesetzen stattfinden[85]. Dieses strenge, schon sehr rationale Rechtsethos schlug sich vor allem in den seit etwa 570 v. Chr. auftauchenden Darstellungen von der Bestrafung der Frevler (z. B. Prometheus und die Giganten), die sich gegen die Herrschaft der Olympier aufgelehnt hatten, nieder[86]. Der erst gegen Ende des 6. Jahrhunderts v. Chr. in der uns geläufigen Form ausgestaltete Sagenzyklus der Theseus-Taten kann als eine Fortentwicklung dieser Dike-Vorstellung, die in ihr eine Gottheit gerechter Vergeltung sieht, aufgefaßt werden[87]. Es handelt sich dabei um ziemlich blasse Nachahmungen der Herakles-Taten, welche ihre Verbreitung aber einem sehr bewußten politischen Motiv verdanken: Im Jahre 510 v. Chr. war mit der Vertreibung der Peisistratiden[88] die Tyrannis gestürzt und in der Folgezeit (507 v. Chr.) durch Kleisthenes, der sich als Verteidiger und Vollender der Solonischen Verfassung ausgab, die Demokratie in Athen eingeführt worden[89].

Diese politisch so bewegte und an umstürzenden Ereignissen reiche Periode in der Geschichte Athens brachte auch ein lebhaftes Anwachsen des attischen Nationalgefühls mit sich. Ein zweiter, nämlich attischer, Herakles war daher willkommen, um die Anfänge Athens bis in die mythische Vorzeit hinein zu verlegen und sie mit dem Glanz eines besonders tapferen Helden zu umgeben. Die Erzählungen über die Bestrafung verschiedener Wegelagerer durch den jugendlichen Theseus wirken wie Lehrbeispiele des Solonischen Vergeltungsgedankens, wobei als besondere Pointe noch der Umstand hinzukommt, daß die Übeltäter auf dieselbe Art umkommen, wie sie ihre Opfer zu Tode gebracht haben. An drei Taten soll dieses *ius talionis* (Recht der Vergeltung des Gleichen mit Gleichem) verdeutlicht werden: Sinis, Skiron und Prokrustes. Der Fichtenbeuger Sinis brachte die Leute dadurch um, daß er sie mit den Armen an zwei heruntergebogenen Fichten festband; die hochschnellenden Fichten zerrissen den Gefesselten die Leiber; Theseus tötete ihn in gleicher Weise. – Skiron, der sich auf einer steilen Klippe in der Nähe von Megara aufhielt, zwang seine Opfer, ihm die Füße zu waschen, und stieß sie dann vom Felsen herab ins Meer, wo eine große Schildkröte sie auffraß. Theseus schleuderte ihn ebenfalls vom Felsen hinunter, der Kröte zum Fraß. – Prokrustes warf die Gefangenen, sofern sie groß waren, auf ein kleines Bett und umgekehrt; er bearbeitete sie dann mit einem Hammer, bis sie in das jeweils kleine oder große Bett paßten. Auch Theseus tötete ihn mit dem Hammer, nachdem er ihn auf eines der Betten geworfen hatte. Die Vasenbilder (Abb. 32–34) geben stets die Bestrafung der Übeltäter durch Theseus wieder und weisen in den hier ausgewählten Themen einige recht interessante Variationen auf[90].

32 Theseus und Skiron, Theuseus und Prokrustes. Attische Schale des Onesimos und des Töpfers Euphronios. Kurz nach 500 v. Chr. Paris, Louvre

33 Theseus und Sinis. Attische Schale des Elpinikos-Malers. Um 490–480 v. Chr. München, Staatliche Antikensammlungen und Glyptothek

34 Zyklus der Theseustaten (oben links: Prokrustes; oben rechts: Skiron; unten rechts: Sinis). Attische Schale. Nach 450 v. Chr. London, British Museum

## Kampf um die wahre Dike und Götterzwist in der *Orestie*

Philosophie und Dichtung des archaischen Zeitalters hatten sich im Laufe des 7. und 6. Jahrhunderts v. Chr. immer weiter vom Mythos entfernt[91]. Die aufklärerische Kritik, die die tradierte Göttervorstellung Homers und Hesiods von seiten der Vorsokratiker erfuhr, war sicherlich eine Befreiung für diejenigen, welche philosophischen Betrachtungen zugänglich waren. Aber schon von ihrem kosmologischen Ansatz her barg die frühe Philosophie den Keim der Entfremdung vom menschlichen Dasein, seiner Emotionalität und seiner ethisch-sozialen Praxis, in sich[92]. Denn die ungebrochene Überzeugungskraft mythisch-religiösen Denkens hatte gerade darauf beruht, daß erklärender, emotionaler und praktisch-ethischer Aspekt zusammenfielen: Das Naturgeschehen hat als Tat eines Gottes zugleich ethische Bedeutung – etwa der eingeschlagene Blitz als Strafe des Zeus für eine *hýbris* (eine Gewalttat). Auf der anderen Seite konnte ein bewußt in seiner Zeit stehender schöpferisch Tätiger seine Augen nicht vor den rationalen Denkmodellen verschließen, die Philosophie und Dichtung bereitgestellt hatten: die alle Verhältnisse durchwirkende Dike, die sich vor allem im Zusammenhang von Unrecht und Strafe offenbart (Vergeltungsgedanke); die Unbeständigkeit des Glücks, das den Menschen so leicht zu selbstgefälliger Sattheit *(kóros)* und – als deren Ausgeburt – zur *hýbris* verführt; die Unerstättlichkeit der Habsucht und ihre für das Gemeinwesen verderblichen Folgen. Auf dem Boden Attikas ist die Synthese ›moderner‹ Geistigkeit mit den altvertrauten Bildungselementen des Mythos, den personal vorgestellten und handelnden ›Seinsmächten‹[7] der überlieferten Götterwelt, in Gestalt der Tragödie[93] gelungen.

Dies gilt allerdings nur für die Dramen des Aischylos (um 525–456 v. Chr.)[94] und Sophokles (497/96–406/05 v. Chr.). Schon für Euripides (485/84–407/06 v. Chr.), den ›Philosophen‹ unter den Tragikern, konnte die von seinen Vorgängern erreichte Versöhnung von Mythos und Logos kein erstrebenswertes Ziel mehr sein.

35 Entsühnung Orests in Delphi (Detail). Apulischer Glockenkrater des Eumeniden-Malers. Um 390–380 v. Chr. Paris, Louvre

36 Orest im Apollon-Tempel zu Delphi. Apulischer Volutenkrater. Um 370–360 v. Chr. Neapel, Museo Nazionale

Am Beispiel der *Orestie*[95] des Aischylos, der einzigen Trilogie, die sich vollständig von ihm erhalten hat, sei kurz erläutert, was die erwähnte Synthese für den Mythos des Rechts, insbesondere für den Dike-Gedanken bedeutet.

Die *Orestie* ist eine schier endlose Folge von Freveltaten (Mißachtungen von Themis und Dike) und Ahndungen im Namen Dikes. Die Trojaner brechen das Gastrecht[21] und büßen dafür mit ihrem Untergang, der Versklavung der Überlebenden und der Zerstörung ihrer Stadt. Agamemnon opfert seine Tochter Iphigenie in Aulis, um Fahrtwind nach Troja zu erhalten, läßt Trojas Altäre zerstören und sich bei seiner Rückkehr in Argos göttliche Ehren (Purpurteppich) erweisen. Er wird von seiner Frau Klytaimnestra grausam ermordet. Klytaimnestra fällt durch die Hand ihres eigenen Sohnes Orest, der auf Apolls Befehl handelt. Der Muttermörder Orest wird von den Erinyen angefallen (Abb. 37a) und verfolgt. Was diese von Aischylos mit unbarmherziger Folgerichtigkeit entfaltete Schuld-Strafe-Verstrickung so beklemmend macht, ist, daß alle Handelnden glauben, Dike[96] auf ihrer Seite zu haben, aber sie dennoch verfehlen, weil sie in ihrer Verblendung nur **ihre** *díke,* d. h. den Anspruch auf das **ihnen** Zukommende[41] oder jedenfalls nur die *díke* eines nahen Angehörigen im Auge haben: Agamemnon sieht nur seine Aufgabe als König und Heerführer; Klytaimnestra sieht nur die Rechte ihres Kindes, ihre Mutterrechte und ihre Stellung als beleidigte Ehefrau; Orest schaut nur auf die Rechte des ermordeten Vaters und Ehegatten. Und so wirkt zwar in den Bestrafungen der Schuldigen jeweils Dike, aber die Bestrafenden selbst haben nicht *díke* – das ist das von Aischylos immer wieder beschworene Paradox. Wie ›löst‹ er es? In den *Eumeniden* kommt es bekanntlich nicht zu einer Bestrafung Orests. Vielmehr wird dieser von Apoll zunächst in Delphi entsühnt (Abb. 35, 37b) und dann in Athen von dem eigens für diesen Fall durch Athene einberufenen und dann für alle Zukunft eingesetzten Areopag[97] freigesprochen. Athene hatte durch ihre

Stimmabgabe für Orest Stimmengleichheit und damit Freispruch (Vers 741, 752/53) erreicht. Das Drama hatte sich zum Götterzwist um die wahre Dike ausgeweitet: zwischen den Erinyen als Klägerinnen und Vertreterinnen des Mutterrechts und Apoll als Anwalt Orests und des Patriarchats, der die Erinyen am Anfang des Stücks voller Zorn aus seinem Tempel hinausgewiesen hatte (Abb. 36)[98]. Wer besitzt sie? Apoll nicht, weil er nur den ermordeten Vater und die Heiligkeit der Ehe berücksichtigt. Die Erinyen nicht, soweit sie nur einseitig das vergossene Mutterblut sühnen wollen. Und auch die männerfreundliche, kluge Athene nicht, aber **sie** war sich dessen bewußt und setzte den Areopag als Gerichtshof über diesen Fall ein, anstatt durch autoritative Entscheidung der einen oder anderen Partei *díke* zuzusprechen. Erst dadurch vollendet sich Dike, daß die Beteiligten auf die gewaltsame Durchsetzung ihrer *díke* verzichten. Dies ist auch der tiefere Sinn der Übertragung der Ahndung des Mordes von der unkontrollierbaren, endlos wütenden Blutrache auf ein öffentliches Organ der Polis, weniger der ›Fortschritt‹[99] von chthonisch-matriarchalischer Ordnung (Themis – Erinyen) zu olympisch-patriarchalischer Rechtswelt (Dike – Apollon). Zu einer solchen Entscheidung im Sinne eines das Gegenteil jeweils ausschließenden Entweder-Oder ist es durch die Weisheit Athenes gerade **nicht** gekommen. Deshalb gelingt es ihrer liebevollen Beredsamkeit auch, die zunächst erbitterten Erinyen zu Garanten der von ihr konstituierten Staats- und Rechtsordnung zu machen und sie von ›Zürnenden‹ in ›Wohlwollende‹ (Eumeniden) umzustimmen, welche über die ihnen Ehre zollende Polis Glück und Gedeihen bringen (Abb. 37d). Das Relief der schlafenden Erinys (Abb. 38) drückt diese geistige Wandlung in wunderbarer Weise aus: Zwar stellt es eigentlich eine der noch unversöhnten, nur von der wilden Verfolgungsjagd ermüdeten Erinyen der Eingangsszene der *Eumeniden* (Vers 46 ff.) dar; aber aus diesem schönen Antlitz, dem alle Rachegedanken fernliegen, spricht ein solcher Friede, daß alle Segensfülle, welche die zu Eumeniden Gewordenen auf Athen herabrufen (Vers 916 ff.), schon hier und jetzt als Möglichkeit vorweggenommen zu sein scheint.

## Ausklang: Pax und Justitia im kaiserzeitlichen Rom

Als Kaiser Augustus (27. v. Chr.–14 n. Chr.)[100] nach Erringung der Alleinherrschaft den Tempel des Janus Quirinus schließen ließ, was nur geschehen durfte, wenn im gesamten Bereich des Römischen Imperiums nach innen wie nach außen kein Krieg mehr herrschte[101], war ein Jahrhundert blutiger Bürgerkriege zu Ende gegangen, welches Italien an den Rand des wirtschaftlichen und moralischen Ruins gebracht hatte[102]. Augustus kam der Friedenssehnsucht seines Zeitalters[103] nicht nur durch eine Reihe von politischen Maßnahmen – z. B. Reduzierung des stehenden Heers auf die Hälfte – entgegen, sondern er war auch darum bemüht, den Friedensgedanken religiös-kulturell in den Herzen seiner Untertanen zu verankern, allen voran der Gebildeten, auf deren willige Mithilfe er bei der Konsolidierung seines Herrschaftssystems angewiesen war. Die wichtigste seiner in diese Richtung zielenden Maßnahmen war die Einführung eines regelmäßigen Kults für die Friedensgöttin Pax, die von den Griechen übernommene Eirene, welche er in geschickter Weise mit seinem Namen verband: Die 9 v. Chr. eingeweihte *Ara Pacis Augustae* (Abb. 39), der ›Altar des Augusteischen Friedens‹, war der von Augustus selbst bestimmte Kultort[104]. Auf der Rückseite der Außenschranken dieses Altars befindet sich das berühmte Tellus-Relief (Abb. 40), das folgende Verse aus dem *Carmen Saeculare* des Horaz (65–8 v. Chr.) zu illustrieren scheint:

37a

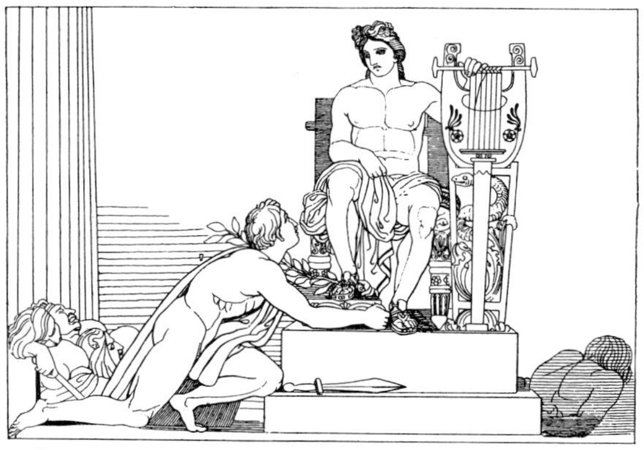

37b

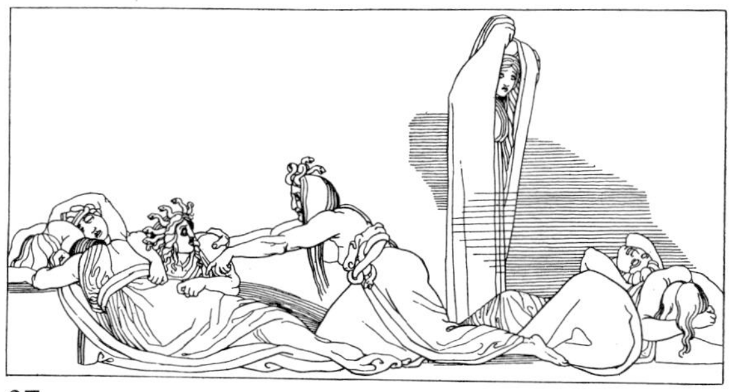

37c

37d

37 John Flaxman, Zeichnungen zu den Tragödien des Aischylos, gestochen von Thomas Piroli. 1795
a) Orest von den Erinyen angefallen; b) Orest in Delphi; c) Der Schatten Klytaimnestras scheucht die schlafenden Erinyen auf; d) Athene versöhnt die Erinyen

39 Ara Pacis Augustae. Rekonstruktion nach dem Werk eines unbekannten griechischen oder italischen Künstlers. 13–9 v. Chr.

40 Detail der Ara Pacis Augustae mit Tellus-Relief

39

40

38 Schlafende Erinys (Medusa von Ludovisi). Späthellenistisches Relieffragment. 2./1. Jh. v. Chr. Rom, Thermenmuseum

»Reich an Vieh und Früchten soll Mutter Erde
Mit der Ähre kränzen der Ceres Stirne;
Jovis Luft und heilsames Naß erquicken
Nährend das Wachstum.«[105]

In demselben Gedicht (Vers 57–60) feiert Horaz auch die Rückkehr von Frieden, Treue, Ehre, der Vorzeit Zucht (vgl. Aidos) und vergessener Tugend in das befriedete Italien. Vor ihm hatte Vergil (70–19 v. Chr.) noch während der Bürgerkriegsepoche (um 40 v. Chr.) in seinem messianischen Gedicht, der IV. Ekloge[106], geweissagt:

41 Salvator Rosa, Die Wiederkehr der Astraea. Um 1645. Öl auf Leinwand, 138 × 209 cm. Wien, Kunsthistorisches Museum

»Nun kehrt wieder die Jungfrau, kehrt wieder Saturnische Herrschaft ...«

Mit der Jungfrau ist Justitia gemeint, die Dike/Astraea des Aratos, welche im Eisernen Zeitalter zum Himmel geflohen war[107], und die nun beim Wiederanbruch des Goldenen Zeitalters, auf die Erde zurückkehrt (Abb. 41)[108]. Die ›Saturnische Herrschaft‹ spielt auf den Gott des Ackerbaues Saturnus, den man in Rom schon früh mit Zeus'/Jupiters Vater Kronos identifiziert hatte, und dessen segensreiche Herrschaft über Italien an. Denn nach seiner Entmachtung durch Zeus war Saturnus nach Italien geflohen und hatte dort unter den schlichten Bauern Latiums ein Friedensreich als weiser, gesetzgebender König gegründet. Während sonst überall schon das Eiserne Weltalter herrschte, hatte Saturn hier die Goldene Zeit fortdauern lassen, und Justitia hinterließ, als sie entwich, bei den Hirten und Bauern ihre ›äußersten Spuren‹[109]. Aber auch in Italien war es dabei nicht geblieben; erst der Friedensstifter Augustus führt das Eiserne Zeitalter zu Ende und bringt Italien und der Welt die Goldene Zeit zurück.

So ehrlich Augustus' Friedenspolitik gemeint war[110], die poetischen Friedensvisionen eines Vergil und Horaz konnte sie nicht einlösen. Dies hat im traditionellen römischen Friedensbegriff und der damit im Zusammenhang stehenden Pax-Allegorik seinen wesentlichen Grund: *pax*[111] bezeichnete weniger den mit ihr verbundenen Segenszustand als ein von Menschen bewußt herbeigeführtes Vertragsverhältnis, also

42a

42b

42c

42d

42a Livia, Gemahlin des Augustus, als Justitia. Dupondius aus der Zeit des Kaisers Tiberius (vergr.). 22–23 n. Chr. Berlin (Ost), Staatliche Museen zu Berlin

42b Pax Augusti. Sesterz aus der Zeit des Kaisers Vitellius (vergr.). 69 n. Chr. 2,5 cm ∅. Privatsammlung

42c Aequitas Augusti. Dupondius aus der Zeit des Kaisers Vespasian (vergr.). 77–78 n. Chr. Bronze-Münze, 2,8 cm ∅. New York, The American Numismatic Society

42d Felicitas Augusti mit Victoria und Pax. Aureus aus der Zeit des Kaisers Postumus (vergr.). 265 n. Chr. London, British Museum

einen Rechtsbegriff, der allerdings auch den durch ihn geschaffenen Zustand impliziert. Nach römischem Selbstverständnis war dieses Rechtsverhältnis allerdings nicht das Ergebnis gleichberechtigten Aushandelns zwischen ebenbürtigen Partnern, sondern huldvollen Gewährens von seiten des Siegers; d. h. *pax* ist in Wirklichkeit ein Über-/Unterordnungsverhältnis, in dem die Siegermacht Rom die Bedingungen und Spielregeln des künftigen Zusammenlebens festlegt. *Pax* ist, überspitzt ausgedrückt, ein anderer Ausdruck für *imperium* (Herrschaft): Das von Rom ›befriedete‹ und damit seinem Herrschaftsbereich einverleibte Staatswesen oder Volk darf *pax* genießen[112]. Ganz in diesem Geist spricht Augustus von dem »durch Siege erworbene(n) Friede(n)«. Wie schon bei den Griechen ist *pax* im allgemeinen nicht denkbar ohne den vorhergegangenen Sieg. Auch die Kaiser nach Augustus wurden nicht müde, ihren Untertanen diese Verbindung von Victoria/Nike und Pax/Eirene vor Augen zu stellen. Das Münzbild ist ein anschaulicher Beleg dieser politischen Allegorik, die der jeweilige Kaiser gezielt zur Sympatiewerbung für die eigene Person einsetzte. Der vom Interimskaiser Vitellius geprägte Sesterz (Abb. 42b) zeigt die *Pax Augusti* mit Füllhorn und Blütenzweig auf der Rückseite, während auf der Vorderseite das Porträt des Kaisers selbst mit dem Lorbeerkranz des Siegers zu sehen ist[113]. Der Aureus des in Gallien residierenden Nebenkaisers Postumus (Abb. 42d) vereint Victoria und Pax unter der Parole »Felicitas Augusti« (Glück, glücklicher Erfolg des Augustus); d. h. siegreicher Friede bringt Glück und Gedeihen unter der festen Hand des Kaisers[114].

Man darf diese Verquickung von Imperium, Pax und Victoria jedoch nicht isoliert sehen. Sie sind Bestandteile eines spätantiken, aus griechischen und römischen Quellen gespeisten Ideals der guten Herrschaft, das mit dem Idealbild des vollkommenen Herrschers zusammenfällt. Er vereinigt als wahrer Inbegriff der Vollkommenheit jede nur denkare Tugend in sich, so daß es vergebliche Mühe wäre, sie hier erschöpfend aufzählen zu wollen[115]. Ich begnüge mich daher mit den vier Haupttugenden eines guten Herrschers, die auf dem Augustus im Jahre 27 v. Chr. verliehenen goldenen Ehrenschild als Inschrift angebracht waren: *virtus* (mannhafte Tugend, Heldenmut), *clementia* (Milde, Güte, Menschenfreundlichkeit), *iustitia* (Gerechtigkeit, Rechtlichkeit) und als wichtigste, alle anderen umfassende Tugend *pietas* (Frömmigkeit, Gewissenhaftigkeit in der Beachtung seiner Pflichten gegenüber Göttern und Menschen)[116]. Diese Tugenden waren nicht nur Eigenschaften, die dem Individuum zukamen oder nicht zukamen, sondern wirksame Segenskräfte, die über die Person des verehrten Herrschers auf das gesamte Reich ausstrahlten. Durch den gerechten, frommen Kaiser wirkte die Gottheit selbst, und es ist daher keine spielerisch-unverbindliche Allegorisierung, wenn man nach dem Vorbild der Griechen die Tugenden und die in ihnen zum Ausdruck kommenden Werte zu göttlichen Gestalten verdichtete und, besonders in den zahlreichen Münzbildern, künstlerisch darstellte.

Ein gutes Beispiel dieses Tugend- und zugleich Herrscherkults bilden die Münzdarstellungen der hochangesehenen Gemahlin des Augustus, Livia (58 v. Chr. bis 29 n. Chr.), die bald als personifizierte Pietas bald als Justitia (Abb. 42a) erscheint[117]. Darstellungen dieser Göttin auf Münzen und in anderer Form finden sich sehr selten – eine großplastische Version wurde bisher nicht ausgegraben, dokumentarisch erwähnt ist lediglich ein von Augustus 13 n. Chr. geweihtes Standbild. Justitia erscheint auch nirgends in der uns geläufigen Form mit Schwert und Waage, ganz selten mit der Waage und einem anderen Attribut (Füllhorn, Zepter). Treten Gestalten mit derartigen Gegenständen auf Münzen auf, handelt es sich in der Regel um die *Aequitas* (das behutsame Abwägen widerstreitender Ansprüche, Bewährung des Rechts am Einzelfall als Untertugend der Gerechtigkeit (Abb. 42c) oder die *Moneta,* die Münzgöttin[118].

# Seelenwägung und gerechtes Gericht

Die religiöse Thematik der sogenannten Seelenwägung[119], die auch in außereuropäischen Kulturen vorkommt, wie schon das Beispiel des ägyptischen Totengerichts zeigt, beruht nicht auf einheitlichen Vorstellungen. Vielmehr sind die literarischen und ikonographischen Ausprägungen, die sie gefunden hat, nach Herkunft und Gegenstand durchaus heterogen, wie die Ausführungen dieses Abschnitts zeigen werden. Dies wird klar, wenn ich bei den folgenden Abbildungen jeweils drei Fragen beantworten werde: Wer wägt? Was wird gewogen? Was ist Ziel und Ergebnis des Wägevorgangs?

## Das ägyptische Totengericht

Eine Einbeziehung ägyptischer Vorstellungen in den Kreis der Untersuchung ist deshalb gerechtfertigt, weil sie die christliche Idee der Seelenwägung, insbesondere in ihrer Betonung des ethischen Elements, nachhaltig beeinflußt haben[120].

Das Totengericht[121] ist eine wichtige Station, die der Verstorbene auf seiner Reise durch die Unterwelt zu durchmessen hat; an deren Ende steht nach Überwindung zahlreicher Hindernisse und Gefahren die Einswerdung mit dem Herrscher und obersten Richter über das Totenreich, Osiris[122], oder mit dem Schöpfer – dem Sonnengott Re[123]. Das Gericht findet in der Halle der Maat, der Göttin der guten, harmonischen Weltordnung sowie der Wahrheit und Gerechtigkeit[124], statt. Mit ihrem Symbol, der weißen Straußenfeder auf dem Haupt, befindet sie sich (oder auch nur die Feder) stets auf einer der Schalen der großen Standwaage, die vom schakal- (oder hunds-)köpfigen Totengott Anubis[125] bedient wird.

Auf der anderen Schale liegt das Herz des Verstorbenen, welches nicht nur als Zentrum des physischen Lebens, sondern auch als Sitz des Gemüts, des Willens und

44 Das Totengericht in der Halle der Wahrheits- und Gerechtigkeitsgöttin Maat. Totenpapyrus des Thebaners Ani. Um 1420 v. Chr. London, British Museum

45 Das Totengericht: Der falkenköpfige Horus geleitet den Toten zum Unterweltsgott Osiris. Totenpapyrus des Thebaners Hunefer. Um 1300 v. Chr. London, British Museum

43 Das Totengericht: Maat begrüßt freudig die siegreiche Anhaï. Totenpapyrus der Thebanerin Anhai. Um 1100 v. Chr. London, British Museum

des Verstandes gilt[126]; es repräsentiert das Gewissen des Menschen. Am Maßstab der Wahrheit und Gerechtigkeit wird also geprüft, ob der Verstorbene sein Leben gemäß den ethischen Grundsätzen der Maat geführt hat, welche eine gedeihliche Ordnung unter den Menschen garantieren. Die Prüfung ist bestanden, wenn beide Waagschalen auf gleicher Höhe verharren, denn dann ist das Herz des Verstorbenen rein, weil es nicht mehr wiegt als die Feder der Maat. Fällt sie negativ aus, wird der Tote eine Beute der ›Totenfresserin‹, einem Ungeheuer mit Krokodilskopf, Löwenvorder- und Nilpferdhinterleib. Der ibisköpfige Thot, Gott der Schrift, der Wissenschaften und des Handwerks[127], hält das Ergebnis des Wägevorgangs auf einer Tafel fest; er sitzt häufig auch in Gestalt des ihm heiligen Tiers, des Pavians, auf der Waage (Abb. 43, 44). 42 Götter wohnen als Richter der Szene bei[128]. Vor ihnen hat der Verstorbene ein ›negatives Schuldbekenntnis‹ abzulegen, d. h., er hat erst allgemein und dann vor jedem einzelnen Richter zu versichern, daß er bestimmte Übeltaten **nicht** begangen hat; z. B.: »Ich bin keiner, welcher an anderen Menschen Unrecht verübt« . . . »Ich verlange von jedem Tagwerk nicht mehr Abgaben, als mir gebühren« . . . »Ich verklage keinen Diener bei seinem Herrn« . . . ». . . ich mache keine betrügerischen Geschäfte« . . . ». . . ich begehe nicht Ehebruch mit eines anderen Weib«[129]. Dabei sorgen zauberkräftige Amulette dafür, daß das Herz nicht gegen den Prüfling aussagt. Kommt das Gericht zu einem positiven Resultat, wird der Verstorbene vom falkenköpfigen Horus[130] zu seinem Vater Osiris geführt (Abb. 45)[131]; er darf die Reise fortsetzen und schließlich ins selige Leben eingehen.

## Kerostasie und Psychostasie bei den Griechen

46 Wägung der Todeslose (Kerostasie) Achills und Hektors durch Hermes. Rekonstruktionszeichnung des rotfigurigen Stamnos des Kleophradesmalers. Nach 500 v. Chr.

Eine wesentlich andere Bedeutung hatte die Wägeszene zunächst in der griechischen Mythologie seit Homer.

In der Ilias heißt es:

»Als sie nun endlich zum vierten Male die Quellen erreichten[132],
Richtete Vater Zeus die goldenen Schalen der Waage,
Warf zwei Lose hinein des trauerbringenden Todes,
Das des Achilleus und das des Rossebändigers Hektor,
Faßte die Mitte und wog. Da sank des Hektor Verhängnis
Lastend zum Hades hinab, es verließ ihn Phoibos Apollon.«

Es handelt sich also um zwei Todeslose, die miteinander gewogen werden, wobei die schwerere, das Los des Verlierers tragende Schale sich dem Totenreich zuneigt. Von der Figur des unparteiischen, leidenschaftslosen, gerecht abwägenden Göttervaters abgesehen, fehlt diesem Vorgang die ethische Bedeutung, welche dem mutmaßlichen ägyptischen Vorbild in so ausgeprägter Weise eigen ist. Befragt wird vielmehr das unpersönliche Schicksal (Moira oder Aisa), das zu Lasten des dem Tode Geweihten den Ausschlag gibt.

Interessanterweise wurden nun diese Todeslose kämpfender Helden auf griechischen Vasenbildern seit dem 6. Jahrhundert v. Chr. (Abb. 46, 47) figürlich dargestellt, als kleine, meist bewaffnete, teilweise auch geflügelte Männer. Dies deutet darauf hin, daß man sich unter den Todeslosen (Keren) die *eídola* (Schattenbilder) oder auch Seelen *(psychaí)* der Krieger vorstellte[133].

Übrigens zeigen die Vasenbilder fast ausschließlich die Kerostasie aus dem an die *Ilias* anschließenden, verlorengegangenen Epos *Aithiopis,* in dem Achills Kampf mit der Amazonenkönigin Penthesilea und dem Äthiopenkönig Memnon geschildert war

47 Wägung der Todeslose Achills und Memnons durch Hermes. Detail der Schale des Epiktet. 510 v. Chr. Rom, Villa Giulia

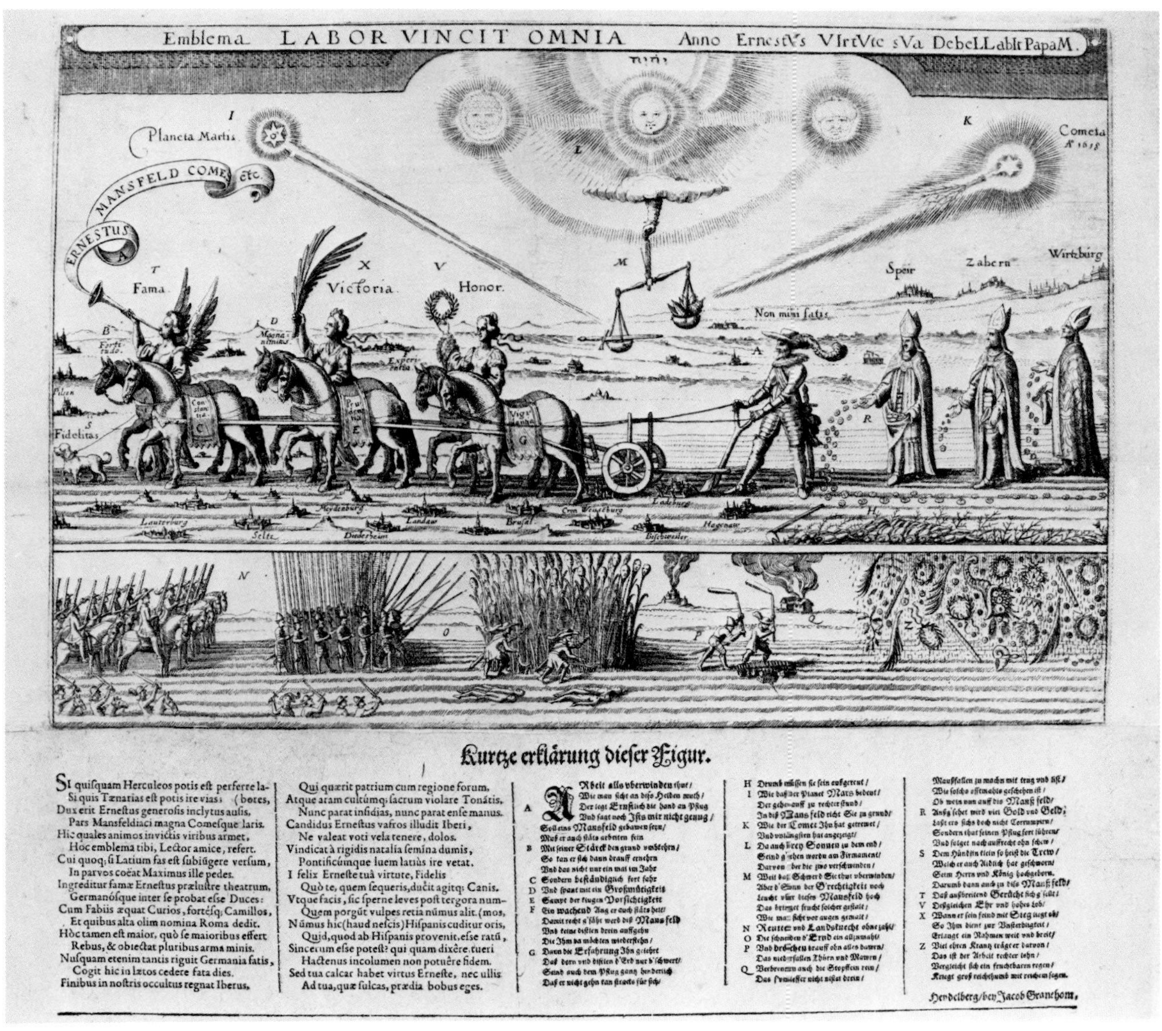


48 Emblema. Labor vincit omnia (Die Arbeit überwindet alles). 1622. Illustriertes Flugblatt auf Ernst von Mansfeld, Heidelberg. Radierung, 31,9 × 34,6 cm. Bild: 22,7 × 34,6 cm. Veste Coburg, Kupferstichkabinett

49 Eros als Seelenwäger entscheidet einen Streit zwischen Aphrodite und Persephone. Sog. Bostoner Thron, Wangenschutz eines Altars aus Großgriechenland (= Süditalien). Um 460 v. Chr. Marmor. Boston, Museum of Fine Arts, H. L. Pierce Residuary Fund

(Abb. 47)[134]: Zwischen Achill (links) und Memnon (rechts) stehend wägt Hermes die *eídola,* und die Mütter der beiden Helden, Thetis und die Göttin der Morgenröte Eos (Mutter Memnons) fliehen mit lebhaften Gesten zum Herrscherpaar Zeus und Hera.

Das Wägemotiv kommt in der *Ilias* aber noch an anderen Stellen vor, die zwar wahrscheinlich von der oben besprochenen Passage abgeleitet sind, aber sich doch von ihr deutlich unterscheiden[135]. Denn die in ihnen von Zeus abgewogenen Keren vertreten nicht mehr bestimmte Personen, sondern die feindlichen Parteien der Griechen und

Trojaner, zu deren Sieg oder Untergang die Todeslose steigen oder fallen. Der Wägevorgang ist weitgehend entpersonalisiert und abstrahiert; er wird zu einem Bild des hin- und herwogenden Kriegs- und Schlachtenglücks, das bald diesen, bald jenen begünstigt. In dieser Bedeutung nimmt Aischylos ihn auf, der die Waage bezeichnenderweise Ares in die Hand gibt[136], und in dieser Form wirkt er bis heute fort, wenn wir vom Kriegsglück reden, welches sich einer Seite zuneigt.

Daß aber der Wägegedanke auch in dieser Ausgestaltung einer personalen und ethisierenden Betrachtungsweise zugänglich ist, zeigt das Flugblatt (Abb. 48)[137] auf den für die protestantische Partei kämpfenden Heerführer Ernst von Mansfeld (1580–1626) aus den ersten Jahren des Dreißigjährigen Krieges: Über dem wacker pflügenden Mansfeld steht die Sonne der Gerechtigkeit und der Name Gottes in hebräischen Schriftzeichen. Eine aus dem Himmel kommende Hand (die Hand Gottes?) hält eine Waage, auf der links das Schwert Mansfelds und rechts Tiara und Bischofsmützen liegen. Es **neigt** sich die Schale mit dem Schwert zugunsten des für die ›gerechte‹ Sache streitenden Kriegshelden.

Wiederum eine andere Bedeutung hat die Wägung auf dem sogenannten Bostoner Thron (Abb. 49)[138]: Eros entscheidet als Schiedsrichter den Streit zwischen Aphrodite (links) und der Unterweltsherrscherin Persephone (rechts) um den schönen Jüngling Adonis. Der Waagebalken ist weggebrochen, aber es sind noch die zwei Waagschalen zu erkennen, auf denen sich jeweils ein Jüngling befindet. Beide sollen Adonis repräsentieren, der zwischen den Göttinnen ›aufgeteilt‹ wird. Die freudig bewegte Aphrodite erhält den größeren Teil, sie darf zwei Drittel des Jahres mit Adonis verbringen; dies wird durch die Neigung der auf ihrer Seite befindlichen Waagschale ausgedrückt. Der Boden der Ethik ist mit dieser Wägeszene völlig verlassen; drückt sie doch in poetischer Weise eine im Kosmos waltende Gesetzmäßigkeit aus, daß nämlich die Vegetation zwei Drittel des Jahres grünt und blüht, während sie in einem Drittel in der Erdentiefe schläft.

Erst die Spätantike hat dem Wägegedanken eine Ausprägung gegeben, die der ethisch bestimmten christlichen Fassung der Psychostasie vorgearbeitet hat: Dies hängt zusammen mit der Umgestaltung der Nemesis von einer Gottheit, die einem Zuviel unter den Menschen wehrt und begangene Verstöße **im Leben** ahndet, in eine Göttin gerechter Weltenlenkung überhaupt[139]. In dieser Eigenschaft kam ihr auch das Richteramt über die Seele zu, nachdem diese ihre sterbliche Hülle verlassen hatte; sie befand über Gut und Böse des vorangegangenen Lebenswandels; und ihr sich auf diese Tätigkeit beziehendes Attribut ist folgerichtig die altbekannte Waage.

## Jüdisch-christliche Vorstellungen

Sehr viel tiefgehender als durch die Vorstellungen des griechisch-römischen Synkretismus wurde die christliche Idee der Seelenwägung aber durch orientalisches Gedankengut, insbesondere das Alte Testament beeinflußt[140].

### *Die Prüfung des Gerechten*

Von großer Bedeutung waren zwei Bibelstellen: Die erste stammt aus dem *Buch Hiob,* wo der geplagte Hiob in seiner letzten großen Rede (31,6) beteuert: »Gott wäge mich auf gerechter Waage, so wird er meine Unschuld erkennen« *(Zürcher Bibel).* Die zweite findet sich im Propheten *Daniel* (5,27). Daniel deutet dem hochmütigen König von Babylon, Belsazer, der ein üppiges Gastmahl feiert, die geheimnisvolle Schrift an der

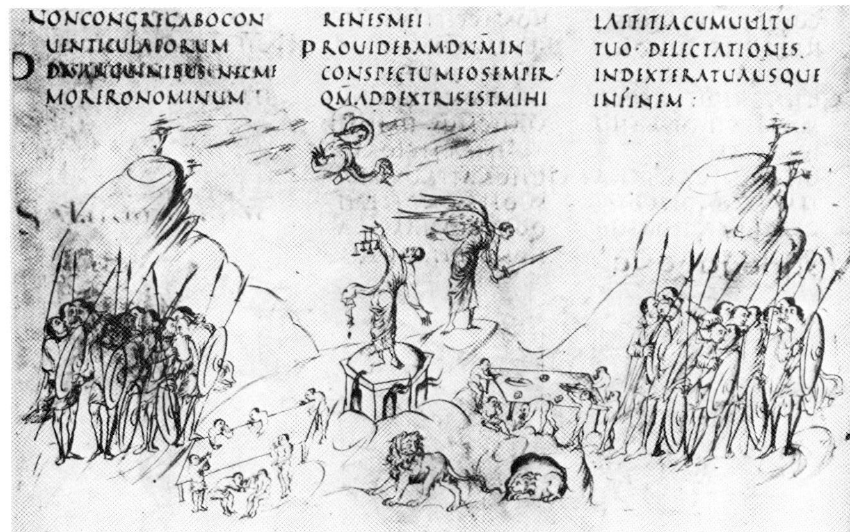

50 Illustration zu Psalm 10 (11). Aus dem *Utrechter Psalter*. Um 830, Hautvillers (Reims). Federzeichnung, 33 × 25,5 cm. Utrecht, Universitätsbibliothek, Ms. Nr. 32, fol. 6r

51 Illustration zu Psalm 16 (17). *Aus dem Utrechter Psalter* fol. 8v

Wand (5, 5. 24 ff) und sagt: »Tekel, das ist: man hat dich in einer Waage gewogen und zu leicht gefunden.« Sehr bemerkenswert ist der im Gegensatz zu der griechischen Kerostasie stehende Gedanke, daß sich die Waagschale des dem göttlichen Strafgericht Verfallenen **hebt.** Außerdem ist hier die moralische Komponente der Seelenwägung, daß der ethische Wert eines Menschen und seine Taten gewogen werden, voll ausgeprägt[141].

Der Psalter verwendet das Wägemotiv im hier einschlägigen Sinne nicht. Dafür tritt die Idee eines gerechten Gottes, der »Gerechtigkeit lieb« hat (Psalm 11,7), alle Menschen prüft und am Ende die Welt richtet (Psalm 82,8), stark in den Vordergrund. Der Gerechte offenbart ihm sein Herz, daß er es ansehe und keinen Fehl in ihm finde. Der spätkarolingische *Utrechter Psalter*[142] wendet diese Gedankengänge ins Christologische – es gibt kaum ein Blatt, auf dem nicht Christus als Personifikation des göttlichen Wortes erschiene und das Geschehen wesentlich bestimmte. Was ihn für unser Thema so interessant macht, ist die Tatsache, daß er nicht nur den Vorgang des Richtens, sondern auch den der Herzensprüfung durch das Bild der Waage versinnlicht. Dies läßt sich besonders schön an zwei Psalmenillustrationen zeigen: Abbildung 50 zu Psalm 10 (11)[143] zeigt den Psalmisten mit der Waage der Gerechtigkeit in der Hand, der bei Gott seine Zuflucht gefunden hat. Er appelliert an Christus, der in seinem ›heiligen‹ Tempel sitzt. Denn: »Der Herr prüft den Gerechten und den Gottlosen, und den, der Frevel liebt, haßt seine Seele« *(Zürcher Bibel)*. Deshalb läßt er im Bild rechts auf die Gottlosen ›Feuer und Schwefel‹ herabregnen. Noch plastischer ist die Illustration (Abb. 51) zu Psalm 16 (17)[144]: Der Psalmist, der sich mit seiner ›gerechten Sache‹ an Gott wendet, steht auf einem glühenden Ofen und hält Christus zwei Waagen in der hocherhobenen Linken entgegen. Er richtet an Gott die Worte »Von dir geht aus mein Recht; deine Augen schauen Rechtschaffenheit. Prüfst du mein Herz, siehest nach bei Nacht, erprobst du mich, du triffst kein Arges; mein Mund vergeht sich nicht« *(Zürcher Bibel)*. Man kann also die eine Waage als die Gerechtigkeit/Rechtfertigung interpretieren, die von Gott ausgeht; die andere als die Gerechtigkeit/Rechtlichkeit, die der Mensch Gott entgegenbringt, der das Herz des Gläubigen prüft und rein finden möge.

### *Erzengel Michael und Justitia als Seelenwäger*

Die Psalmen beschworen vor allem die Gerechtigkeit und den Segen, die der Fromme und seine Nachkommenschaft vor ihren Feinden noch in **diesem** Leben erfahren (z. B.

52 Gislebertus, Michael als Beschützer der Seele. Detail vom Tympanon der Kathedrale von Autun. Um 1130

53 Seelenwägung. Titelbild der *Etymologiae* des Isidor von Sevilla. Um 1160–1165, Regensburg-Prüfening. München, Bayerische Staatsbibliothek, Cod. lat. 13031, 1r

55 Michael als Seelenwäger und Drachenkämpfer mit Seligen und Verdammten. Antependium von Suriguerola. 2. Hälfte 13. Jh. Barcelona, Museo de Arte de Cataluña

◁ 54 Die Reise der Seele ins Jenseits mit Seelenwägung. 13. Jh. Fresko. Loreto Aprutino (Italien), Santa Maria

56 Guariento, Michael als Seelenwäger. Um 1345. Tempera auf Holz, 80 × 77 cm. Padua, Museo Bottacin

Psalm 37, 25). Gott verläßt die Gerechten nicht in ihrer Not, sie erleben die Gemeinschaft mit ihm und seine hilfreiche Gnade während ihres irdischen Wirkens (Psalm 17,15; 30,6; 37, 39.40).

Erst mit der Ausgestaltung des Jenseitsglaubens in der Spätantike, der Überzeugung, daß das Leben mit dem Tod nicht endet, sondern die Seele des Verstorbenen, bevor sie in die Seligkeit oder ewige Verdammnis eingehen kann, sich für ihren Lebenswandel rechtfertigen und ihre guten und bösen Taten im Gericht Gottes gegeneinander abwägen lassen muß, gewann das von den Ägyptern angeschlagene Thema des Totengerichts (Abb. 43–45) wieder aktuelle Bedeutung. Im judenchristlichen *Testament Abrahams*[145] aus dem 2. Jahrhundert n. Chr., einer apokryphen, bezeichnenderweise in Ägypten abgefaßten Schrift, findet sich die erste, detailliert ausgemalte christliche Seelenwägungsszene: Der vom Erzengel Michael geleitete Abraham erlebt in einer Vision, wie die Sünden und gerechten Werke auf die beiden Waagschalen verteilt werden (Michael beteiligt sich am Wägevorgang nicht; Seelenwäger/Erzengel ist vielmehr der sonnengestaltige Dokiel). Da keine der Schalen sich nach unten neigt, die Summe der guten die bösen Werke also nicht überwiegt, kann die Seele nicht gerettet werden. Erst durch Abrahams und Michaels gemeinsame Fürbitte wird erreicht, daß die Waage sich zugunsten der Seele neigt und diese erlöst wird.

Damit ist eine Aufgabe dieses vielschichtigsten und volkstümlichsten aller Engel[146] besonders klar umrissen: diejenige als Geleiter und Fürbitter der abgeschiedenen Seele. Aus dem Seelenwächteramt entwickelte sich dann allmählich das Seelenrichteramt. Um 1050 dichtete der altnordische Skalde Arnórr:

»Michael, der weise, wäget,
Was sich zeigt als schlecht getan,
Und all das Gute.«[147]

57 Rogier van der Weyden, Michael als Seelenwäger. Detail aus der Darstellung des Jüngsten Gerichts. Vor 1450. Höhe des Altarsbildes 135 cm. Beaune, Hôtel Dieu

Die bildende Kunst zeigt Michael wohl erst seit dem 12. Jahrhundert als Seelenwäger, und zwar vor allem in der romanischen Plastik Mittel- und Südfrankreichs[148]. Von besonderem Interesse ist die Wägeszene des Gislebertus am Tympanon von Saint-Lazare in Autun (Abb. 52), eine der ältesten Versionen des Themas überhaupt[149]: Dort hält Michael allerdings nicht selbst die Waage, die vom Himmel herabhängt, sondern er nimmt die sich senkende Schale mit der Seele unter seine Fittiche. Vergeblich suchen die Teufel, die Schale auf ihrer Seite herabzusenken und das Wägeergebnis zu ihren Gunsten zu beeinflussen; ein seitdem immer wiederkehrendes Motiv (s. Abb. 50, 56, 58)[150]. Auch auf der bekannten Darstellung des Themas im Dom zu Torcello (Abb. 89, unten Mitte) taucht es auf, wo zwei Teufel die Sünden in Flaschen herbeischleppen und mit Lanzen nach einer Waagschale stechen. Ob es sich bei dem die Waage haltenden

58 Urs Graf, Der Erzengel Michael als Seelenwäger. 1516. Feder, 31,4 × 21,3 cm. Basel, Öffentliche Kunstsammlung, Kupferstichkabinett

59 Johann Mair von Hohenbladern, Michaelsbrunnen. 1718–1720. Neresheim/Baden-Württemberg, vor der Klosterkirche

Engel um Michael handelt, ist ungeklärt. Dies ist auch bei dem Wägebild der Prüfeninger Handschrift (Abb. 53) nicht sicher: Dort hält in Anwesenheit des Richters Christus ein flügelloser Engel die Waage, ein anderer legt ein Buch in eine Schale, eben das gottgefällige Werk des fleißigen Schreibers, dessen Seele für diese gute Tat von einem dritten Engel im Himmel aufgenommen wird, während der Teufel entweicht[151].

Nicht ganz klar ist die Funktion der Wägung in Abbildung 54: Dort müssen die aus mehreren Richtungen ankommenden Seelen zunächst eine schmale Brücke überqueren, was ihnen nur gelingt, wenn sie sich im Gleichgewicht befinden, ansonsten fallen sie in den Todesstrom (Styx).

Die guten Seelen werden am anderen Ufer von einem Engel empfangen, müssen sich dann aber noch der Wägung durch Michael unterziehen. Ob die unterlegene Seele auch in den Styx muß, bleibt offen.

Sehr lebhaft diskutieren Michael und Satan auf dem Antependium von Suriguerola (Abb. 55) über das Heil einer Seele. Trotz heftiger Manipulationen von seiten der Teufel obsiegt die Seele und wird vom Himmelshüter Petrus in Empfang genommen[152].

Überall, wo beide Waagschalen Seelen tragen (Abb. 54, 56, 57), dürften zwei Wägevorgänge miteinander verschmolzen sein[153], einer mit günstigem, der andere mit ungünstigem Ausgang. Der Künstler löst die Aufgabe in der Regel so, daß die sich hebende Schale die erlöste Seele trägt. Auf dem Gemälde von Guariento (Abb. 56) scheint Michael auch noch die andere Seele zu beanspruchen, nach der ein Teufel gierig greift, denn er verletzt diesen mit seiner Lanze am Oberschenkel.

Das 15. Jahrhundert führte den Typus des Seelenwägers Michael zu einer später nicht mehr erreichten künstlerischen Vollendung, die in den Tafelbildern des Jüngsten Gerichts von Rogier van der Weyden (um 1400–1664; Abb. 57)[154] und Hans Memling (um 1430–1494) gipfelt. Es bildete auch den seit dem 14. Jahrhundert vorkommenden Typus des Schwertträgers weiter aus, der die Waffe über seinem Haupt schwingt, eine Geste, die den Ernst der Entscheidung symbolisieren soll[155]. So auch in der ansonsten recht humorigen, fast burlesken Federzeichnung des Schweizer Renaissancekünstlers Urs Graf (Abb. 58).

Seit dem 16. Jahrhundert geht die Darstellung des Seelenwägers Michael in Nordeuropa auffällig zurück, was vor allem mit der Konzentration des Protestantismus auf Christus als den alleinigen Richter und Erlöser zusammenhängt[156]. Nur in den süddeutschen Ländern katholischer Konfession blieb auch der Seelenwäger populär[157]. Es trat dort aber zunehmend der kämpferische Typus des Drachenbesiegers an seine Stelle. Ein schönes Beispiel barocker Michaelsverehrung bildet die Brunnenfigur (Abb. 59) vor der Abteikirche Neresheim: Sie hält die Seelenwaage in der Linken und wehrt mit dem Speer in der Rechten den bösen (unsichtbaren) Satan ab.

Aber auch Justitia persönlich betätigt sich manchmal als Seelenwägerin, z. B. auf dem Kreuzreliquiar (Abb. 60) mit dem Jüngsten Gericht[158]. Das Geschehen ist hier fast von allem Anekdotischen entkleidet und zu einem Akt gerechten Urteilens vergeistigt: Von Posaunenengeln geweckte Tote erheben sich aus ihren Gräbern, ›alle Völker‹ finden sich in Erwartung des Urteilsspruchs ein. Justitia wird von verschiedenen Tugenden flankiert, die ein zugleich mildes und richtiges, der Wahrheit und Glaubenstreue entsprechendes Urteil gewährleisten sollen: Misericordia (Barmherzigkeit) und Pietas (Frömmigkeit) halten die Waagschalen, Veritas (Wahrheit) und Iudicium (Urteilskraft) schweben mit den Leidenswerkzeugen (Lanze und Schwamm) Christi in den Lüften. Über allem aber waltet dieser selbst, der Anfang und das Ende (A und O), der durch seinen Opfertod die Gnade in die Welt gebracht hat.

60 Justitia als Seelenwägerin. Um 1160–70. Kreuzreliquiar aus dem Maasgebiet.
Privatsammlung, New York

Wolfgang Schild

# II Gott als Richter

Einer der zentralen Inhalte des christlichen Glaubensbekenntnisses betrifft die Vorstellung von Gott als Richter: »Von dort her wird er kommen, zu richten die Lebenden und die Toten«; »er«, das ist der zur Rechten des Vaters sitzende Christus, der Mensch gewordene Gott-Sohn, dem Gott-Vater nach Joh. 5,22 das Gericht ganz übertragen hat, »damit alle den Sohn ehren, wie sie den Vater ehren«; »er hat ihm Vollmacht gegeben, Gericht zu halten, weil er der Menschensohn ist« (Joh. 5,27). Und weiter heißt es in den Worten des johanneischen Jesus Christus: »Von mir selbst aus kann ich nichts tun; ich richte, wie ich es (vom Vater) höre, und mein Gericht ist gerecht, weil es mir nicht um meinen Willen geht, sondern um den Willen dessen, der mich gesandt hat« (Joh. 5,30). Das Gericht liegt damit auch im Willen des Vaters. Noch mehr: die Christen haben auch Gott-Vater selbst als Richter angesehen.

In den folgenden Ausführungen soll auf dieses christliche Verständnis Gottes als des Richters eingegangen werden, wobei unmittelbar an das erste Kapitel angeknüpft werden kann; textliche Überschneidungen lassen sich deshalb nicht vermeiden, sollen – genauso wie unterschiedliche Interpretationen – auch gar nicht vermieden werden. Selbstverständlich kann hier nicht der Anspruch erhoben werden, einen theologischen oder religionsgeschichtlichen Traktat über dieses Problem vorzulegen, sondern es sollen bloß einige Punkte herausgegriffen werden, die im Zusammenhang der Thematik dieses Buches relevant und interessant sind und die – was ausdrückliche Intention ist – in der Einheit von Text und Bild dargestellt werden können.

## Kunst, Theologie und Mythos

Es kann nur angemerkt (und nicht ausgeführt) werden, daß lange Zeit der Unterschied von (christlicher) Theologie und Kunst einerseits, von Mythos andererseits fließend war. Dabei kann man zunächst von einer besonderen Nähe von Theologie und Kunst ausgehen. Beide wollten Gott preisen und loben und die Menschen zum Glauben an ihn führen. Deshalb sprach auch die Theologie z. B. in Parabeln und war an der unmittelbaren Umsetzung in Predigten orientiert; wie auch die Kunst versuchte (und versuchen mußte), die theologischen Inhalte ästhetisch umzusetzen. Ferner muß der universale Charakter des Christentums als das gesamte Leben der Menschen – die sich primär und wesentlich als Christen verstanden – umfassend beachtet werden; und zwar nicht nur das Leben der Gegenwart, sondern über eine Geschichtstheologie auch das Leben der Vergangenheit. Die Geschichte der Juden (im Alten Testament) und der Heiden wurde eingearbeitet in das Ganze der Heilsordnung Gottes; auch die Götter der antiken Griechen und Römer. Nach der (ersten) Periode der Verteufelung wurden in diesen Göttern die Personifikationen der (christlichen, später allgemein menschlichen) Tugenden[1] gesehen und diese in den religiösen Kosmos eingeordnet – was auch bezüglich der Astrologie vollzogen wurde. So kam es zu einem problemlosen Nebeneinander von Darstellungen christlicher Heiliger, ja des (christlichen) Gottes selbst und der ehemals antiken Gottheiten – genauso wie sich Päpste Horoskope stellen ließen, um den Tag des Konzils festzulegen.

Ein – im wahren Sinne des Wortes – schönes Beispiel dafür stellt die *Divina Commedia* des Dante Alighieri (1265–1321) dar, die gerne als die in dichterische Sprache gekleidete scholastische Enzyklopädie bezeichnet wird[2]. Hier werden nicht nur der Unterweltsrichter Minos – »mit grausamen Zähnefletschen; beim Eingang prüft er alle die Vergehen, urteilt und schickt, je wie er sich umschlingt« – geschildert (Abb. 61), sondern auch im zweiten Himmel (des Merkur) – dem Platz der selig gewordenen

61 Der Unterweltsrichter Minos. Miniatur zur *Divina Commedia* des Dante Alighieri von Malern der Schule von Ferrara. 1480–82. Vatikanische Bibliothek, Cod. Urb. lat. 365, fol. 12r

62 Adler der Gerechtigkeit. Miniatur zur *Divina Commedia* des Dante Alighieri von Malern der Schule von Ferrara, fol. 250v

63 Herzog Borso d'Este als Planetenkind. 1469. Detail eines Freskos. Ferrara, Palazzo Schifonoia

64 Justinian im Himmel des Merkur. Miniatur von Priamo della Quercia zur *Divina Commedia* des Dante Alighieri. Mitte 15. Jh. *Yates Thompson-Handschrift.* London, British Museum, Ms. 36, fol. 139r

Menschen, die auf Erden sich dem tätigen Leben unter dem Maß der Gerechtigkeit zugewandt hatten – der rechtgläubige Gesetzgeber Justinian (Abb. 64) und im sechsten Himmel (des Jupiter) die Seligen, die auf Erden die Gerechtigkeit richtig verwaltet haben. In ihrem Reigen bilden sie die Form von Buchstaben nach, die zusammengenommen den Satz »Diligite iustitiam qui iudicatis terram« (»Liebet die Gerechtigkeit, die ihr auf Erden richtet«, Weisheit 1,1) ergeben; das letzte »m« bleibt stehen; und auf ihm aufbauend bilden andere Selige durch ihr Zusammentreten die Gestalt des Adlers der Gerechtigkeit (Abb. 62), den Dante als Abbild der kaiserlichen Gewalt aufgefaßt wissen wollte, welche die Gerechtigkeit auf Erden verwirklichen und schirmen soll. Das Auge des Adlers ist aus sechs Lichtern zusammengesetzt, aus den Seelen der edelsten und gerechtesten Menschen (der Israeliten David und Hiskia, der Christen Konstantin und Wilhelm II. von Sizilien, der durch individuelle Gnadenakte erlösten Heiden Ripheus von Troja und Trajan).

Die Astrologie betrachtete in ihrer Lehre von den Planetenkindern[3] überhaupt die Menschen, die zum Richteramt geeignet und vorbestimmt waren, als Kinder des Jupiter. Auch Herzog Borso d'Este ließ sich 1469 im Palazzo Schifanoia in Ferrara als Planetenkind (und damit als Personifizierung der Justitia – wie die Inschrift über dem Tor seines Palastes und über seinem Kopf zeigt –) darstellen (Abb. 63)[4]. Überhaupt wurde das Sternbild der Jungfrau als Astraea, über die W. Pleister bereits berichtet hat, mit Gerechtigkeit in Verbindung gebracht. Man betrachte den Titelkupferstich von Peter Paul Rubens für die Schrift *De iustitia et iure* (1617) von Leonard Lessius, der die Sternbilder Löwe, Jungfrau und Waage als drei Symbole für den Inhalt dieses Buches über Gerechtigkeit und Recht zeigt (Abb. 65)[5]: die Jungfrau Astraea als *Sol Iustitiae* (Sonne der Gerechtigkeit) im Zeichen des Löwen als dem astrologischen Haus der Sonne – wie es im Zusammenhang mit dem berühmten Kupferstich von Albrecht Dürer noch erörtert werden wird (Abb. 69).

61

62

63

64

DE IVSTITIA ET IVRE
ceterisq; Virtutibus Cardinalibus
LIBRI QVATVOR,
Ad 2.2. D. Thomæ à quæst. 47. vsque ad q. 171.
AVCTORE
LEONARDO LESSIO è Societate IESV
S. Th. in Academia Louaniensi Professore.
Editio quarta, auctior et castigatior.
ANTVERPIÆ,
EX OFFICINA PLANTINIANA,
Apud Balthasarem et Ioannem
Moretos fratres.
M.DC.XVII.
CVM PRIVILEGIIS CÆSAREO ET PRINCIPVM BELGARVM.

65 Titelseite für die Schrift *De iustitia et iure* von Leonard Lessius. 1617. Kupferstich

Auch die Vorstellung der Wiederkehr der Astraea (auch oft als Dike oder Justitia bezeichnet) und damit des Neubeginns des Goldenen Zeitalters[6] wurde durchaus mit dem Christentum vereinbar gehalten. W. Pleister hat die drei Gemälde des Jacopo Zucchi (Abb. 19–21) bereits vorgestellt. Hier sollen zwei Werke des Agnolo Bronzino (1503–1572) beschrieben werden, in denen diese Vorstellung mit den Medici in Florenz in Verbindung gebracht wurde. Zunächst (Abb. 66) ein Teppich von 1544/46[7], der auf den ersten Blick bloß ein allgemein beliebtes Motiv zu zeigen scheint: Die Gerechtigkeit befreit die Unschuld. Stutzig machen nur die anderen Gestalten: Das nackte Mädchen links ist als Wahrheit leicht zu erkennen, der Mann wohl als ihr Vater, nämlich die Zeit; die die Unschuld bedrängenden Tiere könnten als Laster betrachtet werden. Doch zeigt ein Vergleich mit der – hier nicht näher auszuführenden – Hieroglyphik, die damals in Florenz Hochblüte hatte, daß alle vier Tiere zur Serapis gehören, also zur Sonne, die den Ablauf der Zeit überwacht. Dabei symbolisieren die Schlange die Zeit selbst, die Köpfe von Wolf, Löwe und Hund Vergangenheit, Gegenwart und Zukunft. Bedenkt man weiter, daß Vater Zeit mit Saturn gleichgesetzt und dieser als Zeichen der Wiederkehr des Jahres aufgefaßt wurde und diese wiederum – als Rückkehr der Zeit – mit der Rückkehr des Goldenen Zeitalters in Verbindung gebracht wurde, dann wird deutlich, daß der Teppich die wiederkehrende Astraea und das neue Goldene Zeitalter mit der Errettung der Menschheit unter den Medici darstellen soll. Deutlicher wurde Bronzino 1567 in der Darstellung der *Felicitas publica florentina* (Abb. 67)[8]. Gemeint ist damit nämlich das Glück des Volkes von Florenz, das durch die gerechte und immerwährende Herrschaft des Cosimo de' Medici herbeigeführt worden ist. Felicitas – in der Mitte mit dem geflügelten Schlangenstab des Merkur und dem Füllhorn, durch den pfeilhaltenden Cupido in die Nähe der Venus gerückt – sitzt unterhalb der beiden Engel Ruhm und Herrlichkeit auf dem Thron. Rechts neben ihr steht Justitia – deren Nacktheit vielleicht auch auf die Beziehung zur

66

67

66 Agnolo Bronzino, Die Gerechtigkeit befreit die Unschuld. 1544–46. Teppich. Florenz, Palazzo Pitti, Prunkgemächer

67 Agnolo Bronzino, Felicitas publica florentina. 1565–70. Öl auf Kupfer, 40 × 30 cm. Florenz, Uffizien

68 Peter Paul Rubens, Die glückliche Regentschaft der Maria de' Medici. 1622. Aus dem Zyklus *Die Geschichte der Maria de' Medici.* Öl auf Leinwand, 394 × 295 cm. Paris, Louvre

68

Wahrheit hinweisen soll –; völlig ruhig und entspannt läßt sie die Waage auf einem Sockel, dem Symbol für Sicherheit und Beständigkeit, ruhen und stützt die rechte Hand lässig auf das unnütz gewordene Schwert. Links hält Prudentia (Klugheit) die Weltkugel, auf der Italien zu sehen ist. Beide Tugenden stehen auf vernichteten Lastern. Vor Justitia kniet demütig die überwundene Fortuna, am Boden liegt besiegt Kairos – also zwei Symbole der Vergänglichkeit und der Wechselhaftigkeit des Lebens –, letzterer unter dem Knie der Zeit, die der Felicitas das Weltall (als Kugel) entgegenstreckt. Zusammen stellt das Bild die ewigwährende, gerechte und Glück und Liebe ermöglichende Herrschaft dar: und zwar des Cosimo, dessen Züge das zweite Gesicht der Prudentia trägt.

Auch in den Bildern des Medici-Zyklus'[9], die Peter Paul Rubens (1577–1640) 1622 für die französische Königswitwe – 1610 war Heinrich IV. ermordet worden – und Ex-Herrscherin – erst 1617 hatte sie die Regentschaft an Ludwig XIII. übertragen – Maria (aus dem Hause der Medici) als Darstellung und Verherrlichung ihrer eigenen und ihres verstorbenen Gemahls Geschichte zu malen beauftragt wurde, findet sich der Gedanke des wiedergekehrten Goldenen Zeitalters, darüber hinaus eine eindeutige Identifizierung der Königin mit Astraea (Justitia). Das Bild *Die glückliche Regentschaft der Maria de' Medici* (Abb. 68)[10] stellt sie als Herrscherin und Friedenskönigin dar. Sie sitzt auf einem erhöhten Thron, dem Beschauer majestätisch zugewandt, und hält wie Justitia in der Rechten eine Waage; in der Linken die *main de justice* über einem von einem Genius gestützten Globus. Unter dem erhobenen rechten Arm der Königin blickt von hinten schalkhaft Amor hervor, die streng abwägende Gebärde Marias heiter abmildernd, während auf der anderen Seite die gewappnete Minerva das Spiel der Waage aufmerksam verfolgt. Vor ihr zur Rechten, ebenfalls erhöht, zwei jugendliche Gestalten: Prudentia und Abundantia (Überfluß, Wohlstand). Während letztere aus dem Füllhorn Blumen und Früchte in ihr geschürztes Kleid fallen läßt, entnimmt Prudentia Schätze aus dem faltigen Behältnis, welche sie mit sanfter Hand über den vier Putten austeilt. Diese, auf den Stufen des Thrones, sind durch ihre Instrumente (Flöte und Pinsel) als Vertreter der Künste gekennzeichnet, die auch durch die im Vordergrund liegenden Gegenstände allegorisiert sind. Rechts vorn, unter Abundantia, drei gefesselte Ungeheuer: Bosheit, Unwissenheit und Neid. Auf der anderen Seite des Thrones steht Saturn (als die Zeit), das Haupt bekränzt, der Frankreich zum Goldenen Zeitalter führt. Rechts und links über der Königin zwei posaunende Famen. Nähere Betrachtung zeigt, daß Rubens in diesem Bild die Vollendung aller Kardinaltugenden – über die noch ausführlich gesprochen werden wird – dargestellt hat. Justitia erscheint in der Gestalt Marias; die Figur des Amor deutet darauf hin, daß Gerechtigkeit sich mit Milde vereinen müsse, für welchen Gedanken auch die unschuldigen Kinder (Putten) und die Abundantia sprechen: Prudentia tritt selbst auf, auch als Minerva (die sie häufig vertritt); Fortitudo (Stärke, Standhaftigkeit) zeigt sich in dem Podest, auf dem Maria sitzt (als Hinweis auf die Säule, das Attribut der Fortitudo). Die Königin erweist sich so als Vollendung der Tugend selbst. Sie ist damit selbstverständlich auch Justitia bzw. Astraea, unter deren Herrschaft in Frankreich das Goldene Zeitalter zurückgekehrt ist.

Es ist hier nicht der Ort, diese Verherrlichung des (absoluten) Herrschers durch Gleichsetzung mit und (sogar) Unterordnung der Justitia und anderer Tugenden und seine Apotheose (Vergöttlichung) näher darzustellen; manches kann man im Beitrag von Hans Latz finden. Es sollte nur deutlich werden, wie sehr alte Vorstellungen durchaus auch einer Vergöttlichung des Herrschers und einer Göttin des Rechts mit dem Christentum für vereinbar gehalten wurden.

# Christus *Sol Iustitiae*

Vergleichbares gilt für den Begriff des *Sol Iustitiae,* der ›Sonne der Gerechtigkeit‹, der wir bei Abbildung 65 bereits begegnet sind. Adolf Weis hat die vielfältigen Bezüge zu ägyptischen Vorstellungen, auch zur *Madonna platytera* (d. h. zum Himmel, der auch noch die Sonne gebiert), herausgearbeitet und die Linien zu Maria und Jesus Christus nachgezeichnet[11]. Das Alte Testament, vor allem die Psalmen des 11.–5. vorchristlichen Jahrhunderts, besingen Gott den Herrn als diese Sonne der Gerechtigkeit und preisen sein Reich, in dem er des Menschen Gerechtigkeit herausbringen wird wie das Licht und des Menschen Recht so hell wie der Mittag (Psalm 37,6). In der katholischen Kirche findet sich noch heute der Hinweis auf Christus als *Sol Iustitiae,* wenn sie am 21. Dezember, der Wintersonnenwende, seiner gedenkt.

Die zahlreichen Beziehungen, in denen diese Vorstellung steht, haben ihren Ausdruck gefunden in dem oft interpretierten Kupferstich (1498/99) von Albrecht Dürer (Abb. 69)[12], der freilich diesen *Sol Iustitiae* entsprechend der apokalyptischen Stimmung seiner Zeit – auf die noch einzugehen sein wird – als vergeltenden Richter der Johannes-Apokalypse auffaßte. Denn es ist unbestreitbar, daß der Künstler hier einen Richter darstellen wollte: dies zeigen schon die noch erhaltenen Vorarbeiten, aber auch die dem Prozeßrecht entsprechende (vorgeschriebene) Beinhaltung des Mannes. Genauer weisen die Attribute Schwert und Waage – die Dürer in anderen Bildern als Zeichen der Justitia verwendet hat – auf den gerechten Richter hin; und zwar auf den Weltenrichter Christus. Dürer hat hier eindeutig auf das 1489/99 in Nürnberg gedruckte *Repertorium morale* des Petrus Berchorius (Pierre Berzuire) zurückgegriffen, in dem steht, daß beim Jüngsten Gericht Christus »entflammt« sein werde, »glühend und blutrot von der Farbe der Gerechtigkeit und der Strenge«; dabei zieht der Autor handfeste Vergleiche mit der Sonne: so wie sie am glühendsten in der Mitte ihrer Bahn steht, werde Christus in der Mitte des Himmels und der Erde richten; so wie sie im Sommer die Pflanzen verdorrt, wenn sie im Zeichen des Löwen steht, so werde Christus »als grimmiger und löwenhafter Mensch« erscheinen und die Sünder verdorren. Von daher werden die Strahlenglorie und die drei Feuerflammen an den Augen, die Dürer wegen Apok. 1,14 auch dem Richter in seiner *Apokalpyse* (ebenfalls 1498) zuerkannt hat, verständlich, auch der finstere Löwe, der bereits im Alten Testament als Bild des vergeltenden Gottes verwendet wurde, aber auch als Symbol des auferstandenen Christus galt (da man annahm, daß die Löwenkinder tot geboren und nach drei Tagen durch den Hauch des Löwenvaters erst lebendig würden). Darüber hinaus macht der Hinweis auf das Tierkreiszeichen Löwe den Einfluß der (damaligen) Astrologie, in der Dürer Meister war, deutlich. Erich von Beckerath will in einseitiger Überinterpretation in dem Bild überhaupt nur die symbolische Demonstration des astrologischen Lehrsatzes »Die Sonne herrscht im Löwen, ist im Widder (d. h. dem Sternzeichen, in dem der Mars – das Schwert – herrscht) erhöht und in der Waage im Fall«[13] sehen. Jedenfalls weisen der Lichtkranz um den Kopf und die betont kreisrunden Augen des Mannes darauf hin, daß Dürer nicht nur die Sonne der Gerechtigkeit, sondern den Sonnengott in seiner Eigenschaft als Richter darstellen wollte, wie er als *Sol Invictus* als die oberste Gottheit des römischen Weltreiches und dann als Mithras verehrt worden war. Dürer hat bei seinem Venedigbesuch eine Darstellung dieses Planetengottes – Sol und Luna galten als Planeten! – auf dem Löwen gesehen, ebenso gab es Kalenderillustrationen in dieser Richtung. Auch Anklänge an den Apollo Belvedere, dessen Schönheit durch die Ähnlichkeit mit Christus zum Ausdruck gebracht wurde, sind anzunehmen. Insgesamt bedurfte es schon der Meisterschaft Dürers, all diese unterschiedlichen Dimensionen in diesem Stich *Christus als Sonne der Gerechtigkeit* zu vereinen.

69 Albrecht Dürer, Christus als Sonne der Gerechtigkeit. Um 1498/99. Kupferstich, 10,5 × 7,7 cm. New York, Metropolitan Museum of Art

Anzumerken ist, daß die Sonne – auch als *Sol Iustitiae* – noch im Absolutismus herangezogen wurde, um die Größe und Gerechtigkeit des Herrschers – des Sonnenkönigs – zu preisen und ihn zu verherrlichen.

## Der Gott der Psalmen als Richter zu Lebzeiten

Im Alten Testament ist Gott nicht nur die Sonne der Gerechtigkeit, sondern auch und vor allem – in den Worten des 1225 von Eike von Repgow verfaßten Sachsenspiegels (der Zusammenfassung des für die Sachsen geltenden Rechtes) –: »Gott ist selber Recht, deswegen ist ihm Recht lieb.« Dieses Zitat macht deutlich, wie lange sich diese Auffassung erhalten hat, wie sie vor allem vom Christentum aufgenommen und auf das Neue Testament hin verarbeitet wurde. Besonders geschätzt (und geglaubt) wurden von den Christen die Psalmen. Ihre Sammlung, der Psalter, stellte im kirchlichen Leben des Mittelalters eines der meistgebrauchten Bücher der heiligen Schrift dar, da er für Mönche, Geistliche und später auch für Laien als wichtigstes Gebetbuch verwendet wurde (bis er ab dem 13. Jahrhundert allmählich von den Stundenbüchern abgelöst wurde, in denen allerdings ebenfalls zahlreiche Psalmen aufgenommen waren). Bei dieser Bedeutung, die die Psalterien hatten, ist selbstverständlich, daß sie vielfach kommentiert und glossiert wurden, aber auch, daß (vor allem) die Privatpsalterien reichgeschmückte und kostbare Handschriften darstellten[14]. Dabei kann das 13. Jahrhundert als Höhepunkt dieser Entwicklung angesehen werden – man denke nur an den *Bamberger Psalter* um 1230 –, aber wir kennen auch Psalterien aus karolingischer Zeit, z. B. den *Stuttgarter* (820/30 Saint-Germain-des-Prés) und den *Utrechter* (820/40 Schule von Reims), die beide wohl auf ältere Vorlagen (vielleicht des 5. Jahrhunderts) zurückgehen.

Zahlreich und eindeutig wird Gott in den Psalmen als Recht/Gerechtigkeit angesprochen[15]. Er sei der gerechte Gott, der Recht und Gerechtigkeit liebe; seine Gerechtigkeit sei größer als alles; Recht und Gerechtigkeit seien die Stützen seines Thrones usf. Ähnlich häufig findet sich aber auch der Hinweis auf die Gerechtigkeit des Menschen (vorwiegend des Psalmisten), der wegen seiner Gerechtigkeit von Gott errettet wird oder errettet werden soll. Deutlich wird in dieser doppelten Gerechtigkeit, daß das Verhältnis von Gott und Mensch (genauer: von Gott und dem Gottgläubigen) als Rechtsverhältnis gedacht wird: nämlich als rechtlicher Vertrag, als Bund, den Gott mit den Menschen eingegangen ist.

Die karolingischen Psalter verwenden zur Kennzeichnung dieses Rechtsverhältnisses die Waage[16]; und zwar hält sie sowohl Gott (der zu dieser Zeit wegen der Scheu, Gottvater bildlich darzustellen, als Christus-Logos, d. h. als der vor der Menschwerdung vom Vater bereits gezeugte Logos, durch den nach Joh. 1,3 alles geworden ist, dargestellt wird) als auch der gerechte Mensch. Beispiele für letzteres finden sich bereits im Kapitel I (Abb. 50, 51). Der *Utrechter Psalter* enthält aber auch für das erstere zahlreiche Bilder. Besonders aufschlußreich ist die Illustration von Psalm 111 (dem Preislied auf die Wundertaten des Herrn), in der Christus-Logos mit der Waage und der Bundesschriftrolle die Lobpreisung des Psalmisten entgegennimmt (Abb. 70).

Die Waage ist – in diesem Zusammenhang – das Zeichen dafür, daß das Verhältnis von Gott und Mensch im Gleichgewicht, in Ordnung, ausgewogen, damit: ein Rechtsverhältnis ist. Wie bei der Wasserwaage darf sich diese Gleichgerichtetheit nicht verschieben. Wer – wie Belsazer – gewogen und zu leicht befunden wird (Dan. 5,27), stört das Gleichgewicht und die Ordnung, zeigt an, daß er im Unrecht ist. Nicht also

70 Psalm CX (111). Miniatur aus dem *Utrechter Psalter*. 9. Jh. Utrecht, Universitätsbibliothek, Ms. Nr. 32, fol. 65r

geht es um ein Abwägen der guten und bösen Werke! Die Waage ist – sofern sie korrekt gehandhabt wird – Ausdruck der Ordnung der Welt (der Schöpfung) überhaupt: »Du hast alles nach Maß, Zahl und Gewicht geordnet« (Weisheit 11,20): ein Spruch, der noch neben der Waage der Justitia am Taufbecken des Hildesheimer Doms (um 1250) steht. Dieser Gedanke der umfassenden gerechten Ordnung nach Maß, Zahl und Gewicht findet sich noch im Mittelalter. Eine Miniatur in der 1295 hergestellten Handschrift von *De naturis rerum* (1244) des Thomas Cantipratanus (Abb. 71)[17] stellt den Makrokosmos als Verkörperung Christi (des neuen Adam) dar. Die Welt *(mundus)* wird vom Christus-Logos (auch als Gekreuzigtem) in den Händen gehalten; im Mittelpunkt ruht die Erde *(terra)*, umgeben vom Firmament mit Sonne, Mond und Sternen; der Himmel *(celus)* umspannt als kleines Quadrat das Ganze; aus ihm wachsen die vier Elemente, darüber die vier Winde; außerhalb bilden die vier Kardinaltugenden (darunter die Justitia mit der Waage) das heilige Quadrat der Ordnung, einer Ordnung, die der einzelne Mensch (der Mikrokosmos) in seinem Leben anzustreben und zu verwirklichen hat.

Doch zurück zu den Psalmen! Die Waage ist Zeichen für das Rechtsverhältnis zwischen Gott und Mensch. Genauer ist sie bzw. der Stand ihrer Schalen das Ergebnis des Wägevorgangs im konkreten Fall (über einen Menschen oder über das gesamte Volk, als dessen Glied er gedacht wird), d. h. des Gerichts. Dieses Gericht ist im Grunde nur der konkrete wesentliche Ausdruck des Rechtsverhältnisses selbst. Denn es ist nicht das Jüngste Gericht gemeint, das über ewiges Leben oder Verdammnis entscheidet. Der Psalmist denkt den Urteilsspruch irdisch, nämlich den Gerechten – bei denen die Waagschalen ausgewogen sind – Glück und Frieden auf Erden, den Frevlern – die zu leicht befunden werden – der Tod. »Gott ist ein gerechter Richter, ein Gott, der täglich strafen kann«; »es gibt einen Gott, der auf Erden Gericht hält.«[18] Erbeten wird daher das rechtliche Eingreifen Gottes von den Menschen, die in Not sind, falsch verdächtigt werden, unter Gewalttaten leiden, arm und bedrängt sind: er möge sie vor den Frevlern erretten, indem er diese vernichte. ›Gericht‹ ist damit ein Doppeltes: die Errettung der Gerechten und die Vernichtung der Frevler. Es herrscht zwischen Gott und den

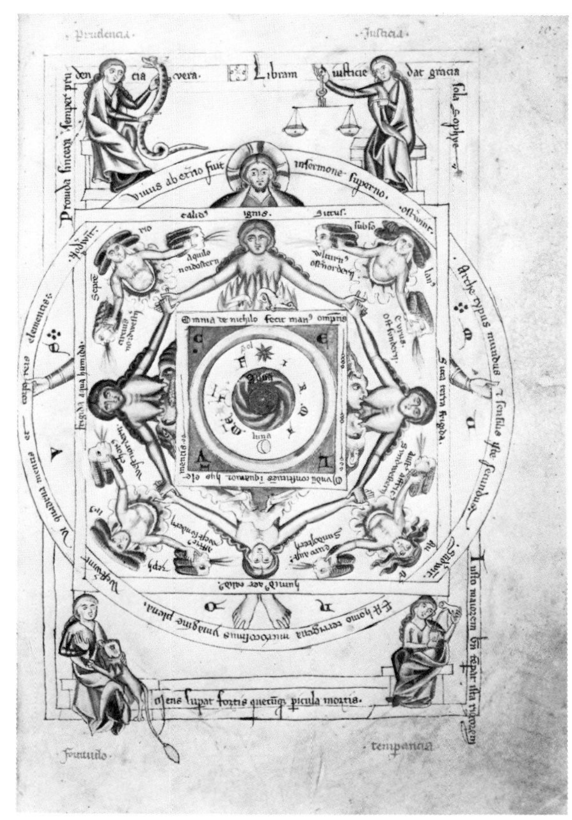

71 Makrokosmos als Verkörperung Christi. Miniatur aus der Handschrift *De naturis rerum* des Thomas Cantipratanus. 1295. München, Bayerische Staatsbibliothek, Cod. lat. 2655, fol. 105r

Frevlern kein Rechts-, sondern der Kriegszustand. Dabei sind Rechts- oder Kriegszustand selbst nur die vorgegebene Ordnung der Welt; das Gericht Gottes wird dieser Ordnung – dem ontologischen Ur-Teil der Welt – gemäß vollzogen. Gott verhilft mit dem Welt-Gericht nur der Ordnung zum Durchbruch und zur Verwirklichung. Anzumerken ist, daß auch diese Vorstellung des vergeltenden, rächenden, tötenden Gottes sich lange bis in die Neuzeit hinein erhalten hat. Hungersnöte, Katastrophen, vor allem die Pest wurden von den davon Betroffenen als Vergeltungsmaßnahmen Gottes verstanden.[19]

In den Psalmen kommen bezüglich des Verhältnisses, das Gott und die Gerechten miteinander verbindet, noch tiefere Einsichten über diese Charakterisierung »Gott ist Recht« hervor. Gott hält sich an diesen Bund; die Psalmen besingen oft seine Treue, Verläßlichkeit, betonen das Vertrauen in ihn. Andererseits wird aber mit dem sich allmählich herausbildenden Sündenbewußtsein der Menschen dem Psalmisten bewußt, daß gerade dieses Festhalten am Rechtsverhältnis ein Geschenk Gottes ist, der sich darin als barmherziger und gnädiger Gott erweist, der reich an Huld und Treue ist. Noch deutlicher wird die Ungerechtigkeit des Menschen, wenn man einen Blick auf die Geschichte des Bundes wirft. Wie oft ist das Volk Israels abgefallen von Gott? Wie oft hat es den Bund gebrochen? Ja noch mehr: haben nicht bereits Adam und Eva das Verbot Gottes übertreten? Zwar hat Gott dieses Unrecht durch Vergeltungsmaßnahmen gerächt. Aber immer wieder von neuem gibt er den Menschen eine Chance, bietet ihnen den Bund an. In diesem Angebot zu einem neuen Bund zeigen sich Gottes Verzeihung, Barmherzigkeit und Gnade: und in diesen kommt Gottes eigentliches, tiefstes Wesen zum Ausdruck. Wie auch in den Vergeltungsmaßnahmen, die als Mahnung und Chance zur Umkehr gedacht sind. Freilich wird sich noch zeigen, wie schwer es (auch) dem Christentum gefallen ist, dieses Verhältnis von Gerechtigkeit und Gnade Gottes zu begreifen.

## Gottesurteile

72 Wolfgang Katzheimer, Der Pflugscharengang der hl. Kunigunde. Um 1490. Öl auf Holz, 121 × 118 cm. Bamberg, Bayerische Staatsgemäldesammlungen, Altdeutsche Galerie

Jedenfalls ist vor diesem Hintergrund die Vorstellung verständlich (weil begründet), daß Gott auch im irdischen Verfahren vor Gericht das Recht offenbar werden läßt. Der Gedanke, daß Gott vor allem die Unschuld eines zu Unrecht Verdächtigten schützen wird, findet sich bereits in den Psalmen, ebenso der Gedanke der Hilfe Gottes in Jesaja 43,2: »Wenn du durchs Feuer gehst, wirst du nicht versengt, keine Flamme wird dich verbrennen.« Beides kam im Mittelalter in der Vorstellung der Gottesurteile zum Ausdruck[20]. Bekannt und oft dargestellt ist der *Pflugscharengang der hl. Kunigunde*[21]. Nach der Legende verdächtigte Kaiser Heinrich aufgrund falscher Angaben seine Ehefrau der Unkeuschheit, diese bewies mit Gottes Hilfe (und der Hilfe Mariens) ihre Unschuld, indem sie mit bloßen Füßen über glühend gemachte Pflugscharen ging und dabei unversehrt blieb (Abb. 72). Nach einer anderen Legende (des Gottfried von Viterbo, † 1202) malte Dirk Bouts für das Rathaus der Stadt Löwen innerhalb eines (nicht vollendeten) Auftrages, fünf Gerechtigkeitsbilder zu schaffen, zwischen 1470 und 1475 die zwei Tafeln *Die Gerechtigkeit Kaiser Ottos III.* (Abb. 73a/b)[22]: danach habe sich die Gemahlin Ottos in einen Grafen verliebt, der ihre Neigung jedoch nicht erwiderte; als die Kaiserin aus Rache behauptete, der Graf habe ihr Gewalt antun wollen, habe Otto den vermeintlich Schuldigen hinrichten lassen; die Gräfin jedoch, die von der Verleumdung wußte, habe die Unschuld ihres Mannes dadurch bewiesen, daß sie ein glühendes Eisenstück in ihrer unversehrt bleibenden Hand hielt; sie habe –

73a/b Dirk Bouts, Die Gerechtigkeit Kaiser Ottos III. 1470–75. a) Die Feuerprobe; b) Das Martyrium des Unschuldigen. Öl auf Holz, je 324 × 183 cm. Brüssel, Musée Royaux des Beaux-Arts

so die Legende weiter – als Sühne das Leben des Kaisers verlangt, doch auf Fürbitten des Hofes von dieser Forderung abgelassen, nur die Kaiserin sei verbrannt worden. Dieselbe Geschichte hat (höchstwahrscheinlich) der Raffael-Schüler Luca Penni († 1556)[23] dargestellt (Abb. 74).

Bekannt ist auch das Gottesurteil der Feuerprobe, das Isolde wegen des Verdachts des Ehebruchs mit Tristan zu bestehen hat und diese durch eine List – sie läßt sich von dem als Mönch verkleideten Tristan vom Schiff tragen und schwört dann, niemand habe sie berührt außer ihr Mann und eben dieser Mönch! – besteht. Hinzuweisen ist auch auf die berühmten Bilder der Feuerprobe des Franz von Assisi von Giotto (Abb. 75) und der Feuerprobe des Moses von Giorgione (Abb. 76).

74

74 Luca Penni, Die Gerechtigkeit Ottos III. 16. Jh. Von Holz auf Leinwand übertragen, 102 × 74 cm. Paris, Louvre

75 Giotto, Die Feuerprobe des Franz von Assisi. Um 1316–20. Fresko. Florenz, Santa Croce

Nur erwähnt soll werden, daß diese Gottesurteile nicht nur Gegenstand künstlerischer Gestaltung waren, sondern durch lange Zeit in unterschiedlichen Formen (Feuerprobe, Wasserprobe, Kreuzprobe, auch Zweikampf – man denke an Lohengrin! –) anerkannte Verfahrensschritte vor den geistlichen und weltlichen Gerichten waren[24]. Erst einem sich verinnerlichenden und vergeistigenden Christentum im Zusammenhang mit dem Bewußtsein der Aktivität des Menschen – das auch zu neuen Verfahren und Beweismitteln führte (Inquisitionsverfahren, Zeugenbeweis, Urkundenbeweis, Folter) – wurden sie suspekt, da in ihrem nun bewußten und aktiven Einsatz als Beweismittel eine Versuchung Gottes (Magie) und eine Gotteslästerung gesehen wurden. 1215 verbot das IV. Laterankonzil deshalb den Geistlichen, bei Gottesurteilen mitzuwirken, womit ihr allmählicher Untergang eingeleitet war.

In einem weiteren Sinn kann man von ›Gottesurteilen‹ sprechen: nämlich in dem Zusammenhang, daß Gott angerufen wird, ein die menschliche Justiz übersteigendes Rechtsproblem zu lösen. Man denke an den Rechtsstreit, den der Witwer Johannes von Saaz *(Der Ackermann aus Böhmen)* in seiner um 1400 geschriebenen Dichtung[25] gegen den Tod wegen Raubes seiner Ehefrau Margarethe vor Gottes Richterstuhl führt (Abb. 77); oder an die Prozesse, die der Satan (die Hölle) um die Menschheit führt[26]. Bereits in einem italienischen Prosadialog des 13. Jahrhunderts findet sich eine theologische Disputation zwischen Christus und dem Satan um das Eigentumsrecht am Menschengeschlecht: ein Problem, das die Theologen seit Jahrhunderten brennend interessiert hatte. Anselm von Canterbury (1033/34–1109) hatte in seinem berühmten *Cur deus homo* eine mit rechtlichen Argumenten arbeitende Erlösungslehre vorgelegt. Den juristischen Rahmen eines Prozesses lieferte der italienische Rechtsgelehrte Bartolus de Sassoferrato (1314–1357) mit seinem *Processus Sathanae contra gentes humanum,* dessen wesentliche Teile Ulrich Tenngler in dem *Neuen Layenspiegel* 1511/12[27] aufnahm und bekanntmachte. Die Hölle erhebt gegen das Menschengeschlecht Spolien-

76 Giorgione, Die Feuerprobe des kleinen Moses vor dem Pharao. Um 1506. Öl auf Leinwand, 90 × 72 cm. Florenz, Uffizien

klage vor dem göttlichen Richter Christus, d. h. sie fordert dessen Rückgabe aufgrund ihres Eigentumsrechts; die Klage wird unter kräftiger Hilfe von Maria, der Vertreterin des Beklagten, abgewiesen; ebenso die anschließend erhobene Vindikationsklage auf Verurteilung der Menschheit aufgrund des Sündenfalls. Juristisch gesehen, ist das Werk des Bartolus nicht gelungen, denn der eigentlich Beklagte müßte Christus sein, der durch sein Erlösungswerk auch die Vorväter aus der Hölle hinaufgeführt hat, der deshalb aber nicht Richter sein dürfte (weshalb bei Tenngler auch die Trinität als Richter dargestellt ist; Abb. 78). Korrekter ging dagegen der Bischof Jacobus von Teramo in seinem 1382 verfaßten Werk *Consolatio peccatorum seu processus Luciferi contra Jhesum Christum,* bekannt und berühmt als *Belial-Prozeß*[28], vor. In dem bis zu seiner Indizierung als kirchlich verbotenes Buch (1559 Paul IV.) weit verbreiteten – von der deutschen Übersetzung sind noch 85 Handschriften und 21 Drucke bekannt! –, weil als Lehrbuch des kanonischen Prozesses verwendeten Buch klagt der Teufel Belial im Auftrag der Hölle gegen Christus: dieser habe dadurch, daß er – wie das Glaubensbekenntnis (nun) formuliert – nach seinem Erlösungstod »hinabgestiegen (sei) in das Reich des Todes« (früher im apokryphen Evangelium Nicodemi »Höllenfahrt« oder »Descensus Christi« genannt), das Tor der Hölle gesprengt, Satan überwunden und die Gerechten des Alten Bundes (die trotz unerlöster Erbschuld den Neuen Bund vorausgedacht und so gehandelt haben, als existiere er schon; also z. B. Adam und Eva, die Patriarchen, die israelitischen Könige, die Propheten) aus dem *limbus patrum* in das Heil geführt habe, der Hölle das ihr durch die Vertreibung aus dem Paradies zugesprochene und nun ihr gehörende Menschengeschlecht geraubt. Der angerufene Gottvater setzt den weisen König Salomon als Richter ein, Christus benennt Moses als seinen Prokurator. Nach langer Verhandlung (Abb. 79) weist Salomon die Klage zurück.

77

78

79

80

77 Der Tod und der Ackermann aus Böhmen vor dem Richterstuhle Gottes. Aus: Albert Schramm, *Die Drucke von Albrecht Pfister in Bamberg*. Erstausgabe um 1463

78 Ulrich Tenngler, Neuer Layenspiegel. 1511 (Ausgabe Augsburg von 1512)

79/80 Moses und Belial vor Salomon/Moses und Belial vor Joseph. Miniaturen aus dem *Belial-Prozeß* des Jacobus von Teramo. 1382. München, Bayerische Staatsbibliothek, Cgm 48, fol. 80v u. r

Belial legt Berufung ein, und Gott(vater) bestellt in der zweiten Instanz Joseph, den Verweser des Königreiches Ägypten (Gen. 41,37–57), zum Richter. Als auch hier ein ablehnendes Urteil zu erwarten ist, entschließt sich die Hölle im Einvernehmen mit Moses, die Streitsache durch einen Schiedspruch der Propheten Jeremias und Jesaja, des Kaisers Oktavian (Augustus) und des Philosophen Aristoteles unter der Leitung Josephs (Abb. 80) entscheiden zu lassen. Der Spruch lautet dann so, daß am Tag des Jüngsten Gerichts die Ungerechten der Hölle übergeben werden sollten, die Klage Belials aber abgewiesen wird. Hinzuweisen ist darauf, daß dieses Thema des Teufelsprozesses häufig auch zu Schauspielen verarbeitet wurde, wodurch eine noch größere Verbreitung gesichert war.

## Salomon als Typus des richtenden Christus

Im Belial-Prozeß agiert als Richter der ersten Instanz der alttestamentliche König Salomon (961–931 v. Chr.), der Sohn von König David und Batseba: bis heute das Symbol des weisen und gerechten Richters. »Sie erkannten, daß die Weisheit Gottes in ihm war, wenn er Recht sprach« (1 Kön. 3,28).

Das Mittelalter sah in Salomon mehr. In dem Bestreben, die Einheit von Altem und Neuem Testament herzustellen (und zugleich anderslautende Auffassungen z. B. der Neumanichäer als Ketzerei zu widerlegen), bemühten sich die Theologen ab dem 11. Jahrhundert, in jedem Ereignis des Alten Testaments, aber auch der Profangeschichte und einer mythischen Naturgeschichte, einen Typus (d. h. ein unvollkommenes Vor-Bild) für den Antitypus des Neuen Testaments[29] zu sehen: z. B. im Urteil Salomons (seltener auch Daniels im Verfahren gegen Susanna) den Typus für das Weltgericht Christi[30], wie es die *Concordantiae caritatis* (1349/51) des Ulrich von Lilienfeld (Abb. 82) und noch 1623 Hermann Moller für das Rathaus von Stadthagen (Abb. 81)[31] darstellten. In manchen Traktaten kam es sogar zu einer Identifizierung von Salomon und Christus[32], auch vermittelt über die gemeinsame Abstammung von David (vgl. Matth. 1,1; Luk. 1,27), wie es z. B. in der um 1075 hergestellten *Bibel von Saint-Vaast* (in Arras) durchgeführt ist (Abb. 83)[33]. Christus/Salomon thront im Tempel der Weisheit (mit sieben Säulen, auf denen sieben nimbierte Köpfe als Personifikationen der Künste oder/und der Gaben des heiligen Geistes ruhen), umgeben von den vier Kardinaltugenden, wobei darauf hinzuweisen ist, daß die Justitia links oben

81

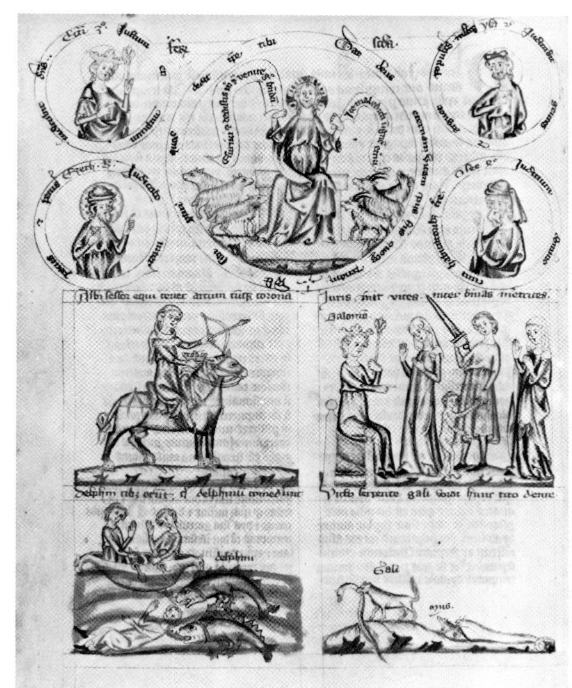

82

81 Hermann Moller, Weltgericht. 1623. Gemälde. Stadthagen, Rathaus

82 Jüngstes Gericht und Urteil Daniels. Miniatur aus der Handschrift *Concordantiae caritatis* des Ulrich von Lilienfeld. 1349–51. Lilienfeld, Stiftsbibliothek, Cod. 151, fol. 36r

83 Christus/Salomon, umgeben von den vier Kardinaltugenden. Miniatur aus der *Bibel von Saint-Vaast*. Um 1075. Paris, Bibliothèque Nationale, Ms. 559/435 T III, fol. 1

(fälschlich als Fortitudo bezeichnet) ausnahmsweise in männlicher Gestalt dargestellt ist. Auf das berühmte Urteil des Salomon ist später noch in anderem Zusammenhang einzugehen (vgl. Abb. 238–241).

## Der apokalyptische Richter

Nicht nur auf Erden erwartete man das richtende Eingreifen Gottes. Sondern wesentlich und die Menschen zutiefst berührend wurde Gott als apokalyptischer Richter über die alte und als Schöpfer einer neuen Welt gedacht. Um 200 v. Chr. entstand im Judentum aus der Erfahrung des Leides und der Enttäuschung (auch über die eigenen Könige – daher verbunden mit der Sehnsucht nach dem neuen König David als dem Friedenskönig oder nach seinem Sohn –) das apokalyptische Schrifttum[34], das bis 800 n. Chr. fortdauerte. Aus der Erkenntnis, daß die Könige, ja der Mensch als solcher überhaupt nicht fähig seien, ein ewiges und unabänderliches Friedensreich zu schaffen, und im Vertrauen auf Gottes Fürsorge und Barmherzigkeit entstand der Messiasgedanke: Gott werde durch einen Mittler eingreifen. Das Buch Daniel (167–164 v. Chr.) enthält die Vision dieser unvergänglichen Herrschaft unter »einem wie ein Menschensohn«, dem der auf dem Feuerthron sitzende »Hochbetagte« Würde und Königtum übergibt (7,9–14). Die Apokalypse (Offenbarung) des Johannes (um 90 n. Chr.) schildert in glühenden Farben den Kampf am Ende der alten Welt und diese neue Welt, die von Christus als das himmlische Jerusalem erschaffen werden wird. Auch die Kunst griff mit Vorliebe diese Visionen auf, wie die hervorragende Zusammenstellung von Fritz van der Meer[35] zeigt.

Man kann sich heute nicht mehr vorstellen, wie stark dieses apokalyptische Geschehen die mittelalterlichen Menschen beeindruckt und beeinflußt hat. Die Vorstellung, das Ende der Tage sei gekommen, der Antichrist (als der Sohn des Satans) habe bereits die Macht an sich gerissen, flackerte immer wieder beunruhigend auf. Darauf ist hier nicht einzugehen, ebensowenig auf die vielen theologischen Interpretationen der zu den heiligen Schriften des Christentums gehörenden Offenbarung des Johannes, die mit ihrer Schilderung der Wiederkehr Christi – der ein 1000jähriges Reich auf Erden errichten und die Herrschaft den auferstandenen Märtyrern übergeben wird, bis der schon einmal besiegte Satan erneut den Kampf beginnt, nun aber gemeinsam mit dem Tod endgültig überwunden und in die Hölle geworfen wird, worauf die allgemeine Auferstehung (und das Gericht über alle) geschehen werden und zugleich auch die Errichtung des neuen Jerusalems – oft mehr die Phantasie als das Denken anregte.

Hier interessiert nur der apokalyptische Richter bzw. die Schilderung des letzten Gerichtes, eigentlich und genauer: der letzten Gerichte. Denn auf die Rufe der Märtyrer – »wie lange zögerst du noch, Herr, du Heiliger und Wahrhaftiger, Gericht zu halten und unser Blut an den Bewohnern der Erde zu rächen?« (6, 10) – und die Öffnung des 6. Siegels der Buchrolle (5,1) beginnt das erste Drama, denn der Tag des Zorns Gottes ist gekommen. Die dafür verwendeten Bilder – Zornbecher, Ernte und Sichel, Weinlese und Kelter (Abb. 84) – stammen aus dem Alten Testament. »Dann sah ich den Himmel offen, und siehe, da war ein weißes Pferd, und der, der auf ihm saß, heißt ›Der Treue und Wahrhaftige‹; gerecht richtet er und führt Krieg. Seine Augen waren wie Feuerflammen, und auf dem Haupt trug er viele Diademe; und auf ihm stand ein Name, den er allein kennt. Bekleidet war er mit einem blutgetränkten Gewand; und sein Name heißt ›Das Wort Gottes‹... Aus seinem Mund kam ein scharfes Schwert; mit ihm wird er die Völker schlagen« (19,11–15). Die Feinde (allen voran der Satan) werden besiegt, die 1000jährige Herrschaft errichtet (20,1–6). Nach dem siegreichen Endkampf und der Vernichtung von Satan und Tod folgt das letzte Gericht über die Toten: »Dann sah ich einen großen weißen Thron und den, der auf ihm saß... Ich sah die Toten vor dem Thron stehen, die Großen und die Kleinen. Und Bücher wurden aufgeschlagen: auch das Buch des Lebens wurde aufgeschlagen. Die Toten wurden nach ihren Werken gerichtet, nach dem, was in den Büchern aufgeschrieben war... Wer nicht im Buch des Lebens verzeichnet war, wurde in den Feuersee geworfen« (20,11–15). Die anderen werden im neuen Jerusalem mit Gott leben.

Auch andere Inhalte der Offenbarung des Johannes wurden mit dem richtenden Gott in Beziehung gesetzt. Das Schwert, das aus dem Munde des Reiters im Kampf gegen die Feinde kommt (19,15), wurde mit dem scharfen zweischneidigen Schwert, das aus dem Munde des thronenden Gottes – der unter sieben goldenen Leuchtern sitzt und wie ein Mensch aussieht – kommt (1,16), gleichgesetzt. Deshalb wurde der menschgewordene göttliche Richter in der Regel in sitzender, majestätischer Haltung[36] mit dem Schwert waagerecht (seltener senkrecht nach unten) aus dem Mund (oder – um die Zweischneidigkeit zu betonen oder vielleicht auch auf die Alternative Vernichtung oder Erlösung hinzuweisen – mit zwei Schwertern) dargestellt. Die apokalyptische Stimmung, über die schon gesprochen wurde, ging noch weiter und sah auch in den vier Reitern – die nach dem Text (6,5+6) erst die Vorboten des kommenden Gerichts sind (nämlich Völkerkrieg, Bürgerkrieg, Teuerung und Hungersnot – daher die Waage, die den Verfall des Zahlungsmittels verdeutlicht –, Pest und Massensterben) – bereits eine Illustration des Gerichts. In dem bekannten und der Nachwelt als Vorbild dienenden Zyklus von 14 Holzschnitten zur Apokalypse, die Albrecht Dürer (der auch den *Sol Iustitiae* geschaffen hat, vgl. Abb. 69) in Großfolio 1498 mit deutschen, 1511 mit lateinischem Text in Nürnberg erscheinen ließ, wird dies erkennbar (Abb. 86)[37]: Der Künstler stellt alle vier Reiter neben- und miteinander dar, wobei der dritte Reiter mit der Waage – die hier als Symbol der Gerechtigkeit verwendet wird – die Gruppe antreibt: er erweist sich so als der Führer zum Gericht; und dies, obwohl

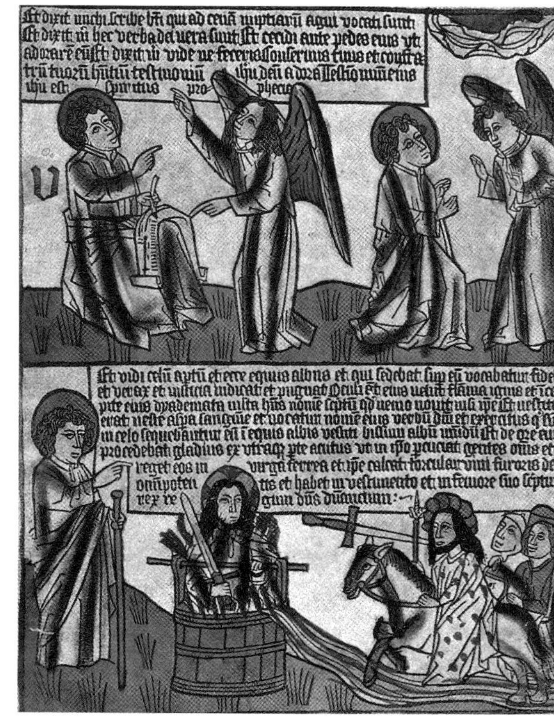

84 Der Tag des Jüngsten Gerichts. Miniatur aus dem *Holzschnittbuch der Apokalypse*. Um 1470. Modena, Bibliothek der Este, A. D. 5.22, fol. 39

85 Der Tag des Jüngsten Gerichts. Miniatur aus der *Westfälischen Apokalypse*. Um 1400. Paris, Bibliothèque Nationale, Néerl. 3, fol. 18

86

seine Augen pupillenlos sind, er also blind ist: weshalb er als Verkörperung der göttlichen (Straf-) Gerechtigkeit (Christus) selbst angesehen werden muß.[37a] Der am unteren Bildrand dargestellte Höllenrachen macht den Charakter dieses Holzschnittes als eines Gerichtsbildes und der Waage als eines Rechtssymbols offensichtlich. Angemerkt darf noch werden, daß dieser dritte Reiter wohl die Gesichtszüge Kaiser Maximilians I. trägt, was Rudolf Chadraba[38] zu einer interessanten politischen Interpretation des gesamten Zyklus geführt hat.

Allerdings muß insgesamt angemerkt werden, daß die Kunst sich bei der Darstellung des Weltenrichters am Jüngsten Tag vorrangig an die Schilderung bei Matth. 25,39–46 gehalten, mit dieser freilich auch Inhalte der Offenbarung des Johannes, auch des Alten Testamentes verbunden hat; wie umgekehrt auch die Illustration der Apokalypse Motive aus Matth. 25,39–46 aufnahm (Abb. 85), wodurch ein in vielem einheitliches Bild von Christus als dem Jüngsten Richter (dem Weltenrichter am Jüngsten Tag) entstand, dem es sich abschließend zuzuwenden gilt.

86 Albrecht Dürer, Die Reiter der Apokalypse. 1496–98. Holzschnitt, ca. 39,5 × 28,5 cm

## Der Weltenrichter am Jüngsten Tag

Es gibt nur wenige Themen, die in der vergangenen Kunst so zahlreich dargestellt wurden wie das Jüngste Gericht (Weltgericht)[39]; und dies, obwohl es das junge Christentum zunächst noch gar nicht interessierte. Für dieses stand im Zentrum die Hoffnung auf das eigene ewige Leben im himmlischen Jerusalem, auf das Individualgericht und an die dabei ausgesprochene Erlösung, wie sie die Kunst der Katakomben auch dargestellt hat[40]. Man dachte an Maria, an Johannes, den Lieblingsjünger, an den guten Schächer (Luk. 23,43) – den man Dismas nannte und mit dem Kreuz darstellte –, die alle unmittelbar in das Paradies aufgenommen seien; auch an die Märtyrer, von denen man glaubte, daß sie gleichfalls aufgrund ihres Opfertodes für Christus gerettet waren, weshalb man sich neben ihrem Grab und in der Hoffnung auf ihre Fürsprache bestatten ließ. Selbst wenn die Scheidung der Schafe und Böcke nach Matth. 25,31–42 – eigentlich: der weißen Schafe von den schwarzen Ziegen – oder die Parabel von den klugen und törichten Jungfrauen (Matth. 25,1–13) oder die Parabel vom armen Lazarus und dem reichen Prasser (Luk. 16,19–31) illustriert wurden, sollte dadurch gleichfalls nur Unsterblichkeit, Auferstehung und Heil im Paradies thematisiert werden. Die Verdammung der Nicht-Gläubigen (oder Sünder) interessiert nicht: wie im übrigen schon Jes. 26,14–19 nicht, wonach deren Strafe im (weiteren und ewigen) Tod (und damit in der Verweigerung der Auferstehung zum Leben) gesehen wurde. Bilder von einem Jüngsten Gericht (Weltgericht) finden sich nicht, auch nicht von Christus als dem kriegerischen apokalyptischen Richter. Mit dem Sieg des Christentums im römischen Reich wurde zwar auf die Apokalypse zurückgegriffen, aber nur auf den Aspekt des Königs und Herrschers. Christus wurde als Maiestas auf dem Thron, umgeben von den vier Lebewesen (4,6), dargestellt und verherrlicht, so wie Johannes die Huldigung beschreibt (4,1–11)[41].

Allerdings war der Weg von der Maiestas zum Richter nicht weit. Denn der, »der auf dem Thron saß« (5,1), ist identisch mit dem, »der wie ein Mensch aussah . . . und aus [dessen] Mund ein scharfes, zweischneidiges Schwert [kam]« (1,13,16). Es finden sich deshalb durch die Jahrhunderte Darstellungen, die beide Motive miteinander verbinden. So z. B. das Mosaik in der Kuppel des Baptisteriums von San Giovanni in Florenz (Abb. 87), das um 1300 von venezianischen und florentinischen Künstlern (darunter Cimabue, Andrea di Riccio, Taddeo Gaddi) ausgeführt wurde und eine acht

87 Christus als Jüngster Richter. Um 1300. Mosaik. Florenz, Baptisterium S. Giovanni

Meter große Christus-Judex-Figur zeigt, die Maiestas-Haltung hat, zu deren Füßen aber das Gericht dargestellt ist.

Überhaupt hielt die byzantinische Kunst diesen Bezug des Gerichts zur Heilsgeschichte und zur Maiestas fortwährend fest[42]; also auch dann, als ab dem 6. Jahrhundert – lange, nachdem das Weltgericht in der Theologie (und der Literatur überhaupt), vor allem in den *Konsilien* von Ephraem dem Syrer († 378), ausführlich behandelt worden war[43] – die bildliche Formulierung (im Osten, aber auch im Westen der Christenheit) einsetzte. Beat Brenk[44] sieht den Grund dafür in einem Umbruch der Vorstellung und des Denkens. Die symbolische Darstellung reichte nicht mehr aus, die Menschen verlangten nach narrativ-dinglicher Illustration, die text- und worttreu vorgeht; die geistigen Inhalte wurden unbedenklich in leibliche Form umgesetzt und damit dingfest (und dadurch vielleicht auch glaub-würdiger) gemacht. Der Glaube verlangte nach Sichtbarmachung und insofern Verweltlichung.

Im Osten[45] führte dieses neue Verständnis zu einem Gesamtbild des Jüngsten Gerichts, das unterschiedliche Quellen (Apokalypse, Buch Daniel, auch außerbiblische Motive, wie sie in der Literatur aufgearbeitet worden waren) vereinte. Um 800 war diese Entwicklung abgeschlossen. Das älteste erhaltene Beispiel findet sich in den Fresken der Stephanskirche in Kastoria (Griechenland) aus der 2. Hälfte des 9. Jahrhunderts. Charakteristisch ist – und hier zeigt sich wahrscheinlich der Ursprung in der Miniaturkunst – der vielfigurige, kleinteilige, unübersehbare Aufbau, der wie ein Text gelesen werden muß und insgesamt statisch wirkt. Darin findet die östliche Auffassung ihren Ausdruck, wonach das Bild (Ikone) das Dargestellte selbst und deshalb immer in sich ruhendes Andachtsbild ist (woraus auch der Bezug zu Christus als dem Erlöser am Kreuz folgt). Zugleich wirkt der Maiestas-Gedanke bestimmend weiter, der zur Übernahme zahlreicher Motive aus dem höfischen Zeremoniell der oströmischen Kaiser – der Stellvertreter Christi auf Erden auch als Richter – und der Triumphdarstellungen[46] führte.

Alle typischen Züge, die auch durch die folgenden Jahrhunderte unverändert blieben, finden sich in einer Miniatur in einem Evangeliar des 11. Jahrhunderts (Abb. 88)[47]. Christus thront in einer sternenbesäten Mandorla inmitten der zwölf Apostel und der Engelchöre, seine Arme sind in Kreuzhaltung ausgebreitet, er weist seine Wundmale an Händen und Füßen vor. Neben ihm stehen Maria und Johannes der Täufer in Fürbittegestus: diese *Deesis*[48] war ursprünglich (im 7. Jahrhundert) ein selbständiges Andachtsbild, wurde aber seit dem 11. Jahrhundert zum Kernstück auch der Jüngsten-Gerichts-Darstellung. Von der Mandorla führt ein roter Feuerstrom (Dan. 7,10) hinunter zum Altarthron (Etimesie) – daneben Lanze und Schwammstab (mit dem Kreuz zusammen die *arma Christi*[49]) –, erweitert sich nach rechts und ergießt sich schließlich in die Hölle, den Feuersee nach Apok. 20,14f. Zwei Engel treiben die Verdammten den Dämonen (Teufeln) in die Hände, ein Ungeheuer mit Fischschwanz (Leviathan), das Satan und den Antichristen als dessen Kind trägt, verschlingt einen Verdammten. Darunter verbüßen in sechs Kammern die Verdammten die verschiedenen Höllenstrafen. Links von den Engeln steht der reiche Prasser, der sehnsüchtig zum Paradies hinblickt, in dem Abraham den seligen Lazarus im Schoß hält (Luk. 16,19–31)[50]; daneben thront Maria. Petrus geleitet Auserwählte zur Pforte des Paradieses, die ein roter Cherub bewacht. Der Erzengel Michael erscheint zwischen Himmel und Hölle als Seelenwäger (Dan. 5,27), während darüber eine große Anzahl von Menschen noch auf das Gericht wartet. Daneben gibt es noch weitere Szenen, die dem Gericht vorangehen: das Einrollen des Himmels durch einen Engel (Jes. 34,4), die Herausgabe der Toten durch die Tiere des Meeres und der Erde, die sie verschlungen

88 Das Jüngste Gericht. Miniatur aus einem Evangeliar des 11. Jhs. Paris, Bibliothèque Nationale, 13064 Ms. Grec. 74, fol. 51v

haben (Apok. 20,13), und die Auferstehung der Toten aus Sarkophagen auf Befehl eines posaunenblasenden Engels (Matth. 24,31).

Dieses byzantinische Schema hat stark auf die Entwicklung im Westen eingewirkt, ist freilich dort schon von Beginn an zunächst formal verändert worden, indem die Komposition gestrafft, in Streifenform gegliedert und so überschaubar gemacht wurde. Bezeichnend dafür ist einmal das berühmte Mosaik an der Westwand der Basilika von Torcello bei Venedig (Abb. 89)[51], in vielen Teilen bereits aus dem 11. Jahrhundert, das in sechs Streifen schildert (von oben nach unten): Kreuzigung Christi (mit Maria und Johannes dem Evangelisten), die Höllenfahrt Christi und Befreiung der Väter (Anastasis), die Deesis und die Apostel, den Altarthron und einige Szenen, die Seelenwägung (über dem Bild der Maria mit der Bitte um Intervention), schließlich Himmel und Hölle. Diese in Torcello angewandte Konzeption findet sich häufig

89 Das Jüngste Gericht. 11. Jh. Fresko. Torcello, Basilika

90 Giotto, Das Jüngste Gericht. 1305. Fresko. Padua, Cappella degli Scrovegni

90

91 Giovanni e Niccolò, Das Jüngste Gericht. Um 1235–40. Altartafel. Vatikanische Museen

und noch länger in Italien, auch noch in dem Jüngsten Gericht, das Giotto 1305 für die Cappella degli Scrovegni in Padua gemalt hat (Abb. 90)[52], freilich in persönlich pakkender Form, emotionaler Dramatik, körperlicher Plastizität und mit Bezugnahme auf das Individuum (etwa bei den Höllenstrafen). Schließlich ist als weiteres Beispiel der Vermittlung östlicher und westlicher Auffassung eine Altartafel (um 1235/40; Abb. 91)[53] zu nennen.

B. Brenk[54] hat gezeigt, daß der Westen die byzantinische Weltgerichtskomposition auch inhaltlich in solchem Maße verändert hat, daß es durchaus angebracht ist, diese originellen und ausdrucksstarken Umformungen wie Neuschöpfungen zu bewerten. Denn die spätmerowingische und karolingische Zeit war von einem starken und eigenwilligen Formwillen beseelt, der wiederum auf einer sich im 8. und 9. Jahrhundert herausbildenden Besonderheit des westlichen Denkens beruht: nämlich dem erwachenden Interesse für das Häßliche und Böse aus didaktisch-moralischen Gründen. Die eschatologischen Vorgänge rückten den karolingischen Menschen in bedrohliche Nähe; die Polarität von Gut und Böse trat in den Vordergrund, und zwar in der (bereits genannten neuen) anschaulichen Weise als Polarität von paradiesischen und dämonischen (häßlichen) Figurationen. Zugleich zeigte diese Polarisierung eine Verschärfung des Vergeltungsgedankens (Lohn für Gutes, Strafe für Böses). Und das Weltgericht wurde zunehmend als Vergeltungsakt gesehen, der in handfestem Realismus vor Augen gestellt wurde, um das erwachende scharfe Rechtsempfinden zu befriedigen. »Es wurden überhaupt die juristischen und gefühlsmäßigen Faktoren beim Weltgericht stark hervorgehoben. Die mittelalterliche Gerichtsdarstellung flößt Furcht und Schrecken ein« (Brenk)[55]: auch dadurch, daß sie das Bild des strengen Richters in Kunstwerken von monumentalem Charakter zum Ausdruck brachte.

Interessant ist schließlich eine Darstellung des Jüngsten Gerichts in einer um die Mitte des 10. Jahrhunderts in der Schule von Leon hergestellten Handschrift des Apokalypse-Kommentars des asturischen Mönchs Beatus von Liébana (um 776), da in ihr die Eigenständigkeit der spanischen Kunst zum Ausdruck kommt (Abb. 92)[56]; war doch Spanien durch die Eroberung durch die Muslims – deren Koran im übrigen auch eine Gerichtsvorstellung kennt – von der Entwicklung im sonstigen Europa zum großen Teil ausgeschlossen! In monumentaler Weise wird von dem Künstler – der ein Mönch namens Magius gewesen sein soll! – unabhängig von dem Hauptstrom der christlichen Ikonographie der Gerichtsvorgang entfaltet. Außer Christus sind zwölf sitzende Richter – wie die Inschrift sagt: »jene, die richten und herrschen und die nicht gerichtet werden« – beim Akt des Rechtsprechens dargestellt, was auf den Einfluß von Matth. 19,28 hinweist. Die Gerichteten (Geretteten und Verdammten) sind (erst) auf der nächsten Seite dargestellt.

Allgemein zog die Kunst des Westens die Schilderung des Weltgerichts bei Matth. 25,31–46 vor, was sich in den Schrifttafeln ausdrückt, mit denen die Scheidung (zwar nur selten der Schafe und Böcke wie z. B. im Ebracher Psalter[56a] des 9. oder 10. Jahrhun-

92 Das Jüngste Gericht. Miniatur aus dem *Apokalypse-Kommentar* des Beatus von Liébana. Um 776. New York, The Pierpont Morgan Library, Ms. 644, fol. 719v

93 Das Jüngste Gericht. Miniatur aus dem *Ebracher Psalter*. 9. oder 10. Jh. München, Universitätsbibliothek, Cim. 15, 204r

94 Das Jüngste Gericht. Miniatur aus der *Bamberger Apokalypse*. Um 1000. Bamberg, Staatsbibliothek, Cod. Bibl. 140, fol. 53r

derts – Abb. 93 –, aber) der Seligen und Verdammten vollzogen wurde. Ab dem 11. Jahrhundert wurde auch Maria, ab dem 13. Jahrhundert unter byzantinischem Einfluß auch Johannes der Täufer als Fürbitter dargestellt. Im 12. Jahrhundert fanden – worüber schon W. Pleister ausführlich berichtet hat (vgl. Abb. 56, 57) – auch der Erzengel Michael und der Wägungsakt Eingang in die Gerichtsbilder (wobei anzumerken ist, daß bereits im Stuttgarter Psalter des 9. Jahrhunderts die Waage in der Hand des Richters Christi dargestellt ist, vgl. Abb. 115). In der Regel wurden zusätzlich weitere Themen aus der Apokalypse eingearbeitet, vor allem das Schwert (oder die Schwerter) aus dem Munde Christi. Seit dem Investiturstreit wurde häufig neben dem Schwert eine Lilie dargestellt, mit der (zunächst) nur ein Hinweis auf die geistliche Rechtsprechungsgewalt gegeben werden sollte[57]. In der von der Abtei Reichenau hergestellten *Bamberger Apokalypse* (1002–1014; Abb. 94)[58], die im übrigen Matth. 25, 31–46 illustriert, fand die Herausstellung der juristischen und gefühlsmäßigen Faktoren, über die bereits gesprochen wurde, ihren ersten Niederschlag. Auffällig ist die Zentrierung des Geschehens (und auch der Apostel) auf Christus als den Richter hin; auffällig auch das Kreuz, das auf die Identität des Gekreuzigten mit dem Richter hinweisen soll. Über den ersten Punkt wird noch zu reden sein. Bezüglich der zweiten Auffälligkeit ist festzuhalten, daß in der Folgezeit der ›Passionsrealismus‹ zunahm, vor allem das Herzeigen der Seitenwunde (wie dem ungläubigen Thomas gegenüber) in den Mittelpunkt rückte. Eine Entwicklung, die in den Darstellungen des Jüngsten Gerichts auf den

95 Das Jüngste Gericht. Tympanon am Westportal der Kathedrale Saint-Lazare in Autun. 1120

Tympana der französischen Kathedralen im 12. und 13. Jahrhundert[59] ihren Niederschlag fand. Man vergleiche nur das Jüngste Gericht an der Kathedrale von Saint-Lazare in Autun von 1120 (Abb. 95)[60] mit dem Jüngsten Gericht an der Kathedrale von Notre-Dame in Paris von 1225/30 (Abb. 96): der Gerichtsakt Christi tritt – obwohl der Richter seine überragende Körpergröße eingebüßt hat und nun wie Maria und Johannes (der Evangelist) groß dargestellt ist – schärfer und eindeutiger hervor, die Apostel sind ans Gewände versetzt, Lanze und Kreuz sind augenfällig – wie auch am Dom

96

97

St. Peter in Bamberg (Abb. 97). Darin kommt die Entwicklung zum Ausdruck, die Wolfgang Schöne[61] die Ablösung der theophanen Erscheinungsweise Christi – die auf seine göttliche Natur den Primärakzent legte – durch die anthropophane Gottesgestalt des Menschensohnes (und nun auch des nach dem Menschenbild geformten Gottvaters) genannt und beschrieben hat und die herkömmlich als Durchsetzung der Gotik bezeichnet wird. In ihr wurde den Menschen der Mensch (und Bruder) Jesus bewußt, was die Identifikation mit ihm und mit seinem Leiden möglich machte.

96 Das Jüngste Gericht. Zentral-Tympanon der Kathedrale Notre-Dame in Paris. 1225–30

97 Das Jüngste Gericht. Tympanon am Fürstenportal des Doms St. Peter in Bamberg. 13. Jh.

98 Das Jüngste Gericht. Ende 15. Jh. Tafelbild, 102,5 × 194 cm. Nürnberg, Germanisches Nationalmuseum; ursprünglich Nürnberg, Rathaus

99 Haller Maler (Lorenz Weismann?), Das Jüngste Gericht, 1504. Tempera auf Holz, 153 × 194 cm. Innsbruck, Kunsthistorisches Museum; ehemals Gerichtshaus (Rathaus) in Hall/Tirol

Freilich bedeutete diese anthropophane Gottesgestalt Christi auch ein neues, bewußteres Verständnis von ihm als dem Richter. Die Zentrierung des Geschehens am Jüngsten Tag auf den richtenden Christus hing auch mit der Entwicklung des Rechts zusammen. Immer schon hatten die Theologen das Jüngste Gericht mit dem Rechtsprozeß vor dem irdischen Gericht verglichen, man denke nur an Tertullian († 160) und Johannes Chrysostomos († 407)[62]. Doch war dieser forensische Aspekt hinter dem

100

101

Gedanken des Herrschers Christi zurückgetreten! Nun aber wurde die Parallele von Jüngstem Gericht und irdischem Gericht bewußt und ausgesprochen. In der zwischen 1330 und 1386 entstandenen Glosse zum sächsischen Weichbildrecht schrieb der Verfasser: »Wo der Richter mit Urteilen richtet, an derselben Stätte und in derselben Stunde sitzet Gott in seinem göttlichen Gerichte über dem Richter und über den Schöffen, und darum sollte ein jeglicher Richter in dem Rathause malen lassen das strenge Gericht unseres Herrn«. G. Troescher[63] hat über 120 solche Darstellungen zusammengestellt, die überwiegend aus dem 16. und 17. Jahrhundert stammen und vor allem die Richter zu gerechtem Handeln durch die Androhung der Verdammung am Jüngsten Tag motivieren wollten, damit also die Funktion der im nächsten Kapitel zu behandelnden Gerechtigkeitsbilder erfüllten. Einige dieser Bilder sollen in Abbildung gezeigt werden (Abb. 98–100)[64]. Zu erwähnen ist auch, daß Miniaturen des Weltgerichts sich ebenso in Rechtstexten selbst finden (Abb. 101–103)[65]. Interessant (für den oben genannten Ausgangspunkt) sind einige Bilder, die diese Parallele von Weltgericht und irdischem Gericht eindeutig vor Augen stellen, wobei in der zeitlich frühesten Darstellung von Nicolo di Giacomo da Bologna in einer illustrierten Dekretalienhandschrift der Papst als Ketzerrichter in Parallele zum Jüngsten Richter gezeigt wird (Abb. 104). In manchen Darstellungen wurde der Bezug des Weltgerichts zum weltlichen Prozeß deutlich herausgestellt (Abb. 105); im *Grazer Stadtrichterbild* etwa (Abb. 106) ist die alte deutschrechtliche Unterscheidung von Richter (als dem Verhandlungsleiter) und Schöffen (als den eigentlichen Urteilsfindern)[66]auch auf Christus und die Apostel übertragen, eine Rollenaufteilung, die sich auch in Weltgerichtsspielen[67], z. B. dem *Hamburger Jüngsten Gericht* vom Anfang des 12. Jahrhunderts oder der *Martina* des Hugo von Langenstein 1290, findet. Zu dieser Stellung des Richters passen im übrigen auch die hoheitsvolle, ruhige, passive Haltung Christi und die Darstellung der Apostel als eines Kollegiums auf der Schöffenbank.

Mit der Veränderung des Prozeßrechts auf die allmähliche Vereinigung der Aufgaben von Richter und Urteiler, wodurch der Richter eine immer aktivere Rolle zu übernehmen hatte, mußte sich auch die Vorstellung von Christus als Jüngstem Richter

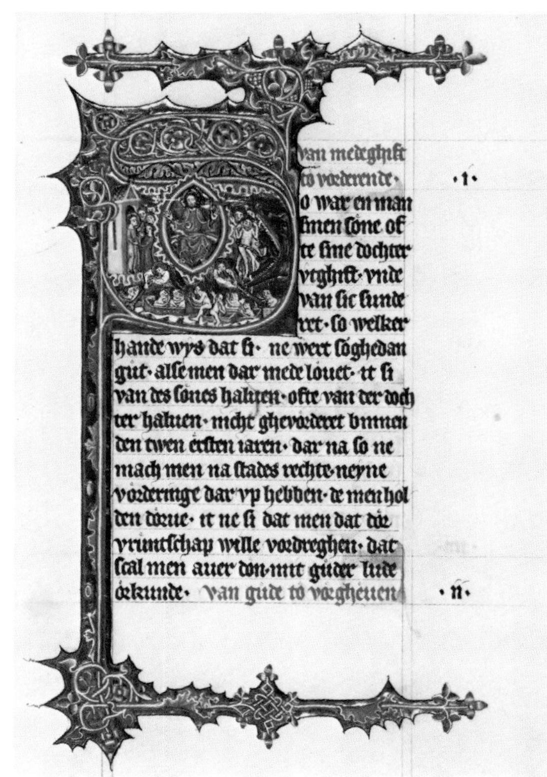

102 Das Jüngste Gericht. Initial aus der *Handschrift des Lübschen Rechts*. 1348. Kopenhagen, Königliche Bibliothek, Ledreborg 13, fol. 25r

100 Hans Vredeman de Vries, Das Jüngste Gericht. 1595. Gemälde. Danzig, Rathaus

101 Das Jüngste Gericht. Titelminiatur des *Roten Stadtbuches*. 1301. Hamburg, Staatsarchiv

103 Das Jüngste Gericht. Aus der *Bambergischen Halsgerichtsordnung,* gedruckt von Hans Pfeil. 1507. Bamberg, Staatsbibliothek, I. H. Inc. typ. IV. 15a, fol. III

104 Christus und der Papst als Richter. Miniatur aus einer *Dekretalienhandschrift* des Nicolo di Giacomo da Bologna. 14. Jh. Berlin (West), Staatliche Museen Preußischer Kulturbesitz, Kupferstichkabinett

verändern; er mußte zu dem werden, was er eigentlich schon immer war: nämlich der aktive Herr des Gerichts, hinter den auch die nach Matth. 19,28 eingesetzten Apostel als (Mit)Richter zurücktreten mußten. In der Erzählliteratur vom 12. bis 14. Jahrhundert[68], z. B. dem *Hamburger Jüngsten Gericht,* dem *Linzer Antichrist,* dem *Jüngsten Gericht der Frau Ava,* der *Erlösung,* der *Gottes Zukunft* des Heinrich von Neustadt – die auf Arbeiten von Theologen zurückgriffen – und in den darauf aufbauenden Weltgerichtsspielen, die zusammen mit den Zehnjungfrauen- und Antichristspielen und zum Teil mit den Prozessionen und Fronleichnamsspielen seit dem 14. Jahrhundert in und vor den Kirchengebäuden dem Volk das Geschehen am Jüngsten Tag anschaulich und realistisch vor Augen stellten, wurde ihm auch diese Rolle übertragen; außerdem wurde das gesamte Geschehen im Tal Joschafat (Joel 4,2) dem Rechtsprozeß angenähert und dramatisch ausgestattet. Luzifer/Satan, Engel, Märtyrer, Tugenden und Laster, die Elemente (in Engelgestalt), die gesamte Schöpfung treten als Ankläger auf, Johannes der Täufer als Verteidiger (Vogt), Zeugen brauchen nicht vernommen zu werden, da das Buch des Lebens vorgelesen wird usw. Der Urteilsakt selbst wird differenziert: kein Gericht findet statt über Maria[69], Johannes den Täufer, über die Apostel und Märtyrer (Apok. 20,4), auch nicht über die Heiligen (und die heiligen Herrscher[70]); ebenso werden die Juden, Heiden (darunter auch die alten Götter der Griechen und Römer), Sarazenen, Ägypter, auch z. B. Nero, nicht eigens verurteilt: sie sind von Anfang an gerichtet, wie auch Luzifer und die gefallenen Engel. Nur die sündhaften Christen haben sich dem Urteilsspruch zu stellen, der gerne durch die Wägung der Taten geschildert wird. Die sich daran anschließende Scheidung der Geretteten und der Verdammten nach rechts und links[71] wird dramatisch ausagiert, vor allem die Höllenstrafen zur Abschreckung und Mahnung plastisch auf der Bühne in Szene gesetzt.

Durch diese Parallelität zum menschlichen Prozeß gewann zwar die Vorstellung vom Jüngsten Gericht Farbe, Dramatik, Überzeugungskraft. Zugleich aber mußte die Aktivität Christi, die auch im Ausspruch und Vollzug der ewigen Verdammnis bestand, zutiefst problematisch werden. War dies noch der durch die Leidenswerkzeuge dem Gefühl nahegebrachte Heiland, der aus Liebe zu den Menschen den Tod am Kreuz erlitten hatte?[72] Das Problem wurde um so drängender, je größere Fortschritte

105 Himmlisches und irdisches Gericht. Kurz nach 1400. Öl auf Holz, 133 × 104 cm. Würzburg, Bischöfliches Ordinariat

106 Grazer Stadtrichterbild. Kopie des 17. Jh. nach einem Vorbild von 1478. Tempera auf Fichtenholz, 102,7 × 98,7 cm. Graz, Stadtmuseum

die Verinnerlichung des Glaubens (und des Gottes- und Menschenverständnisses) machte. Die neue Frömmigkeitsbewegung in den Klöstern, der geistige Aufbruch in den Städten, die Mystik, auch die geistliche Dichtung (etwa in den Hoheliedern)[73] gestalteten ein inniges, fast zärtliches Christusbild. Zugleich freilich brach diese Entwicklung zum Freiheitsbewußtsein die Geborgenheit und Sicherheit des alten Lebensstils auf. Die Menschen erkannten zunehmend (und mit zunehmendem Erschrecken) ihre Sündhaftigkeit. Dieses immer überwältigender werdende Sündenbewußtsein wurde mit dem Richter Christus konfrontiert, zusammen mit apokalyptischer End-

107

107 Das Jüngste Gericht. Miniatur aus *Somme le roi* (1279) des Laurent du Bois, Handschrift, 15. Jh. Brüssel, Bibliothèque Royale Albert I., Ms. 9550, fol. 21v

108 Weltgericht. Miniatur aus dem *Stundenbuch der Katharina von Kleve*. Um 1440. New York, The Pierpont Morgan Library, Ms. 917, fol. 28r

109 Das Jüngste Gericht. Miniatur aus einem ›Stundenbuch‹. Anfang 16. Jh. Wien, Österreichische Nationalbibliothek, Cod. 1858, fol. 104

110 Fra Angelico, Das Jüngste Gericht. Um 1432–35. Tempera auf Holz, 105 × 210 cm. Florenz, Kloster San Marco

108

109

110

zeiterwartung, die sich in der Zunahme der Darstellungen des Jüngsten Gerichts im 15. und 16. Jahrhundert zeigt[74]. Sie wurden – neben den Gerichtsräumen – auch in Kirchen aufgestellt, sie finden sich in zahlreichen Handschriften (Abb. 107)[75], auch in den Visionsberichten der Mystiker, auch und vor allem in den die Psalterien ab dem 13. Jahrhundert ablösenden, der privaten Andacht dienenden, am Brevier der Geistlichen orientierten ›Stundenbücher‹ (Abb. 108, 109)[76], in denen das Jüngste Gericht in aller Regel im Totenoffiz dargestellt war. Man kann zwar annehmen, daß bereits die Herausbildung der Weltgerichtsbilder ab dem 8. Jahrhundert die Entstehung des Sündenbewußtseins vorausgesetzt hatte[77], doch darf nicht übersehen werden, daß damit Hand in Hand das Vertrauen auf Errettung gegangen war. Man konnte die Höllenstrafen

111

112

113

deshalb damals handfest darstellen, weil man überzeugt war, zu den Geretteten zu gehören. Wie genau diese Zuordnung für möglich gehalten wurde, zeigt Dantes *Divina Commedia* (1314–1321); macht aber auch die Art und Weise deutlich, wie Fra Angelico (1387–1455) das Weltgericht malen konnte (Abb. 110)[78]. Die Menschen vertrauten auf die Gnade bzw. Begnadigung. Die Gerechtigkeit Gottes wurde durch lange Zeit hindurch immer in Einheit mit Barmherzigkeit *(misericordia)* gedacht.

Garantie für diese Gnade bot die Kirche als die Heilsanstalt mit den Sakramenten und Gaben des heiligen Geistes, aber auch mit ihren Heiligen. Deshalb stellten die Künstler auch Maria, die Mutter Gottes, und Johannes als Fürbitter dar: in der Überzeugung, daß Christus seiner Mutter (zugleich doch Bild der Kirche als der Braut Christi) und seinem Lieblingsjünger – der deshalb an den französischen Kathedralen an die Stelle des Täufers trat[79] – diese Bitte nicht abschlagen werde. Überhaupt ging die vom 11. Jahrhundert aufblühende Marienverehrung von einem aktiven Heilseingreifen der Gottesmutter[80] aus. Sogar bereits Verstorbene wurden von ihr ins Leben zurückgeholt, um noch die errettende Beichte ablegen zu können. In der deutschen Dichtung *Des Sünders Traum* aus der 2. Hälfte des 13. Jahrhunderts wurde Maria dargestellt, wie sie die Waagschale der guten Werke mit ihrer Hand einfach tieferdrückt und so den Verstorbenen errettet; die Szene verdeutlicht eine Alabasterplastik des 15. Jahrhunderts aus Nottingham (Abb. 111)[81]. Auch der Wägungsakt durch Michael[82] wurde in dieser Weise – nämlich: als nicht nur strenge Gerechtigkeit – gesehen. Im Wolfenbütteler Evangeliar von 1194 (Abb. 112, vgl. auch Abb. 53–59)[33] findet die Wägung in der unteren Zone statt, die rechte Waagschale ist mit einem Klotz (vergleichbar dem Kerbholz als dem Sündenregister) beladen, doch hat der Teufel trotz unterschiedlicher Machinationen keine Chance, da ein Engel in die linke Schale das Blut des Erlösers in einen Kelch gießt, wodurch sich diese nach unten senkt und so die Erlösung des Auferstandenen anzeigt.

Der Zisterziensermönch Guillaume de Deguileville († 1358)[84] schilderte in seinem bekannten, weit verbreiteten und z. B. im Totenoffiz des Stundenbuchs von Rouen (aus dem 16. Jahrhundert) verwerteten Gedicht *Pèlerinage de l'âme* die Jenseitsfahrt der Seele und darin auch die in einen Prozeß (und den Streit der Töchter Gottes), über den im nächsten Kapitel berichtet werden wird (vgl. Abb. 163), eingebundene Wägeszene. Das *Stundenbuch von Rouen* illustriert diese Szene (Abb. 113)[85]: Unter dem Vorsitz des Erzengels Michael und mit den Beisitzern Petrus und Paulus, Vérité, Raison und der hl. Katharina hält Justitia die Waage, deren rechte Schale von einem Teufel herabgedrückt wird; doch die links stehende Misericordia legt einen göttlichen Himmelsbrief und ein Sendschreiben Christi über den Sinn seines Erlösungswerkes in die andere Schale, wodurch die vor der Waage kniende Seele gerettet wird. Deutlich ist: die Waage steht noch nicht für strenge Gerechtigkeit (im Sinne von abstrakter Gleichheit)[86]. Im *Stuttgarter Psalter* wird sie von Christus als dem Richter gehalten; darüber trägt ein Engel ein Schriftband mit *equitas* (also Billigkeit, Gnade i. w. S.; Abb. 114). Im übrigen ist anzunehmen, daß in vergleichbarer Weise in dieser frühen Zeit auch die Gerechtigkeit der weltlichen Gerichte stets in Verbindung, wenn nicht in Einheit mit Aequitas gesehen wurde.

Dies alles veränderte sich nun im Verlaufe der späteren Jahrhunderte. Das Vertrauen auf die erfolgreiche Fürbitte der Heiligen ging verloren. In dem Gedicht *Gottes Zukunft* des Heinrich von Neustadt (um 1300) wurde Maria zwar als »vorsprech« geschildert: doch blieb ihre Fürbitte vergebens. Im Eisenacher Spiel von den zehn Jungfrauen (von 1322) befiehlt Christus seiner fürbittenden Mutter zu schweigen und weist sie zurück. Gegenüber den zu Verdammenden kannte Christus keine Gnade mehr. Der apokalyptische zornige Richter, der *Sol Iustitiae* Albrecht Dürers (Abb. 69), wurde immer unbarmherziger und strenger, entwickelte sich immer mehr zum vernichtenden Agenten der Strafrechtspflege (der vergeltenden Gerechtigkeit): auch hierin wird die Parallele zum irdischen (Straf)Gericht deutlich, das ab dem 12. Jahrhundert in sich steigerndem Maße zum Blut- und Halsgericht wurde[87]. Der Gerichtsgedanke wurde auch für Christus bald vom reinen Vergeltungsprinzip her bestimmt, im Verdammungsurteil des Jüngsten Richters fand die von daher (und nun getrennt von der sich

114 Christus als Richter. Miniatur aus dem *Stuttgarter Psalter*. 9. Jh. Stuttgart, Württembergische Landesbibliothek, Fol. 23, fol. 9r

111 Maria hilft dem Verstorbenen bei der Wägung seiner Seele. Wahrscheinlich aus Nottingham, 15. Jh. Alabaster Skulptur. Paris, Louvre

112 Das Jüngste Gericht. Miniatur aus dem *Wolfenbütteler Evangeliar*. 1194. Wolfenbüttel, Herzog August Bibliothek, Cod. Guelf. 65 Helmst., fol. 13v

113 Jenseitsfahrt der Seele. Miniatur aus dem *Stundenbuch von Rouen*. 16. Jh. Cherbourg, Bibliothèque, Ms. 5, fol. 67r

gleichfalls verselbständigenden Barmherzigkeit – Misericordia – und/oder der göttlichen Liebe – Caritas[88] –) gedachte Gerechtigkeit ihre Erfüllung. In *Des Sünders Traum* (2. Hälfte des 13. Jahrhunderts) verteidigten Wahrheit und Gerechtigkeit noch den Menschen gegen die Anklage des Teufels[89]; in dem dem Psalm 85,11 entnommenen Streit der Töchter Gottes versöhnten sich noch Gerechtigkeit und Barmherzigkeit und umarmten sich; nun treten in den Weltgerichtsspielen Gerechtigkeit und Barmherzigkeit als Gegenspieler auf: und die Vergeltung und Vernichtung fordernde Gerechtigkeit gewinnt, die Vergebung erbittende Barmherzigkeit unterliegt[90]. Gegenüber einer solchen gnadenlosen (und gnadenlos gewordenen) Gerechtigkeit hatte man als sündhafter und sündenbewußter Mensch keine Chance mehr; nun konnte niemand mehr sicher sein, als Gerechter anerkannt zu werden. Die apokalyptische Stimmung brach erneut aus, diesmal erregender und existentiell erschütternder, da niemand mehr wußte, ob er das Himmlische Jerusalem und den Kranz des Lebens erlangen konnte.

Die Marienverehrung konnte zwar Trost spenden, führte aber zu einer problematischen dogmatischen Konsequenz. Das *Speculum humanae salvationis*(Heilsspiegel)[91] – um 1330 in Straßburg entstanden – ging, nach einer Theorie Alberts d. Gr. († 1280), davon aus, daß Gott sein Reich zweiteile: in ein Reich der Gerechtigkeit (unter seiner Herrschaft) und in ein Reich der Barmherzigkeit (unter der Königin Maria). Das Fresko in der Friedhofskirche von Pisa (um 1355)[92] kann fast als Illustration dieser Ausführungen verstanden werden: Maria ist die gnadenvolle Richterin über die Seligen, Christus der unbarmherzige gerechte Richter über die Verdammten (Abb. 116). Auch Geoffroy Dumoustier stellte 1530/40 Christus und Maria vereint als Richter dar (Abb. 115). Dogmatisch freilich war dies eine unhaltbare Konstruktion! Auch konnte die Konsequenz, Christus auf den erbarmungslosen Verdammer zu reduzieren, von den Christen nicht akzeptiert werden: angesichts des Heilandes, der für die Menschen

115 Geoffroy Dumoustier, Das Jüngste Gericht mit den Sieben Werken der Barmherzigkeit und Lazarus und dem Reichen. Um 1530–40. Frontispiz zum *Cartulaire de Saint-Maclou*. Rouen, Archives départementales de la Seine-Maritime

116 Andrea und Leonardo Orcagna (?), Das ▷ Jüngste Gericht. Um 1355. Fresko. Pisa, Friedhofskirche

gestorben war. Er selbst mußte auch Gnade sein: wie ihn Pietro Perugino, der Vorgänger und Meister Raffaels, 1507/08 an der Decke der Stanza dell' Incendio di Borgo im Palazzo Vaticano (Abb. 117)[93] oder Lelio Orsi (1511–1587, Abb. 337)[94] dargestellt haben. In diesem Sinne wurde die Lilie nicht mehr bezogen auf die geistliche Gerichtsbarkeit, sondern – entsprechend der Lilie als Symbol Mariens – als Zeichen der Gnade verstanden. Christus mußte Gerechtigkeit und Gnade zugleich sein. Die prachtvolle Teppichreihe über die Erlösung der Menschheit (um 1500)[95] macht dies im ersten und letzten (10.) Bild deutlich (Abb. 118): Die Trinität, deren Sieben-Tage-Werk der Schöpfung dargestellt wird, ist von Barmherzigkeit und Gerechtigkeit flankiert; das Urteil Christi, des Jüngsten Richters, wird durch Barmherzigkeit und Gerechtigkeit ausgeführt. Lilie und Schwert sind seine Attribute.

Fraglich war nur und blieb allerdings, wie Gerechtigkeit und Barmherzigkeit, Schwert und Lilie, Vergeltung und Gnade in ein und demselben Christus vereint gedacht werden konnten. Das Problem, das schon – wie dargestellt – für das alttestamentliche Gottesbild bestanden hatte, wurde für die christliche Gottesvorstellung drängend und existentiell. Theoretisch war es möglich, zwischen Menschwerdung aus Gnade und Gericht (nach Vergeltung) zu unterscheiden. Richard Schwarz[96] hat gezeigt, daß in der Liturgie (und der Predigtbelehrung) scharf zwischen dem 1. und dem 2. Advent (Inkarnationsadvent – Gerichtsadvent) unterschieden und die Barmherzigkeit Gottes auf den ersteren beschränkt wurde. Die Folge war, daß dadurch das Gericht immer mehr mit Vergeltung zusammenfiel, immer unbarmherziger wurde. Man konnte auch auf die schon seit jeher vorgedachte Trennung des Gerichtsaktes in gnädiges Sondergericht (nach dem Tod)[97] und vergeltendes Weltgericht zurückgreifen. Ersteres wird in einer von Gnade und Hoffnung geprägten Miniatur im französischen *Stundenbuch von Rohan* (1418) dargestellt (Abb. 119)[98]: Einem Verstorbenen, der

117 Pietro Perugino, Christus in der Glorie. 1507–08. Detail des Deckenfreskos in der Stanza dell'Incendio di Borgo. Vatikanische Museen

118 Das Jüngste Gericht. Teppich aus der Serie über die *Erlösung der Menschheit*. Um 1500, Brüssel. Paris, Louvre

119 Gericht über einen Toten. Aus dem *Stundenbuch von Rohan*. 1418. Paris, Bibliothèque Nationale, 10318 lat. 9471, fol. 159

120 Christus als Richter. Aus dem *Stundenbuch von Rohan*. fol. 154

bereits auf dem Friedhof liegt und dessen Seele schon vom Teufel gepackt wurde, wird im Angesicht seines göttlichen Richters – der trotz des alten Gesichtes aufgrund der Inschrift des Nimbus als Christus aufzufassen ist – die Chance zu einem letzten lateinischen Gebet eröffnet: »In deine Hände lege ich voll Vertrauen meinen Geist; du hast mich erlöst, Herr, du treuer Gott« (Psalm 31,6). Christus erwidert auf französisch: »Deine Sünden wirst du sühnen. Am Jüngsten Gericht wirst du mit mir im Paradies sein«; und der Engel jagt dem Teufel die Seele wieder ab und geleitet sie in das Fegefeuer. Freilich bleibt für die, die nicht in den Genuß dieses Fegefeuers – und welch menschenfreundliche ›Erfindung‹ war diese Vorstellung![99] – kamen, das Jüngste Gericht weiterhin die strenge Vergeltung. Ergreifend zeigt der Künstler des Rohan-Stundenbuchs, wie der gnädige Christus der oberen Szene bei diesem Vollzug der Strafgerechtigkeit zu sehen ist: nämlich selbst leidend und zerbrechend an dieser Aufgabe, die nicht die seine sein kann (Abb. 120).

Der letzte Lösungsversuch innerhalb der Theologie des Rechts konnte auch darin liegen, diese durch die geistige Entwicklung der Menschen nun so scharf gewordene

Differenz von Gerechtigkeit und Barmherzigkeit in den Gottesbegriff selbst hineinzutragen. Vorreiter waren die dogmatisch unverdächtigen Pestbilder des 16. Jahrhunderts[100]. Der zornige Gottvater schießt zur Mahnung und Vergeltung die Pestpfeile auf die Erde, Christus und Maria legen Fürbitte ein und können dadurch Gottes Zorn besänftigen und das Unheil abwenden (Abb. 121). Dabei tritt Christus als Typus des Schmerzensmannes[101] auf, wie er sich im Norden herausgebildet hatte durch Umformung der im 12. Jahrhundert in Byzanz entstandenen Vorstellung eines gekreuzigten und begrabenen, also toten Christus. Dieser (lebende) Schmerzensmann war der Inbegriff des milden, liebevollen, vergebenden Gottes, als solcher berufen für die Rolle des Fürsprechers. Wieder war es das *Speculum humanae salvationis,* das diese Idee für die Frage des Gerichts aufgriff und populär machte. Dabei verband es – einer Vision der Mechthild von Magdeburg († 1282?) folgend – das Wirken des Schmerzensmannes Christus mit der Fürbitte Mariens zu der *Heilstreppe*[102], über die K. Seelmann genauer berichten wird (vgl. Abb. 325–328). Maria zeigt ihrem Sohn die Brüste, die ihn genährt haben, und bittet für die Menschen; dadurch ergriffen, zeigt Christus als Schmerzensmann fürbittend dem Vater seine Narben und Wunden, woraufhin Gottvater Gnade vor Gerechtigkeit gehen läßt. Dieses Motiv fand sich bald häufig auf Votivtafeln und Sterbebildern. Die Differenz von Vergeltung und Barmherzigkeit war damit in das Verhältnis von Gottvater und Christus hineingelegt, mit der Konsequenz, daß Christus einheitlich als barmherzig und als Heiland gedacht werden konnte; mit der notwendigen weiteren Folge, daß Christus nicht der auch das Verdammungsurteil aussprechende Richter am Jüngsten Tag sein konnte. Der Weg, Gott-Vater als Jüngsten Richter zu denken, war zwar im Ansatz des Motivs der Heilstreppe immer angesprochen, kam vielleicht auch dem patriarchalischen (und darin auch politischen) Denken der Zeit entgegen, konnte aber wegen Joh. 5,22–27 – »Auch richtet der Vater niemand, sondern er hat das Gericht ganz dem Sohn übertragen« – dogmatisch nicht gehalten werden.

Es blieb somit nur die Lösung, die Martin Luther formuliert hat; und die damit in einer echten *reformatio*[103] an die oben berichteten Glaubensinhalte von der *iustitia Dei* als Einheit von Gerechtigkeit und Gnade angeknüpft hat, was freilich nun wegen der in der Zwischenzeit aufgebrochenen Differenz nur durch Distanzierung der Gerechtigkeit möglich war. Christus kann auch und gerade im Gericht nur von der Gnade (Barmherzigkeit), die er den Menschen aus Liebe schenkt, und damit in Einheit mit dem Gekreuzigten (Abb. 122) gedacht werden; was einen unbekannten Künstler 1657 dazu brachte, Christus beim Weltgericht über Islam und Heidentum als Frau (wie Maria, die Mutter der Gnade) darzustellen (Abb. 123)[104]. Das Verhältnis Christi zu den Menschen ist nicht mit rechtlichen/gerichtlichen Kategorien zu begreifen. Die Erkenntnis und das Bewußtsein der menschlichen Sündhaftigkeit brauchen nicht zu Verzweiflung oder Furcht vor Strafe zu führen. Christus schenkt dem sich ihm anvertrauenden Sünder unverdient seine Gnade, was zugleich Lebensmut und Energie im irdischen Leben hervorruft: auch zur Verwirklichung der nun auf irdische Verhältnisse beschränkten Gerechtigkeit[105]. Im Vertrauen auf Gott kann die menschliche Gerechtigkeit – gestützt auf die Säule der Vernunft und Tugend – ihre irdische (und daher nicht mehr strahlende, sondern brüchige) Aufgabe übernehmen: in diesem Sinne reicht ihr in dem Buchsbaumrelief von Sebastian Loscher (1536) der Putto die Waage und fordert sie auf, das Schwert zu nehmen und die Welt zu ordnen (Abb. 124)[106]. Jedenfalls ist für den Glaubenden die apokalyptische Stimmung aufgehoben, er kann vertrauend den »lieben jüngsten Tag« (Luther)[107] erwarten, der kein Tag des Rechts und des Gerichts sein wird.

121 Pestaltar, augsburgisch. Mittlere Tafel. Um 1520. Nürnberg, Germanisches Nationalmuseum

122 Jan Mostaert, Das Jüngste Gericht mit den Stiftern Christian II. von Dänemark und seiner Frau Isabella von Oostenrijk. 16. Jh. Helsingör, Marienkirche

123

124

125

123 Christus als Weltenrichter. 1657. Zeichnung (deutsch). New York, The Cooper-Hewitt Museum, Smithsonian Institution

124 Sebastian Loscher, Allegorie der himmlischen und irdischen Gerechtigkeit. 1536. Holzrelief. Berlin (West), Staatliche Museen Preußischer Kulturbesitz, Skulpturengalerie

125 Giorgio Gandini (oder Del Grano), Madonna mit dem Kind (und der Waage) und Heiligen. Nach 1538. Ehemals Parma, Pinacoteca

126 Alessandro Varotari (gen. Il Padovanino), Madonna mit dem Kind und Gerechtigkeit und dem Evangelisten Markus. Um 1600. Pordenone, Museo Civico

K. Seelmann stellt – im übrigen mit einer anderen Interpretation – die Bilder vor, vor allem das *Merkbild,* das Lucas Cranach d. Ä. 1529 (wohl auf Anweisung Luthers) gemalt hat (vgl. Abb. 332). Das Gericht gehört – wie Gesetz, Sündenfall und Verdammung – zum Bereich des Alten Testaments; unter dem Neuen Testament Christi, des

Siegers über Hölle und Tod durch die Auferstehung, wird der sündige Mensch – worauf ihn Johannes der Täufer hinweist – durch das Blut des Gekreuzigten reingewaschen. Was das Bild deutlicher macht (als die Theologen seither, die noch immer von ›Gericht‹ und ›Gerechtigkeit‹ Gottes – freilich in Abhebung zum juristischen Verständnis – sprechen, einsehen), ist die Erkenntnis, daß für den Gläubigen Christus nicht als Richter erscheinen kann und wird. Gott – und zwar gemäß Joh. 5,30 auch der Vater – kann und wird nicht Richter sein. Die Waage ist nur mehr Spielzeug in der Hand des Jesuskindes (Abb. 125)[108]. Vor diesem Kind muß die Gerechtigkeit das Knie beugen (Abb. 126). Sie wird von der Barmherzigkeit zurückgehalten, welche ihr sogar in den Arm greift (Abb. 127, vgl. auch Abb. 338). Die Gerechtigkeit wird von der Liebe entwaffnet; nach Luca Giordano (1634–1705) aber auch vom Laster, der dieses Thema in barocker, fast unernster Umgestaltung dargestellt hat (Abb. 128).

Im übrigen war auch das wohl bekannteste Bild eines Jüngsten Gerichts, das Fresko in der Sixtinischen Kapelle von Michelangelo (1541)[109] – hier (Abb. 129) abgebildet in der Kopie, die Marcello Venusti, ein Schüler Michelangelos, vielleicht sogar unter seiner Anleitung 1549 für Kardinal Alessandro Farnese hergestellt hat und die den ursprünglichen Eindruck am besten wiederzugeben geeignet ist –, keine Darstellung irgendeines rechtlich relevanten Geschehens. Der Künstler vollendete hier die anthropophane Gestalt Gottes[110]: Christus tritt als vollendeter Mensch und als vollmächtig Handelnder in Aktion. Er ist nicht zornig, er ist auch nicht zusammen mit Maria gnädig; er ist in der ruhigen Souveränität des neuen auferstandenen Weltenherrschers geballte und gesammelte Energie, die die Menschen (Lebende und Tote, Heilige und Sünder) um ihn herum existentiell erschüttert und zu ihrer Bestimmung mit- und fortreißt. Alle Versuche, diese Dynamik und Gewalt als Gericht zu beschreiben, müssen fehlgehen (was sich schon darin zeigt, daß jeder eine andere Interpretation vorlegt). Sondern mit Ruth Feldhusen[111] ist festzuhalten, daß Michelangelo mit diesem Fresko den Mythos eingeholt und verchristlicht, zugleich das Jüngste Gericht mythologisiert

127 Giorgio Vasari, Die Gerechtigkeit wird von der Barmherzigkeit zurückgehalten. 16. Jh. Rom, Villa Albani

128 Luca Giordano, Entwaffnung der Gerechtigkeit durch Liebe und Laster. Um 1700. Öl auf Leinwand, 168 × 286 cm. Um 1700. Budapest, Museum der Bildenden Künste

hat. Das Geschehen ist in den irrealen und verhältnislosen Raum gestellt, in den menschlichen Erlebnisraum des Überwirklichen, weshalb dieses ein Ereignis wird für den Menschen und am Menschen, das bis heute den Betrachter ergreift und berührt. Mit Michelangelo ist die mögliche Darstellung des Jüngsten Gerichts an ihr Ende gekommen. Es bleiben nur Kopieren oder Verzichten. Beide Wege haben Künstler nach 1541 beschritten[112]; darauf ist hier nicht mehr einzugehen. Anzumerken ist vielleicht nur noch, daß in der modernen Kunst das Weltgericht wieder beliebter geworden ist: freilich – von Ausnahmen abgesehen – nun als Ausdruck einer Weltuntergangsstimmung[113], die man nur mehr im oberflächlichen Sinne ›apokalyptisch‹ nennen sollte. Es ist bezeichnend, daß HAP Grieshaber 1970 sein *Weltgericht* (Abb. 130) für das Supraportenfeld des Sitzungssaales für den Verteidigungsausschuß des Bundestages in Bonn geschaffen hat.

130 HAP Grieshaber, Weltgericht. Mittelflügel des Triptychons. 1970. Holz, 230 × 115 cm. Bonn, Bundestag

129 Marcello Venusti, Das Jüngste Gericht (Kopie nach Michelangelo). 1549. Öl auf Holz. Neapel, Museo di Capodimonte

Wolfgang Schild

# III
# *Gerechtigkeitsbilder*

Im eigentlichen Sinne nennt man ›Gerechtigkeitsbilder‹ die Darstellungen in der Regel an den Stätten des Gerichts (also des Rathauses), die die Richter (und Gesetzgeber) zur Gerechtigkeit mahnten und vor deren Mißachtung warnten, wobei als Beispiele Szenen der Bibel oder moralisierender Historien (der antiken, seltener der mittelalterlichen Geschichte) dienten[1]. Die folgenden Ausführungen stellen darüber hinaus die Darstellung der Gerechtigkeit als Tugend überhaupt vor, wie sie die Ethik (Tugendlehre) im Laufe der Zeit in unterschiedlicher Weise in Wort und Bild entwikkelt und entfaltet hat. Ja, dieses Bild der Tugend Gerechtigkeit steht im Vordergrund des Folgenden. Erneut kann in dem Zusammenhang der Thematik dieses Buches nur auf einige Probleme eingegangen werden.

## Gerechtigkeit als eine der *virtutes*

Zunächst kann in manchen Punkten an das vorherige Kapitel, in dem es im wesentlichen um theologische Fragen ging, angeschlossen werden. Denn lange Zeit war die Gerechtigkeit auch als Tugend eingebunden in das religiöse/theologische System. *Virtutes* – heute in der Regel nur mehr mit Tugenden[2] übersetzt – wurden im Mittelalter auch die Engel (einer unteren Kategorie des himmlischen Kosmos) genannt, was in diesem Zusammenhang mit ›Kräften‹ oder ›Gewalten‹ übersetzt werden kann[3]. Sie waren in dieser Bedeutung die göttlichen Gaben – daher oft in Verbindung zu den sieben Gaben des heiligen Geistes gebracht –, die mit dem Teufel (und den von diesem her gedachten Lastern) um das Seelenheil des Menschen ringen. Sie erfüllen den Menschen mit heiligmachender Kraft – darin durchaus den Sakramenten vergleichbar, auch darin, daß sie von Gott geschenkt waren – und wappnen ihn bzw. seine Seele für den auf Erden tobenden Kampf von Gut und Böse, wie eine Miniatur in der typologischen Schrift *Concordantiae Caritatis* (nach 1351) des Abtes Ulrich von Lilienfeld zeigt

131 Die Seele wird von den Tugenden bewaffnet. Miniatur aus der Handschrift *Concordantiae caritatis* des Ulrich von Lilienfeld. 1349–51. Lilienfeld, Stiftsbibliothek, Cod. 151, fol. 253r

132 Justitia als Strafengel. Miniatur der ersten Seite des *Codice Tempi* der *Divina Commedia* des Dante Alighieri. 14. Jh. Florenz, Biblioteca Laurenziana

133 Luca della Robbia, Justitia. 15. Jh. Terrakotta. Paris, Musée de Cluny

134 Taddeo Gaddi, Justitia. 14. Jh. Fresko. Florenz, Santa Croce

135 Taddeo di Bartolo, Justitia. Um 1415. Fresko. Siena, Palazzo Pubblico Antecappella

136 Gerechtigkeit und Stärke. Um 1200. Mosaik. Venedig, San Marco

137 Schöner Brunnen in Nürnberg. 1385–96

(Abb. 131). Jedenfalls wurden die *virtutes,* unter ihnen auch die Justitia, als Engel dargestellt (Abb. 132, 133), zumindest tragen sie einen (oft sechsseitigen) Nimbus (Abb. 134–136)[4]. Häufig sind sie geflügelt, zum Zeichen dafür, daß sie den Tugendsamen (Heiligen) hinauf in den Himmel tragen zu Gott (Christus), in dem sie ihren eigentlichen Sitz haben. Denn Christus ist selbst die Vollkommenheit aller Tugenden. Renate Kroos[4a] hat gezeigt, daß diese ›Engeltugenden‹ oft Christus selbst meinen; zumindest sollten sie ermöglichen, bestimmte und unterschiedliche, ja widersprüchliche – und daher nicht oder nur schwer in einem Bild darzustellende – Eigenschaften oder/und Handlungen Christi zu verdeutlichen: man denke an die Darstellungen des Weltenrichters (vgl. Abb. 126–128).

138 Lamm Gottes, umgeben von den vier Evangelisten, den vier Paradiesströmen und den vier Kardinaltugenden. Aus einem Kollektar aus Zwiefalten. 12. Jh. Brev. 128, fol. 10v

139 Justitia. Detail des Grabmals von Papst Clemens II. 1235–40. Bamberg, Dom

140 Die vier Kardinaltugenden um David. Miniatur aus der *Vivian-Bibel*. Um 845, Tours. Paris, Bibliothèque Nationale, Ms. lat. I, fol. 215v

141 Zweischwerter-Theorie. Miniatur aus *Decretum Gratiani*. Vatikanische Bibliothek, Cod. lat. 1366, fol. 1r ▷

Diese Charakterisierung der Tugenden fand ihren Niederschlag auch in der typologischen Gleichsetzung der (neutestamentlichen) vier Kardinaltugenden – über die noch zu sprechen sein wird – mit den alttestamentlichen Paradiesflüssen[5]. Nach Gen. 2,10–14 teilte sich im Paradies ein Fluß in Pischon, Gihon, Tigris und Euphrat. Schon Philo († 50 n. Chr.) sah darin einen Hinweis auf die platonischen, nun christlich interpretierten Tugenden, konkret im Euphrat auf die Gerechtigkeit. Der diese vier Flüsse/ Tugenden speisende Urquell war für Ambrosius († 397), der diese Auffassung aus-

142 Die vier Kardinaltugenden. Miniatur aus dem *Evangeliar von Cambrai*. 2. Hälfte 9. Jh. Cambrai, Bibliothèque Municipale, Ms. 327, fol. 16v

143 Christus krönt Kaiser Johannes, Barmherzigkeit und Gerechtigkeit reden auf Christus ein. Miniatur aus dem *Gebetbuch des Johannes II Komnenos*. 1118–1143. Vatikanische Bibliothek, Cod. Urb. G. Z2, fol. 19v

144 Madonna mit der Spindel und vier Kardinaltugenden. Um 1220. Detail der Dekkentäfelung. Hildesheim, St. Michael

145 Der hl. Hieronymus. Aus den *Hieronymus-Briefen*. Um 1485. Berlin (West), Staatliche Museen Preußischer Kulturbesitz, Kupferstichkabinett

146

146 Der Kaiser, umgeben von den Tugenden. Miniatur aus dem *Evangeliar Kaiser Heinrichs II.* aus Monte Cassino. Regensburger Schule, um 1020. Vatikanische Bibliothek, Cod. Ottob. lat. 74, fol. 193v

baute, die Weisheit Gottes (also Christus). Das Bild der Flüsse war hervorragend geeignet, dieses Fließen bzw. Einfließen der engelhaften Tugendkräfte in die Seele des Menschen zu veranschaulichen. Oft findet sich daher diese Verbindung von Paradiesflüssen und Tugenden bei und auf Taufbecken (z. B. in Hildesheim um 1220[6],) auch auf Brunnen (wie z. B. dem Schönen Brunnen in Nürnberg 1385/96 [Abb. 137][7], der dadurch die Quelle des Heils der Bürger sein sollte), allgemein in typologischen Handschriften (wie z. B. im Kollektar aus Zwiefalten des 12. Jahrhunderts, Abb. 138[8]). Hinzuweisen ist auch auf das Grabmal des (deutschen) Papstes Clemens II. († 1047) im Bamberger Dom (errichtet 1235–1240; Abb. 139)[9], das diese Zuordnung der Tugenden zu den Paradiesflüssen ausdrücklich vornimmt.

In dieser Weise sind auch die Bilder zu verstehen, in denen ein heiliger Mensch inmitten der Tugenden dargestellt wird. So der alttestamentliche König David (1000–961 v. Chr.) als Herrscher und Prophet in der vom Laienabt von Saint-Martin

147 Gerechtigkeit. Teppich aus der *Tugend-Serie*. 16. Jh. Wien, Kunsthistorisches Museum

148

149 Die vier Kardinaltugenden. Tragaltar. Um 1150. Berlin (West), Staatliche Museen Preußischer Kulturbesitz, Kunstgewerbemuseum

150

(Vivian) in Auftrag gegebenen und in Tours um 845 hergestellten Bibel für Karl den Kahlen (Abb. 140)[10]; so der heilige Herrscher, der durch die *virtutes* die Kraft erhält, in Nachfolge Davids (und vor allem Salomons) auf Erden das Gottesreich zu errichten bzw. weiterzuführen (Abb. 141, 142)[11], wobei der Akt dieser Kraftzuteilung gerne mit der Geste der Handauflegung und/oder Krönung durch Christus veranschaulicht wird (Abb. 143). Bekannt sind die zahlreichen Darstellungen, die die Überreichung des Schwertes (als Zeichen der heiligen Macht auf Erden) an den Herrscher (und des Schwertes oder des Rechtsbuches oder des Himmelsschlüssels als Zeichen der geistli-

148 Miniatur aus dem *Sakramentar von Marmoutiers*. 10. Jh. Autun, Bibliothèque, L 14908

150 Der Evangelist Johannes. Miniatur aus dem *Evangeliar Heinrichs des Löwen*. Um 1188, Helmarshausen. Wolfenbüttel, Herzog August Bibliothek, Cod. Guelf. 105 Novss. 2[0], fol. 172v

151

151 Die vier Kardinaltugenden am Grabmal für Francesco Pazzi, Nino Pisano zugeschrieben. 14. Jh. Florenz, Santa Croce

152 Caritas und Justitia. Skulpturen vom Grabmal für Kardinal Pimentel, nach einem Entwurf von Bernini. 1653/54. Rom, Santa Maria sopra Minerva

153 Die Tugenden des Verstorbenen. Grabplatte vom Grabmal für Sixtus IV. von Antonio del Pollaiolo. 1484–93. Vatikanische Museen ▷

chen Gewalt an den Papst) zeigen (Abb. 146)[12]; wie auch Justitia selbst ihr Schwert vom Himmel herab erhält, wie in einem Brüsseler Teppich aus der Tugend-Serie des 16. Jahrhunderts – der als Vorbild solcher heiliger Gerechtigkeit den Typus Christi, Salomon, zeigt (Abb. 147)[13] – oder in einem Gemälde von Jacob Jordaens (1593–1678)[14] u. a. für das Landhaus von Hulst (Holland) dargestellt wird (Frontispiz). Auch die Gottesmutter Maria (Abb. 144) und andere Heilige, z. B. Hieronymus (Abb. 145), wurden in dieser Weise abgebildet. Von daher wird es im übrigen auch verständlich, daß die Tugenden (und unter ihnen Justitia) gemeinsam mit heiligen Handlungen (z. B. dem Segnen der Mönche durch Abt Raganald von Marmoutiers, Abb. 148) bzw. auf heiligen Gegenständen (Meßkelchen, Altären, Reliquienschreinen), in heiligen Büchern (Bibeln, Evangeliaren, Psalterien) oder auf deren Einband und auch auf Kanzeln dargestellt wurden (Abb. 149, 150).

Es ist hier nicht der Ort, ausführlich auf die zahlreichen Tugenddarstellungen an und auf Grabmälern[15] einzugehen, zumal sie dort in vielfacher und unterschiedlicher Bedeutung verwendet wurden, was drei Abbildungen (151–153) ansatzweise veranschaulichen sollen. Deutlich wird aber wohl, daß ihnen zumindest anfangs die Funktion zugeordnet wurde, den Verstorbenen als gerettet (und damit als heilig) in den Himmel zu tragen, zumindest für ihn vor Gottes Richterstuhl Zeugnis abzulegen.

## Gerechtigkeit als Tochter Gottes

Von vornherein religiös bzw. theologisch gedacht wurde die Gerechtigkeit als eine der vier Töchter Gottes, wie sie in Interpretation des Psalms 85,11 verstanden wurden. Dort heißt es: »Es begegnen einander Huld und Treue; Gerechtigkeit und Friede küssen sich«; so zumindest die moderne Übersetzung. Das Mittelalter verwendete die lateinischen Worte *misericordia* und *veritas* für die beiden ersten Begriffe und verstand die Vierheit als vier Tugenden (Barmherzigkeit, Wahrheit oder Wahrhaftigkeit, Gerechtigkeit, Friede oder Friedfertigkeit). Zugleich dachte man die Begegnung und den Kuß als Versöhnung der vier ›Töchter Gottes‹ und folgerte daraus, daß dieser ein Streit vorausgegangen sei. Dieser Streit der vier Töchter Gottes wurde – nach Ansätzen in der jüdischen Bibelauslegung (Midrasch) des 10. Jahrhunderts und bei Hugo von St. Viktor (1097–1141) – in voller theologischer Tiefe und zugleich in einer reich bewegten, seelisch erfüllten Form 1140 von Bernhard von Clairvaux (um 1090–1153), dem Gründer des Zisterzienserordens, ausgestaltet, seither in zahlreichen Bearbeitungen und Neufassungen als Gedicht, Drama, Erzählung, Erbauungsschrift, Predigt vorgelegt und damit geistiger Gemeinbesitz des Abendlandes[16].

Im *Sermo 1* zum Fest der Verkündigung Mariens erzählt Bernhard[17], daß der Mensch von Gott diese vier Tugenden zugeteilt erhalten, sie aber durch den Sündenfall verloren habe. Nun – so Bernhard weiter – entstand ein Streit zwischen diesen: Wahrhaftigkeit und Gerechtigkeit quälten den Menschen, Barmherzigkeit und Friedfertigkeit wollten ihn schonen. Sie bringen den Streit vor Gottes Thron, die Trinität selbst soll die Entscheidung finden. Ein Holzschnitt des Jakob Lucius von 1556, den auch K. Seelmann interpretiert (vgl. Abb. 336), und ein Gemälde eines unbekannten Künstlers des 17. Jahrhunderts (Abb. 154)[18] stellen diese Situation dar, wobei in letzterem – über die Parabel Bernhards hinaus – Elemente vor allem aus dem *Belial* (vgl. Abb. 79, 80) und den Teufelsspielen eingearbeitet sind, wodurch der Charakter als eines Rechtsprozesses in den Vordergrund tritt. Vor der Trinität liegen auf dem Richtertisch die Beweismittel für den Sündenfall (Gesetzestafeln, Apfel des verbotenen Baumes), mit denen der Teufel seine Klage auf Übergabe von Adam und Eva unterstützt. Um den

154 Der Streit der Töchter Gottes. Anfang 17. Jh. Öl auf Holz, 34 × 25 cm. Köln, Schnütgenmuseum, M. 195

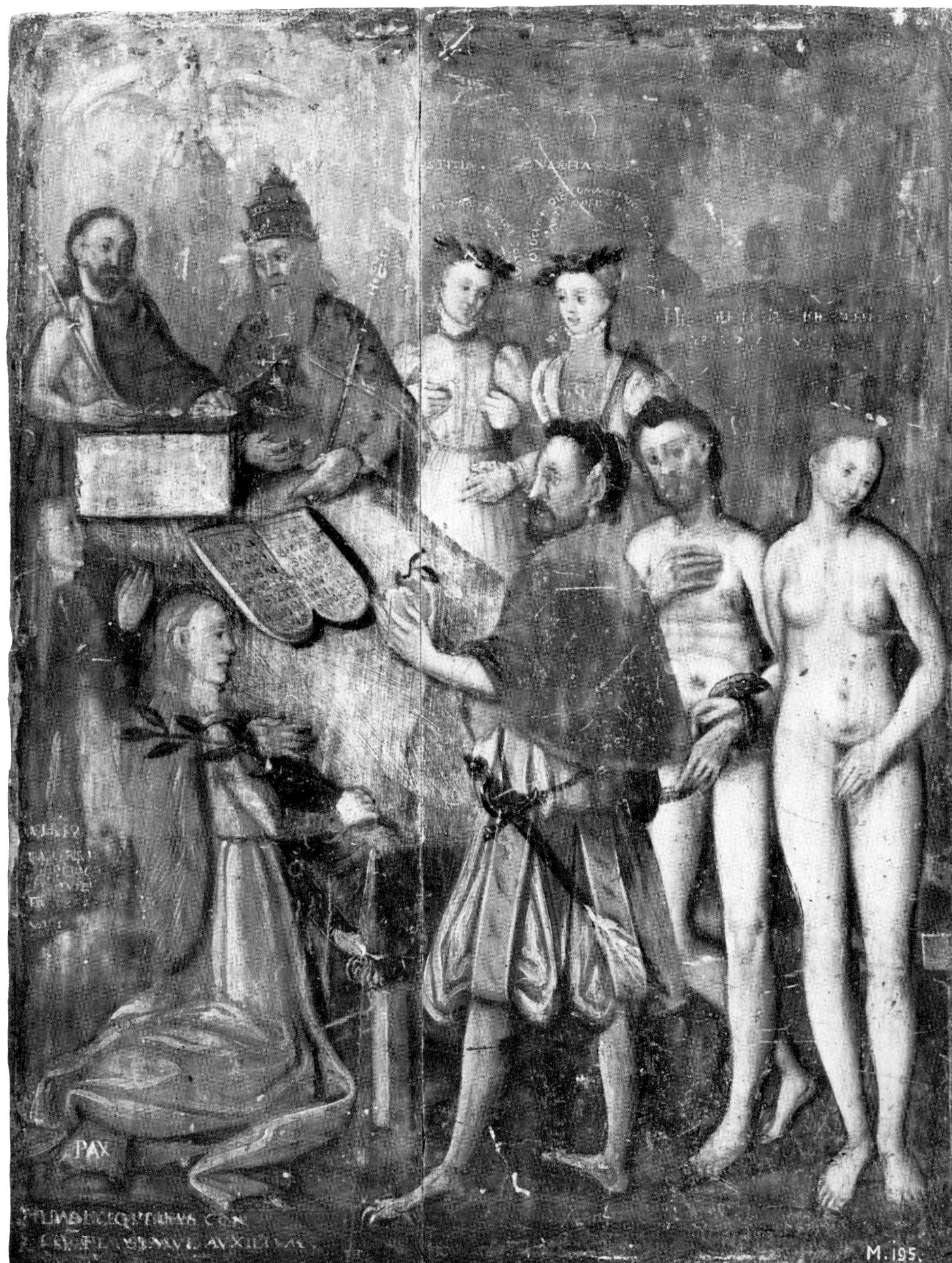

Tisch stehen die vier Tugenden mit ihren dieses Vorbringen unterstützenden bzw. zurückweisenden Argumenten. Die Problematik ist uns bereits im Zusammenhang mit dem Weltgericht bekannt, die Lösung kann nur der Ratschluß Gottes selbst geben. Bei Bernhard schreibt Gott-Sohn – der mit Salomon gleichgesetzt wird und damit als personifizierte göttliche Weisheit verstanden wird – auf die Erde: »Die eine sagt: ich bin verloren, wenn Adam nicht stirbt; und die andere sagt: ich bin verloren, wenn er nicht Barmherzigkeit erlangt. Es geschehe ein guter Tod; und jede von beiden hat, was sie will.« Alle staunen bei diesen Worten der Weisheit. Erst allmählich wird ihnen der

155 Die vier Tugenden des Psalms 85,11. Miniatur aus der *Lambeth-Bibel*. 12. Jh. 20 × 13,5 cm. London, Lambeth Palace Library

Sinn klar: es muß jemand sterben aus Liebe, der dem Tode nichts schuldig ist. Aber wo kann dieser liebende Unschuldige gefunden werden? Die Wahrhaftigkeit sucht auf der Erde, die Barmherzigkeit im Himmel; beide finden niemanden. Die Friedfertigkeit sieht die Lösung: wer den Rat gegeben hat, helfe mit der Tat. Bernhard fährt fort: »Der König vernahm, was sie sagten, und sprach: Es ist mir leid, den Menschen gemacht zu haben. Das Leid hält mich; es liegt an mir, das Strafleiden zu büßen, Buße zu tun für den Menschen, den ich geschaffen habe. Also sprach er: Siehe ich komme; denn es

156 Verkündigung und die vier Tugenden des Psalms 85,11. Miniatur aus dem *Petersburg-Psalter*. Mitte 13. Jh. Brüssel, Bibliothèque Albert I., Ms. 9961–62, fol. 10r

157 Justitia und Pax umarmen sich. Aus dem *Stundenbuch des Kardinals Alessandro Farnese*. 1546. New York, The Pierpont Morgan Library, Ms. 69, fol. 18

158 Justitia als eine der vier Jagdhunde des Erzengels Michael; aus der Werkstatt des Meisters des Allendorfer Altars. Altarflügel aus Heilsberg. Um 1490. Mischtechnik auf Leinwand, auf Fichtenholz aufgezogen, 115 × 98 cm. Weimar, Kunstsammlungen

159 Justitia als eine der Christus kreuzigenden Tugenden. Anfang 15. Jh. Tempera auf Holz, 102 × 82 cm. Venedig, Museo Correr

160 Die Tugenden des Psalms 85,11 und Caritas kreuzigen Christus. Um 1330. Glasfenster im ehem. Zisterzienserinnenkloster Wienhausen

162

161 Berthold Furtmeyr, Die Tugenden des Psalms 85,11 kreuzigen Christus. Aus dem Missale des Salzburger Erzbischofs Bernhard von Rohr (Bd. 2). 1481. München, Bayerische Staatsbibliothek. Cod. lat. 15709, fol. 72r

162 Justitia und Veritas. Miniatur zu Psalm 85,12 aus dem *Evangeliar Heinrichs des Löwen*. Um 1188, Helmarshausen. Wolfenbüttel, Herzog August Bibliothek, Cod. Guelf. 105 Novss. $2^0$, fol. 110v

kann nicht dieser Becher vorübergehen, ich trinke ihn denn. Und sofort entbot er den Gabriel und sprach: Gehe und sage der Tochter Zions: siehe, dein König kommt. Jener eilte und sprach: Schmücke dein Gemach, Zion, und nimm den König auf.«

Der Entschluß zur Menschwerdung bietet somit die Lösung des Streits. »Es begegnen einander Barmherzigkeit und Wahrhaftigkeit; Gerechtigkeit und Friedfertigkeit küssen sich« (Psalm 85,11). Die Lambeth-Bibel aus der Mitte des 12. Jahrhunderts (Abb. 155)[19] zeigt diese Versöhnung der vier Tugenden in den mittleren Medaillons zu beiden Seiten der Gestalt Mariens, die als Wurzel Jesse (Jes. 11,1) und so als Hinweis auf die Menschwerdung dargestellt ist. Der Petersburg-Psalter der Mitte des 13. Jahrhunderts (Abb. 156) illustriert den Psalm 85,11 mit dieser Versöhnungsszene und dem Besuch der schwangeren Maria bei Elisabeth (Luk. 1,39 ff). Dabei waren die Künstler nicht immer an der Vierzahl orientiert: Giulio Clovio, gen. Macedo (1498–1578), stellte im Stundenbuch des Kardinals Alessandro Farnese 1546 – für viele die berühmteste aller illuminierten Handschriften – den göttlichen Ratschluß der Menschwerdung (mit der Begegnung von Maria und Elisabeth) nur mit dem Bild der (rechts) einander umarmenden Justitia und Pax dar (Abb. 157).

Bei Bernhard begleiten den Gabriel die vier Tugenden und gehen dem künftigen König voran. Dieses Motiv wurde mit dem Einhorn-Mythos in Beziehung gesetzt. Man nahm an, daß das Einhorn ein so wildes Tier sei, daß es nur zu fangen sei, wenn eine reine Jungfrau in der Nähe sitze, in deren Schoß es zahm seinen Kopf lege. Seit dem 11. Jahrhundert wurde dieser Gedanke auf Christus und Maria übertragen und in die Form einer Jagderzählung gebracht: Gott als Himmels-Jäger bzw. der Erzengel Gabriel treiben den eingeborenen Sohn in den Schoß der Jungfrau[20]. Ein Bild auf dem Altarflügel in Heilsberg aus der Werkstatt des Meisters des Allendorfer Altars (um 1490; Abb. 158) zeigt diese Szene und einen Jäger Gabriel, der von vier Jagdhunden begleitet wird: eben den vier Tugenden des Psalm 85,11, also auch der Justitia. Sie sind es, die um ihrer Versöhnung (und damit um des Heils der Menschen) willen die Menschwerdung Christi ›erjagen‹. Aber noch mehr: die auch dafür Sorge tragen, daß der ›gute Tod‹ – der die Lösung des Streits ausmacht – wirklich eintritt, indem sie Christus kreuzigen. Diese Vorstellung, daß Christus durch seine eigenen Tugenden (Demut gegenüber dem Spott der Juden, Geduld im Leiden, Gehorsamkeit gegenüber dem Vater und – als höchste – Liebe zu den Menschen) an das Kreuz geschlagen werde[21], beruhte ebenfalls auf einer Predigt des Bernhard von Clairvaux und ihrer Verbreitung durch Cäsarius von Heisterbach († 1240). Bald wurde – der allgemeinen theologischen Entwicklung entsprechend, die noch zu behandeln sein wird – die Reihe der Tugenden bis auf zehn erweitert. So findet sich auf einer venezianischen Tafel vom Anfang des 15. Jahrhunderts aus dem Benediktinerkloster San Zaccaria neben sechs anderen Tugenden auch rechts neben dem Kreuz in weißem Kleid und rotem Mantel und mit Krone auf dem Kopf, mit der Rechten die Lanze und den Schwamm, mit der Linken ein kleines Henkelgefäß umfassend, die Justitia (Abb. 159)[22]. Es war ein Leichtes, auch die vier Tugenden des Psalm 85,11 in die Kreuzigungsszene einzubeziehen, ja schließlich die Kreuziger (dem oben geschilderten Gedanken entsprechend) auf diese Vier zu beschränken. So begegnet auf einem als Teil eines Passionszyklus eingelassenen, um 1330 hergestellten Glasfenster im (ehemaligen) Zisterzienserinnenkloster Wienhausen (Abb. 160)[23] diese Vierzahl der Tugenden, zusätzlich eine Caritas, die dem Gekreuzigten den Todesstoß versetzt. Auch Berthold Furtmeyr hat 1481 im zweiten Band des fünfbändigen Missale des Salzburger Erzbischofs Bernhard von Rohr eine Illustration der Psalmstelle (Abb. 161)[24] in diesem Sinne gemalt.

Mag auch dieses Thema der Kreuzigung Christi durch seine Tugenden nicht allzu beliebt gewesen sein – es war und blieb schwer verständlich, auch wegen seiner Grausamkeit, und kann nur verstanden werden als Gegenbewegung in den Klöstern (vor allem der Nonnen) gegen die Ketzer, verbunden auch mit der Mystik, vielleicht auch mit dem Streben nach Erziehung zu und Anerziehung von Schuldbewußtsein –: es paßte gut zum Streit der vier Töchter Gottes. Denn zwar hatte der (alte) Adam diese Tugenden verloren; im neuen Adam, dem Gekreuzigten, begegnen sie einander und gehören wieder dem Menschen an, miteinander versöhnt und als Einheit der Weg des Menschen zum Heil.

Von den vielen Bearbeitungen dieses Themas soll nur die dreiteilige religiös-moralische Traumdichtung des Zisterzienserpriors Guillaume de Deguileville (Guillermus de Deguilevilla, 1295–1358) wegen ihrer Bedeutung für die französische und englische

163a

163b

163c

163a–c Guillaume de Deguileville, aus *Pèlerinage de l'âme* (1355): a) Justitia. Handschrift, Paris um 1395, Cod. fr. 377, fol. 184v; b) Justitia und die Jungfrau Maria im Apfelbaum. Handschrift, Paris 1393, Cod. fr. 823, fol. 133v; c) Die Restitution des mythischen Apfels, Justitia als Henkerin. Handschrift, Paris 1390, Cod. fr. 12465, fol. 127r. Paris, Bibliothèque Nationale

Kunst erwähnt werden[25]. Der Dichter schildert im ersten Roman den Wanderweg des Menschen in der Welt des Diesseits (*Pèlerinage de la vie humaine,* 1330–1332, überarbeitet 1357), im zweiten Roman – *Pèlerinage de l'âme* (1355) – die Jenseitsfahrt der Seele nach dem Tode und im dritten – *Pèlerinage Jhesucrist* (1358) – das vorbildwirksame Leben des Heilands. Der Streit der vier Töchter Gottes wird ausführlich und dichterisch eindrucksvoll im zweiten Werk geschildert (vgl. Abb. 163a–c): mit der Errettung der Seele zum Fegefeuer, worüber im vorherigen Kapitel bereits berichtet wurde. Zusätzlich nimmt der Verfasser den Gedanken des Streits in veränderter Form erneut auf[26]. Die Seele, die in Begleitung des Schutzengels in das Fegefeuer eingetreten ist, erblickt eine Ebene (das irdische Paradies) mit zwei Bäumen, den grünenden Apfelbaum des hohen Liedes und den Baum der Erkenntnis, der durch den Sündenfall völlig entblättert und vertrocknet ist[27]. Er erblickt Justitia; sie tritt unter die Bäume und damit zu Maria, die im Apfelbaum sitzt. Die Seele hört nun Streitgespräche zwischen der Gottesmutter (als Misericordia) und der Justitia und auch zwischen den beiden Bäumen. Gottvater entscheidet schließlich, daß der Apfel, den der Baum des hohen Liedes getragen hat (also der menschgewordene Christus als Frucht der Liebe), dem Baum der Erkenntnis zurückerstattet werden muß. Justitia selbst muß als Henkerin auf den Kreuzesstamm, der aus dem letzteren Baum verfertigt ist, hinaufsteigen und Christus anheften. Dadurch können beide Bäume wieder erblühen.

164 Justitia (Domenico Beccafumi zugeschr.). Um 1570. Öl auf Leinwand, 161 × 151 cm. Lille, Musée des Beaux-Arts

Anzumerken ist, daß auch der Psalm 85,11 nachfolgende Vers – »Treue [d. h. *veritas*] sproßt aus der Erde hervor; Gerechtigkeit blickt vom Himmel hernieder« (85,12) – häufig und gleichfalls im Zusammenhang mit der Menschwerdung bzw. der Begegnung von Maria und Eliabeth illustriert wurde. Hier sei nur eine Miniatur im Evangeliar Heinrichs des Löwen (um 1188, Abb. 162)[28] abgebildet. Darüber hinaus wurden Gerechtigkeit und Wahrheit auch sonst gerne in Verbindung gebracht und dargestellt, so z. B. in einem wegen der Heranziehung der Hieroglyphik schwer zu interpretierenden Gemälde (Abb. 164)[29], das Domenico Beccafumi zugeschrieben wurde, aber wohl nicht von ihm stammt, sondern von einem Maler aus der Schule von Antwerpen um 1570 geschaffen wurde: Justitia (mit Schwert, Krone, Waage – auf den Schalen die Inschrift *fides* und *amor* – und Palmzweig, unter den Füßen Geißel, Rute, Erdkugel und Zepter, auch den Anker der Hoffnung) und Veritas (die Statue, die rechts der Mann in Anspielung auf Psalm 40 und 41 und auch 85,12 der Justitia entgegenstreckt) siegen über Neid und Bosheit (unter des Mannes Füßen) und übermäßige Strenge und Saumseligkeit im Verfahren (links als Frauen mit gebrochenem Schwert und mit Stock), also über vier Laster, und können so Gefangenen, Witwen und Waisen (im Vordergrund) Gerechtigkeit und Milde *(amor)* widerfahren lassen. Diese Verbindung von Justitia und Veritas wurde zum Teil sogar als Verschmelzung gesehen, weshalb z. B. die Fachleute schwanken, ob das Nicolas Tournier (um 1600) zugeschriebene Gemälde (Abb. 165) als *Allegorie von Justitia und Vanitas* oder als *Wahrheit hält der Eitelkeit der Welt den Spiegel vor* zu bezeichnen ist[30].

165 Allegorie von Justitia und Vanitas (Nicolas Tournier zugeschr.). 1600. Öl auf Leinwand, 104 × 84 cm. Oxford, Ashmolean Museum

## Gerechtigkeit als heilige Tugend

Justitia als Engel und als eine Tochter Gottes läßt den religiösen/theologischen Charakter dieser Tugend erkennen. Ohne einen wissenschaftlichen Traktat schreiben zu wollen, soll kurz auf diesen Inhalt der christlichen Ethik eingegangen werden[31]. Dabei ist anzumerken, daß zunächst das junge Christentum nur die acht Seligkeiten der Bergpredigt (Matth. 5,1–10) und die aus Jes. 11,2+3 abgeleiteten sieben Gaben des heiligen Geistes interessierten, die – verstanden auch als Stufenleiter zu immer größe-

166 Der Heilige Geist und Tugenden. Titelblatt zu Buch I des Johannes de Deo. Um 1473. Wien, Österreichische Nationalbibliothek, Cod. 1591, fol. IIIr

167 Die sieben Tugenden. Miniatur zur *Divina Commedia* Dante Alighieris von Malern der Schule von Ferrara. 1480–82. Vatikanische Bibliothek, Cod. Urb. lat. 365, fol. 189r

168 Stammbaum der Tugenden. Miniatur aus *La canzone delle virtù e delle scienze* von Bartolomeo di Bartoli da Bologna. 14. Jh. Chantilly, Musée Condé, Ms. lat. et ital. 1426, fol. 7r

169 Andrea di Buonaiuto (da Firenze), Triumph des hl. Thomas von Aquin. 1365. Fresko.
Florenz, Santa Maria Novella, Spanische Kapelle

170 Nikolaus von Verdun, Verduner Altar. 1181–86. Emailleplättchen. Klosterneuburg

rer Vollkommenheit – die Nachfolge Christi betrafen und ermöglichten. Denn Jesus Christus war notwendig das Vorbild und Beispiel aller Tugenden. Erst allmählich unter dem Einfluß der Stoa[32] und vor allem Ciceros († 43 v. Chr.), aber auch des Neuplatonismus und schließlich des wiederentdeckten Aristoteles wurden Tugend- und Lasterkataloge erarbeitet, nicht nur in wissenschaftlichen Traktaten[33], sondern auch in Beichtformularen, Predigten, Haustafeln des Neuen Testaments (als Erläuterung des Dekalogs). Auch der Einfluß der geistlichen Dichtung und der geistlichen Spiele darf nicht übersehen werden. Jedenfalls herrschte eine große Vielfalt. Otto Zöckler hat 1904 diese *Tugendlehre des Christentums geschichtlich dargestellt in der Entwicklung ihrer Lehrformen* (so der Titel) verfaßt, bis heute in der Materialfülle und Genauigkeit ein unüberholtes Werk, das die Variabilität der Tugendsysteme klar deutlich macht.

Seit Ambrosius († 397), der stark von Cicero beeinflußt war, wurde gerne auf die später noch genauer zu behandelnden vier Kardinaltugenden (Grund-, Haupt-, Prinzipaltugenden) Justitia (Gerechtigkeit), Fortitudo (Stärke, Tapferkeit, Standhaftigkeit), Temperantia (Mäßigkeit) und Prudentia (Klugheit) zurückgegriffen, wie sie sich auch im hellenistisch beeinflußten, alttestamentlichen Buch der Weisheit (Salomo 8, 7) finden. Anschluß an die sieben Gaben des Heiligen Geistes gewann man in der Frühscholastik dadurch, daß man ihnen die drei theologischen Tugenden Fides (Glaube), Caritas (Liebe) und Spes (Hoffnung) an die Seite stellte, obwohl diese anfangs nur als die Voraussetzungen aller Tugenden aufgefaßt, in diesem Sinne schon von Gregor dem Großen († 604) aus Paulus (1 Kor. 13) abgeleitet und oft durch die Humilitas (Demut) zu einer weiteren Vierergruppe ergänzt worden waren.

Der Bezug der Tugenden auf den Heiligen Geist wird in der Miniatur des Titelblattes *Columba* des Kartäusers Johannes de Deo (1189/91–1267) aus Venedig in einer Handschrift um 1473 (vielleicht gemalt von Antonio Maria Sforza, Abb. 166)[34] deutlich: um die Taube des heiligen Geistes *(columba)* als dem Grund aller Tugenden sind unten die vier Kardinaltugenden mit ihren Attributen (Stärke mit Säule, Klugheit mit Spiegel, Gerechtigkeit mit Schwert, Mäßigkeit Wasser aus einem Krug in einen anderen gießend), oben die drei theologischen Tugenden (Hoffnung mit Anker, Liebe Goldmünzen aus einer Börse ausschüttend, Glaube mit Kelch) abgebildet. In ähnlicher Weise wurden die sieben Tugenden und ihr Ursprung in dem auch sonst beliebten Bild des Baumes dargestellt (Abb. 168)[34a].

In dieser Anordnung begleiten und umtanzen sie in Dantes *Divina Commedia* (1314–1321) den von dem Greif – hier als Symbol der Wirksamkeit Gottes auf Erden gemeint – gezogenen Wagen der Beatrice (insgesamt ein Bild der triumphierenden Kirche), dem der Dichter am Ende seines Weges durch das Purgatorio begegnet (Abb. 167): weiß, grün und rot die theologischen Tugenden, in Purpur gekleidet die Kardinaltugenden. In eben dieser Reihe – unterhalb der Ausgießung des Heiligen Geistes am Gewölbe an oberster Stelle die Liebe, darunter Glaube und Hoffnung, darunter Mäßigkeit, Klugheit, Gerechtigkeit und Stärke – hat sie Andrea da Firenze 1365 an die Westwand der Kirche Santa Maria Novella (Spanische Kapelle) gemalt (Abb. 169)[35]: als Inhalt des scholastischen Systems des Dominikaners Thomas von Aquin (1225–1274), über dem (und über der im Medaillon des Giebels der Kathedra dargestellten göttlichen Weisheit/Sapientia) die Tugenden in Engelsgestalt schweben; zusammen mit den anderen enzyklopädischen Inhalten dieses bis heute die katholische Kirche bestimmenden, 1323 heiliggesprochenen Theologen: für das Thema dieses Buches relevant links unten die beiden allegorischen Figuren der Jurisprudenz, nämlich mit Schwert und Weltkugel das bürgerliche Recht (darunter Justinian) und mit

Kirchengebäude das Kirchenrecht (darunter Innozenz IV. oder Gregor IX. oder Clemens V. oder VI.).

Ein großartiges Beispiel dieses systematischen Denkens stellt auch der 1181 nach dem theologischen Programm des Propstes Rüdiger von Klosterneuburg (†1168) vom Goldschmied Nikolaus von Verdun hergestellte Altar[36] dar, dessen 68 Emailleplättchen in typologischer Methode den gesamten Heilsplan Gottes an Szenen des Alten und des Neuen Testaments illustrieren, darin auch eingeordnet und als Bindeglieder einzelner Szenen verwendet 21 Tugenden – die Früchte der durch die Sakramente geweckten Gnade –, darunter auch Justitia zwischen Aufbrechen des Höllentores durch Christus, Auferstehung, Sieg Samsons über den Löwen und Wegtragen der Torflügel durch Samson (Abb. 170).

Ebenfalls ein enzyklopädisches Programm hat 1508–1511 auch Raffael (1483–1520) mit Mitarbeitern an die Wände der Stanza della Segnatura im Vatikan gemalt, damit für einen Raum, der wahrscheinlich als Bibliothek des Papstes Julius II. gedacht war, dann aber – wie der Name ausdrückt – als Ort des Gerichts (oder der Gnadenerweise) Verwendung fand. Es ist anzunehmen, daß dieser Funktionswechsel auch zu manchen Änderungen des Bildprogramms führte, was die Interpretation erschweren muß[37]. Doch ist ersichtlich, daß es um die Darstellung von Tugenden und Wissenschaften geht. Die Interpretation muß dabei von dem Punkt ausgehen, an dem der Sitz des Papstes war: nämlich vor der Wand, auf der im Halbrund die Tugenden dargestellt sind (Abb. 171): Stärke, Klugheit und Mäßigkeit; die drei Putten meinen die theologi-

171 Raffael, Gerechtigkeitswand. Fresken in der *Stanza della Segnatura*. 1508–11. Vatikanische Museen

172 Raffael, Deckenfresko in der *Stanza della Segnatura*. 1508–11. Vatikanische Museen

173 Nicolo di Giacomo da Bologna, Die Tugenden und die Laster. Aus *Novella in libros Decretalium* des Giovanni di Andrea. 1354. Mailand, Biblioteca Ambrosiana, Ms. B 42 inf., fol. 2r

174 Die sieben Tugenden. Miniatur aus: Nicole Oresme, *Ethique de Aristote,* vol. II. 14. Jh. Rouen, Bibliothèque Municipale, Ms. 12, fol. 17v

175 Justitia und Fortitudo. Miniatur aus dem *Ambraser Codex* für König Robert den Weisen von Neapel. 14. Jh. Wien, Kunsthistorisches Museum, Cod. ser. nov. 2639, fol. 33

schen Tugenden[38]. Es fehlt die Gerechtigkeit; aber nähere Betrachtung zeigt, daß sie entweder in den beiden Fresken darunter – links: Justinian bestätigt Tribonian die Pandekten (also das weltliche Recht), rechts: Papst Gregor IX. verabschiedet die Dekretalien (also das kirchliche Recht), darunter auf den Sockeln Solon und Moses – oder (entsprechend der Auffassung Platons)[39] in der Geordnetheit und Einheit der sechs dargestellten Tugenden zum Ausdruck kommt; oder in der Darstellung der Justitia an der Decke (Abb. 172), die von vier Putten – die den Spruch »ius suum uniquique tribuit« des Corpus Iuris Civilis auf Tafeln halten – umgeben ist. Doch zeigt ein Blick auf das gesamte Deckenfresko, daß (zumindest auch) diese sehr bekannte Gestalt die Jurisprudenz darstellen soll, die zusammen mit den anderen Fakultäten Theologie, Philosophie und – nach der Theorie des Papstes Nikolaus V. statt Medizin – Poesie das Gesamte der universitären Bildung und des enzyklopädischen Wissens (und wohl nicht in Illustration der Lehre des Bonaventura[40] die Gerechtigkeit selbst als alles umfassende, mit der Wahrheit identische Tugend) versinnbildlichen soll. Des näheren vermitteln der Sündenfall Jurisprudenz und Theologie (als Anspielung auf das göttliche Gesetz) und das Urteil Salomons Jurisprudenz und Philosophie (d. h. Gesetzeskunde und Weisheit als Anspielung auf die moralische Philosophie). In den kleinen Diagonalfeldern zwischen diesen größeren Bildern sind Szenen aus der römischen Geschichte (nach Livius) gemalt – Mucius Scaevola und die Schmiede des Vulkans, Pax Augustea und die Rückkehr der Amphitrite, der Kampf des Mettius Curtius und Amor besiegt Aqua, das Urteil des Brutus und die besiegten Riesen –, die nicht nur einen Bezug zu den Fakultäten haben, sondern auch die vier Elemente Feuer, Luft, Wasser und Erde darstellen sollen[41]. Schließlich ist noch darauf hinzuweisen, daß auf den Fensterlaibungen in Grisaille-Technik Zaleukos, Christus mit den zwei Schwertern und die Geschichte der Susanna (in zwei Bildern) dargestellt sind[42]. Auf die übrigen Fresken kann hier nicht eingegangen, sondern nur angemerkt werden, daß auf der Seite des Justinian-Bildes und der Philosophie die *Schule von Athen* – als die *humanae res* – und auf der Seite des Gregor-Bildes und der Theologie die *Disputà* – als die *divinae res* – dargestellt sind (und bezogen auf die Poesie der *Parnaß*).

Zurück zu dem System der Tugenden im Rahmen der christlichen Theologie! Den Zusammenhang der sieben Tugenden (Theologie) und der sieben freien Künste (Philosophie), der bereits in der Spanischen Kapelle zum Ausdruck kam (vgl. Abb. 169), hat auch Nicolo di Giacomo da Bologna für die *Novella in libros Decretalium* des Giovanni di Andrea (1354) dargestellt (Abb. 173). Dabei thront Justitia mit Schwert und zwei Büchern über dem von ihr vernichteten ungerechten Tyrannen Nero. Ein verwandtes Bild findet sich in dem Ambraser Codex, einem italienischen Lobgedicht des Trecento auf König Robert den Weisen von Neapel († 1343; Abb. 175)[43]. Hier sind die

173

174

175

176

176 Die sieben Tugenden. Miniatur von Jean Pions in den Handschriften *Le Château périlleux* und *L'Horloge de Sapience*. 15. Jh. Paris, Bibliothèque Nationale, Cod. franc. 445

177 Die sieben Tugenden. Wandteppich aus der Serie *Los Honores,* insgesamt neun Teppiche, hergestellt in Brüssel von Pieter van Aelst. 1520. Gold- und Silberfäden, Seide und Wolle, je ca. 500 × 850 cm. San Ildefonso/Segovia, La Granja

178 Justitia. Wandteppich aus der Serie *Los Honores*

beiden Bücher, die Justitia trägt bzw. hält, besser zu erkennen: das eine (geschlossene) ist beschriftet als *Digest(or)um codex* (meint also das Corpus Iuris Civilis); in dem anderen (geöffneten) Buch stehen die Tochtertugenden der Gerechtigkeit, wie sie – in fast wörtlicher Übereinstimmung – Thomas von Aquin erörtert hat, nämlich: Religio (Gläubigkeit), Pietas (Frömmigkeit, auch Ergebenheit), Gratia (Dankbarkeit), Vindicacio (Ahndung des Unrechts), Observancia (Ehrerbietung), Veritas (Wahrhaftigkeit), Obediencia (Gehorsamkeit), Innocencia (Unschuld), Concordia (Eintracht), Amicitia (Freundlichkeit, Leutseligkeit), Affectus (Mitleid), Humanitas (Menschlichkeit), Liberalitas (Freigebigkeit) (Abb. 174, 176)[44].

Aber – wie gezeigt – darf diese Siebenerreihe der Haupttugenden nicht überschätzt werden. Immer gab es daneben andere Zusammenstellungen, zum Teil in durchaus

179 Correggio, Triumph der Tugend über das Laster. Vor 1532. Tempera auf Leinwand, 149,5 × 85,5 cm. Rom, Palazzo Doria

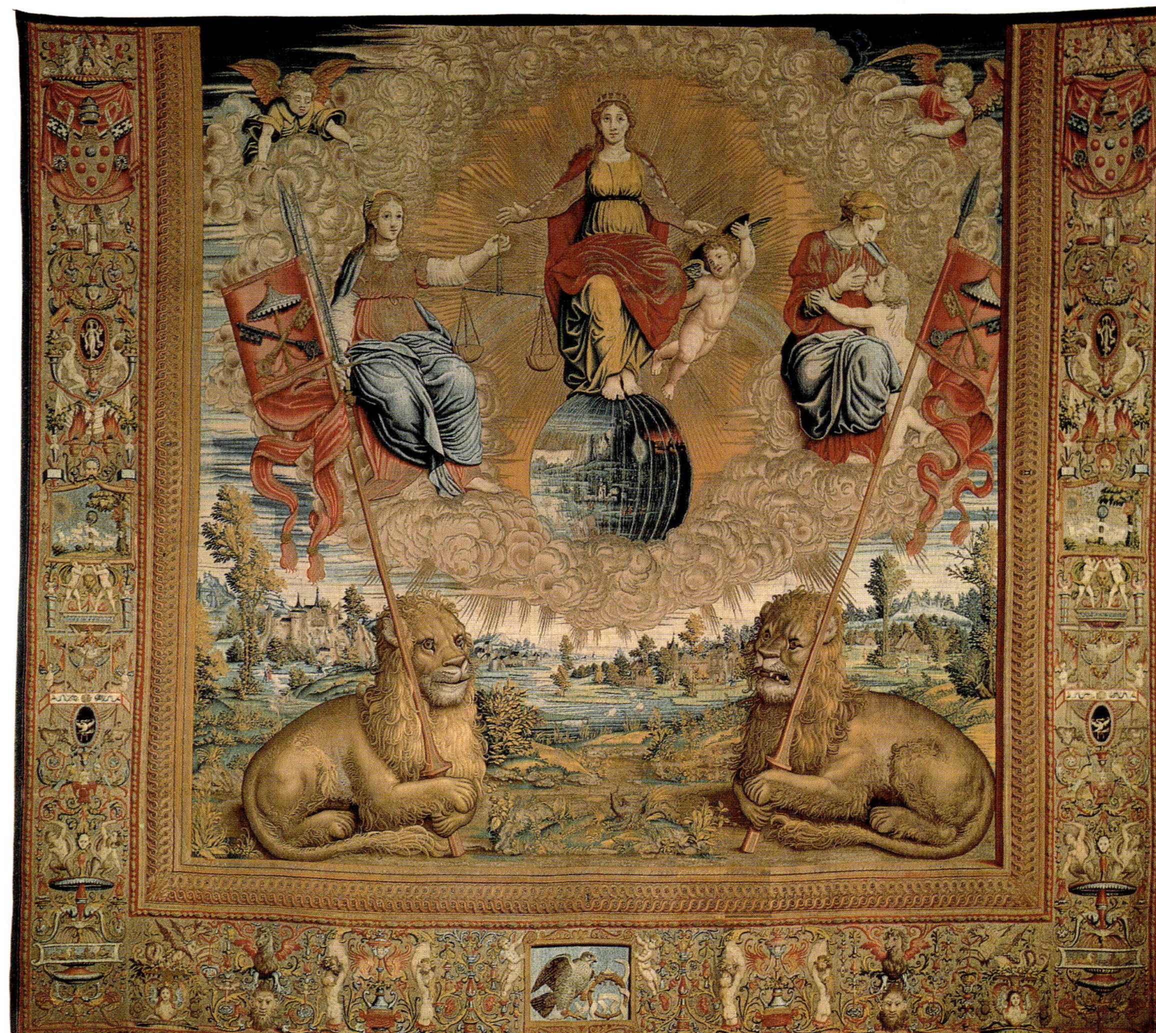

180 Schule Raffaels, Glaube – Gerechtigkeit – Liebe. Teppich für den päpstlichen Thron. Manufaktur des Pieter van Aelst. Um 1525. Vatikanische Museen

widersprüchlicher Weise. Den Autoren lag im Zeichen des Glaubens und im Rahmen des theologischen Systems nicht allzu viel an Festlegung und Ordnung; und dies galt auch für die Künstler. Jedenfalls fand sich in diesen Traktaten auch – wie die Abbildungen zeigen – die Justitia eingeordnet und verbunden. Es liegt auf der Hand, daß sie wegen dieser vielfältigen Bezüge und Zusammenhänge einen sehr weiten, auch durchaus unterschiedlichen Inhalt annehmen konnte. Man betrachte nur die Untertugenden, die im Buch der Justitia im Ambraser Codex aufgezeichnet sind! Daran wird bereits deutlich, daß unter ›Gerechtigkeit‹ auch z. B. Menschenfreundlichkeit, Nächstenliebe, Freigebigkeit, überhaupt Menschlichkeit verstanden wurde; aber auch Frömmigkeit, Gnade (Billigkeit), Wahrhaftigkeit und sogar die Gläubigkeit. Man kann zusammenfassend festhalten, daß das Wesentliche der Gerechtigkeit (oder besser vielleicht: Rechtschaffenheit) in dem wahren sittlichen Verhalten gegenüber Gott und dem Nächsten gesehen wurde, wie es noch der Nürnberger Humanist Thomas Venatorius († 1551) formulierte. Zusätzlich findet sich in der Regel auch die dem römischen Recht entnommene Formel von der Gerechtigkeit als »constans et perpetua voluntas ius suum cuique tribuendi« (Ulpian, Inst. I, 1), die Thomas von Aquin übernahm als »die Haltung, kraft deren einer standhaften und beständigen Willens einem Jeden sein Recht zuerkennt«. Hinzuweisen ist somit vor allem darauf, daß Justitia als Tugend stets im Zusammenhang mit Aequitas (in der Regel übersetzt mit ›Billigkeit‹) aufgefaßt wurde, noch mehr: daß manchmal sogar – entsprechend der römischen Auffassung, über die

W. Pleister berichtet (vgl. Abb. 42) – letztere im Vordergrund stand. Auch dort, wo Justitia dem Herrscher zugeordnet wurde (vgl. Abb. 140–144), ist sie in diesem weiten Sinne zu verstehen, verlangt deshalb von diesem, nicht nur ›gerecht‹ zu sein, sondern auch Pietas (gegenüber Gott) und Aequitas (gegenüber den Mitmenschen) zu üben[45].

Jedenfalls zeigen diese Ausführungen deutlich, daß es unmöglich ist, einen selbständigen, vom Inhalt der anderen Tugenden losgelösten und abgetrennten Begriff der Tugend Gerechtigkeit zu gewinnen. Am Teppich der Justitia aus der Brüsseler Serie kann dies aufgezeigt werden (Abb. 177, 178). Obwohl ihr – wie jeder anderen Tugend – ein eigener Teppich gewidmet ist, sind unter der Gestalt der Justitia auch Fortitudo und Temperantia dargestellt, auch andere Tugenden (Gratia, Misericordia usw.) kommen vor. Stets ist also der Zusammenhang aller und die Beziehung aller aufeinander in der Einheit ›der‹ Tugend mitzudenken, wie sie z. B. Correggio (1489–1534) gemalt hat (Abb. 179)[46]. Deshalb wird häufig die Justitia in Verbindung mit anderen Tugenden dargestellt, z. B. mit Frömmigkeit (Abb. 183)[47], Liebe (Abb. 180)[48] oder Klugheit (Abb. 181).

Diese Stellung und dieser Inhalt der Justitia machen es unmöglich, den Stellenwert dieser Tugend im Rahmen des theologischen Systems einheitlich und als feststehend anzugeben. Auf der einen Seite wurde ihr ein Rang vergleichbar den theologischen Tugenden zuerkannt. So ist sie auf dem Reliquienschrein des Bischofs Gandulf (um 1160) Spes, Caritas und Fides beigeordnet (Abb. 182), thront sie in einer Miniatur in einer Handschrift der *Divinae Institutiones* des Laktanz aus dem 16. Jahrhundert (Abb. 183) über Pietas und Aequitas, ähnlich auch in einem Gemälde (1589) des Gaspard Heuvick (Abb. 185)[49]. Damit wird ihr sogar die oberste Stelle eingeräumt, vor allem ihr die Religio (wie auch bei Thomas von Aquin) untergeordnet. Auf der anderen Seite wurde die Theorie vertreten, daß die Wurzel aller Tugenden die Demut

182 Reliquienschrein des Bischofs Gandulf. Um 1160. Brüssel, Musées Royaux des Beaux-Arts

181 Hendrik Goltzius, Justitia und Prudentia. Um 1583. Kupferstich, 14,7 × 20,3 cm. Wien, Österreichische Nationalbibliothek

IVSTICIA
EQUITAS
PIETAS

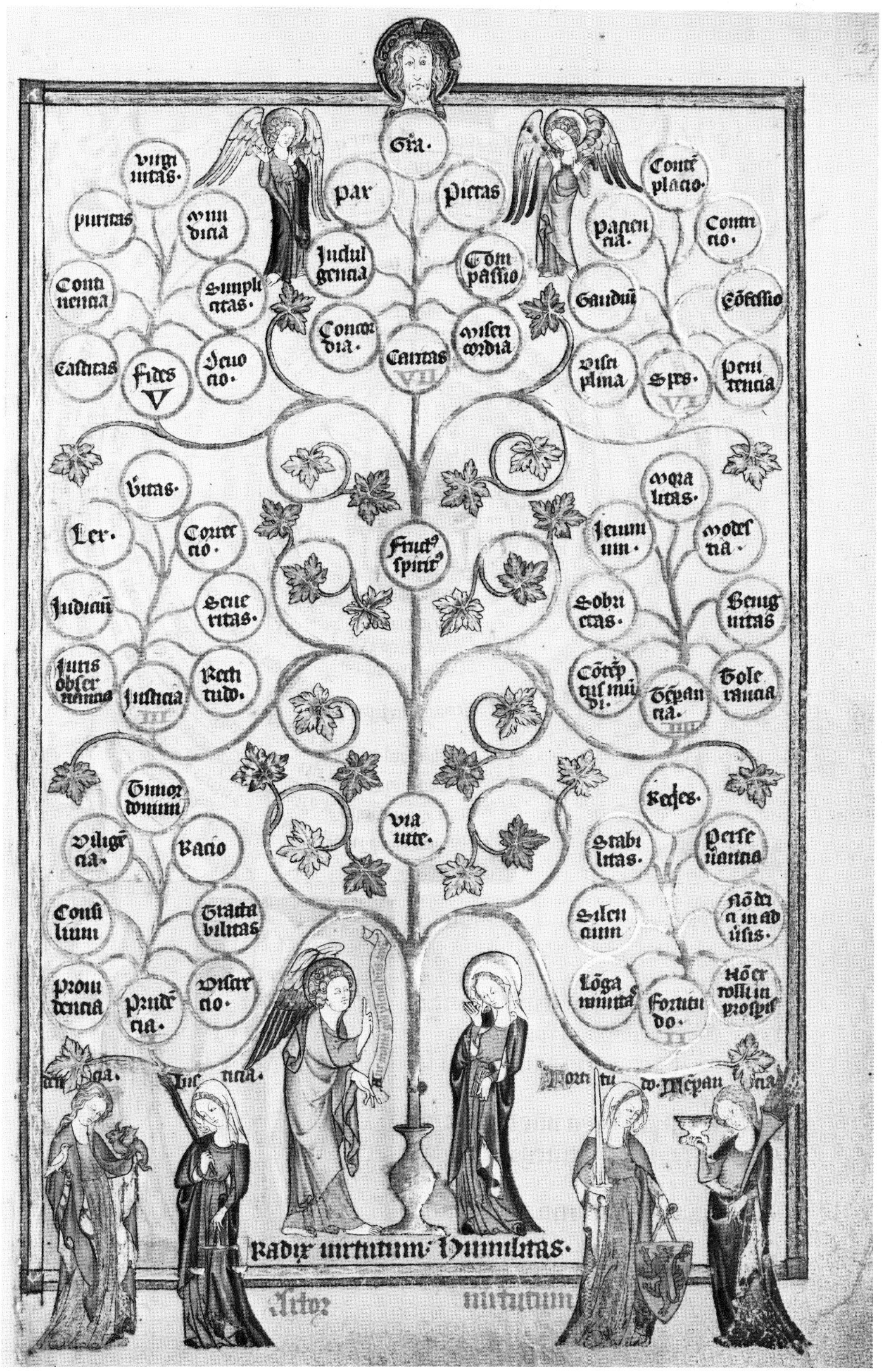


184 Baum der Tugenden. Miniatur aus einem Psalter. Um 1300. London, British Library, Ms. Arundel 83, fol. 129 r

185 Gaspard Heuvick, Allegorie der Justitia. 1589. Öl auf Holz, 150 × 125 cm. Oudenaarde (Belgien), Stedelijk Museum

◁ 183 Autorbild und die drei Tugenden.
Miniatur in einer französischen Übersetzung von Lactancius' *Divinae Institutiones*.
Um 1525. Paris, Bibliothèque Nationale, Cod. lat. 1671, fol. 127v

186 Justitia neben dem Turm der Kirche. Miniatur aus *Scivias* der Hildegard von Bingen. Um 1165 (verbrannt, Nachzeichnung). Paris, Bibliothèque Nationale, Ars. 940

187 Der Kampf zwischen Tugend und Laster. Miniatur aus dem *Hortus Deliciarum* der Äbtissin Herrad von Landsberg. 1175–85 (Kopie, Original zerstört)

(Humilitas) und die höchste Tugend die Liebe (Caritas) seien (Abb. 184). Noch mehr: es gab zahlreiche Tugendkataloge, in denen Justitia überhaupt nicht vorkam, vor allem verfaßt von und für Mönche(n). An den Portalen der gotischen Kathedralen Paris, Amiens und Chartres, die 12 Tugenden zeigen, ist die Justitia durch ihre Untertugend

188 Kampf der Tugenden und Laster. Wandteppich (Detail). 1. Hälfte 15. Jh. Regensburg, Rathaus

189 Kampf der Tugenden gegen die Laster. Aus dem *Welschen Gast* des Thomas von Zerclaere. 1215/16. Wolfenbüttel, Herzog August Bibliothek 3710, Aug. fol. 105

Gehorsam ersetzt; Emile Mâle[50] sieht den Grund darin, daß die Künstler hier nur an das tiefste innerliche Seelenleben dachten und daher nicht die sozialbezogene Tugend der Gerechtigkeit darstellten. Aber auch die Kataloge, die sich an den Gaben des Heiligen Geistes (Jes. 11,2–3) orientierten, sahen in der Regel die Justitia nicht vor[51]; ebensowenig die Lehre von den Tugenden als Bäumen im Garten des Paradieses[52].

In dem Werk der Hildegard von Bingen (1098–1179)[53], deren Visionen aufgrund ihrer eigenen Angaben illustriert wurden (welche Bilder in Nachzeichnung erhalten sind), finden sich zahlreiche Tugenden, z. B. 17 in ihrem Werk *Ordo virtutum:* die Gerechtigkeit ist freilich nicht darunter (vielleicht, weil sie die Summe aller ist?). Nur in ihrem Hauptwerk *Scivias* (um 1165) beschreibt sie ihre Vision vom Turm der Kirche (Abb. 186): ihm gegenüber sieht sie auf sieben weißen Marmorsäulen die Weisheit stehen, links daneben die Stärke und die dreiköpfige Heiligkeit, rechts daneben die Gerechtigkeit. Letztere erschien ihr so breit wie fünf nebeneinander stehende Menschen und so groß, daß sie über den Turm schauen konnte: »Sie hatte ein großes Haupt und klare Augen und schaute mit durchdringendem Blick zum Himmel empor. Ihre ganze Erscheinung war blendendweiß und helleuchtend wie eine lichte Wolke«, sie rief allen zu, daß der Turm der Kirche zu errichten sei, damit Gott offenbar werde, der gerecht sei in allem. Diese Gestalt ist die Gerechtigkeit Gottes, die Gotteskraft, die in den Menschen wirksam wird und in ihnen jede Gerechtigkeit vollbringt.

Eine ebenfalls unbedeutende Rolle spielt die Justitia in der bekannten, durch zahlreiche illustrierte Manuskripte verbreiteten *Psychomachia* des spanischen Dichters Prudentius (348–405)[54], der in diesem Gedicht (um 405) den Kampf der Tugenden und Laster in der Seele schilderte. Die »immer und überall gegenwärtige elende Gerechtigkeit« (Vers 243) wird nur den Gefährten der Demut zugeordnet, die gegen die Hoffart (Superbia) anzutreten hat (und deshalb gewinnt, weil ein Gefährte der Hoffart – der Betrug – heimlich und voll Tücke einen Graben ausgeworfen hat, in den nun jene selbst zu Tode fällt). Der *Hortus Deliciarum* (1175–1185) der Äbtissin Herrad von

190 (Pieter) Claeissens (nach einem Kupferstich von Luca Penni), Allegorie der Justitia mit den Todsünden. 1584. Öl auf Holz, 100 × 106 cm. Privatbesitz

191 Johann Heinrich Schönfeld, Allegorie der Justitia. 17. Jh. Feder, laviert, 28,6 × 22,5 cm. Basel, Öffentliche Kunstsammlungen, Kupferstichkabinett

Landsberg[55], heute nur mehr in Nachzeichnungen erhalten, nahm diese Motive auf, erkannte aber der Justitia eine höhere Bedeutung zu, indem ein Bild (Abb. 187) sie selbständig mit ihren Untertugenden in den Kampf gegen die Ungerechtigkeit ziehen läßt. Überhaupt wurde dieser Kampf der Tugenden und Laster häufig, vor allem in Italien und Frankreich, und in vielfältigen Variationen dargestellt: so auch in einem süddeutschen Wandteppich im Rathaus von Regensburg aus der 1. Hälfte des 15. Jahrhunderts (Abb. 188)[56], in dem die Gerechtigkeit zwar in dem paarweisen Aufeinandertreffen der sieben Todsünden gegen sieben Tugenden nicht aufscheint, dafür aber am linken Rand auf der Zinne der Tugendburg stehend diese gemeinsam mit Mäßigkeit, Stärke und Klugheit gegen Angriffe der Laster verteidigt. Auch im *Wel-*

*schen Gast* des Thomas von Zerclaere (1215/16)[57], einem für Ritter, Ritterfrauen und Kleriker verfaßten Tugendbuch, ruft die Tugend ihre Kinder Standhaftigkeit, Mäßigkeit, Gerechtigkeit (Recht) und Großzügigkeit (Milt) auf zum Kampf gegen die Laster, dessen siegreichen Verlauf eine Miniatur veranschaulicht (Abb. 189). Freilich muß auch gesehen werden, daß der Kampf der Tugenden und Laster – gemessen an dem (unterschiedlichen, aber jedenfalls auch angenommenen höchsten) Rang der Justitia – in der Weise dargestellt wurde, daß diese (göttliche) Tugend alleine alle Laster (Todsünden) besiegt: so ein Gemälde eines Angehörigen der Malerfamilie Claeissens (nach einem Kupferstich von Luca Penni um 1547, Abb. 190)[58] oder eine lavierte Federzeichnung von Johann Heinrich Schönfeld (1609–1684, Abb. 191).

## Gerechtigkeit als philosophische Kardinaltugend

Über die Gerechtigkeit als eine der vier Kardinaltugenden (also neben Stärke, Mäßigkeit und Klugheit) wurde bereits gehandelt und dabei aufgezeigt, daß diese Tugenden in den religiösen Kosmos und somit theologisch eingebunden waren. Doch bereits bei Isidor von Sevilla († 636) und – vor allem – Alkuin († 804) gab es Ansätze zu einer Verselbständigung der Kardinaltugenden in dem Sinne, daß innerhalb der Theologie eine eigene *philosophia moralis* ausgearbeitet wurde[59]. Diese Entwicklung wurde vom Humanismus weitergeführt und verstärkt, für den der Mensch eine vielseitige, aktive und auf Vervollkommnung bedachte Persönlichkeit war. In den Vordergrund trat die Bildung überhaupt (als Gesamtheit aller Tugenden und als vollendete Humanitas), die als Aufgabe und Pflicht des Menschen allgemein (und nicht nur des Christen) gesehen

192 Andrea Mantegna, Minerva vertreibt die Laster aus dem Garten der Tugend. 15. Jh. Öl auf Leinwand, 160 × 192 cm. Paris, Louvre

wurde. Die mögliche Verwirklichung der Kardinaltugenden gestand man nun auch den Heiden zu; was zugleich bedeutete, daß sie nicht mehr von oben her (vom Himmel) kommend gedacht wurden, sondern als im Inneren des Menschen sich entfaltende und wirkende Seelenkräfte[60]. Was im übrigen auch dazu führen konnte, daß man die Kardinaltugend Prudentia (Klugheit) gegen die griechische Göttin Minerva austauschen konnte[61] (Abb. 192)[62]. Trotzdem blieb die Grenze zur Theologie lange fließend, weil es dieser gelang (vor allem im System von Thomas von Aquin), die philosophische Tugendlehre (der Griechen und Römer) in ihr System einzubauen. Es ist daher Geschmackssache, ob man die im Folgenden vorgestellten Bilder der Theologie oder der Philosophie (Ethik) oder beiden zuordnet. Jedenfalls waren diese Miniaturen für die Entwicklung der Tugendlehre[63] von großer Bedeutung; und außerdem sind sie einfach wunderschön!

Doch soll zuvor wenigstens kurz ein Blick auf die Entwicklung dieser Theorie der Kardinaltugenden geworfen werden, bezüglich Einzelheiten darf auf die Arbeit von Johannes Stelzenberger[64] verwiesen werden. Nach vereinzeltem Auftauchen bei den Sophisten und Sokrates entwickelte Platon († 348/7 v. Chr.) diese Quadratur der Tugenden in der Reihenfolge Weisheit (als *sophia*), Tapferkeit, Maßhaltung und Gerechtigkeit: erstere als die Vernunft mit klarer Einsicht, sodann die Indifferenz gegen Lust, Schmerz und äußere Gefahren, sodann die Besonnenheit und Unterordnung der Begierde unter die Vernunft und – schließlich – eben die Gerechtigkeit, die durch Erfüllung der jedem einzelnen Seelenteil zukommenden Aufgabe die Harmonie des Ganzen herstellen soll, weshalb sie als eine Art Dachtugend über die anderen tritt. Aristoteles († 322 v. Chr.) kannte die Kardinaltugenden, ordnete sie aber in sein Gesamtbild der Tugenden ein und stellte neben sie andere Tugenden (Klugheit, Freigebigkeit, Hochherzigkeit, Sanftmut). Die Stoa – vor allem Chrysippos († 209 v. Chr.) – knüpfte an Platon an und erhob sein Schema zu einem wesentlichen Lehrelement, freilich nicht ohne inhaltliche Änderungen zu setzen. So wurde statt der Weisheit die Klugheit (praktische Vernunft, Einsicht, Phronesis) genannt – als Wissen von dem, was gut, schlecht oder gleichgültig ist –, ferner Gerechtigkeit als die Bereitschaft umschrieben, jedem das Gebührende zuzuteilen. In diesem Inhalt lagen die vier Kardinaltugenden auch dem biblischen Buch der Weisheit (des Salomo – 8,7) zugrunde. Über Cicero († 43 v. Chr.) und Philo von Alexandrien († 50 n. Chr.) wurde diese Quadratur den Kirchenvätern im Westen und Osten vermittelt, bei manchen (z. B. Origines, † 252) mit platonischer Färbung. Ambrosius († 397) und Hieronymus († 420) arbeiteten die Kardinaltugenden in das theologische System des Christentums ein, Augustinus († 430) sah in ihnen überhaupt nur (mehr) Variationen der einen Liebe zu Gott. Thomas von Aquin († 1274) übernahm schließlich die überkommenen Formeln und durchsetzte sie mit aristotelischen und neuplatonischen Elementen, was in der Folgezeit die Ablösung der theologischen durch eine philosophische Ethik begünstigte.

Ein Wort sei noch zu dem Problem des Verhältnisses der Kardinaltugenden zueinander verloren. Zunächst ist davon auszugehen, daß sie stets in Einheit und damit in einem Aufeinanderbezogensein gedacht (und deshalb auch zusammen dargestellt) wurden. Doch bei manchen Autoren wurde eine Rangordnung vertreten, die entweder der Klugheit, vorwiegend aber – Platon, Aristoteles, Cicero folgend – der Gerechtigkeit den obersten Platz einräumte.

Aber nun zu den angekündigten schönen und wichtigen Darstellungen der Kardinaltugenden! Sie sind im wesentlichen in Einheit von Bild und Text entwickelt worden, weshalb die Bilder nicht isoliert, sondern nur im Zusammenhang mit den philo-

193a

193a/b Die vier Kardinaltugenden. Miniaturen aus *Somme le roi* (1279) des Laurent du Bois. a) Handschrift, Paris 1311. Paris, Bibliothèque Nationale, Ars. 6329, fol. 96v; b) Ital. Handschrift, spätes 14. Jh. Vatikanische Bibliothek, Cod. Urb. lat. 3984, fol. 52v

sophischen/theologischen Ausführungen gesehen werden dürfen. Sie finden sich in Handschriften, die vielfach studiert, kopiert und tradiert wurden und so das Bild der Kardinaltugenden in ganz Europa verbreiteten. Eines der berühmtesten und bedeutendsten Bücher des 13. Jahrhunderts und überliefert in zahlreichen Handschriften – erhalten sind noch 79 – ist das Kompendium des christlichen Glaubens, das 1279 der Beichtvater von Philipp III. dem Kühnen von Frankreich, der Dominikaner Lorens (Laurent du Bois, Laurent d'Orleans), unter dem Titel *Somme le roi*[65] verfaßte und in dem der Schwerpunkt der Lehre der Tugenden und Laster galt. Zum Programm der

Illustrationen gehören u. a. Darstellungen des Gartens der sieben Tugenden – unter denen allerdings Justitia nicht erscheint –, des Weltgerichts als des Abschlusses der Theorie der sieben Todsünden (vgl. Abb. 107), der vier Kardinaltugenden und mehrere Gegenüberstellungen von Tugenden und Lastern, unter denen wiederum Justitia nicht vorkommt. Interessant ist daher in unserem Zusammenhang die Miniatur der Kardinaltugenden, die einen kurzen Exkurs des Verfassers über dieses Thema illustriert und im Laufe der Zeit unterschiedlich ausgestaltet wurde (Abb. 193a/b)

Bedeutend war auch eine Arbeit *De quatuor virtutibus cardinalibus*[66], die man Seneca zuschrieb, aber sicherlich von dem Bischof Martin von Bracara (oder: Braga) im 6. Jahrhundert verfaßt wurde. Genauer: bedeutend war die französische Übersetzung (und damit die Übersetzung in die Sprache der damals geistig führenden Region Europas) durch Jean Courtecuisse (1403), dem Herzog Jean de Berry gewidmet. Die Handschriften enthalten auch eine Miniatur (Abb. 194), die die vier Tugenden zeigt: Justitia dabei in ungewohnter Form, mit Waage und zwei Schwertern, dahinter ein Bett und auf diesem ein Kissen. Manche Fassungen enthalten eine erklärende Inschrift: »Das Schwert des souveränen Richters ist über demjenigen, der über andere richtet. Um die Wahrheit aufrechtzuerhalten, muß man das Schwert in der Hand behalten. Die Waage teilt jedem das Seine zu. Das Bett zeigt an, daß der Richter in vollständiger Ruhe seinen Urteilsvorschlag vorbereiten soll. So wie das Kopfkissen vorteilhaft für das Bett ist, so ist es die Barmherzigkeit für die Gerechtigkeit.« Das heißt: das von oben herabgleitende Schwert soll die Unterworfenheit des Richters unter das Weltgericht verdeutlichen (vgl. auch Abb. 98–106); das Bett soll das zum Ausdruck bringen, was die deutsche Rechtstradition mit der Sitzhaltung des Richters (mit gekreuzten Beinen) ansprach[67]; das Kopfkissen zeigt, daß Justitia als Kardinaltugend niemals in isolierter Strenge, sondern eingebunden in das Ganze der Tugend und damit auch verbunden mit Barmherzigkeit verstanden wurde; das (zweite) Schwert wird bloß noch als Zeichen der Wahrheitsfindung gesehen. Trotzdem ist interessant, daß die gesamte Darstellung der Justitia bereits auf den Richter bezogen ist, fast (nur mehr) eine Richtertugend meint, was noch zu behandeln sein wird.

Bekannt ist auch Brunetto Latini (1220/40–1294)[68]; zumindest als verehrter Lehrer Dantes und als wegen Sodomie Verdammter im 15. Gesang von dessen *Divina Commedia*. Latini war zu Lebzeiten einer der gebildetsten Männer. Nach langem Aufenthalt in Frankreich – als Guelfe verbannt von Florenz – schrieb er nach seiner Rückkehr (1269) in französischer Sprache *Li livres dou Trésor* (vollendet 1284), eine Enzyklopädie des mittelalterlichen Wissens für die gebildete Laienwelt, die auch aristotelisches Gedankengut einarbeitete; später veröffentlichte er einen Auszug in italienischer Sprache als Gedicht *Tesoretto*. Die Miniatur in einer zwischen 1460 und 1470 entstandenen Handschrift (Abb. 195)[69] gibt einen Überblick über den Inhalt des *Trésor:* im Inneren einer Stadt, deren pulsierendes Leben in einigen Szenen gezeigt wird, sitzt auf dem Thron die Philosophie (zum Zeichen dafür, daß diese Stadt von ihr regiert zu werden würdig und geeignet ist); ihr zu Füßen sitzen Praktik und Logik, die beiden Teile, die Latini als Themen der Ethik behandelt; sie halten eine Schatulle mit Edelsteinen (die die Lehren der Philosophie versinnbildlichen sollen); neben den vier Stadttoren sitzen die Kardinaltugenden, jede mit einem Edelstein (dem wertvollsten Inhalt des Schatzes der Philosophie) in der Hand, links oben die Justitia mit dem Smaragd.

194 Die vier Kardinaltugenden. Miniatur aus ▷ *De quatuor virtutibus cardinalibus* (franz. Übersetzung von 1403). Handschrift, um 1470. Paris, Bibliothèque Nationale, Ms. fr. 9186, fol. 304r

Zu nennen ist auch die umfassende Darstellung der Heils- und Weltgeschichte, die Jehan (Jean) Mansel 1454 und 1467 unter dem Titel *Fleur des histoires* vorlegte. In diesem gigantischen Opus findet sich auch eine Lehre von den Kardinaltugenden, die Mansel im wesentlichen aus dem *Breviloquium de virtutibus* (um 1200) des Franziskaners John

Treshault et trespuissat
prince Jehan filz de Roy
de france duc de Berry
et dauuergne Conte de
poitou destampes de
boulongne et dauuer
gne Combien mon tresredoubte seigr
que je soye tousiours tres Volentif de vous
a mon petit pouoir obeir et seruir. Encores
me rend plus ardant a ce faire ce que je voy
que entre les solicitudes du noble gouuerne
ment de vre treshaulte seigneurie Si vous
loist quelque temps vaquer vos ocupacions
sont en choses les plus honnestes et proufi
tables quelles puissent estre et que pour
occasion dicelles me voulez emploier :-

195 Die vier Kardinaltugenden. Miniatur aus *Li livres dou Trésor* (1284) des Brunetto Latini. Handschrift, 1460–70. Genf, Universitätsbibliothek, Ms. fr. 160, fol. 82

196 Die vier Kardinaltugenden. Miniatur aus *Fleur des histoires* des Jean Mansel. 1454 und 1467. Brüssel, Bibliothèque Royale Albert I., Ms. 9232, fol. 448v

von Wales übernahm; und damit indirekt auf die ethischen Lehren von Cicero, Macrobius, Seneca und auch Aristoteles zurückgriff. Die Miniatur in einer Brüsseler Handschrift (Abb. 196)[70], im übrigen von dem berühmten Simon Marmion (1425/40–1489), zeigt die vier Kardinaltugenden.

198a

197 Justitia. Titelbild des *Epistre d'Othéa* (1402) der Christine de Pizan. Handschrift, um 1430. Brüssel, Bibliothèque Royale Albert I., Ms. 9559, fol. 7

198a/b Aus dem *Livre de la Citè des Dames* (1405) der Christine de Pizan. Nordfranz. Handschrift, um 1460–70. Wien, Österreichische Nationalbibliothek
a) Die drei Tugenden vor Christine, Cod. 2605, fol. 3; b) Die Stadt der Frauen, Cod. 2605, fol. 145

Ferner muß in diesem Zusammenhang unbedingt Christine de Pizan (1365–1430)[71] genannt werden, die erste Frau, die nach dem Tod ihres Gatten (1390) den Lebensunterhalt für sich und ihre Familie durch schriftstellerische Arbeit (religiöse und weltliche Lyrik, Geschichtsschreibung, Lehrdichtung, Streitschriften) verdiente, die aber auch als Philosophin von einer Bedeutung war, die man heute noch gar nicht richtig einschätzen kann. In ihren Schriften kommen auch Tugenden (vor allem der höfischen Ethik) vor, Justitia erscheint dabei in der Regel – wenn überhaupt – nur am Rande. Doch hat Christine für den Herzog von Orleans auch die oben erwähnte Schrift *De quatuor virtutibus* des Pseudo-Seneca übersetzt (als *Le Livre du Prudence*), sie kannte jedenfalls die überlieferte Ethik der vier Kardinaltugenden. So werden diese in ihrem Werk *Epistre d' Othéa (Brief der Othéa)* (1402) – in welchem die Göttin der Weisheit (eben: Othéa) dem 15jährigen Hektor von Troja hundert Ratschläge mitteilt, um ihn zu einem guten, ritterlichen Fürsten und Helden zu erziehen (Adressat war vermutlich der englische Thronfolger Heinrich V.) – als erste Grundlagen genannt; es folgen sodann die sieben Gaben des Heiligen Geistes, die drei theologischen Tugenden und zahlreiche Beispiele tugend- und lasterhaften Lebens aus der Astrologie und der griechischen und römischen Mythologie[72]. In einer Handschrift findet sich auch eine Miniatur (Abb. 197), die Justitia mit Schwert und Gesetzbuch auf dem Thron sitzend zeigt, links daneben Misericordia (als Bischof), rechts daneben ›Information‹ (dargestellt durch einen schreibenden Mönch); die Inschriften um diese Dreiergruppe nennen weitere Tugenden (vorwiegend des Ritters), wie sie in den Erzählungen der Othéa an Beispielen geschildert werden. Eine überaus wichtige Stellung wird der ›Frau Gerechtigkeit‹ in dem *Livre de la Cité des Dames (Buch von der Stadt der Frauen,* 1405)[73] zuerkannt. Die Verfasserin erzählt zu Beginn (Abb. 198a), daß ihr – wie sie nach der Lektüre des frauen- und ehefeindlichen Buches des Matheolus in Resignation und Selbstzweifel verfallen war – drei edle gekrönte Frauen erschienen seien: Raison (Vernunft; mit Spiegel), Droiture (Rechtschaffenheit; mit Lot) und Justice (Gerechtigkeit; mit Waagschale). Die drei Tugenden sprechen ihr Mut zu und kündigen ihr den gemeinsamen Bau einer Stadt der Frauen an, eines Ortes der Zuflucht und des Schutzes gegen die Verleumder der Frauen. Die folgenden Gespräche von Christine mit den Tugenden lassen die Vorurteile der Männer hervortreten und zeigen mit vielen Beispielen aus der Geschichte, der Bibel und der Mythologie die Qualitäten der Frauen. Jedes dieser positiven Argumente stellt einen Baustein dar, bis schließlich die Stadt vollendet ist und in sie die Gottesmutter Maria (als ihre Herrscherin) und andere weibliche Heilige einziehen (Abb. 198b). Die beiden Miniaturen in einer späteren Handschrift (um 1470) zeigen die Justitia nicht nur mit Waagschale, sondern auch mit dem Schwert (auf welche Entwicklung noch eingegangen werden wird).

Als letztes (und weiteres) Beispiel (eines Romans, der auch von Gerechtigkeit handelt) sei noch auf den *Traum des alten Pilgers* (*Le songe du vieil pèlerin,* 1389)[74] hingewiesen, den Philippe de Mézières (1325/27–1405) verfaßt hat. Darin macht sich der Verfasser, der anfangs Berater des französischen Königs Karl V. gewesen war, nach dessen Tod sich in das Cölestinerkloster zu Paris zurückgezogen hatte, als der alte Pilger (»Ardent Désir«, also »Brennendes Verlangen« genannt) unter Führung des Schutzgenius »Gute Hoffnung und Wille« auf zur Wanderung zu den Königinnen Charité (Nächstenliebe), Sapience (Weisheit) und Verité (Wahrheit), die auf die Erde zurückkehren sollen, um die Welt zu reformieren. Verité erklärt sich dazu bereit; und zusammen mit den Tugenden des Psalm 85,11 – also Gerechtigkeit, Friedfertigkeit und Barmherzigkeit – unternimmt sie in Begleitung des Pilgers eine lange Reise, in deren Verlauf sie sich von den beklagenswerten Zuständen in allen Gebieten der Erde und bei allen Ständen der Gesellschaft (Papst und Klerus inbegriffen) überzeugen kann. Unter anderem präsidiert sie in Paris eine Parlamentsversammlung (Abb. 199): neben ihr Gerechtigkeit und Barmherzigkeit, rechts – neben Friedfertigkeit – König Karl VI. (unterstützt von Demut und Geduld) und Ludwig von Orleans; alle (auch die Mitglie-

199 Sitzung des Parlaments unter Königin Verité. Miniatur aus *Songe du vieil pèlerin* (1389) des Philippe de Mézières. Handschrift, Paris um 1470. Wien, Österreichische Nationalbibliothek, Cod. 2551, fol. 73r

der des Parlaments, die Tugendbegleiterinnen der Verité zu ihren Füßen und der alte Pilger mit seinem Schutzgenius im Vordergrund) hören dem Disput zwischen Hardiesse (Kühnheit) – auch aus dem Gefolge der Verité – und einem Vertreter des Parlaments zu, in dem Finanzhierarchie und Justiz kritisiert und Reformvorschläge unterbreitet werden. Danach erfolgt eine ausgedehnte Belehrung des Königs durch Verité, an die sich die Apotheose Karls VI. anschließt. Im Epilog freilich folgt die Ernüchterung: Der alte Pilger muß feststellen, daß alles nur ein Traum war und die politischen Wirren in Frankreich fortdauern.

Rückblickend auf die zahlreichen Tugendbilder kann man festhalten, daß trotz aller Vielfalt sich eine Einheit der Darstellungsweise der einzelnen Tugenden (als weibliche Gestalt mit übereinstimmenden Attributen) herausgebildet hat. Es ist hier nicht der Ort, das Problem von Personifikation (noch dazu als Frau), Allegorie und Symbol zu behandeln, auch nicht die einzelnen Attribute der Justitia (Waage, Schwert, Krone, Kranich, Beil und Rutenbündel usw.) zu beschreiben und zu begründen. Einige Abbildungen sollen noch weitere Darstellungen der Tugend der Gerechtigkeit vor Augen stellen (Abb. 200a–y)[75], nur gedacht als andere Exempel des gleichen. Freilich darf diese Gleichheit der Gestalt und der Attribute nicht die fundamentale Unterschiedenheit des jeweiligen Verständnisses der Justitia (und ihres ›Wesens‹) verdecken. Justitia als Engel kann nicht mit Justitia als Kardinaltugend gleichgesetzt werden; noch weniger mit dem Symbol, das im nächsten Abschnitt vorgestellt werden soll und das uns modernen Menschen – wie auch das Buch von R. O. Kissel zeigt – als ›die‹ Justitia erscheint: nämlich als Zeichen der staatlichen Rechtsprechung (›Justiz‹). Einige Bemerkungen versuchen diese Entwicklung nachzuzeichnen.

200a Giovanni Pisano, Justitia (links) mit Temperantia. 1311, Pisa, Kanzel des Doms

200b Giambologna, Justitia. 17. Jh. Bronzestatue. Genua, Palazzo dell' Università ▷

200d Paolo Veronese, Justitia. 1551. Fresko, Fragment aus der Villa Soranza, auf Leinwand übertragen, 200 × 100 cm. Castelfranco, Dom

200c Andrea Orcagna, Justitia. Marmortabernakel. 1359 vollendet. Florenz, Orsanmichele

▽ 200e Andrea del Sarto, Justitia. 1515. Fresko. Florenz, Kreuzgang der Compagnia di San Giovanni Battista dello Scalzo

200f Schule von Fontainebleau, Justitia. 16. Jh. Paris, Bibliothèque Nationale, B 5 rés., Bd. II, fol. 20

200e

200g Barend van Orley, Justitia. 16. Jh. Federzeichnung. Wien, Österreichische Nationalbibliothek

200h Justitia auf der Weltkugel (süddeutsch). Um 1600. Bleiplakette, München, Bayerisches Nationalmuseum

200i Domenico Beccafumi, Justitia. Um 1530. Fresko. Siena, Palazzo Pubblico

200k Hans Peisser, Justitia mit Kranich. Um 1550. Bronzeplakette. München, Bayerisches Nationalmuseum

200l Peter Candid, Justitia mit der Waage, 1612–15, München, Deckenbild im Saal des Rechts der Residenz Schloß Nymphenburg

200m Justitia. 15. Jh. Schranke an der Rosenkranzkapelle, Evreux (Frankreich)

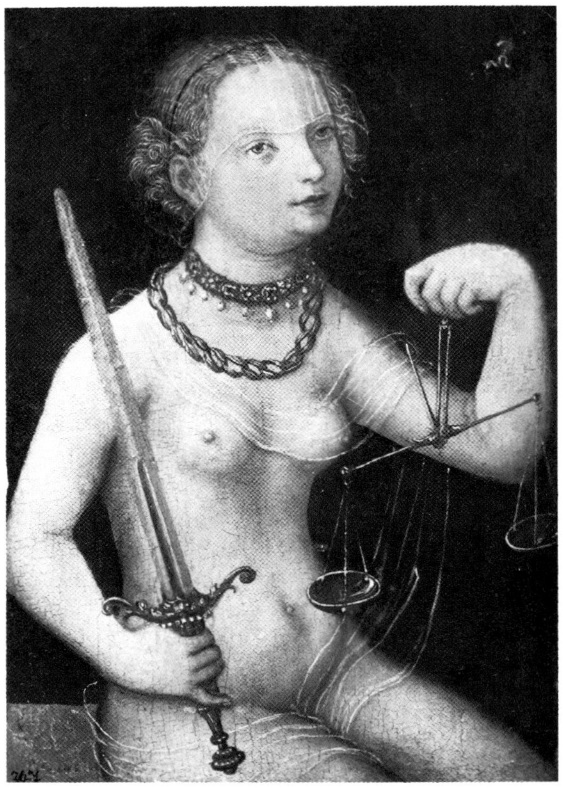

200n

200o

200p

200q

200r

200s

200n Lucas Cranach, Justitia. Nach 1537. Bremen, Roselius-Sammlung

200o Justitia mit Schwert und Waage. Miniatur aus: Michel Riz, *Changement de fortune*. Paris um 1505. Wien, Österreichische Nationalbibliothek, Cod. 2625, fol. 13

200p Lucas van Leyden, Justitia, aus der Folge der *Sieben Tugenden*. 1530. Wien, Österreichische Nationalbibliothek

200q Allegorie der Gerechtigkeit. Um 1600. München, Deckengemälde im Antiquarium der Residenz Schloß Nymphenburg

200r Ferraresischer Stecher (Meister der Mantegna-Tarocchi), Justitia. Um 1465. Kupferstich, 18 × 10 cm. Wien, Graphische Sammlung Albertina

200s Allegorie der Justitia. Miniatur aus einer franz. Übersetzung der Fabrinus Maximus, *Facta ed dicta memorabilia*. Paris 1470. Wien, Österreichische Nationalbibliothek, Cod. 2544, fol. 290

200t

200u

200v

200w

200x

200y

200t Schule des Pollaiolo, Justitia. Um 1500. Florenz, Exkonvent von Sant'Appollonia

200u Battista Dossi, Die Gerechtigkeit. Um 1544. Öl auf Leinwand, 200 × 150 cm. Dresden, Staatliche Kunstsammlungen

200w Duccio di Buoninsegna, Justitia. Um 1310. Siena, Fußboden des Doms

200x Antonio und Piero del Pollaiolo, Justitia. Um 1470. Öl auf Leinwand, 65,7 × 34,6 cm. Florenz, Uffizien

200v Giovanni Andrea de Ferrari, Justitia. 17. Jh. Genua, Galleria di Palazzo Bianco

200y Giorgio Vasari, Justitia. 1553–57. Florenz, Deckenbild in der Sala degli Elementi des Palazzo Vecchio

## Gerechtigkeit als politische Tugend und Tugend der Polis

Als Tochter Gottes, aber auch als Kardinaltugend war die Justitia eingebunden in das Ganze der Tugenden, ein Teil der *virtus,* die den guten Menschen auszeichnete. Und es gilt festzuhalten, daß sie als Tugend der Rechtschaffenheit, Menschenfreundlichkeit, Freigebigkeit usw. für jedermann in gleicher Weise galt[76], weshalb sie auch auf Gegenständen des Alltags (Truhen, Schränken, Kaminen, Trinkgläsern, Fensterscheiben, Tischbestecken u. a.) dargestellt wurde. Doch liegt von Anfang an in ihr bzw. ihrer philosophischen Bestimmung der Keim der Entwicklung zur Selbständigkeit und zur sie aus der Tugendreihe heraushebenden Isolierung und – zugleich – Beschränkung auf bestimmte Menschen (in einem bestimmten Beruf).

Zwar ist die Gerechtigkeit zunächst eine Tugend wie jede andere auch: bezogen auf den Willen, die Haltung *(habitus),* den Charakter des einzelnen; und bezogen auf den Handelnden selbst. Vor allem Platon[77] hat diesbezüglich dargelegt, daß der gerechte Mensch derjenige ist, der im Gleichgewicht mit sich selbst ist, der nicht unüberlegt handeln will, sondern zwischen den Motiven und Zielen sorgfältig abwägen und sich für das Gute entscheiden will: jeder Seelenteil – so formulierte er – soll das Seine erhalten! Der Gerechte ist mit sich im Reinen und will ausgewogen handeln. Das Bild der Waage paßt daher sehr gut! Von daher wird auch verständlich, warum die Gerechtigkeit für viele Autoren die höchste Tugend war. Sie entspricht eigentlich überhaupt dem tugendhaften , wir würden heute sagen: gewissenhaften Handeln. Auch in religiöser (christlicher) Sicht steht eine solche Gerechtigkeit untrennbar mit Liebe, Glaube und Hoffnung an oberster Stelle, ja – wie erwähnt – werden häufig Religio und Pietas der Justitia, die in manchem sogar der Heiligkeit entspricht, untergeordnet. Allerdings liegt und lag gerade darin das Problem: denn mit der Unterscheidung von religiöser und moralisch-sittlicher Sphäre muß(te) diese hohe Bestimmung der Gerechtigkeit fraglich werden!

Die Entwicklung ging denn auch den Weg des Aristoteles[78], der im 5. Buch seiner *Nikomachischen Ethik* (4. Jh. v. Chr.) die Gerechtigkeit für die bedeutendste und vollendete Tugend deshalb erklärte, weil sie als einzige auch gegenüber dem anderen, ja gegenüber allen auszuüben sei. Deshalb sei derjenige gerecht, der in der Gemeinschaft aller das Beste der Menschen hervorbringt und erhält. In gleiche Richtung verstanden Cicero, auch das römische Recht, viele Kirchenväter die Justitia: als den Willen, jedem das Seine zuzuerkennen. Deshalb waren Freigebigkeit, Mildtätigkeit, auch Frömmigkeit usw. die Untertugenden der Gerechtigkeit. Wieder paßt das Bild der Waage: als das jedem das Seine Hingeben, das Ausgleichen, das Verteilen der Güter. Wieder ist diese Gerechtigkeit (zunächst) im Grunde die Tugend selbst und zur Gänze, zumindest was den sozialen Bereich (aber auch den Bereich der Natur und auch von Gott, also jedes Gegenüber des Menschen) betrifft. Und erneut stellt sich das Problem der Abgrenzung z. B. gegenüber Caritas.

Aristoteles unterschied deshalb von dieser allgemeinen Gerechtigkeit *(iustitia generalis)* die partikuläre Gerechtigkeit, die nur auf das äußere Verhältnis der Menschen zu beziehen sei: die austeilende (verteilende, distributive) Gerechtigkeit betreffe die Zuteilung von Ehren, Geld, Gütern und Würde und Verdienst (also Gleichheit in der Ungleichheit oder nach geometrischer Proportion); die ausgleichende (berichtigende, anpassende, wiedergutmachende, kommutative) Gerechtigkeit betreffe die Regelung des Verkehrs der einzelnen (freiwillig durch Geschäfte, unfreiwillig durch Delikte) untereinander, indem sie alle arithmetisch gleich behandelt. Auch für diese beiden Formen der partikulären Gerechtigkeit ist das Bild der Waage der geeignete Ausdruck der Gleichheit, die beiden zugrundeliegt. Auch in dieser Fassung ist die Gerechtigkeit eine allgemeine, einem jeden Menschen obliegende Tugend, die er im Verhältnis zu

201 Die Formen der Gerechtigkeit. Miniatur aus der Handschrift des Nicole Oresme, franz. Übersetzung der *Nikomachischen Ethik* des Aristoteles. 1370–75. Brüssel, Bibliothèque Royale Albert I., Ms. 9505, fol. 89r

den anderen auszuüben hat. Doch ist eine bedeutende Veränderung eingetreten, die im Verlaufe der Auseinandersetzung mit Aristoteles in den Kommentaren der Scholastiker immer deutlicher hervortrat. Dieser Bezug der Gerechtigkeit auf den anderen (alle anderen) verschob den Schwerpunkt von dem Willen und der Haltung auf das äußere Verhalten diesen anderen gegenüber. Die Frage, was denn gerecht sei, konnte auf die

Handlung bezogen werden, die in äußerer Gestalt die anderen tangierte. Sie konnte von außen her und auch von einem unbeteiligten Dritten, ja vielleicht sogar am besten durch diesen, beantwortet werden. Zwar war es möglich, zwischen Gerecht-Sein und Gerecht-Handeln zu unterscheiden[79]. Aber die Entwicklung konzentrierte sich auf das letztere Problem, nämlich auf die Frage, wie Gerechtigkeit zu verwirklichen sei, welches Verhältnis der Menschen gerecht, welche Ordnung gerecht sei; und auch hierin konnte man Aristoteles folgen, der sowohl die allgemeine als auch die partikuläre Gerechtigkeit immer im Zusammenhang mit Gesetz und Polis thematisiert hatte. Es ist hier nicht der Ort, genauer über diese Begriffe von *lex, polis,* auch nicht über seine Unterscheidung und Vermittlung von politischem und natürlichem Recht und deren Beziehung zur Billigkeit[80] zu philosophieren. Entscheidend ist, daß in Nachfolge der *Nikomachischen Ethik* die Theologen[81] und Humanisten die Gerechtigkeit immer mehr mit dem Staat – als *status* der Ordnung – in Beziehung setzten; wie es im übrigen auch der höchst einflußreiche Cicero getan hatte. Diesen Weg beschritten nicht nur Theologen oder Philosophen, sondern auch Dichter: Man denke nur an die bereits erwähnten Werke der Christine de Pizan oder des Philippe de Mézières! Man kann auch anders sagen: Gerade weil die Prozesse der Herausbildung des (modernen) Staates eingesetzt hatten und das Bedürfnis entstanden war, dieses Werden zu begreifen, griff man auf Aristoteles (und die römische Philosophie, auch das römische Recht) und auf diese Gerechtigkeits- als Staats- und Rechtslehre zurück, was durchaus geeignet war, diese Prozesse zu fördern und zu beschleunigen.

Jedenfalls ging es um eine Interpretation des Aristoteles und damit um seine Aktualisierung und Modernisierung[82]. Seine ethischen und politischen Schriften waren seit langem im Original bekannt, 1260 wurden sie ins Lateinische übersetzt und damit der gebildeten Welt erstmals kundgetan. Der Durchbruch gelang mit der Übersetzung ins Französische, der damaligen Weltsprache der Humanisten, durch den Dekan der Kathedrale von Rouen, Nicole Oresme (1320–1382)[83], die dieser 1370–1375 für Karl V. unter Einarbeitung der Kommentare der Scholastik herstellte. Seine Interpretation schlug sich auch in den prachtvollen Miniaturen nieder, die er malen ließ. So zeigt eines der Bilder (Abb. 201)[84] die Justitia generalis (als *judice legal* bezeichnet), dargestellt wie die Schutzmantelmadonna (Maria), gekrönt wie diese und zugleich dadurch ausgezeichnet als Königin der Tugenden, auf der Brust den Stern (Morgen- und Abendstern), dessen Licht sie mit ihrer Schönheit noch überstrahlt. Unter ihrem Mantel knien sechs Töchter, von denen die vier, die das Gesetz der Polis – die durch die umrahmende Stadtmauer gekennzeichnet ist – vorschreibt, genannt werden: Tapferkeit (mit Palmzweig), Justitia particularis (mit Schwert), Mildtätigkeit (mit Ringgabe) und Sanftmütigkeit (mit Hund). Darunter sind die zwei Formen der partikulären Gerechtigkeit dargestellt: links die austeilende Gerechtigkeit, die nach (wörtlich genommenen) unterschiedlichen Maßstäben (6:3, 4:2) Urkunden und Schätze verteilt; rechts die ausgleichende Gerechtigkeit, die vor Waage, Rute und Stockpranger dem einen nimmt und dem anderen gibt und sich dadurch als Vermittler (und Richter) erweist.

Auch die Übersetzung der Ethik des Aristoteles, die um 1500 Reginaldus Piramus für Andrea Matteo III. Acquaviva, Herzog von Atri (1458–1529), herstellte, veranschaulicht in einer eindrucksvollen Miniatur (Abb. 202)[85] die Tugend der (partikulären) Gerechtigkeit. Diese schwebt in Gestalt einer Frau in Purpurgewand und mit Haube auf einer Wolke über einer Gegend mit Meer und Land, mit Tieren und geselligen Menschen, die alle in gerechter Ordnung leben; sie führt ein Zepter als Zeichen der Würde und politischen Herrschaft und hält in der Linken ein Senkblei, das die Gleich-

202 Die Tugend der partikulären Gerechtigkeit. Miniatur aus der Handschrift des Regionaldus Piramus nach der Ethik des Aristoteles. Um 1500. Wien, Österreichische Nationalbibliothek, Cod. Phil. gr. 4, fol. 36 ▷

203 204

203 Römerbrunnen. 1542–43, Frankfurt/M.

204 Tugendbrunnen von Benedikt Wurzelbauer. 1583, Nürnberg

heit symbolisieren soll. Oben überreicht eine Frau einen Lorbeerkranz dem Greis (und nicht dem daneben stehenden Jüngling): eine Darstellung der nach Würde vorgehenden austeilenden Gerechtigkeit. Neben dem Zentralbild der Gerechtigkeit sind links Handelsschiffe in einer Hafenstadt zu sehen (freiwillig ausgleichende Gerechtigkeit), rechts ein Herrscher (wegen der Schiffszene oben als Periander von Korinth zu deuten) beim Urteilsspruch. Unten sind die drei Unterweltrichter Minos, Aiakos und Rhadamanthys dargestellt, zu ihren Füßen fünf Seelen von Verstorbenen, die entweder in das Elysion (links) eingehen dürfen oder – wie Tityos und Sisyphos (rechts) – ewige Qualen erdulden müssen: zum Zeichen der auch nach dem Tode geltenden Gerechtigkeit.

In der Nachfolge der Aristoteles-Rezeption wurde somit Gerechtigkeit zunehmend zu der politischen, auf das Gemeinwesen und seine Ordnung bezogenen Tugend. Für diesen Bereich war sie in der Tat die höchste der Tugenden, noch mehr: sogar die einzige Tugend. Oder anders gesagt: für den politischen Menschen – den Bürger einer Stadt (zunächst) – war sie die wesentliche und bestimmende. In dieser Weise kann man z. B. den Frankfurter Römerbrunnen (Abb. 203)[86] verstehen: über den vier Kardinaltugenden (darunter auch herkömmlich die Gerechtigkeit) – 1542/43 errichtet – wurde die Statue des Herkules 1610/11 durch eine alles überragende Justitia ersetzt und am Fries die Begründung angebracht: »Iustitia in toto virtutum maxima mundo« (die Gerechtigkeit ist in der ganzen Welt die höchste der Tugenden). Zahlreiche städtische Brunnen mit einer solchen Gerechtigkeitsstatue sollten die Bürger an ihre politische Tugend erinnern (Abb. 204)[87].

Freilich konnte man bei Aristoteles, der im 4. vorchristlichen Jahrhundert philosophiert hatte, nicht stehenbleiben. Manches mußte umgeschrieben und neu gedacht werden, was die moderne Entwicklung des Politischen (des Staates) zum Begreifen vorlebte, vor allem das seit dem 12. Jahrhundert immer mehr aufkommende peinliche (blutige) Strafrecht, das die alten Wiedergutmachungs- und Sühneverhandlungen ablöste[88]. Die Strafe war von Aristoteles noch im traditionellen Sinn eher bei der ausgleichenden Gerechtigkeit und damit privatrechtlich gedacht worden[89]. Moderne Kommentatoren, z. B. Domenico Cavalca mit seiner *Spectio de' Croce* (1300), fügten der *iustitia commutativa* und *distributiva* die *punitiva* hinzu oder ordneten die Strafgewalt der *iustitia distributiva* zu, die sie an die vordere Stelle setzten. Das Bild der Waage paßte für diese Strafgewalt freilich nicht (mehr), ergänzend und zum Teil in den Vordergrund tritt das Schwert (oder treten Beil und Rutenbündel).

Zu erwähnen ist in diesem Zusammenhang die Darstellung der Gerechtigkeit (und Ungerechtigkeit) im Rahmen einer Tugend- und Lasterreihe (und eines Jüngsten Gerichts), die Giotto 1305 als Freskenzyklus in der Arenakapelle in Padua herstellte; im Auftrag des Bankiers Enrico Scrovegni, der auf dem Grundstück des ehemaligen römischen Amphitheaters (›Arena‹) eine Hauskirche errichten ließ, um die Sünde des wucherischen Geldverleihens – deren sich vor allem sein Vater, aber auch er selbst schuldig gemacht hatten – zu sühnen und für sich selbst ein Grabmal zu bauen[90]. Zwischen vorgetäuschten gemaserten Marmorplatten in leicht vorspringender Rahmung stehen – in Grisaille gemalt und wie Basreliefs aus Marmor wirkend – die Figuren der Tugenden und Laster, hingeordnet zu dem überragenden Bild des Weltgerichts, für das sie die wesentliche Bedeutung haben. Somit nichts Neues! Wenn da nicht diese Darstellung der Tugenden und Laster wäre, die in einer nie (auch von Giotto später selbst nicht wieder) kopierten Einzigartigkeit gearbeitet ist[91]. Sie zeigt vor allem bezüglich der Gerechtigkeit und Ungerechtigkeit, daß Giotto die Theorien von Cicero, Thomas von Aquin (und – vermittelt – Aristoteles) kannte und hier zum

205a/b Giotto, Gerechtigkeit (a) und Ungerechtigkeit (b). 1305, Fresken. Padua, Capella degli Scrovegni

Bild werden ließ. Dieser Einfluß zeigt sich bereits darin, daß Gerechtigkeit und Ungerechtigkeit jeweils in der Mitte der Tugenden bzw. Laster stehen und größer dargestellt sind als die übrigen; Justitia (Abb. 205a) sitzt auch auf einem Thron und trägt die Krone. Sie ist in Aktion und selbst als Waage (und nur als *iustitia commutativa*) gemalt. In der rechten Hand (Waagschale) hält sie eine Nike-ähnliche Gestalt, die krönt; in der Linken eine Gestalt, die – wahrscheinlich – mit dem Schwert einen Missetäter tötet; insgesamt wohl nach dem Vorbild der Statuen der Göttin Roma komponiert. Darunter sind tanzende Mädchen und friedliche Reiter dargestellt, Szenen des gerechten Regiments. Gegenüber ist das Laster der Ungerechtigkeit (Abb. 205b) als (männlicher) Richter – durch die Mütze als Paduaner gekennzeichnet – gemalt, der bereits durch seine Attribute entlarvt wird: Statt des traditionellen Stabes und des erhobenen Richterschwertes trägt er eine Hellebarde (oder einen Fischhaken) und das umgegürtete Kriegsschwert, unter dem Hemd wird die Rüstung sichtbar; er schlägt den linken Fuß über den rechten (also gegen die Vorschrift). Dadurch erweist er sich als Tyrann – vielleicht dachte Giotto dabei an Friedrich II. oder dessen Vertreter Ezelino –, als Gewaltherrscher, was sich im halbzerstörten Stadttor, im Fries darunter (mit Gewalt-

szenen) und in der hochwuchernden Waldwildnis zeigt. Die zunehmende Bedeutung der Strafgewalt, ja ihre Betonung – die auch mit den damaligen Verhältnissen (vor allem Italiens) zusammenhing[92] –, setzte in der Entwicklung des Gerechtigkeitsbegriffs einen neuen Akzent, der erneut zu einer Veränderung seines Inhalts führte. Die politische Tugend der gerechten Bürger kam dafür von vornherein nicht in Betracht: sie hatten sich im Gegenteil sogar jeder Gewalt zu enthalten! Das Subjekt der punitiven Gerechtigkeit konnte nur der Staat selbst sein; und war er nicht bei näherer Betrachtung der Entfaltung der Verhältnisse auch derjenige, der distributiv und kommutativ gerecht zu werden hatte? Hatte nicht nur er auch die Macht, diese gerechte Ordnung durchzusetzen und so Frieden und Sicherheit *(securitas)* herzustellen, also die Inhalte, die vor allem Cicero und Sallust betont hatten? Die Frage zu stellen bedeutete bereits die bejahende Antwort; stand doch bereits bei Aristoteles zu lesen: »Zum Richter

206 Ambrogio Lorenzetti, Das gute Regiment. 1337–39. Detail eines Freskos. Siena, Palazzo Pubblico

gehen heißt soviel als zur Gerechtigkeit gehen, da der Richter gleichsam die lebendige Gerechtigkeit sein soll!« Und Richter konnte nur mehr der Staat sein. So entwickelte sich aus der politischen Tugend aller Bürger die Gerechtigkeit als die Tugend der Polis, der Machtträger des Staates, als Tugend des Standes der herrschenden Mächtigen. Das gerechte Handeln der Bürger wurde zum Gehorsam und zur Folge- und Hilfspflicht (auch bezüglich Steuern und Heerdienst) der Untertanen verwandelt: und damit als eigenständige Tugend der Gerechtigkeit aufgehoben.

Das Wesentliche dieser Entwicklung war bereits Mitte des 14. Jahrhunderts klar und auch offengelegt worden in dem Freskenzyklus, den Ambrogio Lorenzetti 1337–1339 in der Sala dei Nove (heute: Sala della Pace) des Palazzo Pubblico in Siena malte[93]. Dabei knüpfte er an die Tradition der Darstellung der Maria, die seit dem feierlichen Unterwerfungsakt 1260 als Stadtherrin angesehen wurde, an. Nur setzte er in dem

207 Ambrogio Lorenzetti, Die Auswirkung des guten Regiments auf das Land. 1337–39. Detail eines Freskos. Siena, Palazzo Pubblico

208 Ambrogio Lorenzetti, Das schlechte Regiment. 1337–39. Detail eines Freskos. Siena, Palazzo Pubblico

einen Fresko (Abb. 206) an die Stelle der Gottesmutter (freilich ihr durchaus vergleichbar) nun die Kommune von Siena und Justitia selbst. Letztere sitzt gekrönt auf dem Thron, umrahmt von der Inschrift »Diligite (iustitiam) Q(ui) iudicatis terram« (also Weisheit 1,1), den Blick erhoben zur (göttlichen) Sapientia – ihrer Führerin – und zum Buch des Rechts in deren Hand über ihr, die die Waage hält, die Justitia ins Gleichgewicht bringt. In den Waagschalen personifizieren zwei Engel die distributive und kommutative Gerechtigkeit: der linke rotgekleidete Engel schlägt einem Mann den Kopf ab und nimmt dem anderen (Tyrannen) – beide haben die Schwerter weggelegt – die Krone (oder er übergibt ihm die Krone); der rechte weißgekleidete Engel gibt zwei Bürgern Geld und Waffen (oder nimmt von einem Geld an und übergibt es zur Wiedergutmachung dem anderen, dem er dafür die Waffen der Privatrache abnimmt).

209 Vincent Sellaert, Frieden und Gerechtigkeit. Mitte 16. Jh. Öl auf Holz, 77 × 121 cm. Düsseldorf, Kunstmuseum

Von den Waagschalen führen eine rote und eine weiße Schnur zur Concordia (Eintracht) – mit dem Hobel, um (nach Brunetto Latini) die Ehrgeizigen glatt zu hobeln –, die sie verspinnt und das Seil an die 24 Mitglieder des Obersten Rates der Stadt übergibt, die es wieder der großen männlichen Gestalt weiterreichen. Dieser alte (*senus* = Siena) Mann, zu dessen Füßen Aschius und Penius, die Söhne des Remulus – auf deren Gründung (und damit auf das alte Rom) Siena sich zurückführte –, neben der Wölfin spielen, personifiziert die Stadt als Kommune selbst, wie aus der Inschrift des sein Haupt umgebenden Nimbus (CSCCV = Comune Senarum civitatis Virginis) und seiner Kleidung in den Farben der Stadt ersichtlich ist. Er hält Schild (mit der Darstellung der Stadtherrin Maria mit dem Jesuskind wie im Stadtsiegel) und Zepter und ist umgeben von den drei theologischen Tugenden (oben) und den vier Kardinaltugenden – wobei die rot gekleidete Justitia (nun als besondere Tugend der Kommune und damit als konkretes Bild des Rechts der Strafgewalt) neben dem Schwert einen abgeschlagenen Kopf und eine Krone auf dem Schoß hält –, zusätzlich auch von Magnanimitas (Hochherzigkeit) – zu deren Füßen (und zu deren der Fortitudo) Wachen Gefangene beaufsichtigen – und von der als Bindeglied zur linken, allgemeinen Gerechtigkeit nach dem Vorbild einer antiken Göttin dargestellten Pax.

Dieses Programm des gerechten und daher guten, auch am Gemeinwohl (als dessen Personifikation die Gestalt des Mannes oft aufgefaßt wird) orientierten Regiments hat

210 Otto van Veen. Justitia und Pax. 1575. Öl auf Holz, 106 × 79 cm. München, Bayerische Staatsgemäldesammlungen

zahlreiche Quellen, z. B. Aristoteles, Thomas von Aquin, auch die Tradition des Augustinus und der Fürstenspiegel, auch Seneca und den bereits genannten Traktat des Pseudo-Seneca (Martin von Braga). Vor allem von den beiden zuletzt Genannten leitet sich die Betonung des Friedens als der Rechtssicherheit (Securitas) ab, die mit staatlicher Waffengewalt herzustellen ist. Lorenzetti hat diese Auffassung in den beiden anderen Fresken verdeutlicht (und nur mehr auf diese soll noch näher eingegangen werden, also nicht mehr auf die Malereien in den abgerundeten Ecken der Fresken, die die Jahreszeiten, Planeten, die freien Künste und Bilder von Tyrannen zeigen). Er stellt *Frieden* und *Krieg* dar (heute gerne als *Die Auswirkungen des guten* bzw. *schlechten Regiments* bezeichnet). Das erstere Bild (Abb. 207) – mit einem unübersehbaren Galgen in der Hand der engelhaften Securitas – zeigt das Leben, wenn der Staat von Gerechtigkeit (unter Führung der Weisheit und der Tugenden) geführt wird: Bauern bestellen ihr Feld, Kaufleute bevölkern die Wege, Mädchen tanzen in der Stadt, zusammen das Bild einer Ideal-Stadt, der Gottesstadt auf Erden. Das zweite Fresko (Abb. 208) zeigt das Gegenbild, das Leben dort, wo Gerechtigkeit mit zerbrochenen Waagschalen gebunden unter den Füßen des Tyrannen zertreten liegt, der als schielendes Monster mit Stoßzähnen und Hörnern, beim Fuß einen Ziegenbock, in Rüstung und blutrotem Mantel, mit Trinkkelch und Messer in den Händen dargestellt ist: ein Abbild der Bestialitas – umgeben von Lastern –, mehr noch: ein Bild des höllischen Babylon. Hier herrscht Timor (Furcht); und mit ihm herrschen Gewalt und Chaos.

Die Strukturen dieses neuen Programms wurden oben schon angegeben. Gerechtigkeit ist nicht mehr eine Tugend unter anderen, sondern sie wird herausgehoben und verselbständigt, indem sie allein auf die politische Sphäre bezogen wird und hier auf die Ordnung des Staates selbst. In dieser Bedeutung tritt sie in Beziehung zu einer anderen Tugend, die aber gleichfalls die Veränderung durchgemacht hat, zur Pax. Denn auch diese ist nicht mehr – trotz der immer wieder anzutreffenden Hinweise – die Tugend des Psalm 85,11 (die Friedfertigkeit), sondern der Friede selbst als Zustand der staatlichen Ordnung, Produkt somit einer Tugend, die mit Gehorsam gegenüber den Geset-

211 Samuel de Rameru, Justitia. 1652. Öl auf Leinwand, 143 × 205 cm. Genf, Musée d'Art et d'Histoire

212

213

212 Hans Vredeman, Gerechtigkeit – Ungerechtigkeit. 1595. Gemälde. Danzig, Rathaus

213 Isaac Schwendtner, Das gute Regiment. 1592. Gemälde. Regensburg, Rathaus, ehem. Ratsstube

zen, Verzicht auf Gewalt und Selbstjustiz u. ä. verbunden ist. Gerechtigkeit und Friede[94] stellen nun die Ordnung selbst dar, meinen die Qualität des Gemeinwesens (und derer, die es regieren). In diesem Sinne gibt es zahlreiche Darstellungen dieses Paares (Abb. 209, 210)[95]. Auch die Folge von Gerechtigkeit (und Frieden) wird dargestellt: der Überfluß und Wohlstand, wie er zu den Füßen der Justitia (1652) von Samuel de Rameru (Abb. 211) symbolisiert ist; wobei oft als Personifikation die Abundantia bzw. deren Schwester Opulentia (Reichtum), verdeutlicht durch Füllhorn und Kornähre, dargestellt werden.

Eindeutig zeigt sich der Bezug zum Gemeinwesen (Staat) in den Bildern des ›guten Regiments‹[96], wie sie in Nachfolge Lorenzettis in manchen Rathäusern angebracht wurden (Abb. 212, 213)[97]: Justitia ist immer dabei, und zwar in zentralem Rang, daneben u. a. häufig auch Concordia (Eintracht), die in der Bedeutung von Gehorsam und Gewaltverzicht immer wichtiger wurde. Sehr eindrucksvoll hat Rembrandt van Rijn (1606–1669) diesen Zusammenhang dargestellt: In einem 1641 datierten Bild (Abb. 214)[98] ging es ihm höchstwahrscheinlich um den Zustand der holländischen Provinzen zu dieser Zeit. Die fünf Provinzen nämlich, deren Statthalter (Frederik Hendrik) versuchte, die Grenzgebiete zu erobern, und einen einheitlichen Staatsverband gründen wollte, standen im Gegensatz zu diesem Vorhaben, weshalb sie daran gingen, einen Teil der Truppen nach Hause zu schicken (was die vielen Soldaten im Bild erklärt); der grell beschienene Löwe – Sinnbild der Niederlande –, mit fünf Pfeilen (den Provinzen) zwischen den Klauen, liegt gekettet (d. h. innig verbunden) an dem Sessel (links) und der Erhöhung mit dem Wappen von Amsterdam (darüber die Inschrift »Soli Deo Gloria« und eine Krone), das mit anderen Wappen (z. B. von Leiden und Haarlem) durch ineinander verschlungene Hände verbunden ist; der Abstand zum einheitlichen Staatswesen, der Union, die ganz links durch die hohe Säule mit dem versiegelten Dokument (dem Unionsvertrag von Utrecht) angedeutet wird, ist groß; auch zur Justitia, die links mit verbundenen Augen und einer Waage (mit Privilegien und Geld auf den Schalen) hinter dem Sessel (mit einer Krone) steht, die Spitze des Schwertes auf ihn gestützt; und damit ist auch die Devise der Republik

214 Rembrandt van Rijn, Die Eintracht des Landes. 1641. Öl auf Holz, 74,6 × 101 cm. Rotterdam, Museum Boymans-van Beuningen

215 Rembrandt van Rijn, Die Verschwörung der Bataver unter Claudius Civilis. 1661. Öl auf Leinwand, 196 × 309 cm. Stockholm, Nationalmuseum

216 Die letzte Vermahnung des Skiluros. Gemälde. Rathaus Burgdorf (Schweiz)

217 Pietro di Miniato, Justitia militans. Um 1415. Fresko. Prato, Palazzo Comunale, Salone del Consiglio

der Vereinigten Provinzen – »Concordia res parvae crescunt« – weit von der Verwirklichung entfernt.

In den Rathäusern wurden Bilder angebracht, die die Bürger zur Einheit mahnen sollten: wie etwa in Amsterdam u. a. *Die Verschwörung der Bataver unter Claudius Civilis* (1661) ebenfalls von Rembrandt (Abb. 215)[99], in Lübeck von Stefano Torelli (Abb. 218)[100] oder in Burgdorf, wo die *Letzte Vermahnung des Skiluros* eines unbekannten Künstlers (Abb. 216)[101] hing: der Skythenkönig Skiluros fordert – so die dargestellte Geschichte – auf dem Totenbett seine Söhne auf, ein Bündel Ruten zu brechen, was keinem gelingt, während jeder von ihnen eine einzelne Rute spielend bricht.

Aber auch dort, wo der Bezug auf die Ordnung des Staates nicht so unmittelbar ersichtlich wird, verändert die Justitia ihre Erscheinung. Sie wird aktiv, gebraucht ihr Schwert und ihre Kraft, wird selbst *iustitia militans* wie in Prato (Abb. 217)[102], die die Beigesellung der Fortitudo nicht mehr benötigt: nämlich um den Schwachen, den Unterdrückten, den von unrechter Gewalt (Verbrechen) Getroffenen zur Hilfe zu eilen, wie einige Bilder zeigen (Abb. 219, 220)[103]. Eine kämpfende Justitia ist uns schon

215

218 Stefano Torelli, Einigkeit. 18. Jh. Öl auf Leinwand, 285 × 150 cm. Lübeck, Audienzsaal des Rathauses

216

217

219 Gabriel Metsu/Isaak Mes, Gerechtigkeit besiegt Ungerechtigkeit. 17. Jh. Gemälde. Den Haag, Mauritshuis

oben im Zusammenhang mit den Lastern begegnet, was ihrem Charakter als allgemein menschlicher Tugend auch entsprach. Nun kämpft sie für die Ordnung und den Frieden und den Staat, der nur aufrechterhalten werden kann, wenn Gewalt und Zwang vernichtet und verhindert werden; wenn die einzige Gewalt, die ausgeübt werden darf, ihre eigene, die rechtliche Macht des Staates, ist. Ihre Kraft ist zugleich die Schwäche und Ohnmacht der Untertanen, die ihren Schutz zur Aufgabe des Staates werden lassen. Zunehmend greift die Gerechtigkeit auf das Rutenbündel zurück, das bereits im alten Rom das Zeichen der staatlichen Macht über Leben und Tod war. Sie

220

221

222

220 Francesco Salviati, Gerechtigkeit hilft dem Schwachen. 16. Jh. Fresko. Florenz, Museo Nazionale del Bargello

221 Constantin Renesse, Christus vor Pilatus. 17. Jh. Öl auf Leinwand, 118,7 × 96,5 cm. Greenville (South Carolina), Bob Jones University

222 Jan Swart, Urteil des Kambyses. 16. Jh. Feder und Tusche, 35,1 × 21,1 cm. Dresden, Staatliche Kunstsammlungen

223 Pieter Bruegel d. Ä., Allegorische Darstellungen der Gerechtigkeit. 1558. Kupferstich, 22,6 × 19,2 cm, München, Staatliche Graphische Sammlung

224

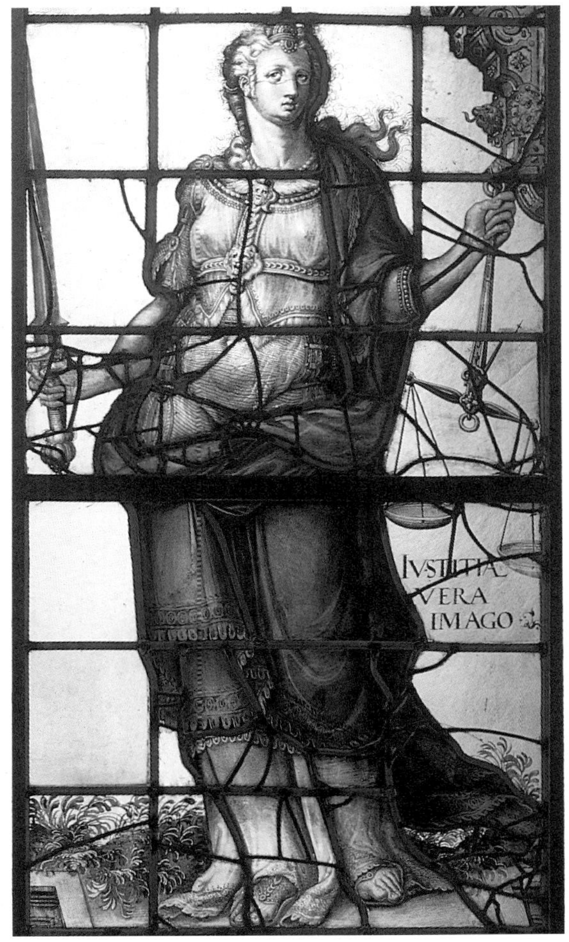


225

226

224 Daniele da Volterra, Justitia. 1532. Fresko. Volterra, Palazzo dei Priori, Pinakothek, ehem. Palazzo del Comune, Loggia

225 Jan Janssen von Amsterdam (?), Justitia. Glasgemälde. Emden, Ostfriesisches Landesmuseum und Städtisches Museum, ehem. im Rathaus

226 Mattheus Verheyden, Justitia. Um 1737. Gemälde. Den Haag, Rathaus

227 Joseph Werner, Allegorie auf die Gerechtigkeit. 1662. Öl auf Leinwand, 166 × 225 cm. Bern, Kunstmuseum

228

229

228 Justitia. 17. Jh. Fresko in der Salle du Conseil d'Etat. Genf, Rathaus

229 Jacobello del Fiore, Justitia (Venetia), auf der mittleren Tafel eines Triptychons. 1421. Venedig, Galleria dell' Accademia

230 Paolo Veronese, Justitia und Pax huldigen Venetia. 1575–78. Öl auf Leinwand 250 × 180 cm. Venedig, Dogenpalast, Sala del Collegio

wird auch in dieser harten, kämpferischen, vernichtenden und zugleich schützenden Funktion auf den amtlichen Ausgaben der Gesetze und Verordnungen, auch der wissenschaftlichen Kommentare zu diesen Rechtsvorschriften abgebildet[104].

Zumindest wird Justitia in steigendem Maße mit dem rechtlichen Verfahren vor Gericht – also mit der ›Justiz‹ – in Verbindung gebracht. Der Prozeß gegen Jesus Christus (Abb. 221) und gegen Susanna, Gerichtsszenen überhaupt (Abb. 222) werden durch eine Statue der Justitia gekennzeichnet. Auch der Kupferstich (Abb. 223) aus der Tugendreihe des Pieter Bruegel (1558), der als Flugblatt große Verbreitung und Bedeutung gewann[105], zeigt solche Gerichtsszenen. Es liegt auf der Hand, daß dort, wo Gericht gehalten und Recht gesprochen, wo die Justiz konkret tätig wurde, Darstellungen der Justitia ihren Platz fanden: nämlich in und allmählich auch auf dem Rathaus der Städte, später den (anderen) Justizgebäuden und -palästen. Man schmückte die Gerichtssäle mit Bildern der Justitia, wie sie mit Schwert und Waage, auch mit dem Rechtsbuch, würdevoll und kämpferisch aufrecht steht oder majestätisch und streng auf dem Richterstuhl sitzt. Es finden sich Gemälde, Statuen, Holzschnitzereien, Reliefs an Wänden, Kaminen, Sitzbänken, Türrahmen, Stiegengeländern usw., oft eine regelrechte Inflation von Justitiae. O. R. Kissel und andere[106] haben zahlreiche Darstellungen zusammengestellt und beschrieben. Einige zusätzliche Bilder sollen zur Veranschaulichung auch hier gebracht werden (Abb. 224–228)[107].

230

Freilich wird darin auch der Verlust und Verfall der Gerechtigkeit als einer Tugend deutlich. Denn zusehends verstehen sich die Darstellungen der Justitia nicht mehr als moralische Mahnbilder oder vorbildliche Exempla tugendhaften Handelns. Immer mehr tritt der Charakter als Legitimationszeichen in den Vordergrund: daß nämlich das agierende Gericht, die bestehende Herrschaft, das vorhandene Gemeinwesen die Gerechtigkeit auch tatsächlich verwirklichen. Diese Entwicklung, die in Venedig[108] zum ersten Mal vollendet wurde, indem Venedig als Justitia/Astraea/Dike selbst dargestellt wurde (Abb. 229), als eine Göttin, der Justitia und Pax – die selbstverständlich in ihrem Reich vereint sind – Waage und Ölzweig zu Füßen legen (Abb. 230), eine Entwicklung somit, die sich auch in der Vorstellung der Wiederkehr des Goldenen Zeitalters (vgl. Abb. 14, 17a, 19) und der Identifikation von Maria Medici mit Justitia/Astraea (vgl. Abb. 68) – die in den vorherigen Kapiteln besprochen ist –, auch in den zahlreichen Bildern der Apotheose des absoluten Herrschers niederschlägt, soll hier nur genannt werden, sie kann in diesem Zusammenhang nicht weiter ausgeführt werden; manche Hinweise finden sich in den nachstehenden Kapiteln. Erwähnt soll nur noch werden, daß diese Entwicklung das Ende auch der künstlerischen Darstellung der Justitia in der überkommenen Form bedeutete und bedeuten mußte. Denn ein Legitimationszeichen unterliegt anderen Gesetzmäßigkeiten (z. B. Bekanntheit, Eindruckskraft, Werbewirksamkeit) als denen der Ästhetik. Oft fliehen Künstler – sofern sie sich überhaupt noch mit dem Thema befassen! – in den Mythos zurück (wie Joseph Beuys, 1921–1987, Abb. 232) oder in die (Hegelsche) Logik (wie die Wiener Malerin und Philosophin Evelin Klein, geb. 1944, Abb. 231). Oder sie verwenden das Legitimationszeichen in negativem Sinn als Mittel der Kritik oder der Karikatur (worauf hier nicht eingegangen werden kann)[109] oder ins Abstrakte (wie Wolfgang Wilfing mit seinem Fotoband »Spiegel der Gerechtigkeit« von 1985).

232

231 Evelin Klein. Justitia. Öl, Mixed Media, 120 × 120 cm. Privatbesitz

232 Joseph Beuys, Sibylla (Justitia). 1957. Bronze, 24 × 50 × 185 cm. Köln, Museum Ludwig

# ›Gerechtigkeitsbilder‹

Doch soll im abschließenden Abschnitt der Blick zurückgewendet werden zur Hoch-Zeit der Justitia-Bilder. Neben ihnen finden sich nämlich in den Rathäusern vor allem der Niederlande und Deutschlands Darstellungen, die man als (eigentliche) ›Gerechtigkeitsbilder‹[110] bezeichnet, worüber in den Vorbemerkungen schon gesprochen wurde. Dazu gehören auch die zahlreichen Bilder des Weltgerichts, die die Richter und die anderen Prozeßpersonen von sündhaftem Verhalten (Rechtsbeugung, Meineid) abhalten sollten, indem die Konsequenzen am Jüngsten Tag aufgezeigt wurden; darüber wurde im vorherigen Kapitel ausführlich berichtet. Religiösen Bezug hatten auch die Darstellungen der Propheten[111] (Abb. 233): auch damit sollten die Richter zu

233 Die acht Propheten. 14. Jh. Skulpturen an der Nordwand des Hansasaals. Köln, Rathaus

gerechtem Urteilen ermahnt werden. Ähnliche Funktion konnte auch die Darstellung des Prozesses Jesu haben, doch waren die meisten dieser Bilder (Jesus vor Pilatus, Jesus vor Herodes) nicht für Rathäuser gedacht; ausdrücklich bezeugt ist das Gegenteil für das Rathaus von Haarlem und für *Jesus vor Pilatus* des Meisters van Bellaert (1420, Abb. 234)[112]. Jesus Christus wurde darüber hinaus manchmal in seiner Begegnung mit der Ehebrecherin dargestellt (»der werfe den ersten Stein«, Abb. 235), eindeutig ein Hinweis auf die Milde und Gnade, ohne die lange Zeit – wie erwähnt – die Gerechtigkeit nicht gedacht wurde. Der *Thronus Iustitiae* von 1606, eine Folge von 13 Kupferstichen von Joachim Wtewael (1566–1638, der letzte von einem unbekannten Künstler)[113], zugleich Illustration eines Traktats über den besten Richter und Programm für die Ausmalung eines Rathaussaales (vielleicht von Leyden), beginnt mit vier biblischen Szenen (und endet mit dem Weltgericht): die Begegnung von Moses und seinem Schwiegervater Jethro (Jitro, nach Exod. 18,1–27, Abb. 236) – der Rat zur Einsetzung gerechter unbestechlicher Richter –, das Urteil Salomons, Daniel und Susanna – die beide sogleich behandelt werden – und die Kreuztragung Christi (Abb. 237), nicht nur als Hinweis auf die Erlösungstat des Herrn, sondern auch eine Mahnung an die Richter im Hinblick auf Pilatus.

Gerechtigkeitsbilder, die über den Bereich der religiösen Inhalte hinausgingen, gab es wahrscheinlich erstmals 1423 im Rathaus von Nürnberg[114]. Anlaß ihrer Verbrei-

234 Meister van Bellaert, Christus vor Pilatus. 1420. Öl auf Holz, 38 × 25 cm. Rotterdam, Museum Boymans-van Beuningen, Sammlung J. W. Frederiks

235 Schule Hans Holbeins d. J., Christus und die Ehebrecherin im Tempel (für ein Wandbild im Großratssaal zu Basel). Um 1525. Feder, getuscht und aquarelliert, 23,8 × 29,5 cm. Basel, Öffentliche Kunstsammlungen, Kupferstichkabinett

236 Joachim Wtewael, Moses und Jethro. Aus *Thronus Iustitiae*. 1606 Kupferstich

237 Joachim Wtewael, Kreuztragung Christi. Aus *Thronus Iustitiae*. 1606. Kupferstich

tung waren die 1695 bei der Belagerung von Brüssel zerstörten Tafelbilder von Rogier van der Weyden von 1439 im Brüsseler Rathaus[115], die im Berner Teppich (vgl. Abb. 245) eine Wiedergabe fanden. Einige der darin behandelten Themen sollen in kleiner Auswahl vorgestellt werden. Nicht eingegangen wird auf Darstellungen auf Münzen[116] oder Plaketten[117]. Nur hingewiesen kann darauf werden, daß manche der folgenden Themen auch als Erzählung oder Theaterstück oder bei Triumphzügen als ›lebende Kulisse‹ dem Publikum vorgeführt wurden.

Häufigstes Thema ist das Urteil Salomons[118], wie es das Alte Testament (1 Kön. 3,16–28) erzählt: »Damals kamen zwei Dirnen und traten vor den König. Die eine sagte: ›Bitte, Herr, ich und diese Frau wohnen im gleichen Haus, und ich habe dort in ihrem Beisein geboren. Am dritten Tag nach meiner Niederkunft gebar auch diese Frau . . . Nun starb der Sohn dieser Frau während der Nacht; denn sie hatte ihn im Schlaf erdrückt. Sie stand mitten in der Nacht auf, nahm mir mein Kind weg, während deine Magd schlief, und legte es an ihre Seite. Ihr totes Kind aber legte sie an meine Seite‹ . . . Da rief die andere Frau: ›Nein, mein Kind lebt, und dein Kind ist tot‹ . . . So stritten sie vor dem König. Da begann der König: . . . ›Holt mir ein Schwert!‹ Man brachte es vor den König. Nun entschied er: ›Schneidet das lebende Kind entzwei und gebt eine Hälfte der einen und eine Hälfte der anderen.‹ Doch nun bat die Mutter des lebenden Kindes den König – es regte sich nämlich in ihr die mütterliche Liebe zu ihrem Kind: ›Bitte, Herr, gebt ihr das lebende Kind und tötet es nicht!‹ Doch die andere rief: ›Es soll weder dir noch mir gehören. Zerteilt es!‹ Da befahl der König: ›Gebt jener das lebende Kind und tötet es nicht; denn sie ist seine Mutter.‹ Ganz Israel hörte von dem Urteil, das der König gefällt hatte, und sie schauten mit Ehrfurcht zu ihm auf; denn sie erkannten, daß die Weisheit Gottes in ihm war, wenn er Recht sprach.« Der letzte Satz ist zugleich die Begründung dafür, warum dieses Thema so oft gewählt wurde. Mit ihm sollte die Weisheit gerühmt (und angemahnt) werden, die als Führerin des Richters für sein gerechtes Urteil notwendig ist; und zwar unabhängig von der religiösen Grundlegung (die in Salomon ja – wie erwähnt – den Typus Christi sah), weshalb dieses Thema auch zu den (profanen) Gerechtigkeitsbildern gestellt werden kann und auch so verstanden wurde (Abb. 238, 239). Überdies muß man bedenken, daß Salomon und sein Urteil nicht nur für Gerechtigkeit stehen und die unzähligen Darstellungen nicht alle in diesem Sinne verstanden werden dürfen. Damit konnte auch die Weisheit, die Wissenschaft ausgedrückt werden; ganz abgesehen davon, daß die Erzählung als solche[119] – die sich im übrigen auch in außerchristlicher Literatur findet – fasziniert. Aus diesem Grund sollen einige Bilder des Salomonischen Urteils gebracht werden (Abb. 240, 241[120], die nicht immer in Rathäusern angebracht waren.

In manchen Bibel-Ausgaben wurde die Weisheit Salomons neben diesem Urteil auch durch ein zweites Urteil illustriert (Abb. 242): durch den Schuß auf den toten Vater[121]. Doch stammt die zugrundeliegende Geschichte aus dem jüdischen Talmud

238 Albert von Soest, Das Urteil Salomons. 16. Jh. Holzschnitzerei Lüneburg, Große Ratsstube

239 Bartholomäus Bruyn d. Ä., Das Urteil Salomons. 1532. Fresko, Bremen, Rathaus

(um 400 n. Chr.) und hat folgenden Inhalt: »Ein Mann hatte zehn Söhne, aber, wie die Mutter meinte, stammte nur einer von ihm ab. Als er im Sterben lag, erklärte er: ›Ich vermache alle meine Güter einem einzigen Sohn‹ (er wußte aber nicht, welcher sein leiblicher Sohn war). Da die Söhne auch nicht wußten, welcher gemeint sei, brachten sie die Sache vor Rabbi Bnaha. Dieser riet ihnen, an des Vaters Grab zu klopfen, damit er komme und erkläre, wen er meine. Neun von den Söhnen taten so, der eine aber, der sein leiblicher Sohn war, tat es nicht. Da entschied Rabbi Bnaha, daß alle Güter diesem einen zukommen sollten.« Die christliche Literatur und Kunst übernahm diese Geschichte, reduzierte aber einmal die Zahl der Söhne auf vier bis zwei und veränderte sie sodann dahingehend, daß die Söhne auf den toten Vater schießen sollten; an die Stelle des Rabbi trat Salomon als der weise und gerechte Richter, was die oben genannte Bibelillustration erklärt. In dieser Form wurde der Schuß auf den toten Vater ein beliebtes Gerechtigkeitsbild, auch von zahlreichen Künstlern darüber hinaus dargestellt (Abb. 243).

Wie das Urteil Salomons nach 1. Kön. 3 wurde auch die Entscheidung des Daniel, der damit das Fehlurteil über die unschuldige Susanna verhindert, als Typus des Welt-

241 Nicolas Poussin, Das Urteil Salomons. 1649. Öl auf Leinwand, 101 × 150 cm. Paris, Louvre

◁ 240 Giorgione, Das Urteil Salomons. Um 1506. Öl auf Holz, 35 × 28,3 cm. Florenz, Uffizien

242

242 Das Urteil Salomons (Schuß auf den toten Vater). Miniatur aus einer Bibel des 13. Jh. New York, The Pierpont Morgan Library, Ms. 494, fol. 330r

243 Bacchiacca, Schuß auf den toten Vater. 1523. Öl auf Pappelholz (Deckel einer Truhe), 84,5 × 196 cm. Dresden, Staatliche Kunstsammlungen

gerichts betrachtet (vgl. Abb. 82); und auch diese Geschichte aus Dan. 13,1–64 ist faszinierend, weshalb sie häufig dargestellt wurde[122], freilich vorwiegend konzentriert auf die nackte Susanna im Bade. Aber das ist für das Thema Gerechtigkeit nicht entscheidend, sondern daß sie dabei von zwei ältesten Richtern beobachtet und zum Ehebruch gedrängt wird, den die keusche Frau aber ablehnt. Deshalb bezichtigen sie die Abgewiesenen – wie angedroht – dieses Verbrechens. »Die versammelte Gemeinde glaubte ihnen, weil sie Älteste des Volkes und Richter waren, und verurteilte Susanna zum Tod.« Doch Gott erhört ihr Flehen: »Als man sie zur Hinrichtung führte, erweckte Gott den Heiligen Geist in einem jungen Mann namens Daniel. Dieser rief laut: ›Ich bin unschuldig am Tod dieser Frau.‹ Da wandten sich alle Leute nach ihm um und fragten ihn: ›Was soll das heißen, was du gesagt hast?‹ Er trat mitten unter sie und sagte: ›Seid ihr so töricht, ihr Söhne Israels? Ohne Verhör und ohne Prüfung der Beweise habt ihr eine Tochter Israels verurteilt. Kehrt zurück zum Ort des Gerichts! Denn diese Ältesten haben eine falsche Aussage gegen Susanna gemacht.‹ Eilig kehrten alle Leute wieder um, und die Ältesten sagten zu Daniel: ›Setz dich hier mitten unter uns und sag uns, was du zu sagen hast. Denn dir hat Gott den Vorsitz verliehen.‹ Daniel sagte zu ihnen: ›Trennt diese beiden Männer, bringt sie weit auseinander! Ich will sie verhören.‹« Daniel fragte die beiden gesondert nach dem Baum, unter dem der Ehebruch stattgefunden haben soll. Der eine nennt eine Zeder, der andere eine Eiche. »Da schrie die ganze Gemeinde laut auf und pries Gott, der alle rettet, die auf ihn hoffen. Dann erhoben sie sich gegen die beiden Ältesten, die Daniel durch ihre eigenen Worte als falsche Zeugen entlarvt hatte. Das Böse, das sie ihrem Nächsten hatten antun wollen, tat man nach dem Gesetz des Moses ihnen an: Man tötete sie. So wurde an jenem Tag unschuldiges Blut gerettet.«

Auch diese Geschichte hat mehrere Dimensionen. Sie ist ein Loblied auf Gott und seine Gerechtigkeit; dann ist sie eine Warnung vor falscher Anschuldigung und Zeugenaussage und eine Ermahnung zur Wahrheit; schließlich ein Vorbild für eine gerechte Prozeßführung – »audiatur et altera pars« –, und in dieser Bedeutung geht sie über den religiösen Bereich hinaus. Sie paßt auch in den oben genannten Vorstellungskreis, daß die Gerechtigkeit die Unschuld rettet und befreit; wozu noch kommt, daß der Retter ein Mann und die Gerettete eine junge schöne Frau ist. Jedenfalls gewinnt *Daniel und Susanna* als Gerechtigkeitsbild vor allem im 18. Jahrhundert an Interesse[123] (Abb. 244).

Die bisher dargestellten Themen haben – zumindest auch – einen Bezug auf Gott. Zwei weitere, oft gewählte Motive lassen diesen – allerdings noch vorhandenen –

244 Susanna vor ihren Richtern. Um 1600. Thorn, Städtisches Museum

Bezug in den Hintergrund treten und rücken die Gerechtigkeit des Menschen selbst in den Vordergrund: die Geschichten von Herkinbald und Trajan. Nicht umsonst sind sie gemeinsam auf einem Teppich dargestellt (Abb. 245)[124], den eine franko-flämische Wirkerei um 1450 für die Aula episcopalis des Bischofs von Lausanne herstellte und der 1536 bis 1791 im Berner Rathaus hing; im übrigen eine Kopie der beiden bereits genannten Tafelbilder des Rogier van der Weyden. Der Text unter den Bildern stammt von Arnoldus Geilhoven von Rotterdam († 1442) und erzählt die Geschichte des Herkinbald wie folgt: »Herkinbald, ein hochherziger, mächtiger und erlauchter Herr, urteilte bei Gericht, ohne Ansehen der Person, über die Sache des Armen wie des Reichen, des Bekannten wie des Unbekannten, immer mit gleichem Maße. Als er einst schwer krank zu Bette lag, hörte er in der anstoßenden Kammer starken Lärm und Weibergeschrei. Da er fragte, was das wäre, wurde ihm von allen die Wahrheit verhehlt. Endlich gestand ihm zitternd einer der Edelknaben, dem er mit Ausstechen der Augen gedroht, wenn er die Wahrheit nicht kundtäte: ›Herr, der Sohn eurer Schwester, den alle nach euch am meisten fürchten, achten und verehren, hat einem Mädchen Gewalt angetan, und das war die Ursache des Geschreis.‹ Als der Greis dies vernommen und die Sache genau untersucht hatte, befahl er, seinen vielgeliebten Neffen zu hängen. Der Seneschall, dem dies befohlen wurde, stellte sich, als ob er es ausführte, ging aber hinaus und sagte es dem Jüngling, den er ermahnte, sich eine Zeitlang verborgen zu halten. Einige Stunden später kam der Seneschall zu dem Kranken zurück und log, er hätte den Befehl erfüllt. Am fünften Tag danach meinte der Jüngling, der Oheim dächte nicht mehr an seine Schuld, und schaute durch die offene Türe ins Zimmer. Sobald ihn der Kranke erblickte, rief er ihn mit freundlichen Worten herbei und erlaubte ihm, sich an das Bett anzulehnen. Rasch packte Herkinbald den Haarschopf seines Verwandten und bog nun so mit der Linken dessen Kopf zurück, stieß ihm mit der Rechten ein Messer tief in die Kehle und tötete ihn aus Eifer für die

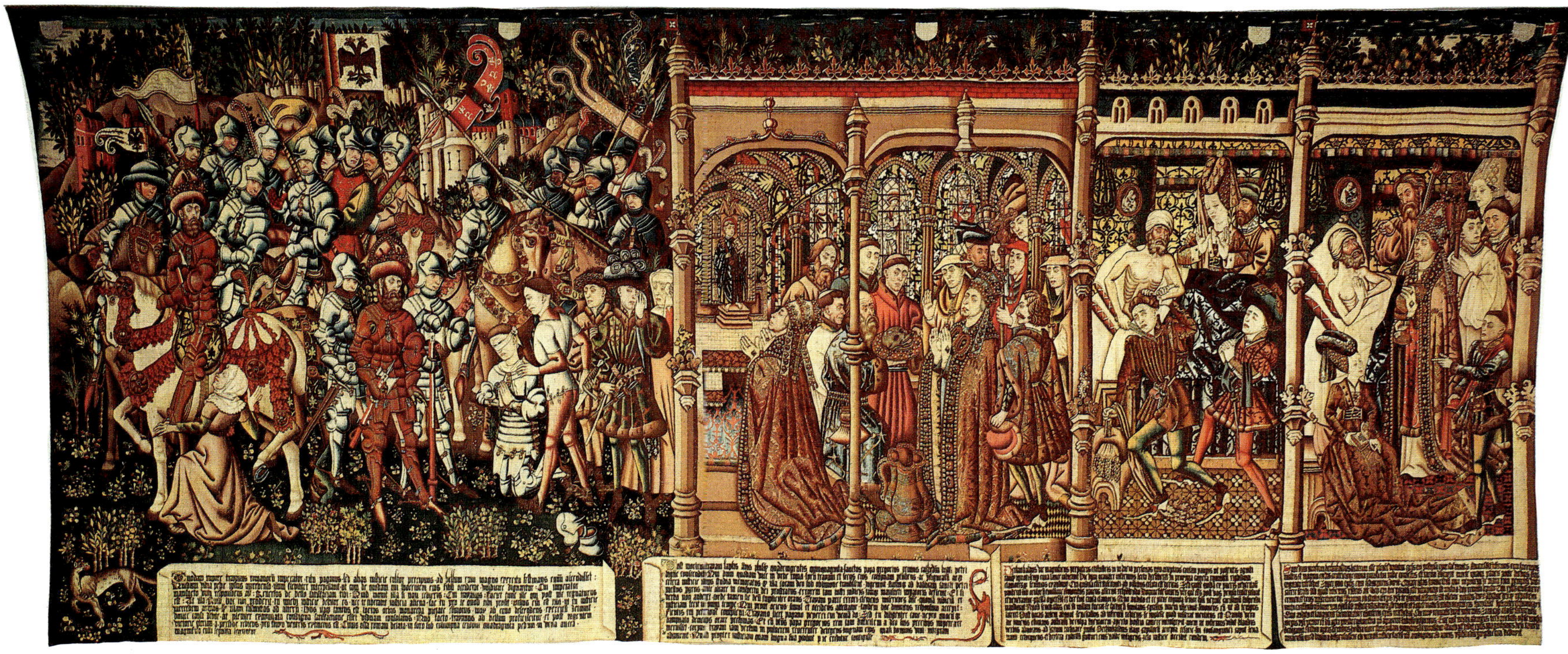

245 Die Geschichte von Herkinbald und Trajan. Franko-flämischer Teppich. Um 1450. Bern, Historisches Museum

Gerechtigkeit.« Die Geschichte geht weiter. Als Herkinbald sterbend das Sakrament empfangen wollte und seine Sünden beichtete, erwähnte er diese Tötung seines Neffen nicht, weshalb der Bischof ihm die Hostie verweigerte und sich entfernte. »Sofort aber ließ ihn der Kranke zurückrufen und sagte, er möge nachsehen, ob das Sakrament des Leibes Christi in dem Gefäße sei. Und als sich dann die Eucharistie nicht in der geöffneten Pyxis vorfand, fügte er bei: ›Siehe, der, den du mir versagtest und mit dir hinwegtrugst, hat sich mir nicht verweigert.‹ Und zugleich wurde allen die Hostie in seinem Munde zwischen den geöffneten Zähnen gezeigt. Als der Bischof dies sah, pries er Gott und brachte so das große Wunder, das unzweifelhaft durch göttliches Walten ob der Tugend der Gerechtigkeit gewirkt worden, mit wachsamen Eifer zu Ohren der Christgläubigen.« Zentraler Inhalt dieser häufig für Rathäuser illustrierten Geschichte (Abb. 246)[125] ist somit die Tugend der Gerechtigkeit, der Eifer für Gerechtigkeit, den Gott anerkennt und sogar durch ein Wunder verherrlicht.

Nun ist Herkinbald Christ. Die Betonung der Gerechtigkeit als einer allgemein menschlichen Kardinaltugend wurde dadurch gesteigert, daß der Held der zweiten Geschichte ein Heide ist, noch mehr: der Christenverfolger Trajan († 117), der freilich in der mittelalterlichen Vorstellungswelt zum Bild des weisen und gerechten Herrschers wurde. Sein Grab im Fuß der von ihm 112 auf dem Forum in Rom errichteten Siegessäule wurde immer respektiert. Schließlich wurde Trajan sogar in den christlichen Kosmos eingeordnet durch eine Legende aus dem Leben des Papstes Gregor des Großen (540–604), die die Unterschrift des Berner Teppichs (Abb. 245) wie folgt erzählt: »Als einst der römische Kaiser Trajan, seiner Religion nach Heide, sonst aber ein trefflicher Pfleger der Gerechtigkeit, eben zu Pferde gestiegen war, um eilends mit einem großen Heere in den Krieg zu ziehen, umfaßte eine Witwe seinen Fuß und flehte ihn unter Tränen an, er möchte sie doch an jemandem rächen, der ihren unschuldigen Sohn getötet hatte. Der Kaiser erwiderte mit sanfter Miene: ›Wenn ich aus dem Kriege zurückgekehrt bin, werde ich dir Genugtuung verschaffen.‹ ›Wie aber‹, entgegnete jene, ›wenn du nicht zurückkommst?‹ ›Dann‹, sprach Trajan, ›wird der es tun, der nach

246 Die Geschichte von Herkinbald. Anfang 16. Jh., Köln. Öl auf Leinwand, 244 × 223,5 cm. Köln, Rathaus

247 Trajans Gerechtigkeit. Miniatur zur *Divina Commedia* des Dante Alighieri von Malern der Schule von Ferrara. Vatikanische Bibliothek, Cod. Urb. lat. 365, fol. 127r

248 Antonio Campi, Die Gerechtigkeit Trajans. 16. Jh. Tempera auf Leinwand. Brescia, Civici Musei

mir regieren wird.‹ Darauf jene: ›Was aber wird dir das nützen? Du bist mir Gerechtigkeit schuldig und davon befreit dich nicht der Urteilsspruch eines andern. Tue du für dich, was dir nützlich ist. Denn es ist besser für dich, du empfängst den Lohn der Gerechtigkeit, als daß du ihn einem andern überläßt.‹ Durch solche Gesinnung zutiefst gerührt, stieg nun der Beherrscher des ganzen Erdkreises alsbald vom Pferde und hielt sein Heer so lange an, bis er die Sache angemessen, aber doch vollständig untersucht und die Witwe mit einer gebührenden Genugtuung getröstet hatte. Darauf zog Trajan in den Krieg«, aus dem er nicht mehr lebend zurückkehrte. Seine Gebeine wurden in der bereits erwähnten Säule beigesetzt. Auch diese Geschichte geht weiter: »Mehr als 450 Jahre nach dem Tode Trajans bestieg der heilige Papst Gregor würdevoll den Stuhl des hl. Petrus. Als er nun einstmals, das Forum des Trajan überschreitend, an dessen Säule vorbeiging, erinnerte er sich des hier eben dargestellten Werkes der Gerechtigkeit Trajans wie noch weiterer und seufzte darob, daß diese vor Gott der Vergessenheit anheimgefallen wären. Er betete demütig für den Ungläubigen: ›Vergib, o gnädiger und barmherziger Gott, den Irrglauben Trajans, weil er allzeit Recht und Gerechtigkeit geübt hat.‹ Hierauf erhielt er... durch göttliche Eingebung folgende Antwort: ›Ich habe deine tränenreiche Bitte erhört. Dem Heiden Trajan sei Vergebung vergönnt, ich schenke ihm Gnade. Du aber hüte dich wohl, dir jemals wieder herauszunehmen, für irgendeinen Verdammten zu beten.‹« Gregor erhob den schon zu Staub zerfallenen Leib Trajans und fand dessen Zunge unversehrt gleich der eines Lebendigen. »Nach frommem Glauben geschah dies wegen der Gerechtigkeit, der er mit seiner Zunge zum Siege verholfen.« Deutlicher kann die gottgefällige Tugend der Gerechtigkeit nicht verherrlicht werden als in diesem Fall, wo sogar der mangelnde Glaube aufhört, Hindernis der Erlösung zu sein, wenn auch Gregor kräftig mit seinem Gebet nachhilft (was die sehr menschlich gehaltene Antwort Gottes nicht ohne weiteres billigt).

Die Trajan-Legende war überaus beliebt. Sicherlich war dafür auch fördernd, daß Dante in seiner *Divina Commedia* diese Szene im 10. Gesang des Purgatorio schildert:

249 Eugène Delacroix, Die Gerechtigkeit Trajans. 1840. Öl auf Leinwand, 495 × 396 cm. Rouen, Musée des Beaux-Arts

als eines der Reliefs, die – als Meditationsbilder für die wegen ihres Hochmuts Büßenden, weil Exempel für Demut – an der Felswand eingehauen sind (Abb. 247)[126]. Dante verherrlicht Trajan auch im Paradies, wo seine Seele mit fünf anderen Heiligen das Auge des Adlers der Gerechtigkeit im Jupiterhimmel bildet (vgl. Abb. 63). Im übrigen wurde diese Geschichte in der Regel in einer veränderten Fassung illustriert (Abb. 248, 249)[127], die in der *Legenda aurea* (vor 1264) des Jacobus de Voragine nachlesbar war: Der Übeltäter wurde zum Sohn Trajans, der auf Klage der Witwe ihr neben Schadenersatz auch ihn selbst an ihres getöteten Sohnes Statt übergibt. Schließlich nahm in der weiteren volkstümlichen Ausgestaltung die Handlung einen freundlicheren und

250 Bartolomeo Melioli (?), nach einem Entwurf von Andrea Mantegna, Die Gerechtigkeit Trajans. 1477. Wachsfarben über Stuckrelief auf Holz, 69 × 214 cm. Deckel einer Truhe für die Hochzeit der Paola Gonzaga mit Leonhard von Görz. Klagenfurt, Landesmuseum

glücklichen Ausgang: Die Witwe wurde immer jünger, der Konflikt immer dramatischer – da Trajan die Enthauptung seines Sohnes befiehlt –, das Ende immer schöner, da auf die Fürsprache der Witwe der Sohn begnadigt wird und er diese aus Dankbarkeit sogleich heiratet; welches Motiv damit für die oft prachtvoll geschmückten Brauttruhen der italienischen Renaissance hervorragend geeignet wurde, wie z. B. die um 1477 von Bartolomeo Melioli (?) nach Entwurf von Andrea Mantegna für die Hochzeit der Paola Gonzaga mit Leonhard von Görz hergestellte Truhe zeigt (Abb. 250)[128].

Die Ähnlichkeit der beiden Geschichten von Herkinbald und Trajan zeigt sich in der von Jacobus de Voragine überlieferten Fassung noch deutlicher. In beiden Fällen stellen die Helden das Recht und ihre Pflicht zur Gerechtigkeit (genauer zur Verfolgung und peinlichen Bestrafung des Unrechts) über die Liebe zu ihren Verwandten. Wie auch Otto III. (gegenüber seiner Gemahlin) in dem Bild von Dirk Bouts (vgl. Abb. 73a/b), das deshalb auch ein Gerechtigkeitsbild ist[129]. Man kann auch sagen: diese Gerechten müssen blind werden gegenüber ihren Gefühlen, gegenüber ihrer Menschlichkeit, gegenüber ihrer Unmittelbarkeit: zugunsten der Herrschaft des Rechts. Der *Thronus Iustitiae* (1606) illustriert in diesem Sinne als Vorbild des besten Richters auch die Geschichte des Bias, des Richters, der bei jedem Todesurteil Tränen vergoß, trotzdem aber Gnade (Menschlichkeit) nicht vor Recht gehen ließ (Abb. 251)[130].

251 Joachim Wtewael, Der Richter Bias vergißt Tränen. Aus *Thronus Iustitiae*. 1606. Kupferstich

Ähnlichkeit zur Geschichte des Herkinbald – aber ohne Bezug auf Gott und Familie – weist das Urteil Graf Willems III. auf, das in vielen niederländischen Rathäusern vor allem im 16. und 17. Jahrhundert dargestellt wurde (zum ersten Mal 1478, Abb. 252)[131]. Um 1356 – so wurde pseudo-historisch erzählt – besaß ein Bauer in Südholland eine prächtige, dicke Kuh, die jedoch vom Vogt seiner Gegend gestohlen und gegen eine magere ausgetauscht wurde. Der Bauer, der sich um die Einnahmequelle seiner Familie beraubt sah, begab sich daraufhin zur höchsten Rechtsinstanz des Landes: zu Graf Willem III. von Holland, dem Herzog von Hennegau, der in Valenciennes krank zu Bett lag. Auf die Klage des Bauern hin untersuchte der Graf die Angelegenheit, überführte den Vogt und dessen Onkel, den Schultheiß von Dordrecht, und fällte das Urteil über sie. Der Vogt wurde zur Bezahlung von hundert Goldkronen an den Bauern verpflichtet. Als daraufhin der Vogt und der Schultheiß wegziehen wollten, hinderte sie der Graf daran, weil zwar die Schuld gegen den Bauern entrichtet war, aber die gegen den Grafen noch beglichen werden mußte. Willem III. schickte sodann

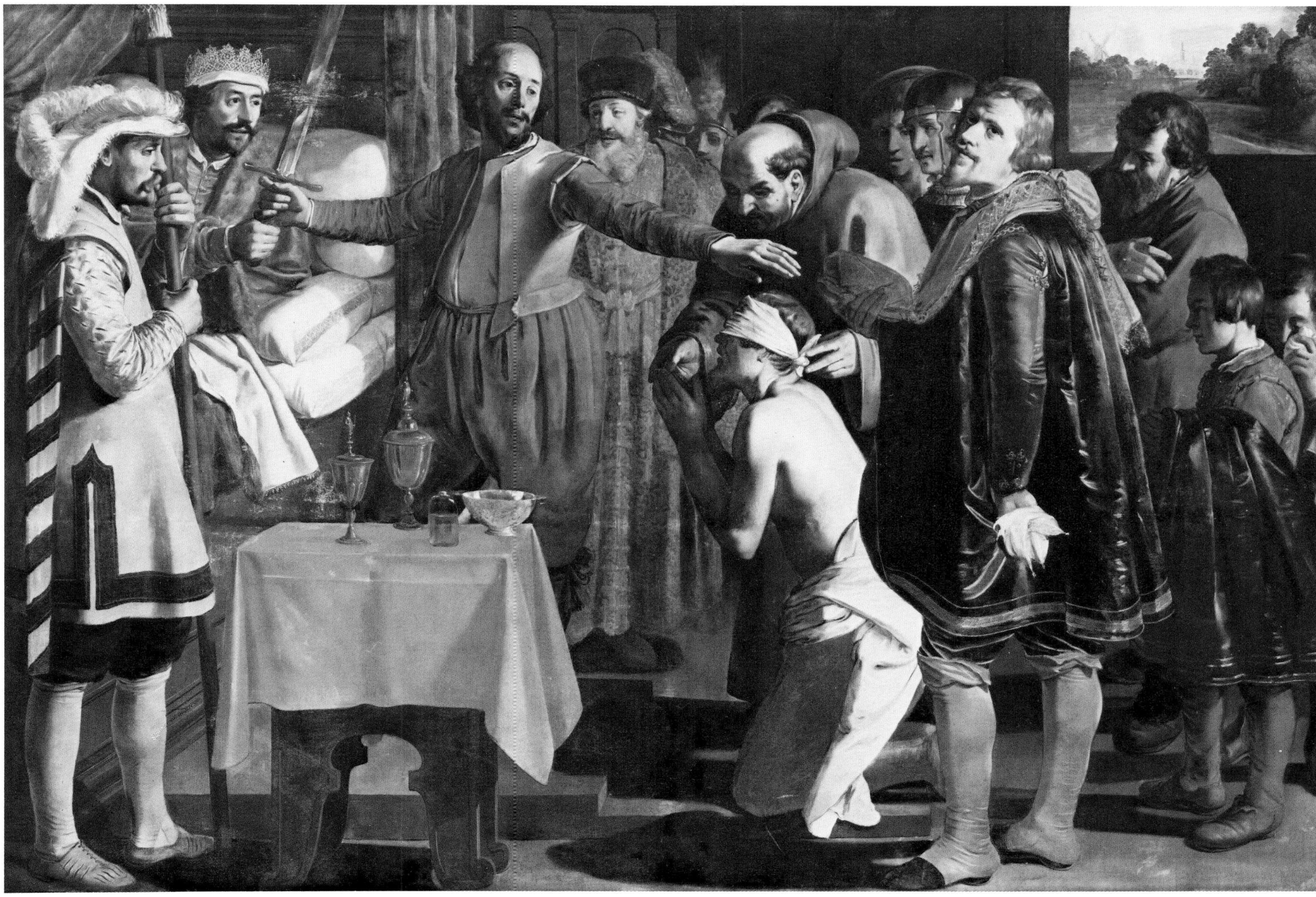

252 Simon Henrixz, Das Urteil Graf Willems III. 1619. Öl auf Leinwand, 185 × 270 cm. Naarden (Niederlande), Rathaus

nach dem Priester und Scharfrichter. Der Vogt wurde auf der Stelle mit einem vom Grafen überreichten Schwert geköpft.

Auch in dieser Geschichte hindert also die Krankheit den Gerechten nicht, das Unrecht blutig zu sühnen und so das Recht wiederherzustellen, und zwar – dies ist das zweite Motiv – auch gegenüber rechtsbrechenden und -beugenden Richtern.

Diese Mahnung und Warnung der Richter fand den schärfsten Ausdruck in der Geschichte des Sisamnes und seiner Bestrafung durch Kambyses, die Herodot (und Valerius Maximus) wie folgt erzählten[132]: »Sisamnes, einer der Richter des Königs, hatte ein ungerechtes Urteil für Geld verkauft. Der König Kambyses ließ ihn darauf schinden. Dann ließ er seine Haut zerschneiden und ließ damit einen Sessel beziehen, darauf Sisamnes zu sitzen pflegte, wenn er Recht sprach. Kambyses ernannte den Sohn des Sisamnes an Stelle seines Vaters zum Richter und empfahl ihm, sich dessen zu erinnern, auf dessen Richterstuhl er Recht spräche.« 1498 stellte Gerard David für den Schöffensaal des Rathauses von Brügge diese Geschichte in zwei Tafelbildern (Abb. 253a/b)[133] dar. Das eine zeigt – links oben die Bestechung, im Vordergrund – die Verhaftung des Sisamnes, wobei das Medaillon an der Wand rechts mit dem Bild der Schindung des Marsyas schon das weitere Geschehen vorwegnimmt, zugleich aber

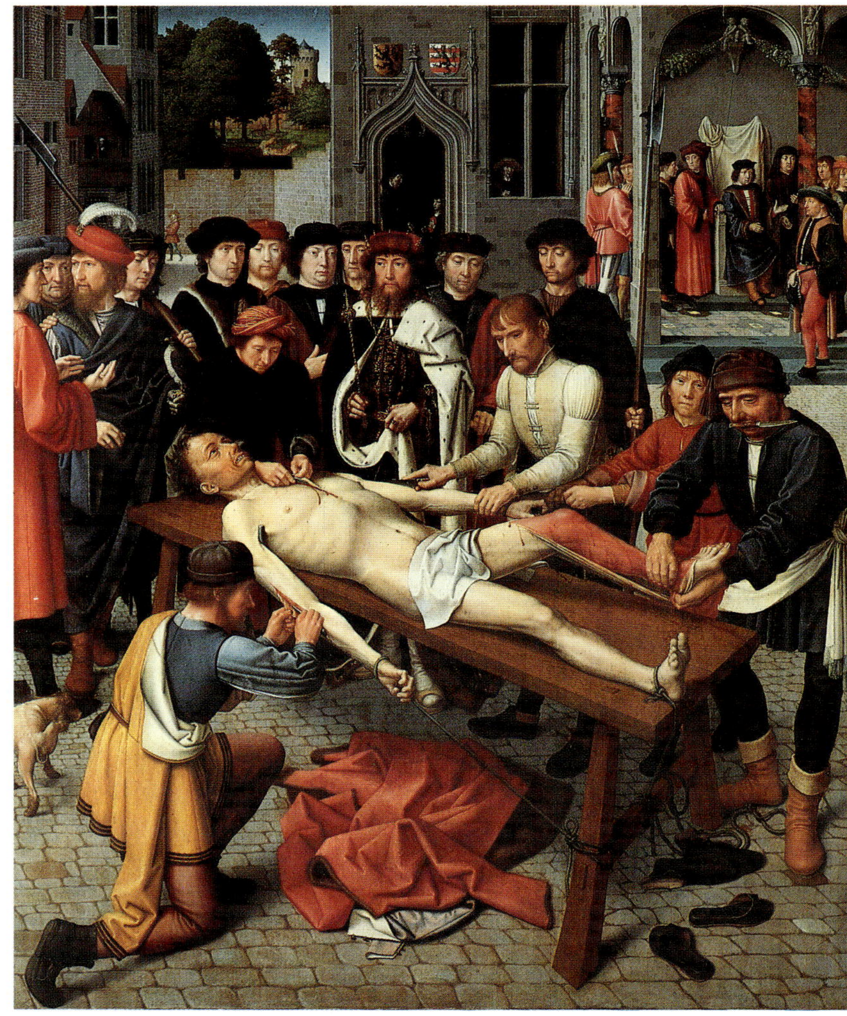

253a/b Gerard David, Das Urteil des Kambyses (a) und Schindung des Sisamnes (b). 1498. Öl auf Holz, je 182,3 × 159,2 cm. Brügge, Groeningemuseum

254 Martin Faber, Urteil des Kambyses. 1617. Gemälde, Emden, Rathaus

auch – im Zusammenhang mit dem zweiten Medaillon, das Herkules zeigt, wie er der Deianeira das Füllhorn überreicht – deutlich machen soll, daß sich eine solche Rechtsbeugung aus Geldgier nicht auszahlt, somit ein Akt der Narrheit ist (weshalb Marsyas auch in Sebastian Brants *Narrenschiff* von 1494 behandelt wird). Das zweite Bild zeigt im Vordergrund in realistischer, den Beschauer packender Weise die Schindung, während rechts oben im Hintergrund der neue Richter auf dem mit der Haut des Vaters bezogenen Stuhl sitzt. Die Bilder von David machten Eindruck, waren sehr bekannt und führten zu zahlreichen Darstellungen (Abb. 254, 255)[134] vor allem in den Niederlanden und Norddeutschland. Hinzuweisen ist noch darauf, daß in der Folgezeit der Schwerpunkt der Geschichte und damit ihr Sinn verschoben wurde. In den Mittelpunkt trat nämlich der Sohn – dem man den Namen Otanes gab – und seine Einsetzung, wodurch erneut die Herrschaft des Rechts über menschliche (verwandtschaftliche) Beziehungen zum Ausdruck gebracht wurde: Otanes kann auf der abgezogenen Haut seines Vaters doch überhaupt nur sitzen und richten, weil er vom Eifer für die Gerechtigkeit total erfüllt ist (Abb. 256).

Das grausame Gegenbeispiel des gerechten Richters, daher auch oft gemeinsam dargestellt, schildert die Geschichte des Zaleukus, des drakonischen Gesetzgebers von Lokri des 7. vorchristlichen Jahrhunderts (der im übrigen nicht verwechselt werden darf – was freilich oft geschieht – mit Seleukus, der zugunsten seines liebeskranken Sohnes auf seine junge Gattin verzichtete). Zaleukus – so schreibt Valerius Maximus[135] – erließ strenge Gesetze zur Wahrung der Sittlichkeit, so z. B. gegen Ehebruch die Strafe des Verlustes beider Augen. Als sein Sohn bei einer solchen Tat ertappt wurde, da »rührten sich seine Eingeweide, und er befahl, es sollten seinem Sohne beide Augen ausgerissen werden. Da sprachen die Großen des Reichs zu ihrem Herrn: ›Du hast nur einen Sohn, der dein Erbe ist; es würde ein Schaden für das ganze Reich sein, wenn dein Sohn seine Augen verlöre.‹ Jener aber versetzte: ›Ist es euch nicht bekannt, daß ich dies Gesetz gegeben habe? Da nun aber mein Sohn der erste ist, der gegen das Gesetz getan hat, so soll er auch der erste sein, der der Strafe unterliegt. Es würde eine Schande für mich sein, das zu brechen, was ich einmal festgesetzt habe.‹ Da sprachen die Weisen: ›Herr, um Gottes Willen bitten wir Euch, daß Ihr Eures Sohnes schonet.‹ Jener aber, durch ihre Bitten überwunden, erwiderte: ›Ihr Lieben, da es so ist, so höret mich: Meine Augen sind meines Sohnes Augen und so auch umgekehrt. Reißt also mein rechtes Auge heraus und das Linke meines Sohnes, dann ist das Gesetz erfüllt.‹ Und also geschah es.« Diese Szene der Blendung des Zaleukus (und seines Sohnes) ist häufig dargestellt worden (Abb. 257, 258)[136].

Die verwandte Geschichte von Charondas[137] dagegen findet sich selten (Abb. 259). Auch Charondas war Gesetzgeber, nämlich im 6. vorchristlichen Jahrhundert für verschiedene Städte in Unteritalien (damals griechische Kolonie). Eines Tages soll er – nach einem Bericht Diodors –, als er vom Land in die Stadt Thurii zurückkehrte, in die Volksversammlung getreten sein, ohne vorher sein Schwert, mit dem er sich gegen die

256 Otanes auf dem Richterstuhl des Sisamnes. Um 1530. Gemälde. Hoorn, Westfries Museum

255 Nach Peter Paul Rubens, Urteil des Kambyses. 1622. Öl auf Holz, 45,7 × 44,4 cm. New York, The Metropolitan Museum of Art, Gift of William E. Dodge

257 Jan de Bray, Die Geschichte von Zaleukus. 1676. Öl auf Leinwand, 212 × 255 cm. Haarlem, Frans Hals Museum

Räuber auf dem Land zu verteidigen pflegte, abzulegen. Sein eigenes Gesetz aber verbot es, Volksversammlungen bewaffnet zu betreten. Ein Gegner benutzte diesen Umstand, ihm berechtigte Vorwürfe zu machen; er aber soll ausgerufen haben: »Nein, beim Zeus! Das Gesetz soll Herr bleiben«, und tötete sich selbst mit seinem Schwert.

In den Erzählungen von Zaleukus und Charondas, aber auch von Herkinbald, Trajan und Kambyses, triumphiert die Tugend der Gerechtigkeit, die sich als das höchste Gut des politischen Lebens – selbst über das eigene Leben und das Leben der Angehörigen – erweist. Auch die *Neun Helden*[138] konnten als Beispiele dieser Tugend aufgefaßt werden. Anfang des 14. Jahrhunderts freilich sah man in Frankreich, wo sie ›erfunden‹

wurden, in ihnen noch die Vorbilder des Rittertums und stellte sie in einen heilsgeschichtlichen Zusammenhang, weshalb man sie aus den drei Religionen nahm: aus dem Heidentum Hektor, Alexander, Julius Caesar; aus dem Alten Testament (Judentum) Judas Makkabeus, David, Josua; aus dem Christentum König Artus, Karl der Große, Gottfried von Bouillon. Manchmal wurde mit Bertrand du Guesclin ein 10. Held, oft ihnen 3 mal 3 Frauen (Lucrezia, Veturia, Virginia; Esther, Judith, Jael; die Heiligen Helena, Elisabeth von Thüringen, Birgitta von Schweden) und als 10. Jeanne d'Arc beigegeben. Das Thema wurde in Dichtung, Malerei und Plastik sehr beliebt. In Deutschland veränderte sich ihr Charakter: sie wurden verbürgerlicht und so Vorbilder des guten (d. h. gerechten) Bürgers. In diesem Verständnis finden sich einige Darstellungen der Neun Helden auch als Gerechtigkeitsbilder (Abb. 260)[139].

Ein Blick in die Geschichte (vor allem der Griechen und Römer) konnte leicht die Reihe solcher gerechter (tugendhafter) Männer erweitern. Pietro di Christophoro Vanucci, gen. Perugino (1450–1523) stellte im Audienzsaal der Wechslerzunft (Collegio del Cambio) in Perugia 1500–1503 Prudentia und Justitia dar mit ihren Vertretern Fabius Maximus, Sokrates, Numa Pompilius einerseits, Furius Camillus, Pittacus, Trajan anderseits (Abb. 261)[140]. Der *Thronus Iustitiae* (1606) bringt als Vorbild des Gerechten den Rechtsgelehrten Papinian (Abb. 262)[141], der 212 n. Chr. von den Schergen des Kaisers Caracalla getötet wurde, weil er sich geweigert hatte, jenen vom Mord an seinem Bruda Geta freizusprechen; also ebenfalls das Recht über sein Leben stellte.

Publius Scipio Africanus d. Ä. wurde häufig in Gerechtigkeitsbildern dargestellt. Andrea Meldolla, gen. Schiavone (1500–1563), gibt ihm deshalb – als Zeichen seiner Gerechtigkeit – eine Waage in die Hand, während Victoria ihn krönt und Temperantia zu Füßen kniet und links der Flußgott Nil – daher Scipio ›Africanus‹ – liegt (Abb. 263)[142]. Am bekanntesten wurde er freilich durch eine Geschichte, die sich – nach

258 Antonio Campi, Bestrafung des Zaleukus. 16. Jh. Tempera auf Leinwand. Brescia, Civici musei

259 Hans Holbein d. J. (Kopie), Selbstmord des Charondas (nach dem Entwurf für das Wandbild im Großratssaal zu Basel). Um 1525. Feder, getuscht, 28,1 × 31 cm. Basel, Öffentliche Kunstsammlungen, Kupferstichkabinett

260 Die Neun Helden. Glasfenster in der Gerichtslaube des Lüneburger Rathauses. 1420

261 Perugino, Prudentia und Justitia mit sechs weisen Männern. 1500–03, Fresko, Perugia, Collegio del Cambio

262 Joachim Wtewael, Der Rechtsgelehrte Papinian. Aus *Thronus Iustitiae*. 1606. Kupferstich

263 Schiavone, Scipio Africanus. 1558. Öl auf Leinwand, 62,5 × 92 cm. Wien, Kunsthistorisches Museum

Polybios (und Livius) – 209 v. Chr. nach der Eroberung von Karthago abgespielt haben soll[143]. Die siegreichen Römer schenkten ihm ein junges Mädchen von außergewöhnlicher Schönheit als Beute. »Die Schönheit des Mädchens machte einen tiefen Eindruck auf ihn, und er erwiderte, wenn er Privatmann wäre, würde er nichts lieber annehmen als dieses Geschenk, als Feldherr aber keines weniger.« Er bedankte sich daher, übergab das Mädchen aber seinem Vater bzw. Bräutigam. Diese ›Enthaltsamkeit des Scipio‹ ist freilich – obwohl häufig in Rathäusern zu finden – erst sekundär ein Beispiel für gerechtes Verhalten, primär zeigt es vorbildliche Großzügigkeit und Milde. Doch ist zu beachten, daß auch diese Tugenden vielfach als zur Gerechtigkeit gehörend betrachtet wurden und daß Scipio sich entsprechend seiner Würde als römischer Imperator als tugendhaft erweist. Aus diesem Grund finden sich zahlreiche Darstellungen (Abb. 264) von dieser Szene auch als Gerechtigkeitsbilder.

Häufig wurde auch die Geschichte von Lucius Junius Brutus dargestellt (Abb. 265)[144], der 509 v. Chr. Rom von der Königsherrschaft des verbrecherischen Tarquinius Superbus befreit und auch die von diesem angezettelte Verschwörung aufgedeckt hatte, dabei aber seine beiden Söhne unter den Verschwörern entdeckte und sie nun hinrichten ließ. In ähnlicher Weise stellte auch Titus Manlius (Imperiosus) Torquatus im Latinerkrieg (340 v. Chr.) die Disziplin über die Liebe zu seinem Sohn: er ließ ihn trotz seiner Tapferkeit wegen Befehlsverletzung töten, da es besser sei, als Vater einen tapferen Sohn zu verlieren als das Heer seine Kriegszucht (Abb. 266)[145]. Deutlich wird in diesen (Vor-)Bildern, daß von den Bürgern Gehorsam und Disziplin (und Unterordnung unter das Gesetz) verlangt und erwartet wurden; auch die Bereitschaft zur Aufopferung aus Vaterlandsliebe, weshalb auch z. B. die Geschichte des C. Mutius

264 Abraham de la Rue, Die Großmut des Scipio. 1632. Öl auf Leinwand, 153 × 225 cm. Frankfurt/M., Historisches Museum

265 Lucius Junius Brutus. Kopie von 1904/05 nach einem Entwurf von Albrecht Dürer von 1520/21. Nürnberg, Südwand des Rathaussaals

266 Lorenzo de Ferrari, Titus Manlius Torquatus. 18. Jh. Tempera auf Leinwand, 255 × 169 cm. Genua, Galleria di Palazzo Rosso

Scaevola dargestellt wurde, der zum Beweis seiner Standhaftigkeit vor dem Zelt des Etruskerkönigs Porsenna seine rechte Hand verbrannte (Abb. 267)[146], ebenso die Erzählung vom Opfertod des römischen Konsuls Publius Decius Mus im Krieg gegen die Samniter (343–340 v. Chr., Abb. 268)[147]. Mehr Beispiele finden sich vor allem in den Fresken, die Domenico Beccafumi 1529 bis 1535 in der Sala del Consistoro des Palazzo Pubblico in Siena an die Decke gemalt hat, rund um ein eindrucksvolles Bild der Justitia (vgl. Abb. 200i)[148].

Auch die Geschichte der Verleumdung des Apelles[149] war geeignet für ein Gerechtigkeitsbild. Apelles war der Hofmaler Alexander des Großen und schon zu Lebzeiten (370–300 v. Chr.) der berühmteste Maler des Altertums, dessen Werke zwar nicht mehr erhalten sind, aber ausführlich beschrieben wurden. So auch sein Bild von der Verleumdung, das er malte, nachdem er von dem falschen Verdacht der Beteiligung an einer Verschwörung befreit und rehabilitiert worden war, und das so seine eigenen leidvollen Erfahrungen verarbeitete. Nach der Beschreibung des Lukian (2. Jh. n. Chr.) sah dieses Bild so aus: »Rechts sitzt ein Mann mit auffallend langen Ohren, die fast denen des Midas gleichkommen. Er streckt von weitem der herankommenden Verleumdung (Calumnia) seine Hand entgegen. Ihn umringen zwei junge Frauen, die Unwissenheit (Ignorantia) . . . und der Argwohn (Suspicio). Von der anderen Seite eilt die Verleumdung, prächtig geputzt, schnell heran. Mit ihrer Miene und ihrer Körperhaltung drückt sie die wilde Wut und den Zorn aus, den sie in ihrem glühenden Herzen empfangen hat; sie hält in der Linken eine brennende Fackel, mit der Rechten zerrt sie mit sich einen Jungen bei den Haaren, der die Arme zum Himmel ausgestreckt hat und die Glaubwürdigkeit der unsterblichen Götter zum Zeugen anruft. Ihnen geht voran ein bleicher Mann von lasterhafter Erscheinung, mit stumpfsinnig stechenden Augen, im übrigen aber offenkundig jenen ähnlich, die durch eine schädliche Krankheit dahinschwinden. Diesen wird man leicht als Neid (Livor) erraten. Auch folgen ein paar junge Frauen der Verleumdung als Begleiterinnen, deren Pflicht es ist, die Herrin anzutreiben, zu unterweisen und zu putzen. Ein Deuter des Bildes sagte, daß sie Hinterlist (Insidia) und Betrug (Fallacia) darstellen. Von hinten folgt die Buße (Poeni-

267 Mutius Scaevola. Neufassung von Anton Niedermayer von 1904/05 nach dem Original von 1613. Nürnberg, Großer Saal des Rathauses (heute zerstört)

268 Opfertod des P. Decius Mus. Neufassung von Anton Niedermayer von 1904/05 nach dem Original von 1613. Nürnberg, Großer Saal des Rathauses (heute zerstört)

269 Die Verleumdung des Apelles. Neufassung von Hans Kögl von 1904/05 nach einem Entwurf von Albrecht Dürer von 1520/21. Nürnberg, Großer Saal des Rathauses (heute zerstört)

270 Triumphzug Kaiser Maximilians. Neufassung von Hans Kögl von 1904/05 nach einem Entwurf von Albrecht Dürer von 1520/21. Nürnberg, Großer Saal des Rathauses (heute zerstört)

271 Joachim Wtewael, Alexander der Große. Aus *Thronus Iustitiae*. 1606. Kupferstich

tentia) in einem zerlumpten Trauergewand, die den Kopf nach rückwärts herabgeneigt hat und mit Tränen und Scham die von fern kommende Wahrheit (Veritas) empfängt. Mit diesem Bild hat Apelles auf seinen Unglücksfall angespielt.« Die erste anspruchsvolle (Re)Konstruktion dieses Bildes malte 1495 Sandro Botticelli. Um 1509 führte zum ersten Male Luca Signorelli dieses Motiv als Mahnung zur Gerechtigkeit und Warnung vor falschem Urteil im großen Saal des Palazzo del Magnificio in Siena aus. Davon wohl unbeeinflußt, stellte auch Albrecht Dürer 1521/22 in Zusammenarbeit mit Willibald Pirckheimer die Verleumdung des Apelles im Großen Saal des Rathauses von Nürnberg dar (Abb. 269)[150]; an welchem Ort er im übrigen auch ein Bild des

Triumphwagens Kaiser Maximilians I. († 1519) – und darin auch eine Justitia – an die Wand malte (Abb. 270)[151].

In ähnlicher Weise wollte vor vorschnellem Urteil warnen und zu sorgfältiger Prozeßführung mahnen ein Bild im *Thronus Iustitiae* (Abb. 271), das Alexander den Großen zeigt, von dem berichtet wurde, daß er beim Vortrag des Anklägers sich ein Ohr zugehalten habe, um dieses dann unvoreingenommen und frei dem Angeklagten zu öffnen[152].

Manch andere Themen könnten noch genannt werden, was hier nicht geschehen kann; außer daß auf einschlägige Arbeiten verwiesen wird[153]. Nur angemerkt soll werden, daß die einzelnen Darstellungen in den Sälen der Rathäuser in der Regel nicht mehr oder minder zufällig zusammengestellt wurden, sondern einem durchdachten Programm folgten. In zunehmendem Maße werden diese theoretischen Konzepte der Philosophie (bzw. des Humanismus) heute wieder bewußt gemacht, z. B. für die Rathäuser von Nürnberg, Augsburg, Tübingen, Amsterdam, Antwerpen, Danzig, Schwäbisch-Hall, Lüneburg, Basel usw. Auch darauf kann hier nicht eingegangen, sondern nur weiterführende Literatur angegeben werden[154].

Zum Abschluß sei noch auf eine Darstellung verwiesen, die in gewisser Weise als eine Zusammenfassung der Gerechtigkeitsbilder bezeichnet werden kann: nämlich auf den *Triumph der Justitia* auf einem flämischen Teppich von 1535 (Abb. 272)[155]. Hier thront die gekrönte Gerechtigkeit (in der Inschrift im übrigen als Astraea bezeichnet) – zu den Füßen der Kranich mit dem Stein in der Kralle als Zeichen der Wachsamkeit – auf einem von zwei Einhörnern, die von Sara und Josef (für Maria und Christus als die

272 Triumph der Gerechtigkeit. Teppich aus der Serie *Triumph der sieben Tugenden*. Um 1535, flämisch. Wolle und Seide, 440 × 556 cm. San Francisco, The Fine Arts Museum

Fürbitter) geritten werden und unter deren Hufen die ungerechten Sulla, C. Marius und – verdeckt – Catilina liegen, gezogenen Wagen, in der linken Hand Schwert und Waage, mit der Rechten von Gott ein zweites Schwert aufnehmend. Ihr folgt der unbestechliche Fabricius mit seinen Mannen. Ihr voran gehen u. a. die Gerechten Scipio Africanus und Cato, ganz links Rebecca; unter ihnen sind Trajan und die Witwe dargestellt. Im Vordergrund stürzt sich der Gesetzgeber Charondas in sein Schwert; rechts unten gibt Zaleukus sein Auge für seinen gesetzesbrechenden Sohn. Zwischen Zaleukus und dem Triumphwagen geht die unschuldig verbrannte Vestalin Cornelia, links daneben Rachel und Jakob. Links oben knien vor der Arche (in Gestalt einer Kirche dargestellt) Noah und seine Familie. Läßt man alle diese Gestalten Revue passieren, dann wird deutlich, wie viele Fragen noch im Zusammenhang mit der Darstellung der Gerechtigkeit offen sind, wie wenig wir heute noch von den Gerechtigkeitsbildern der Vergangenheit wissen.

Wolfgang Pleister

# IV Menschenrecht, Tierfabel und Tierphysiognomik

Schon von jeher war der Mensch sich nicht nur seines Unterschieds zum Tier, sondern auch seiner Zusammengehörigkeit mit ihm bewußt[1]. Er erfuhr seine Abhängigkeit von ihm und betete in ihm die Herrschaft der Natur an[2]; aber er erprobte an ihm auch seine Überlegenheit über seine Umwelt, verwendete es als Haus- und Nutztier für seine Zwecke – Arbeit, Spiel und Krieg – und bezog aus ihm seine Nahrung[3].

Aber hinter und über dieser physischen Aneignung steht die geistige. Die so ungemein charakteristischen, plastischen Gestalten und Verhaltensweisen der Tiere konnten seiner Beobachtungsgabe nicht verborgen bleiben. Er erfuhr am und durch das Tier die Welt, vor allem aber sich selbst und sein gesellschaftliches Verhalten. Dabei ging es weniger um zoologisch korrekte Interpretation als um Projektion; seine vielen häßlichen und schönen Leidenschaften, seine Tugenden und Laster glaubte er in den Tieren wiedererkennen zu können, genauer: er sah in das Fremde hinein, was er bei sich selbst lieber übersah oder gerne sehen wollte. Und so erschienen ihm auf der Bühne des Lebens: der stolze, gewalttätige, aber auch großmütige Löwe, dem im Reich der Vögel der Adler entspricht; der gierige, gewalttätige, zynische Wolf; der listige, hinterhältige, häufig witzige Fuchs; der dumme Esel und der ängstliche Hase; der aufgeblasene Frosch und die feine, verständige, behende Maus; das fromme, geduldige Lamm und der eitle, stets unzufriedene Pfau; und sie handelten ganz nach ihrem ›angeborenen‹ (angedichteten) Charakter. Man kann hier von der Transposition des Menschlich-Allzumenschlichen auf die Tierwelt sprechen, die dann auch ganz human redet und handelt.

Doch der Weg der Imagination – der phantasievollen und phantastischen Vergegenwärtigung des eigenen Wesens – konnte auch den umgekehrten Verlauf nehmen: Der Mensch ›entdeckte‹, was er am Tier erkannt zu haben glaubte, in sich selbst, er projizierte das in die Tiere Hineingesehene auf sich zurück und fand sich unter Menschen versetzt, die Züge der Tierheit heftig und weniger heftig offenbarten oder die das Tier in sich vergeblich zu verbergen suchten. Diese Rückprojektion bereitete der Tierphysiognomik[4] oder besser: dem Versuch, in Antlitz, Gestalt und Gehabe der Menschen tierische Anlagen aufzuspüren, ihr ebenso ergiebiges wie überraschungsreiches Arbeitsfeld, auf dem Fiktives und Reales sich so reizvoll mischen. Aber auch der dem methodischen Ehrgeiz des Physiognomikers mehr oder weniger ferne Alltagsmensch sieht um sich Leute, die mutig und stark sind wie Löwen, schlau wie Füchse, geil wie Affen und die ausschauen wie Ochsen und Gänse.

Die folgenden Betrachtungen wollen diese Mensch-Tier-Dialektik am Rechtsgedanken verdeutlichen. Besonders in der Fabel, die dem Menschen durch das Medium der Tierdarstellung einen Spiegel seines Wesens und Wandels vorhält, haben die Suche nach Recht und Gerechtigkeit und die nüchtern-resignierte Erkenntnis, daß allzuoft Unrecht und Gewalt obsiegen, elementar Ausdruck gefunden.

## Der Mensch im Tier

Man kann das Wesen der Fabel, für deren Vielfalt eine voll befriedigende Definition bisher nicht gefunden wurde[5], mit der Formel ›Ermunterung zu kritischer Weltweisheit‹ umschreiben. Denn mag auch in ihrer langen Geschichte die Tendenz vorherrschen, die trüben Verhältnisse hinzunehmen, ohne sie aktiv-kämpferisch verändern zu wollen – »Das ist der Welt lauff«, konstatiert Martin Luther (1483–1546) in seiner Bearbeitung der Aesopischen Fabeln[6] –, so bedeutet doch dieses Sich-Schicken in das für unvermeidlich Gehaltene keineswegs, daß man das Unrecht kritiklos auf sich beruhen lassen will. Man begehrt dagegen auf, indem man es namhaft macht, dies aber nicht plan und direkt, sondern in der Gleichnisrede der Fabel. Der Autor, der die Fabel als Instrument der Kritik nutzt – insbesondere, indem er das Unrecht in der Gesellschaft und das Gebaren der Herrschenden anprangert – sagt damit ja gerade nicht, daß der Weltenlauf »unwidersprechlich und irreperabel wäre. Sondern indem wir ihn erkennen, indem eben die Fabel ihn uns anzuschauen und zu erkennen gibt, treten wir ja schon heraus, begreifen ein Stück davon und können seiner mächtig werden«[7].

Infolge ihrer bildlichen, indirekten Redeweise und wegen der Person ihres europäischen ›Vaters‹, des aus Phrygien oder Samos stammenden Sklaven Aisopos (Aesop, 6. Jh. v. Chr.)[8], wurde die Fabel, über deren Herkunft (Kleinasien, Ägypten, Mesopotamien, Indien?) man sich auch heute noch nicht einig ist[9], häufig nur als Mittel indirekter Kritik der Niedriggestellten, Unterdrückten an den Mächtigen verstanden: Weil der kleine Mann den großen Herren unangenehme Wahrheiten nicht geradehin ins Gesicht sagen durfte, ohne Nachteile für Wohlfahrt, Leib und Leben gewärtigen zu müssen, kleidete er sie in das Gewand der Fabel, um die Gewaltigen um so besser zur Wahrheit zu betrügen[10]. Schon der römische Fabeldichter Phaedrus (1. H. 1. Jh. n. Chr.), ebenfalls ein (später freigelassener) Sklave des Augustus, hatte behauptet, man habe die Fabel erfunden, weil der Sklavenstand nicht gewagt habe, alles frei zu sagen, wonach ihm der Sinn stand; er habe deshalb seine Gedanken in die Fabel gekleidet. So einleuchtend diese Lehre vom »Aufstand der Fabel«[11] als Waffe in der Hand der Schwachen manchen Ohren klingen mag, sie trifft das Wesen der Fabel doch nur zum Teil. Schon die folgenden Betrachtungen werden zeigen, daß die Fabel längst nicht nur im Dienste der Unterschicht stand und aus ihrer Sicht heraus die Konflikte der handelnden Figuren und die daraus abzuleitenden Lehren entwickelt wurden. Sie diente durchaus auch der Legitimation von Herrschaft, der Affirmation der bestehenden Ordnung. So insbesondere bei der mittelalterlichen Fabeldichtung: Aber auch dort hat es an sozialkritischen Äußerungen nicht gefehlt, verbunden mit der Mahnung an die Mächtigen und ihre Gehilfen, das ihnen verliehene Amt verantwortungsvoll und gerecht auszuüben und die Gewaltabhängigen nicht allzu arg auszunützen[12].

Wer daher die Fabel in ihrem universellen Zugriff auf alle Bereiche des Menschenlebens, sofern diese der Aufstellung praktischer, situationsbezogener Klugheitsregeln zugänglich sind, recht verstehen will, sollte sie nicht allzu eng auf **eine** – vor allem die soziologisch-kritische – Funktion festlegen. Denn je nach der allgemeinen Tendenz und Geisteshaltung der Zeit und den speziellen Absichten und Überzeugungen, dem Temperament und der Standeszugehörigkeit des Autors überwiegt hier das sozial- und rechtskritische, auf Veränderung des Bestehenden gerichtete, dort das konservativ-beharrende, legitimatorische Moment, oder sie vermischen sich auf eigentümliche Weise, ohne daß sich allgemeingültige Gesetzmäßigkeiten für **die** Fabel als Kunstform begründen ließen.

Dementsprechend will auch mein Versuch, einige wesentliche Bezüge der Fabel (und zwar hauptsächlich der Tierfabel) zu Recht und Gerechtigkeit herauszuarbeiten, nicht nur einen Grundzug – etwa den bei einigen Autoren[13] so energisch betonten politisch-agitatorischen – hervorheben, sondern möglichst vielfältige Positionen zu Wort kommen zu lassen. Dabei ist keine Geschichte der Rechtsanschauungen und Rechtsinhalte am Beispiel der Fabel beabsichtigt, sondern eine nach bestimmten Gesichtspunkten geordnete Zusammenstellung immer wiederkehrender Erfahrungen, Geschehensabläufe, Argumente und Gegenargumente in Sachen des Rechts, die seit der Antike die europäische Fabeltradition und nicht nur diese[14] geprägt haben. Diese Homogenität in den zentralen Aussagen, die nicht nur bei Fabeln mit rechtlichen Inhalten zu beobachten ist, ermöglicht es, gleichsam eine Grammatik des Rechts zu entwerfen, aufgrund derer ein Rechtsgespräch der Fabelautoren der verschiedenen

Jahrhunderte möglich ist. Dabei darf diese Grammatik nicht als überzeitliches Naturrecht verstanden werden, sondern als ein Aggregat von Strukturelementen, deren Anwendung je nach geschichtlicher Situation und Erlebnishorizont des Fabeldichters verschieden ausfällt. Ausgehend von Jean de la Fontaines (1621–1695) schöner Unterscheidung zwischen Körper und Seele der Fabel[15] kann die von den Fabeln anschaulich demonstrierte Rechtsmoral als Seele, die jeweilige Fabel aber, in die oft das ganze Kolorit der Zeit und ihre aktuellen Fragestellungen integriert sind, als Körper bezeichnet werden. Natürlich können hier nur Grundzüge der den Fabeln immanenten Rechtsmoral aufgezeigt werden.

## Das Recht des Stärkeren

273 Josef Hegenbarth, Habicht und Nachtigall. 1949. Pinselzeichnung, 18 × 20 cm. Aus: Aesop, *Die Diebe und der Hahn*

Am Anfang der europäischen Fabeldichtung steht die Anklage gegen die nackte Gewalt: Hesiod erhebt sie mit seiner Fabel *Habicht und Nachtigall* (Abb. 273)[16]. Der Habicht schlägt seine Klauen in die Nachtigall, die laut ihr Leid klagt. Der Habicht bringt sie mit den furchtbaren Worten zum Verstummen: »Töricht der Mann, der begehrt, sich Stärkren entgegenzustellen; – Geht verlustig des Siegs und hat zur Schande noch Schmerzen«.

Diese Worte, die der Sieger dem Besiegten, der Starke dem Schwachen entgegenschleudert, hallen durch die ganze griechische[17] und die ihr folgende Geschichte bis auf den heutigen Tag. Hesiod freilich hält dieser Hackordnung die von Zeus gegebene Dike-Ordnung entgegen, in der die Menschen sich der Gewalt enthalten und das Fressen und Gefressenwerden den Tieren überlassen.

Die immer wieder bearbeitete und illustrierte (Abb. 274–280) Fabel *Wolf und Lamm*[18] bedeutet insofern eine Weiterentwicklung des Themas »Gewalt geht vor Recht«[19], als sich der Wolf – zumindest scheinbar – auf den Boden des Rechts begibt und damit dessen übergreifende, auch ihn bindende Ordnung zunächst akzeptiert. Sein Unrecht ist jedoch viel perfider als das des wenigstens ehrlichen Habichts, denn er bedient sich des Rechts in heuchlerischer Weise, um seine Gewalttat um so sicherer begehen zu können: »Du trübst mir das Wasser«, wirft er dem Lamm unter anderem vor, obwohl er flußaufwärts steht. Der immanente Rechtssinn der Fabel zeigt sich nun aber gerade darin, daß das Lamm die Hohlheit seiner ›Rechts‹-Argumente durchschaut und Punkt für Punkt widerlegt. Dem in die Enge getriebenen Wolf bleibt also nur der Ausweg, zum blanken Zynismus der Gewalt zurückzukehren und das Lamm ohne »weitere prozessuale Förmlichkeiten«, wie La Fontaine ironisch bemerkt[20], zu fressen. Die rechtsphilosophische Ergiebigkeit dieser Fabel demonstriert auch Haitzingers Karikatur (Abb. 281): Der nur ungenügend (siehe den zerbrochenen Gitterstab) geschützte Rechtsstaat wird vom Terrorismus (Wolf) juristisch und moralisch ins Unrecht gesetzt, wenn er nicht mit sich machen läßt, was der Wolf will – offenbar eine Anspielung auf den Versuch der Angehörigen der ›Rote Armee Fraktion‹ (RAF), durch Hungerstreik Hafterleichterungen zu erzwingen und diese zu weiterer Agitation und möglichst zur Selbstbefreiung zu nutzen[21].

Auch der in zwei Versionen erzählte *Löwenanteil* (Abb. 278, 284–286)[22] zeigt, wie gern der Mächtige sich der Form des Rechts bedient, wenn es darum geht, ein Gut zu erlangen: Der Löwe geht mit Rind, Ziege und Schaf bzw. mit Esel und Fuchs eine Gesellschaft ein. Doch als es darum geht, das gemeinsam erjagte Beutestück zu teilen, nimmt er Vorrechte in Anspruch, die ihm als Höhergestelltem, Kühnerem und Stärkerem gebühren, und kehrt am Schluß die nackte Gewalt heraus, als es um den vierten Teil geht. Der ehrliche Esel, der sich in der zweiten Version auf den Rechtsstand-

274 Wolf und Lamm. Miniatur aus: Marie de France, *Esope*. 13. Jh. Paris, Bibliothèque de l'Arsenal, Nr. 3142, fol. 256r

275 Wolf und Lamm. 1461. Holzschnitt (deutsch), 7,9 × 10,5 cm. Wolfenbüttel, Herzog August Bibliothek, Nr. 16.1 Eth. 2°

punkt – gleiche Teile für jeden Gesellschafter – stellt, wird derart übel zugerichtet, daß der aus fremdem Schaden kluggewordene Fuchs dem Herrscher alles, den ›Löwenanteil‹, überläßt. Somit wird auch hier nur der Form nach eine Gesellschaft begründet, eben eine *societas leonina* = Löwengesellschaft[23], die den Namen des Rechtsgebildes ›Gesellschaft‹ nicht verdient, weil alle Mühe und Kosten aufzubringen haben, aber nur einer den Gewinn davonträgt. Man soll mit den Großen nicht Kirschen essen, sie werfen einen mit den Stielen, sagt Luther resignierend, und wer es wagt, sich auf sein oder das Recht zu berufen, dem zeigen sie die Klauen oder gebrauchen sie wohl gar, wie die Löwen gegenüber den Hasen auf Cranachs Holzschnitt (Abb. 282)[24]. Über-

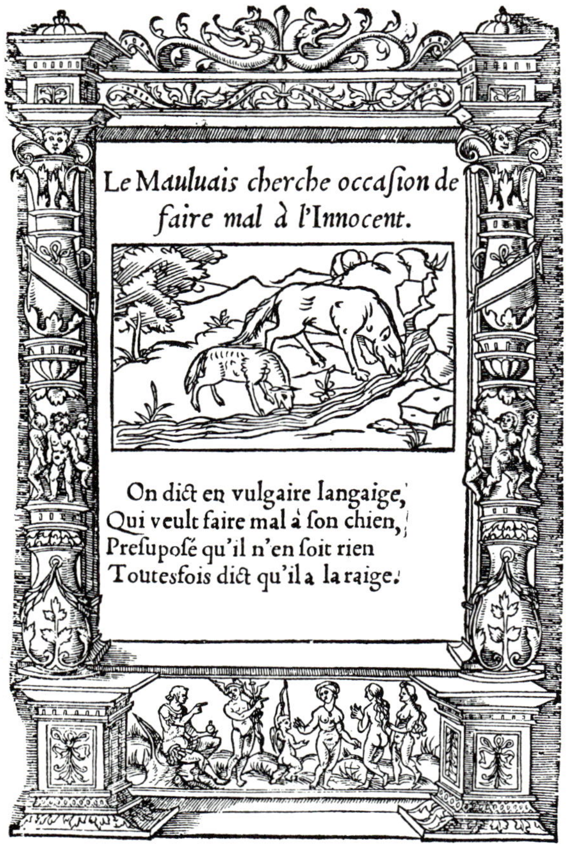


276 Wolf und Lamm. 1542. Holzschnitt (französisch), 12,8 × 8,5 cm. Wolfenbüttel, Herzog August Bibliothek, Nr. Lm 76.1

277 Virgil Solis, Wolf und Lamm. Um 1562. Holzschnitt zu Nevelets *Fabulae variorum auctorum*, 4,8 × 6,2 cm. Wolfenbüttel, Herzog August Bibliothek, Nr. 67.2 Eth.

280 Josef Hegenbarth, Wolf und Lamm. 1949. Pinselzeichnung, 16 × 26 cm. Aus: Aesop, *Die Diebe und der Hahn*

278 Jan van Vianen, Wolf und Lamm und Der Löwenanteil. 1701. Kupferstich zu den Fabeln des Phädrus, ∅ 7,2 cm. Wolfenbüttel, Herzog August Bibliothek, Nr. Lh4° 113

279 Gustave Doré, Wolf und Lamm. Ab 1866. Holzstich, 23,6 × 19 cm. Wolfenbüttel, Herzog August Bibliothek, Nr. Lm 2° 18

281

haupt herrscht in der Tier- und Menschenwelt eine universelle Freßordnung, die Friedrich Hagedorn (1708–1754) wie folgt beschreibt:

»Ein Marder fraß den Auerhahn
Den Marder würgt ein Fuchs; den Fuchs des Wolfes Zahn.
Mein Leser, diese drei bewähren,
Wie oft die Größern sich vom Blut der Kleinern nähren«[25].

Hierin weiß er sich mit Bruegel einig, der das niederländische Sprichwort »Große Fische fressen die Kleinen« so markant illustriert hat (Abb. 283)[26].

282 Lucas Cranach d. Ä., Löwen und Hasen. Um 1532. Holzschnitt, 21,2 × 32,8 cm. Basel, Öffentliche Kunstsammlungen, Kupferstichkabinett

283 Pieter Bruegel d. Ä., Die großen Fische fressen die kleinen. 1556. Federzeichnung. Wien, Graphische Sammlung Albertina

284 Der Löwenanteil. Um 1476. Holzschnitt (deutsch) zu Steinhöwels Aesop, 7,8 × 10,5 cm. Wolfenbüttel, Herzog August Bibliothek, Nr. 10.2 Eth. 2°

285 Der Löwenanteil. 1483. Holzschnitt (deutsch) zum Buch der Weisheit der alten Weisen

286 Jean-Ignace Grandville, Der Löwenanteil. 1839–40. Holzstich zu den Fabeln La Fontaines, 22,5 × 13,5 cm. Wolfenbüttel, Herzog August Bibliothek, Töpfer 601

◁ 281 Horst Haitzinger, Wolf und Lamm. Mitte der 70er Jahre. Bonn, Bundesministerium der Justiz

287 Der Pfau und Juno. Aus: Marie de France, *Esope*. 13. Jh. Paris, Bibliothèque de l'Arsenal, Nr. 3142, fol. 261v

288 Jean-Ignace Grandville, Der Pfau und Juno. 1839–40. Holzstich zu den Fabeln La Fontaines, 22,5 × 13,5 cm. Wolfenbüttel, Herzog August Bibliothek

## Die *iustitia distributiva* als Garant gerechter Ordnung in der Welt

Mit der Gewalt allein, mag sie sich auch noch so scheinheilig mit dem Recht ummänteln, ist auf die Dauer kein Staat zu machen. Um aus dem Chaos des Gegeneinanders der Kräfte und Interessen eine Ordnung herzustellen, die ein friedliches Miteinander verbürgt, muß zur bloßen Macht das Recht hinzutreten. Die bestehenden Ungleichheiten wollen nicht nur brutal hingestellt, sondern auch begründet und gerechtfertigt sein. Der Niedriggestellte dient dem Überlegenen nur dann aus Einsicht und nicht aus reiner Furcht, wenn er in den gesellschaftlichen Rangstufen einen einigermaßen plausiblen Sinn zu erkennen vermag.

Einen solchen Sinn vermittelte von jeher der Gedanke der *iustitia distributiva,* der austeilenden Gerechtigkeit. Er setzt schon bei der Geburt an. Warum bin ich so, wie ich bin? fragt sich der Mensch. Warum habe ich nur diese Anlagen und Fähigkeiten und nicht auch die, die der eine oder andere Mitmensch hat? Die Gottheit hat jedem das Seine gegeben, begnüge dich mit dem, was du hast, lautet die Antwort. So wird der Pfau von der Göttin Juno getröstet (Abb. 287, 288), der sich bei ihr über seine häßliche Stimme beklagt. Sie verweist ihn auf sein glänzendes Gefieder, mit dem er allgemeines Entzücken erregt[27]. Oder der mit Prometheus hadernde Löwe, der sich vor dem Hahn fürchtet: er gibt sich zufrieden, als er den Elefanten sieht, der vor der Mücke zittert[28].

Ganz ähnlich wurde die jeweils bestehende Sozialordnung mit ihrer Unterscheidung zwischen Herrschenden und Dienenden legitimiert: Sie ist gerecht, wenn und soweit jeder ›das Seine tut‹ und nichts darüber hinaus begehrt.

leit· Dauon sie nymāt clagē sol· Ob sie wirt vntro-
stes vol· was do reiset nebē abe· Es ist wol das sy
den schaden habe·

51 Eins mals hub sich ein grose clage· Vnder freū-
dē als ich euch sage· Die fuſʒ clagtē irē kumer
gros· Die hende der erbeit sere verdros· Sie clagtē

289 Magen und Glieder. 1461. Holzschnitt (deutsch), 8 × 11 cm. Wolfenbüttel, Herzog August Bibliothek, Nr. 16.1 Eth. 2°

Diese Vorstellung, die mit der Platonischen Definition der Gerechtigkeit übereinstimmt[29], schließt die gemeinschaftliche Tätigkeit des einen für den anderen und den angemessenen Lohn für jede Tätigkeit ein. Sie kommt besonders plastisch in der berühmten Fabel vom *Magen und den Gliedern* (Abb. 289)[30] zum Ausdruck: Menenius Agrippa, dieser Ahnherr aller organologischen Staats- und Gesellschaftstheorien, soll sie 494 v. Chr. erstmals den aufgebrachten Plebejern erzählt haben, die auf den ›Heiligen Berg‹ vor der Stadt Rom gezogen waren, weil sie das harte Regiment der Patrizier nicht mehr ertragen wollten. Der Magen, dem die Glieder dienen und die Nahrung verschaffen, nährt seinerseits die Glieder und hält sie in Kraft; er sorgt für das Ganze. Könige, Fürsten und Herren tragen eine höhere Verantwortung, haben mehr Pflichten und dürfen deshalb auch größere Rechte beanspruchen. Auf der gleichen Überlegung beruht auch das Prinzip, daß die wichtigere, der Allgemeinheit nützlichere, bedeu-

290a/b a) Eiche und Schilfrohr; b) Fichte und Dornstrauch. Um 1476. Holzschnitte (deutsch) zu Steinhöwels Aesop, je 7,8 × 10,7 cm. Wolfenbüttel, Herzog August Bibliothek, Nr. 10.2 Eth. 2°

tungsvollere Tätigkeit auch eine höhere Entlohnung verdient, wie der Hund gegenüber dem Schaf oder das kräftigere Maultier gegenüber dem Esel[31]. Leider stehen diese hehren Grundsätze nur allzuoft auf dem Papier, so daß die Mächtigen sich die Worte der Schlange in Fischers Bearbeitung der Magen-Glieder-Fabel entgegenhalten lassen müssen: »Der Magen isset und nützet zugleich; die meisten Könige essen nur«.

Noch ein weiteres Argument gehört in diesen Umkreis der an die Adresse der Kleinen gerichteten Mahnungen, sich mit ihrem Los zu bescheiden: Wer hoch steht, der fällt auch um so tiefer; das Leben der Großen ist voller Gefahr, und es geht ihnen an den Kragen, wenn die Herrschaftsverhältnisse gewaltsam geändert werden; wo die Revolution mäht, rollen ihre Köpfe zuerst. *Eiche und Schilfrohr* (Abb. 290a, 291) – das Schilfrohr beugt sich, die Eiche fällt im Sturm[32] –, *Dornstrauch und Fichte* (Abb. 290b) – die hochgemute Fichte fällt der Axt zum Opfer[33] – und La Fontaines *Kampf der Ratten und der Wiesel* – die feinen Herren werden mit ihrem Federschmuck eine Todesbeute der Wiesel, während die ›gemeinen‹ Ratten in die Löcher schlüpfen[34] – führen diese Verhältnisse deutlich vor Augen.

Nur allzuoft hat die Berufung auf die *iustitia distributiva* freilich dazu gedient, durch nichts als die faktischen Machtkonstellationen vorgegebene Privilegien zu sanktionieren und das Messen mit zweierlei Maß zu verschleiern: Geraubte Beutestücke werden bei den Königen zu Regalien, während der kleine Räuber dem Tode verfällt; der hörige Bauer hat für den von seinem Hund angerichteten Schaden voll aufzukommen, beim Hund des Junkers bedeutet der gleiche Vorfall hingegen ›Ganz etwas Anderes‹[35].

291 Henrik Cause, Eiche und Schilfrohr. 1688. Kupferstich, 6,8 × 7,7 cm. Wolfenbüttel, Herzog August Bibliothek, Nr. Lm 1970

## *Nemesis divina* – gerechte Vergeltung *(ius talionis):* Wie du mir, so ich dir

Wo der Appell an die Rechtsvernunft, das Verantwortungsbewußtsein oder das Ethos des potentiellen Rechtsbrechers, mag er ranghöher oder ranggleich, stärker oder schwächer sein, nichts fruchtet, helfen oft die Furcht und der Hinweis auf den eigenen Nutzen.

Da ein Großteil der Menschen religiös motivierbar war und wohl auch heute noch ist, tat die Warnung vor göttlicher Vergeltung durchaus ihre Wirkung. Und wo auch das fehlschlug, kann das In-Aussicht-Stellen künftiger Belohnungen oder Übel den im allgemeinen sehr regen Egoismus dazu bewegen, von einem Unrecht abzusehen. Die Fabel rechnet mit diesen zwar nicht durchgängig, aber doch häufig anzutreffenden Gegebenheiten und seelischen Mechanismen. Gerade auf diesem Feld sind ihr besonders plastische, einprägsame Beispielsfälle gelungen.

### *Die Strafe der Gottheit (nemesis divina)*

Die Überzeugung, daß eine rächende Gottheit den Entrechteten hört, ist so alt wie die Fabeldichtung selbst. In sehr vielen Menschen lebt der Glaube an eine unerbittlich strafende Nemesis, die über uns waltet, alles Tun und Lassen auf uns zurückfallen und sich jegliches Unrecht auf Heller und Pfennig von uns bezahlen läßt[36].

Dabei ist für den überwiegend rationalen diesseitigen Standpunkt der Fabel typisch, daß die Strafe nicht durch direktes göttliches Eingreifen in den Weltenlauf vollzogen wird, sondern ganz immanent aus der Unrechtshandlung selbst hervorgeht oder sich im Wege natürlicher Verursachung kurz darauf einstellt; denn entsprechend der dramatischen Struktur der Fabel läßt Dike/Nemesis nicht lange Zeit auf sich warten[37], sondern die Strafe folgt unmittelbar oder zumindest alsbald wie ein Akt dem anderen.

So bei der leider unvollständig überlieferten Fabel des Lyrikers Archilochos (um 680–640 v. Chr.) vom *Adler und Fuchs*[38]: Der seiner Jungen beraubte Fuchs betet zu Zeus, der entgegen Hesiods Vorstellung auch über das Recht im Tierreich wacht und die *hýbris* bestraft; der Adler büßt sein Unrecht in gleicher Weise – seine Jungen verbrennen infolge einer Unaufmerksamkeit.

Noch sinnfälliger kehrt sich in *Adler und Schütze* (Abb. 292) das Unrecht gegen den Verursacher: Der Pfeil, welcher den Adler trifft, ist mit den Federn gefiedert, die ihm zu Raub und Tötung dienten[39], oder in Lessings *Der Riese* (Abb. 293), wo der Pfeil auf das Haupt des Lästerers, der Zeus im Himmel treffen wollte, zurückfällt[40]. Auf dem-

292 Josef Hegenbarth, Adler und Schütze. 1949. Pinselzeichnung, 18 × 20 cm. Aus: Aesop, *Die Diebe und der Hahn.*

293 Daniel Chodowiecki, Der Riese. 1780. Kupferstich zu Fabeln und Liedern von Lessing

294

295

294 Jean-Ignace Grandville, Frosch und Maus (Ratte). 1839–40. Holzstich zu den Fabeln La Fontaines, 22,5 × 13,5 cm. Wolfenbüttel, Herzog August Bibliothek, Töpfer 601

295 Christoph Murer, Frosch und Maus (Ratte). 1622. Kupferstich, 9,7 × 12,3 cm. Wolfenbüttel, Herzog August Bibliothek, Nr. 180.12 Quodlibetica (11)

296 Edward Gorey, Frosch und Maus (Ratte). 1971. Zeichnungen zu Fabeln von Aesop

297 Frosch und Maus (Ratte). Um 1476. Holzschnitt (deutsch) zu Steinhöwels Aesop, 7,7 × 10,5 cm. Wolfenbüttel, Herzog August Bibliothek, Nr. 10.2 Eth. 2°

selben Schuld-Sühne-Mechanismus des »Wer anderen eine Grube gräbt, fällt selbst hinein« (vgl. Psalm 7,16) beruht auch die häufig erzählte Fabel *Frosch und Maus (Ratte)* (Abb. 294–297)[41], die Luther mit der Devise versah: »Untreue schlägt allzeit ihren Herrn.«

Mit welcher unfehlbaren Sicherheit die Strafe den Schuldigen ereilt, mag er auch fliehen, wohin er will, lehrt manche Fabel[42], aber auch, daß Unschuldige zusammen mit den Schuldigen ihren Untergang finden[43]. Dem Gedanken der *nemesis divina* entspringt auch die Warnung an die Großen, sich nicht allzusehr ihrer Stärke zu überheben, weil sie damit ihr Unglück selbst heraufbeschwören[44].

### *Gleiches mit Gleichem vergelten im Guten wie im Bösen*

Diese von der Fabel vorausgesetzte und mannigfach beschriebene Gerechtigkeitsordnung im Großen erweist sich auch im Kleinen, im täglichen Umgang der Menschen miteinander. Es ist ja nicht so, daß die böse Tat ihre Vergeltung stets aus sich gebiert und die rächende Gottheit die verletzte Ordnung wiederherstellt. Auch der Verletzte selbst muß sein Recht in die Hand nehmen und den in die Schranken weisen, der seiner Person Abbruch tut. Ist er doch selbst ein Wesen, das begangenes Unrecht, besonders wenn es ihm selbst geschieht, erkennen und spontan handeln kann. Indem die Fabel

298a

298b

298a/b Bernard Salomon, Fuchs und Storch. 1607. Holzschnitte, 3,5 × 4,7 cm. Wolfenbüttel, Herzog August Bibliothek, Nr. 161.4 Eth.

299 Jean Effel, Fuchs und Storch. 1950. Illustration zu einer Fabel La Fontaines

jede Kreatur, und sei sie noch so klein, als selbständiges Wesen ernstnimmt, das sich schützen und wehren, aber auch erwiesene Wohltat erwidern kann, offenbart sie einen starken demokratischen Grundzug.

So erfährt der Fuchs, der den Storch zum Mahle lädt und leer ausgehen läßt, von ihm das gleiche (Abb. 298a/b u. 299)[45]; und der Hirte, der einem Löwen einen Dorn aus der Tatze gezogen hatte und später im Amphitheater den wilden Tieren zum Fraß vorgeworfen wurde, wird vom *Dankbaren Löwen* geschont und vor den anderen Tieren beschützt (Abb. 300)[46].

Kein Kleiner ist derart unbedeutend, daß er dem Großen nicht schaden oder nützliche Dienste erweisen könnte. Dies lehren die Fabeln von der Rache des Schwachen, denn:

»Auf sich den Haß der Niedern laden
Dies stürzet oft den größten Mann,
Wer dir als Freund nichts nützen kann,
Kann allemal als Feind dir schaden«[47].

¶Die erst fabel von dem löwen vnd dem hirten.

300 Der dankbare Löwe. Um 1476. Holzschnitt (deutsch) zu Steinhöwels Aesop, 8 × 10,5 cm. Wolfenbüttel, Herzog August Bibliothek, Nr. 10.2 Eth. 2°

301 Georg Pencz, Die Hasen fangen die Jäger (Detail). Um 1535. Holzschnitt, 25 × 39 cm. Nürnberg, Germanisches Nationalmuseum, Nr. HB 26713/Kap. 1292

Besonders zu fürchten sind die Kleinen, wenn sie sich zusammentun und ihre Peiniger begangenes Unrecht entgelten lassen, wie die Hasen (Abb. 301), welche den Jäger und seine Hunde quälen und töten. »Einigkeit macht stark«, und sie erweist sich als unentbehrliche Waffe dort, wo der Schwache dem Mächtigen nicht allein widerstehen kann[48].

Oft aber kommt von den Kleinen, denen gegenüber man sich großmütig zeigte oder denen man eine Wohltat erwies, unvermutet Hilfe, obwohl man geglaubt hatte, sie entbehren zu können. Klassisches Beispiel dieser Ökonomie gegenseitigen Wohlverhaltens sind *Löwe und Maus* (Abb. 302–305)[49]. Das 19. Jahrhundert wendet diesen Sachverhalt nicht selten ins Bürgerlich-Betuliche (Abb. 306): Barmherzige Schwestern pflegen ihren früheren Beschützer; die Hundewitwe bezeugt der Löwendame devot ihre Dankbarkeit.

Zu schön freilich wäre es, wenn der Überlegene, Bevorzugte den kleinen Mann nicht nur fürchtete und achtete, weil er aus ihm Vorteile zu ziehen hofft oder mit seiner Rache rechnet, sondern um des Rechtes willen. Fast schüchtern malt der sonst so pessimistische Babrios diesen utopischen Zustand aus, in dem Friede herrscht zwischen Wolf und Lamm, Panther und Wildkatze[50].

302 Löwe und Maus. Um 1476. Holzschnitt (deutsch) zu Steinhöwels Aesop, 7,8 × 10,5 cm. Wolfenbüttel, Herzog August Bibliothek, Nr. 10.2 Eth. 2°

## Rechts-, Gerichtswesen und Juristen im Spiegel der Fabel

Die Fabel hat sich auch ausgiebig und teilweise sehr kritisch mit dem Rechts(un)wesen befaßt, was mit einigen Schlaglichtern belegt werden soll.

Wohl nirgends manifestieren sich Glanz und Elend des Rechts klarer als in der Rechtspflege, die von jeher den Gerichten anvertraut war. Ein guter Richter wie Salomon erschien den Menschen als ein von Gott Erleuchteter. In der Wirklichkeit trifft man allzuoft auf das Gegenteil. Ihrer vorwiegend kritischen Weltsicht gemäß befaßt sich die Fabel in erster Linie mit dem ungerechten Richter und mit allerlei Mißständen, die die Rechtssuche für den Armen, Unterprivilegierten eher zu einem Leidensweg gestalten. Über dem Streben nach Macht, Reichtum und äußeren Ehren geht das Recht verloren, Justitia geht auf Krücken oder wird selbst zu einer Dienerin des Unrechts[51].

Mißbrauch droht der Rechtspflege von verschiedenen Seiten. Zunächst von den Rechtsuchenden selbst. Das Gericht kann zu Unrecht in Anspruch genommen wer-

303 Wenceslaus Hollar, Löwe und Maus. 1665. Kupferstich, 22,7 × 16,8 cm. Wolfenbüttel, Herzog August Bibliothek, Wf 2° 41

304a

304b

304a/b Jean-Ignace Grandville, a) Löwe und Maus (Ratte); b) Taube und Ameise. 1839–40. Holzstiche zu Fabeln La Fontaines, je 22,5 × 13,5 cm. Wolfenbüttel, Herzog August Bibliothek, Töpfer 601

305 Edward Gorey, Löwe und Maus. 1971. Zeichnungen zu Fabeln von Aesop

306 B. Hummel, Vergeltung; Dankbarkeit. Um 1850. Lithographie aus *Drollige Thierbilder und Reime aus der Fabelwelt*

den, etwa weil ein Anspruch nur vorgetäuscht wird oder auf unrechtmäßige Weise erworben wurde. In diesem Sinne kann Phaedrus'[52] *Wolf und Fuchs vor dem Richterstuhl des Affen* (Abb. 307) interpretiert werden: Zwei Schurken streiten vor Gericht um des Kaisers Bart, und der Affe zieht sich mit einem witzigen Paradox aus der Affäre:

»Es scheint, du [Wolf, W. P.] hast das nicht verloren, was du forderst;
Ich glaube, daß du's [Fuchs, W. P.] stahlst, obgleich du trefflich leugnest«.

Sehr viel ernster ist Boners Fabel *Hund und Schaf*[53], in der das Schaf durch falsche Zeugen und Mißbrauch des Eides zu Unrecht verurteilt wird.

Noch schlimmer freilich und an den Nerv der Sache gehend sind die Gefahren, die der Rechtsordnung von einem unzulänglichen, pflichtvergessenen Justizpersonal drohen: Ist man mit Jhering[54] der Meinung, daß die Wirklichkeit erst den Text beglaubigt und daher die Funktion des Rechts im allgemeinen darin besteht, sich zu verwirklichen, dann kann es für diese Verwirklichung kein größeres Hindernis geben als das Fehlverhalten derjenigen, die zu seiner Anwendung berufen sind; insbesondere also die Richter, die das Recht nach einer Seite hin beugen und sich für diesen ›Dienst‹ auch noch schmieren lassen. Natürlich hat auch die Fabel diese traurige Figur des parteiischen und bestechlichen Richters in ihr kritisches Visier genommen; besonders mittelalterliche Autoren haben – sicher aus einschlägigen Erfahrungen heraus – hierzu ihre warnende Stimme erhoben. Boner hat den parteiischen Richter sehr einprägsam in *Wolf, Schaf und Hirsch*[55] veranschaulicht (Abb. 308): Der wahrscheinlich vorher bestochene Wolf nimmt für den klagenden Hirsch Partei, und das beklagte Schaf kann seinen Kopf nur dadurch aus der Schlinge ziehen, daß es einen falschen ›Noteid‹ schwört, was nach mittelalterlichem Rechtsverständnis unter diesen Umständen zulässig war[56]. Direkt mit dem Problem der Bestechlichkeit befaßt sich Boners *Der Richter und seine Frau*[57]: Teilweise recht humorvoll wird darin erzählt, wie der Richter von der einen Partei einen Ochsen zum Geschenk erhalten hat, während die andere Partei die Frau des Richters durch eine Kuh für sich einnimmt; der Richter hört auf seine Frau.

Überhaupt hat die Fabel sich immer wieder einmal an dem so beliebten Thema der ›Juristenschelte‹ beteiligt und dem Juristenvolk, gleichgültig in welcher Funktion es tätig wird, gern verschiedene Tiermasken aufgesetzt. Der eitle Esel in La Fontaines Version des *Esels mit den Reliquien* ist sicher auch auf die Aufgeblasenheit juristischer Amtsträger gemünzt[58], die allzugern übersehen, daß »der Mann das Amt ehrt, nicht

307 Jean Effel, Wolf und Fuchs vor dem Richterstuhl des Affen. Um 1950. Illustration zu einer Fabel La Fontaines

308 Wolf, Schaf und Hirsch. 1461. Holzschnitt (deutsch), 8,1 × 11,5 cm. Wolfenbüttel, Herzog August Bibliothek, Nr. 16.1 Eth. 2°

309 Jean-Ignace Grandville, Der Bär und der Gartenliebhaber. 1832. Lithographie aus der Zeitschrift *La Caricature* Nr. 93 vom 16.8.1832

das Amt den Mann«[59]. Magnus Gottfried Lichtwer[60] geißelt die Volks- und Lebensfremdheit der Juristen.

Ein Mekka all derer, die einen kritischen Umgang mit Justiz und Juristen pflegen, ist auch heute noch die Zeitschrift *La Caricature*[61], nicht nur was Schärfe und Witz der Kritik, sondern auch was künstlerische Brillanz anbelangt. Ihre knapp fünf Jahrgänge (4. 11. 1830–28. 8. 1835) befassen sich eingehend mit der Innen- und Außenpolitik des sog. Bürgerkönigs Louis-Philippe (1830–1848) und ließen kaum ein gutes Haar daran. Vor allem die hohen Juristen als wichtige Stützen des Thrones wurden nicht geschont und mit spitzer Feder der Lächerlichkeit preisgegeben. Angeprangert werden Dummheit, Geldgier, Demagogie und feiles Judizieren im Dienste der Macht. Grandvilles Blatt (Abb. 309) befaßt sich in Anspielung auf La Fontaines Fabel[62] mit dem besonders heiklen Punkt der Zensur und ihren diversen justiziellen Maßnahmen wie Prozessen und Beschlagnahmungen, denen die Zeitschrift dann auch zum Opfer fiel[63]. Mit tölpelhafter Übereifrigkeit will die Justiz in Gestalt des Bären einen Pflasterstein nach der Stechmücke ›Caricature‹ werfen, die sich auf der Schulter des Königs niedergelassen hat, und gefährdet so als ›dummer Freund‹ sein Leben und den Bestand des Staatswesens sehr viel stärker als das harmlos-freche Insekt.

Noch prinzipiellere Kritik am Gerichtswesen der Julimonarchie übt das von Grandville vollständig illustrierte zweibändige Werk *Bilder aus dem Staats- und Familienleben der Tiere,* einer Sittengeschichte des Juste-milieus unter Louis-Philippe in Tiergestalt, an der sich namhafte Schriftsteller der Zeit beteiligten[64]. Das Kapitel »Kriminaljustiz der Tiere« schildert anhand zweier Prozesse um eine tote Kröte (Abb. 310a) und ein Mutterschaf mit Lamm, deren Mörder ein hochsensibler, schriftstellernder Wolf (Abb. 310b) ist, den Justizapparat mit Raben als Richtern, Advokaten und Geschworenen, Ameisen als forensischen Gutachtern und Enten als journalistischen Berichterstattern. Die Prozesse, welche mit der Verurteilung der beiden Mörder zum Tode enden, entpuppen sich als schwarze Komödien, in denen Aufgeblasenheit und sich wissenschaftlich gebende Wichtigtuerei statt sachbezogener Intelligenz den Ton angeben. Und dies alles wird ebenso ahnungslos wie töricht von einer sensationslüsternen, rührseligen Presse kommentiert. Der abgeschlagene Kopf des Wolfes (Abb. 310b) erlangt übrigens Berühmtheit als Objekt der Phrenologie, einer Wissenschaft, die aus der Schädelbildung und der Form des Hirns Aufschlüsse über Charakter und geistige Anlagen des Menschen zu erlangen hoffte[65]: Man fand das Wohlwollen bei ihm sehr ausgeprägt.

310a/b Jean-Ignace Grandville, a) Gerichtsverhandlung um einen toten Frosch; b) der Wolfsschädel als Objekt der Phrenologie. 1842. Holzschnitte aus dem *Staats- und Familienleben der Tiere*. Frankfurt/M., Stadt- und Universitätsbibliothek

## Tiere als gute und schlechte Vorbilder

Immer wieder hat man den Mitmenschen die Tiere als gute und üble Vorbilder zur Nacheiferung und Abschreckung vorgehalten. Erich Kästners (1899–1974) *Konferenz der Tiere,* von Walter Trier liebenswert und heiter illustriert (Abb. 311), ist ein hübsches Beispiel für das positiv orientierte Bemühen, die Völker der Welt zur Rechtlichkeit und Friedfertigkeit anzuregen. Angesichts zweier völkerdezimierender Kriege und der schon damals gutgemeinten, aber wenig erfolgreichen Bemühungen der UNO setzen die Tiere sich – vertreten durch einen Delegierten aus jeder Art – um der Kinder willen zusammen. Der Versammlungsleiter Oskar trompetet den denkwürdigen Satz: »Wir werden die Welt schon in Ordnung bringen! Wir sind ja schließlich keine Menschen!« Und das Vorhaben gelingt mit Hilfe einer Reihe recht handfester Strategeme, an deren Ende die Entführung sämtlicher Kinder steht. Freilich war der

311 Walter Trier, Einbandzeichnung zu *Die Konferenz der Tiere* von Erich Kästner. 1949

312 Fritz Eichenberg, Abrüstungskonferenz. Um 1975–76. Holzschnitt aus *Endangered Species*

Realist Kästner sich bewußt, hier ›nur‹ ein »Märchen von der Vernunft« gedichtet zu haben. In der etwa zur gleichen Zeit (1948) veröffentlichten, gleichnamigen Geschichte[66] erntet der Vorschlag, so viel für die Wohlfahrt aller Menschen auszugeben, wie der letzte Weltkrieg gekostet hat, lediglich das schallende Gelächter der fachkundigen Staatsoberhäupter.

Von dieser Gegebenheit des unendlichen Überlegenheitsgefühls der Fachleute über die schlichte Vernunft ausgehend, stellt sich für Eichenberg (Abb. 312) das Verhältnis der sog. Großmächte zueinander als ein solches von wohlgerüsteten Raubtieren dar: Auf einer Abrüstungskonferenz fletschen sie dem hilflosen Konferenzleiter höhnisch ihre Zähne entgegen. In der Mitte des Tisches steht ein Krug mit der Milch der frommen, rechtlichen Denkungsart – es trinkt keiner von ihr[67].

## Das Tier im Menschen

Die Anthropomorphisierung der Tiere, d. h. ihr Auftreten und Handeln nach menschlicher Weise, im Rahmen der Fabel dient dazu, dem Leser und Beschauer »ein großes Lustspiel, das wohl hundert Akt enthält«[68] aufzuführen und ihn in unterhaltsamer Weise über den richtigen Lebensweg zu belehren sowie recht kräftig auf seine mannigfachen Fehler zu stoßen.

### Tierphysiognomik

Das umgekehrte Verfahren, den Menschen – besonders sein Antlitz – mit tierischen Zügen auszustatten oder ihn gar vollständig mit Tierköpfen zu versehen – das Verfahren der Physiognomik also und ihrer Unterdisziplin, der Tierphysiognomik[69] –, verfolgt ein grundsätzlich anderes Ziel: Indem sie die Gesichtszüge verschiedener Individuen liebevoll und genau beobachtet und sie zueinander oder zu Tierphysiognomien in Beziehung setzt, hofft sie, Aufschluß über konstante Charaktereigenschaften und angeborene Naturanlagen vorzüglich moralischer Art zu gewinnen.

313a

313a/b Jean-Ignace Grandville, aus *Les Métamorphoses du Jour*. 1829. a) Die Scheidungsrichter: »Und bei dieser Scheidungsklage, hohes Gericht, ist ein Zweifaches nicht zu übersehen ...«; b) Juristische Belehrung: »Wie Sie wünschen, dann gedulden Sie sich bis zum Urteil!«. Kolorierte Lithographien

Dem liegt der naturalistische Gedanke zugrunde, daß das Äußere des Menschen Ausdruck bestimmter naturgegebener Wesenseigentümlichkeiten ist; im Spezialfall der Tierphysiognomik ist es die Annahme, von der gewissen Tierarten (Affe, Hund, Hirsch, Löwe und Schaf) analogen Bildung eines Menschenkopfes auf gemeinsame Anlagen schließen zu können[70]. Dabei verfährt diese ›Wissenschaft‹ gemäß ihrer Tendenz, zeitlose Eigenschaften des Geistes und der Seele aufzuspüren, im Grunde genommen statisch im Gegensatz zur Fabel, der es um die Analyse und Kritik von Verhaltensweisen und Machtverhältnissen geht, die zwar immer wieder anzutreffen, aber prinzipiell veränderbar sind. Entsprechend antinaturalistisch ist deshalb auch ihre

314 Jean-Ignace Grandville, Der politische Hühnerhof (Detail). 1831. Lithographie aus der Zeitschrift *La Caricature* Nr. 45 vom 8. 9. 1831

313b

Darstellungsweise, mit der sie sich oftmals völlig unbekümmert über die natürlichen Gegebenheiten hinwegsetzt, wie z. B. im *Löwenanteil* (vgl. Abb. 284–286), wo die Jagdgenossen des Löwen ein Tier erbeuten, das sie als – mit Ausnahme des Fuchses – reine Pflanzenfresser kaum werden verdauen können. Die Tiere sind bei ihr eben Rollenträger und nicht Träger unveränderlicher Eigenschaften.

Die Physiognomiker brachten allerdings insofern etwas Dynamik in ihre Sache, als sie Entwicklungslinien vom Tier (z. B. vom Affen) zum Menschen konstruierten[71] aber auch dies nur, um ganz bestimmte Maßverhältnisse – etwa den Gesichtswinkel – daran zu demonstrieren und daraus biologische Folgerungen abzuleiten. Der Vater der

315 Jean-Ignace Grandville, Naturalienkabinett (Tierische Regierung). 1833. Lithogrphie aus der Zeitschrift *La Caricature* Nr. 128 vom 19. 4. 1833d

neueren Physiognomik, Johann Caspar Lavater (1741–1801) – oder besser: sein Kupferstecher – brachte gar das Kunststück fertig, die Linie der Entwicklung vom blöden Frosch zum Gott Apoll zu ziehen, wohl um zu beweisen, wie herrlich weit die Schöpfung es mit dem Menschen, dem vortrefflichsten aller Wesen, gebracht hatte[72].

Dem scharfblickenden Satiriker Grandville, der von der Physiognomik mancherlei Anregungen erfuhr[73], lag der christlich imprägnierte Enthusiasmus Lavaters fern. Er kehrte die Entwicklungsreihe genau um: Apoll degeneriert zum glotzenden Frosch, ein pausbäckiger, hübscher Knabe zu einem pervertierten Bösewicht[74]. Seine Tierphysiognomik ist also grundsätzlich kritisch, und er benutzt sie nicht mit (pseudo-)wissenschaftlichem Ehrgeiz, sondern in spielerischer Manier, um die mehr oder weniger gravierenden Laster der Menschen nach Art der Fabel zu entlarven und zu geißeln.

So bereits in seinem Frühwerk *Les Metamorphoses du Jour* (Verwandlungen von heute): Es werden dort, teilweise mit aktuellem, tagespolitischem Bezug, Sittenbilder der Zeit entworfen, in denen durchweg Menschen mit Tierköpfen agieren. Die Sozialkritik kommt nicht zu kurz[75], und deshalb darf auch die Kritik an den Juristen nicht fehlen. Auf einer Graphik (Abb. 313a) schlafen die Richter den Schlaf des Gerechten, der Anwalt doziert, und der Scheidungskläger, ausgerechnet ein geiler Bock, schaut herausfordernd aus dem Bild; auf der anderen (Abb. 313b) steht der dumme Esel als Prozeßnarr, der sich nicht vergleichen will und daher eine leichte Beute seines Anwalts, eines Geiers mit einem Lurch als Gehilfen, wird. Diese noch recht harmlos-heitere Kritik seines Erstlings wird Grandville in den folgenden Werken weiter verschärfen und zu einem Panorama der abgründigen Abstrusitäten der menschlichen Spezies seines Zeitalters ausweiten. So bereits in seinen für *La Caricature* geschaffenen Blättern, in denen die Spitzen der Gesellschaft mit Hilfe des Mensch-Tier-Vergleichs scharf aufs Korn genommen werden (Abb. 314, 315): Das erste Bild zeigt im Hintergrund zwei hohe Juristen als Truthähne (Sinnbild des Jähzorns und der Dummheit), den einen mit Geldsäcken im Arm, den anderen mit der schief hängenden Waage der Gerechtigkeit. Auch in der *Tierischen Regierung* fehlen die Juristen nicht: Zwei berüchtigte Vertreter der Staatsanwaltschaft sind als Schakal und Geier dargestellt[76]. In George Orwells (1903–1950) fabelartigem Märchen *Farm der Tiere* verschmelzen Mensch und Schwein, die grausamen Unterdrücker der übrigen Tiere der Farm, am Schluß in unheimlicher Weise miteinander: »Zwölf Stimmen schrien zornig und alle klangen sie gleich. Und jetzt stand außer Frage, was mit den Gesichtern der Schweine passiert war. Die Tiere draußen blickten von Schwein zu Mensch und von Mensch zu Schwein, und dann wieder von Schwein zu Mensch; doch es war bereits unmöglich zu sagen, wer was war.«[77]

## Die Bestie Mensch

Angesichts dieses bunten Reigens menschlicher Verfehlungen, Ungerechtigkeiten und Bosheiten, den Fabel- und Tierphysiognomik vorführen, erhebt sich die Frage, ob man den Tieren nicht großes Unrecht zufügt, wenn man sie zur Illustrierung menschlicher Verhältnisse und Eigenarten benutzt. Zugleich stellt sich die Frage nach dem moralischen Wert eines Lebewesens, das trotz besserer Einsicht und Kompendien des Rechts und der Moral beständig und offenbar mit einer gewissen Wollust gegen deren elementarste, jedem einleuchtende Regeln verstößt. Montaigne (1533–1592), Schopenhauer (1788–1860) und manch andere aufrechte Zweifler veranschlagten ihn nicht allzu hoch und gestanden den Tieren eine erheblich größere Moral zu, zumal nur der

Mensch der Grausamkeit, der schieren Quälerei seiner Mitmenschen, um sich daran zu weiden, dieser äußersten Spitze der Ungerechtigkeit und Unmoral, fähig ist[78].

Wenn daher Schopenhauer den Menschen als ein »wildes, entsetzliches Thier« bezeichnet, scheint er ihm fast zu schmeicheln; er präzisiert seine Aussage etwas später denn auch dahingehend, daß er ihn als das »eminent (schlechthin) boshafte Tier« charakterisiert[79]. Will man unbedingt beim Mensch-Tier-Vergleich bleiben, so sollte man ihn auf das Innere, die ›Seele‹ des Menschen anwenden und als Vergleichstier kein reales, sondern ein fabelhaftes, z. B. eines der Mischwesen aus der griechischen Mythologie, wählen; wie Platon es in seiner *Politeia* tat, wo er die Seele des Ungerechten mit einem Ungeheuer vergleicht, das aus einer vielköpfigen Hydra (den Begierden und Leidenschaften), einem Löwen (Mut/Wille) und einem Menschen (Verstand/Vernunft) zusammengesetzt ist: Der Ungerechte mästet die Hydra der Leidenschaft und den Löwen, so daß sie einander bekämpfen und auffressen und den Menschen darüber verhungern lassen[80]. Als Inkarnation dieses heillosen Seelenzustandes erscheint Platon der tyrannische Mensch, der von der Unterdrückung seiner Mitmenschen lebt, um rücksichtslos seinen Lüsten und seiner Machtgier zu frönen. Dieser Menschentyp ist und bleibt der reißende Wolf der Fabel, mag er sich auch noch so eifrig den Schein des Gerechten geben.

Auch Goyas Mischwesen mit Tierfratzen, welche die herkömmliche Tierphysiognomik in ihrer emotionalen Intensität weit hinter sich lassen und denen gegenüber selbst Grandvilles oft abgründig-unheimliche Phantastik als bürgerlich-verspielt wirkt, befassen sich mit den scheinbar phantastischen Welten jenseits der Sichtbarkeit, wenn sie und die anderen Blätter seiner Graphikfolgen auch zugleich die spanischen Zustände am Ende des 18. und im ersten Viertel des 19. Jahrhunderts aufs schärfste attackieren[81]. Dies gilt besonders für die erste Folge: die *Caprichos*: Ihr vielschichtiges Ineinander von allgemeiner, über die eigene Zeit hinausweisender Aussage und pointierter Zeitkritik, von pessimistischer Moralistik und tagesbezogener, aufklärerischer Tendenz hat man bis heute nicht eindeutig erschließen können. Goya enthüllt die Häßlichkeit des inneren Menschen und damit das »häßlichste Häßliche«. Dieses ist nach den Worten des Hegel-Biographen Karl Rosenkranz (1805–1879) »nicht das, was aus der Natur, in Sümpfen, in verkrüppelten Bäumen, in Kröten und Molchen, in glotzenden Fischungeheuern und massiven Dickhäutern, in Ratten und Affen uns anwidert: es ist die Selbstsucht, die ihren Wahnsinn in den tückischen und frivolen Gebärden, in den Furchen der Leidenschaft, in dem Scheelblick des Auges und – im Verbrechen offenbart«[82]. Diese universell – überall und stets – anzutreffende Selbstsucht existiert aber nicht abstrakt, sondern ist immer gesellschaftlich-geschichtlich vermittelt: Der Mensch ist nicht von ›Natur‹ aus so, wie er geworden ist, er wurde durch die Verhältnisse dazu ›entstellt‹. Und so greifen auch die folgenden Abbildungen (Abb. 316–318) das selbstische Unrecht ganz bestimmter Stände und Institutionen des damaligen Spanien an, indem sie es mit Hilfe der nach außen gekehrten seelischen Verstümmelungen manifest machen. Aber die emotionale Beteiligung des Künstlers und die Kraft des Schreckens, den die Häßlichkeit der dargestellten Amtsträger und höheren Stände hervorrufen, sind so groß, daß sie auf uns zurückschlagen und uns zu der Frage zwingen: »Würden wir anders, besser handeln, wenn wir an ihrer Stelle wären?« Die ersten beiden Aquatinten befassen sich mit den Praktiken der Justiz und der Beamtenschaft: »Die Richter halten die Hände über Schreiber und Gerichtsdiener, damit sie ungestraft die Dirnen berauben können« (Abb. 316a)[83]; »Die beamteten Diebe entlasten und decken einander«: wie eine Hand die andere wäscht, so schneidet man sich auch gegenseitig die Krallen, damit die nimmersatte Gier nicht allzu deutlich

316a–d Francisco de Goya, aus den *Caprichos*. 1797–1799. 80 Blätter, Radierung und/oder Aquatinta. a) Wie man sie schröpft (21), 21,7 × 14,8 cm; b) Sie stutzen sie zurecht (51), 21,4 × 15,1 cm; c) Auf dir, dem Schwachen (42), 21,7 × 15,1 cm; d) Schaut, wie sie ernsthaft tun (63), 21,5 × 16,3 cm. Kupferplatten zu den Radierungen: Calcografía Nacional, Madrid

Contra el bien general.

Las resultas.

317a/b Francisco de Goya, aus *Los Desatres de la Guerra*. 1810–20. 82 Radierungen.
a) Wider das allgemeine Wohl (71); b) Die Resultate (72), beide 17,5 × 22 cm. Kupferplatten zu den Radierungen: Calcografía Nacional, Madrid

318 Francisco de Goya, Unordentliche Torheit. Blatt 7 von 18 aus *Disparates*. 1815/16–1824. Radierung und Aquatinta, 24,5 × 35 cm. Kupferplatten: Calcografía Nacional, Madrid

hervortritt (Abb. 316b)[84]. Abbildung 316c und d beleuchten Goyas Adelskritik: *Capricho* 42 ist ein sehr anschaulicher Beleg für die »Verkehrte Welt«, in der wir uns befinden. Die »nützlichen Klassen« sind die Lasttiere, die zwei »Kavaliere«, ausgemachte Esel, auf ihren Schultern tragen[85]. Sie sind wirklich nur noch Mägen, die bloß fressen, und nicht ernähren. In *Capricho* 63 wird die Aussage der vorhergehenden Graphik pessimistisch zugespitzt: Die Reittiere haben selbst Eselsgestalt angenommen und scheinen mit den Leibern ihrer überdimensional großen Reiter, welche mit den Gebärden religiöser Heuchelei versehen sind, zu verschmelzen[86]. – Abb. 317a und b aus den *Desastres de la Guerra* greifen die gemeinschädlichen Bestrebungen und Praktiken der Geistlichkeit und der Regierung an[87]. Auch das düstere Blatt aus der Serie *Disparates* (Abb. 318) ist u. a. gegen die Kirche, insbesondere die von ihr inspirierte spanische Ehegesetzgebung gerichtet[88]. Mann und Frau sind zu einem fratzenhaften siamesischen Zwilling (bittere Parodie auf 1. Moses 2, 24?) zusammengeschweißt, das zum Staatsgesetz erhobene Dogma von der Unauflöslichkeit der Ehe läßt sie nicht auseinanderkommen, der Mann deutet anklagend auf einen Priester. So erzeugen die von unheilvollen Gesetzen zementierten sozialen Verhältnisse ein falsches Wesen und Bewußtsein.

Aus der anfangs versprochenen ›Grammatik des Rechts‹ wurde eher eine Grammatik der Ungerechtigkeit. Wenn es aber richtig ist, daß das oberste Gebot der Gerechtigkeit *neminem laede* (Verletze niemanden!) lautet[89], dann lernt man Wert und Wirklichkeit der Gerechtigkeit und des rechtmäßigen Verhaltens am besten dadurch kennen, daß man die Folgen der Ungerechtigkeit an sich und anderen beobachtet[90].

Kurt Seelmann

# *V Relativierung von Recht und Gerechtigkeit*

Kritik am Recht tritt historisch nicht nur als Kritik an bestimmten rechtlichen Normen oder Entscheidungen, nicht nur als Kritik an einzelnen rechtlich geregelten Herrschaftsformen oder an Mängeln des Juristenstandes auf. Es gibt auch immer wieder eine Relativierung des Rechts in dem Sinn, daß das Recht als solches in Frage gestellt wird. Die Grenze zu einem Infragestellen nur bestimmter – als typisch angesehener – Aspekte des Rechts (wie etwa justizförmiger Verfahren, richterlicher Entscheidungen) ist fließend. Dennoch soll der Schwerpunkt der folgenden Überlegungen weniger bei der Debatte über ›alternative Rechtsformen‹ als vielmehr bei der über ›Alternativen zum Recht‹ liegen[1].

Auch hier sind die Erscheinungen freilich vielfältig: Das Recht wird selten als gesellschaftliches Regelungsinstrument, als Denk- und Verhaltensmuster generell und für alle Lebensbereiche in Frage gestellt. Häufig gelten die Vorbehalte gegen rechtliche Regelungen nur für bestimmte Personengruppen (z. B. kulturelle Eliten, religiöse Orden) oder Lebensbereiche (z. B. Religion, insbesondere das Verhältnis des Menschen zu Gott; Wirtschafts- und Eigentumsordnung; einvernehmliche menschliche Beziehungen). Und auch die Gründe für die Kritik können ganz unterschiedlich sein: Recht wird etwa als hinderlich für die Durchsetzung der Interessen des einzelnen empfunden; insbesondere Gerechtigkeit kann aber auch relativiert werden im Verhältnis zu höher bewerteten Prinzipien wie (in erster Linie göttlicher) Gnade oder Liebe; oder aber man kritisiert rechtlich geregelte gesellschaftliche Beziehungen als den bloßen Ausdruck einer bestimmten (negativ bewerteten) Herrschafts- oder Wirtschaftsordnung[2]. Die folgenden Hinweise gelten nur einigen Beispielen. Hervorgehoben werden – bei weitgehender Wahrung der historischen Abfolge – wirkungsgeschichtlich besonders bedeutsame Thesen.

## Die Rechtskritik der griechischen Sophistik

Soweit ersichtlich ohne Ausdruck in der bildenden Kunst ist die Rechtskritik der griechischen Sophistik geblieben – sie sei nur deshalb kurz erwähnt, weil eine Reihe späterer Argumentationsmuster schon hier deutlich wird[3].

Bei dem Sophisten Gorgias (483–375 v. Chr.) finden wir ein Lob der rhetorischen Tätigkeit, deren ›richtige Redeweise‹ den hergebrachten Regeln des *Nomos* ebenso wie der Gerechtigkeit verbürgenden *Dike* entgegengehalten werden. Dem Recht wird – anders als der Rhetorik – die Fähigkeit abgesprochen, die jeweils aktuell relevanten Aspekte eines Problemfeldes zu berücksichtigen. Bei den Sophisten Kallikles (möglicherweise eine bloß von Platon erdachte Figur) und Trasymachos (ein Zeitgenosse des Peloponnesischen Krieges) gibt es dann gegensätzliche Auffassungen über die Nutznießer des *Nomos:* Für Kallikles sind es die Schwächlinge, die Gesetze erlassen, um die starken Menschen einzuschüchtern – die Natur hingegen beweise, daß der Sieg der Stärkeren über den Schwächeren gerecht sei. Natur und Gesetz stünden sogar meist zueinander in Widerspruch. Der Tendenz nach finden sich solche Ausführungen auch bei dem Sophisten Hippias (verbürgt sind die letzten vier Jahrzehnte des 5. Jahrhunderts v. Chr.), bei dem der *Nomos* ein Tyrann für den Menschen ist und vieles gegen die Natur erzwinge – die Weisen sollten deshalb eher ihrer Natur folgen. Anders Trasymachos, wonach man nur das dem Überlegenen Zuträgliche gerecht nenne. Wer sich (als Schwacher) gerecht verhalte, sei deshalb immer im Nachteil. Das bei Kallikles und Trasymachos deutliche Motiv der Rechtskritik – sich rechtlich zu verhalten schade dem einzelnen (sei es dem Starken, sei es dem Schwachen) – tritt in der gelehrten Auseinandersetzung um das Recht später freilich nur noch selten so offen zutage.

# Aspekte einer Relativierung des Rechts von Augustinus bis zur Reformation

Den im folgenden vorgestellten Relativierungen des Rechts ist gemeinsam, daß gegenüber dem Recht ein in der Bewertung höheres Prinzip geltend gemacht wird, ohne daß damit verbunden dem Recht seine relative Bedeutung notwendig abgesprochen werden müßte. Insofern könnte man auch von einer Ausdifferenzierung des Rechts sprechen.

## Die zwei Reiche des Augustinus

Von wirkungsgeschichtlich erheblicher Bedeutung war das Werk des Kirchenvaters Augustinus (354–430) *De Civitate Dei (Vom Gottesstaat)*[4]. Augustinus lehrt die Existenz zweier menschlicher Gemeinschaften: Einer *Civitas Dei* (Gottesstaat), die aus den Menschen besteht, die sich an der Gottesliebe orientieren, und einer *Civitas terrena* (irdischer Staat), deren Mitglieder sich an der irdischen Selbstliebe orientieren. Beide sind im Erdendasein ineinander verwoben und äußerlich nicht zu unterscheiden. Lediglich die genannte Orientierung weist die einzelnen Menschen der einen oder der anderen Gemeinschaft zu.

Dies hielt die Künstler nicht davon ab, die Civitas Dei als Gemeinwesen darzustellen. Bildliche Darstellungen finden sich insbesondere in der Buchmalerei. Abbildung 320 zeigt eine Mitte des 15. Jahrhunderts in den südlichen Niederlanden entstandene Miniatur, auf welcher der hl. Augustinus vor dem Hintergrund der Civitas Dei sein Buch vom Gottesstaat vorliest. Die Civitas Dei ist eine prächtige mittelalterliche Stadt mit einem Dom in ihrer Mitte, entsprechend wohl dem Psalmwort (Ps. 46, 5f), wonach Gott in der Mitte der Gottesstadt sei. Die Darstellung der Landschaft davor, aber auch die der Gesichter der dargestellten Personen, hat große Ähnlichkeit mit einer Miniatur des *Turiner Stundenbuchs,* dessen Zuschreibung zum jungen Jan van Eyck diskutiert wird. Auch die Abbildung 319, wahrscheinlich von dem Florentiner Matteo Torelli, ebenfalls im 15. Jahrhundert geschaffen, zeigt Augustinus vor der Civitas Dei, deren Mauern auch hier im Hintergrund erscheinen. Entsprechend dem Psalm »Groß ist der Herr und hochberühmt in der Stadt unseres Gottes, auf seinem heiligen Berge« (Ps. 48, 2f) steht die Gottesstadt auf einem Berg. Um den hl. Augustinus herum, der betend im Vordergrund kniet, sieht man gleichfalls Häuser, aber ziemlich schmucklose – vermutlich das irdische Gemeinwesen.

Diese Civitas terrena ist nun einerseits das Reich des Bösen: Ihre irdische Abstammung führt sie auf Kain zurück, aber über den irdischen Bereich hinaus gehören ihr auch die gefallenen Engel an – insofern ist sie sogar teuflisch. Andererseits aber bedarf der Teil der Civitas Dei, der sich noch auf der irdischen Pilgerfahrt befindet, doch des irdischen Friedens, den die Gesetze der Civitas terrena schaffen. Irdische Rechtsprechung erhält so den Charakter eines notwendigen Übels, dessen Elend eingehend geschildert wird. Denn der irdische Friede ist unvollkommen, er ist bloß ein Trost im Elend. Würde auch Gott jedem zukommen lassen, was er verdiente, so wäre ewiger Tod die Konsequenz. Es ist Gottes unverdiente Gnade, die einige davor rettet.

Dieser »naturrechtlich argumentierende Anarchismus«[5] des Augustinus erfuhr später vielerlei Interpretationen, häufig auch politisch sehr durchsichtige. Aber egal, ob man die Kirche für die Civitas Dei ausgab oder, im »politischen Augustinismus«, dem weltlichen Staat religiöse Weihe zu geben suchte – die Zurücksetzung weltlicher Gerechtigkeit hinter eine durch Gottesliebe und göttliche Gnade gebildete Gemeinschaft blieb ein gängiger Topos.

319 Matteo Torelli, Der heilige Augustinus mit *Civitas Dei* und *Civitas terrena*. 15. Jh. Florenz, Biblioteca Laurenziana, Plut. 12.19

320 Der heilige Augustinus liest sein Buch *Vom Gottesstaat* vor. 1445. Erster Teil der Übersetzung von Raoul de Presles, Ms. 9015, fol. I

## Verzicht auf Recht – der franziskanische Armutsstreit

Der franziskanische Armutsstreit war eine der wichtigsten Kontroversen über die Bedeutung des Rechts im Verhältnis zur christlichen Lehre in der mittelalterlichen Kirche. Wenngleich der Verzicht auf persönliches Eigentum schon in der Regel Benedikts für Ordensmitglieder verpflichtend war, gab es doch in der Folgezeit immer wieder Bewegungen, die Eigentum – auch für die Kirche insgesamt – für unvereinbar mit der Nachfolge Christi hielten. Die Gründung des Franziskanerordens (eines ›Bettelordens‹) sollte solche Kritik innerkirchlich auffangen. Franz von Assisi, der Ordensgründer, wird von Giotto zweimal in seinem Verzicht auf weltliche Güter dargestellt: um 1300 in der Oberkirche von Assisi[6] (Abb. 321, Zuschreibung zu Giotto nicht eindeutig gesichert) und um 1320 in der Bardi-Kapelle in Santa Croce in Florenz (Abb. 322). Franz sagt sich von seinem reichen Vater und dessen Welt los, er ist halbnackt und wird nur vom Bischof in seiner Blöße bedeckt.

Allerdings gab es bald Streit, Franz mußte seine strengen Ordensregeln vor Papst Honorius III. verteidigen (Abb. 323). Der Konflikt bekam schließlich Anfang des 13. Jahrhunderts eine theoretische Dimension, in welcher die Eigentumsproblematik ausgeweitet wurde[7]. In einer der Selbsteinschätzung des Franziskanerordens freundlich gesonnenen Bulle von 1279 hatte Papst Nikolaus III. festgestellt, die Franziskaner hätten (einzeln ebenso wie als Orden) auch an den von ihnen genutzten oder sogar verbrauchten Gegenständen (wie etwa ihren Speisen) kein Eigentum, sondern – ebenso wie Christus und seine Apostel – einen »simplicem facti usum«, einen der rechtlichen Zuordnung gänzlich entzogenen bloß faktischen Gebrauch – eine Einschätzung, die 1312 von Papst Clemens V. im wesentlichen übernommen wurde. Vernichtende Kritik an solcher Konstruktion übte nur zehn Jahre später ein Jurist auf dem Papstthron, Johannes XXII. Es widersprach seinem juristischen Verständnis, daß der Gebrauch von Eigentum für immer abgesondert werden könne. Wer ein Ei oder einen Käse esse – so Johannes ganz plastisch –, der müsse doch wohl eine entsprechende Rechtsposition innehaben. Für die von den armen Bevölkerungsschichten der Städte gestützten »Spiritualen« im Franziskanerorden war dies freilich eine Grundsatzfrage,

321 Giotto, Der heilige Franz sagt sich von seinen leiblichen Eltern und Verwandten los. Um 1300 Fresko. Assisi, Basilica di San Francesco, Oberkirche

322 Giotto, Der heilige Franz sagt sich von seinem Vater los. 1320–1325. Fresko. Florenz, Santa Croce, Bardi-Kapelle

in der sie keineswegs schnell klein beizugeben bereit waren, und es entzündete sich daraus ein langer literarischer Streit, der in der Folge auch vielfach von politischen Kontroversen überlagert wurde (etwa Streitigkeiten zwischen Kaiser und Papst, in denen eine Reihe prominenter Franziskaner auf kaiserlicher Seite standen).

Auf dem Höhepunkt dieses Armutsstreits, um 1325, entstand ein Fresko im Vierungsgewölbe der Unterkirche von Assisi (Abb. 324). Ein Giotto-Schüler, der »Meister der Vele« (früher ist das Bild Giotto selbst zugeschrieben worden), malte die von Christus vollzogene Vermählung des Franziskus mit der Armut. Die Armut ist mit Dornen umgeben und wird von einem Jungen mit Steinen beworfen; zwei Engel steigen zum Himmel auf und tragen die weltlichen Güter des Heiligen, derer er sich entäußert hat, davon.

Im franziskanischen Armutsstreit waren – und dies machte seine Brisanz auch in den Augen der Kirchenleitung aus – Reichtum und Armut keine bloßen wirtschaftlichen Differenzierungen mehr. Die freiwillig gewählte Armut konnte vielmehr auch als Kontrastbild zu den Formen menschlichen Zusammenlebens interpretiert werden, für welche die Kategorien des Rechts standen.

## Gnade im Mittelalter – die Heilstreppen

Daß Gottvater als gerechter Richter, wofür häufig das Schwert in seiner Rechten steht, insbesondere durch seinen Sohn und durch Maria besänftigt werden kann und Gnade vor Recht ergehen läßt, ist Gegenstand vieler mittelalterlicher Darstellungen[8]. Darin wird zwar Gerechtigkeit als eine göttliche Tugend dargestellt, zugleich aber deutlich

323 Giotto, Der heilige Franz verteidigt die Ordensregeln vor Papst Honorius III. Um 1300. Fresko. Assisi, Basilica di San Francesco, Oberkirche

324 Meister der Vele, Die Armut (Christus vermählt Franziskus mit der Armut). Um 1325. Fresko (Detail). Assisi, Basilica di San Francesco, Unterkirche

gemacht, daß Gottvater durch seinen Sohn und dessen Mutter zur Barmherzigkeit oder Gnade, einer noch höheren Tugend, bewegt werden kann.

Auf einem westfälischen Heilsspiegel des frühen 14. Jahrhunderts (Abb. 325 a/b) werden die später häufig miteinander verbundenen Motive noch getrennt dargestellt: Christus zeigt dem Vater (dieser thront in der sakralen Mandorla) die Wunden und bittet so unter Hinweis auf sein Erlösungswerk um Barmherzigkeit für die Sünder; Maria zeigt dem Sohn (hier auch er in der Mandorla) die Brüste, die ihn ernährt haben, und um deretwillen er sich der Menschen erbarmen solle. Beide Motive werden dann zu »Heilstreppen« kombiniert: Auf Abb. 326, einer kolorierten Federzeichnung aus dem frühen 15. Jahrhundert, wendet sich Maria unten links an den Gekreuzigten mit der Fürbitte für die Seele eines Verstorbenen (um die sich Engel und Teufel streiten)

325a/b Aus dem *Heilsspiegel*. Um 1360
a) Christus zeigt dem Vater seine Wunden; b) Maria zeigt ihrem Sohn die Brüste, die ihn ernährt haben (jeweils obere Hälfte der Buchseite). Darmstadt, Hessische Landes- und Hochschulbibliothek, Handschrift 2505

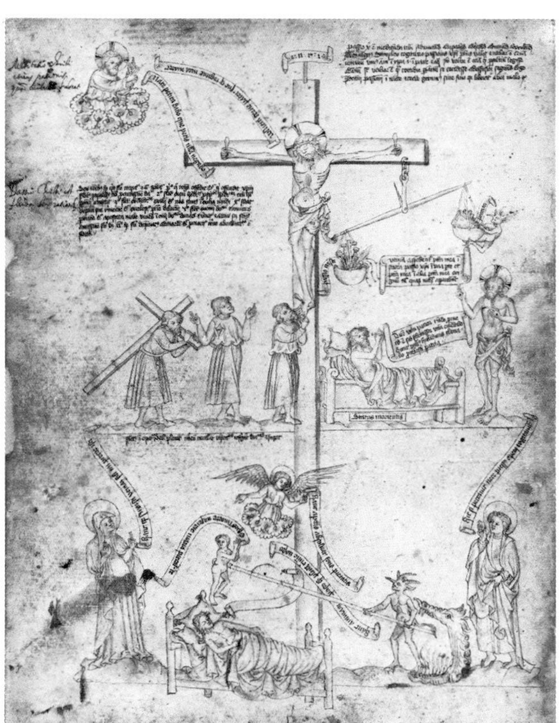

326 Der Gekreuzigte als zentrale Figur in der ›Heilstreppe‹ über dem Sterbenden. Um 1430–40. Feder, koloriert. Rom, Biblioteca Casanatense, Ms. 1404, fol. 37

und Christus wiederum an den Vater (links oben in einer aus den Wolken ragenden Büste). In späteren Darstellungen (vgl. Abb. 327) thront Gottvater mit Schwert, Pfeilen (die Gottesstrafen), Geißel und Rute in freier Darstellung – die Scheu vor der Gottesdarstellung, wie sie in der Verwendung der sakralen Mandorla oder der aus den Wolken ragenden Büste erkennbar wird, scheint überwunden. Der Bezug auf das (Richt-)Schwert ist besonders eindrucksvoll in den folgenden Abbildungen: Das Blut Christi und die Milch Mariä bewegen Gottvater, das Schwert in die Scheide zu stecken (Abb. 328); oder Christus hält auf dem Gnadenbild des Marienaltars zu Heilsbronn, von Maria an die Brüste erinnert, das Schwert fest (Abb. 329; vgl. auch Abb. 121).

Etwas aus diesem Rahmen fallen die Darstellungen im *Corvinus-Graduale*: Die Misericordia macht sich auf den Weg zum Schwert und Waage schwingenden Gottvater (Abb. 330), und dieser, vor sich die Symbole des Weltenrichters, Schwert und Lilie, sinnt nach – sein Porträt ist weit entfernt von den Gesichtszügen eines strengen Richters, er scheint eher in Blick und Kopfhaltung der Lilie als Zeichen der Gnade denn dem Schwert zugeneigt (Abb. 331).

## Gesetz und Gnade in der Reformation

In der Reformationszeit entbrennt der schon die Frühkirche beschäftigende Streit um die Bedeutung des alttestamentarischen Gesetzes im Verhältnis zum Erlösungswerk Christi mit neuer Schärfe. Während für die vorreformatorische Kirche ebenso wie für

327 Fürbitte Christi und Mariae vor Gottvater. Um 1495. Holzschnitt mit Typendruck. Hannover, Kestner-Museum

328 Hans Holbein d. J., Heilstreppe. Titelholzschnitt im *Missale Speciale.* 1521, Basel. 26,9 × 18,2 cm. Porrentruy/Schweiz, Bibliothèque du Licée cantonal

329 Sebastian Dayg, Gnadenbild des Marienaltars. 1513–1515. Münster zu Heilsbronn

330 Justitia und Misericordia. Initial »S«, 8. Sonntag nach Pfingsten. Um 1487. Aus dem *Corvinus-Graduale* Budapest, Széchényi-Nationalbibliothek, Cod. Lat. 424, fol. 119v

331 Gottes Schwert an der Wand. Initial »D«, 23. Sonntag nach Pfingsten. Um 1487. Aus dem *Corvinus-Graduale.* Budapest, Széchényi-Nationalbibliothek, Cod. Lat. 424, fol. 197r

332 Lucas Cranach d. Ä., Verdammnis und Erlösung. 1529. Öltempera auf Lindenholz, 82,6 × 118 cm. Gotha, Schloßmuseum

333 Geoffroy Tory, Gesetz und Gnade. Um 1535. Holzschnitt. Paris, Bibliothèque Nationale

die katholische Kirche nach dem Konzil von Trient das Gebot einer möglichst weitgehenden Harmonisierung von ›Gesetz‹ und Evangelium galt, war für die Anhänger Luthers und später für die protestantischen Kirchen deren Unterscheidung ein zentraler Diskussionspunkt. Luther selbst hatte den Keim für die Kontroversen dadurch gelegt, daß er zwar das Gesetz (d. h. bei Luther nicht nur die Gebote des Alten, sondern alle religiösen Forderungen, auch sofern sie im Neuen Testament enthalten sind) und ein Leben nach dem Gesetz nicht für erforderlich zur Rechtfertigung des Menschen vor Gott hielt und darauf bestand, Christus sei kein Gesetzgeber (sonst höre die Gnade auf, Gnade zu sein)[9]; daß er andererseits aber doch das Gesetz mit der Begründung verteidigte, bei Abschaffung des Gesetzes könne man nicht mehr wissen, wer Christus sei, da er doch das Gesetz erfüllt habe. Die von Luther bekämpften Antinomisten waren radikaler: Sie bezweifelten die Gültigkeit der Gebote des Alten Testaments für Christen, ja generell die Existenz von Geboten in der christlichen Religion der Gnade[10]. Christus wird von ihnen gerade als derjenige herausgestellt, der das Gesetz und ein Denken in rechtlichen Kategorien überwunden habe. Entwicklungsgeschichtlich wirkt sich diese starke Betonung des Gegensatzes von Gesetz und Gnade wieder in der lutherischen Theologie der Aufklärungszeit aus. Auch im Text zu den Bachkantaten BWV 105 und 168 (»Herr, gehe nicht ins Gericht« und »Tue Rechnung! Donnerwort!«) findet die Problematik ihren Niederschlag.

334 Franz Timmermann, Gesetz und Gnade. 1540. Öl auf Holz, 39,2 × 31,8 cm. Hamburger Kunsthalle

335 Cranach-Werkstatt, Epitaph des Erbmarschalls Graf Edelherz Heinrich Burghart von Pappenheim. Um 1567.
Öl auf Holz, 16,5 × 21,5 cm.
Waldburg, Sammlung Ludwig Zach

Die bildlichen Darstellungen des Gegensatzes von alttestamentarischen Geboten und christlicher Erlösung, von Gesetz und Gnade, machen einen sehr wichtigen Bestand der reformatorischen Bildersprache aus[11]. Eine der frühesten und zugleich bekanntesten dieser Darstellungen ist ein Gemälde Lucas Cranachs d. Ä. aus dem Jahr 1529 (Abb. 332). Diese »Gothaer Tafel« (sie befindet sich im Schloßmuseum zu Gotha) zeigt, durch einen Baum in der Bildmitte getrennt, links die Zeichen der Sünde (Eva reicht Adam den Apfel, die Israeliten beten die goldene Schlange an), des Todes (der Mensch wird von Tod und Teufel auf das Höllenfeuer zugejagt) und des Gesetzes (Moses zeigt dem Menschen die Gesetzestafeln). Während der Baum nach dieser Seite des Gesetzes hin verdorrt ist, ist er zur rechten Seite, der Seite der Gnade hin, belaubt. Auf dieser Seite weist Johannes der Täufer den Menschen auf den Gekreuzigten hin, zu dessen Füßen das Lamm, das die Sünden der Welt trägt, über Tod und Teufel triumphiert. Das offene Grab mit dem leeren Sarkophag deutet auf die Auferstehung hin. Zentral ist das Motiv der Erlösung: Ein Blutstrahl des Gekreuzigten errettet den Sünder.

Der um 1535 entstandene Holzschnitt des französischen Malers und Graphikers Geoffroy Tory (Abb. 333) ebenso wie das 1540 gemalte Bild des Hamburger Ratsmalers Franz Timmermann (Abb. 334) sind stärker an die (hier nicht abgebildete) »Prager Tafel« von Lucas Cranach d. Ä. angelehnt: Die Teilung des Bildes durch den Baum ist aufgehoben, der Mensch ist in die Bildmitte gerückt und muß zwischen zwei möglichen Wegen wählen, dem Weg des Gesetzes, der Sünde und des Todes oder dem Weg der Gnade und des Lebens. Unser Thema ist besonders einprägsam auf Timmermanns Bild dargestellt: Christus bekämpft Tod und Teufel, unter denen die Gesetzestafeln liegen. Deutlich wird auch das Epitaph der Familie Pappenheim (Abb. 335), welches ebenfalls den Gegensatz von Gesetz und Gnade aufgreift. Die Inschrift in der Mitte über der Familientafel lautet: »Das gesetz ist uns durch moysen geben, die genad und wahrheit durch jesum christum worden. Jo. 1. Christus ist deß gesetzes ende. Rö. 10.« Nicht zu diesen Gesetz/Gnade-Bildern gehörig, aber doch mit ähnlicher Aussage, belehrt uns der Holzschnitt *Adam und Eva vor Gottes Gericht begnadigt* von Jakob Lucius (Abb. 336, vgl. auch Abb. 154): Die Trinität sitzt zu Gericht über Adam und Eva, die vom Satan vor den Richterstuhl gezogen werden. Der angebissene Apfel liegt als Beweisstück neben den Gesetzestafeln. Christus, neben sich Misericordia und Pax, wirkt begütigend auf seinen Vater ein, dem zur Seite Justitia und Veritas stehen. Der Vater läßt sich zur Gnade stimmen.

336 Jakob Lucius, Adam und Eva vor Gottes Gericht begnadigt. 1556. Holzschnitt, 22,6 × 30,8 cm. Berlin (West), Staatliche Museen Preußischer Kulturbesitz, Kupferstichkabinett

## Justitia im Gegensatz zu Caritas und Gnade außerhalb des reformatorischen Denkens

Die Ikonographie des Spannungsverhältnisses von Recht und Gnade ist natürlich, wie schon die mittelalterlichen Heilstreppen und ähnliche Motive zeigten, nicht auf die Bildersprache der Reformation beschränkt. Der Einbruch von Gnade und Liebe in den Lauf der Gerechtigkeit, schon in Dantes *Divina Commedia* besungen (XIX. Gesang) und in der Literatur immer wieder Thema[12] (vgl. nur Shakespeares *Kaufmann von Venedig* IV 1 oder *Die drei grünen Zweige* in der Märchensammlung der Brüder Grimm), ist auch in der weiteren Entwicklung – wenngleich nunmehr spärlicher – Gegenstand bildlicher Darstellungen. Als Beispiele seien *Der tote Christus zwischen Caritas und Justitia* auf dem Bild von Lelio Orsi (Abb. 337) genannt sowie der flandrische Bildteppich aus dem 16. Jahrhundert mit dem Menschen in den Armen des

Glücks, bedroht von Justitia, der die Misericordia in den Arm fällt (Abb. 338) – beide Bilder stehen noch in der mittelalterlich-reformatorischen Bildersprache.

Das Thema wird wieder aufgenommen in Daumiers Bild *Gnade* (Abb. 339). Das gesichtslose, teilnahmslose Funktionieren des Rechts durch die Organe der Rechtspflege weist hier freilich schon auf eine spätere kritische Sicht vom Recht hin, auf die noch einzugehen sein wird. Außerdem geht es für Daumiers Anwalt, der Gnade von den Richtern fordert, schon nicht mehr um die Infragestellung von Recht und Gerechtigkeit durch eine höhere Macht göttlicher oder fürstlicher Gnade.

337 Lelio Orsi, Toter Christus zwischen Caritas und Justitia. Um 1570. Pinsel in Braun, weiß gehöht, z. T. oxydiert, über schwarzem Stift quadriert, auf bräunlichem Papier, 43,1 × 34,8 cm. München, Staatliche Graphische Sammlung

338 Justitia und Misericordia im Streit um einen Sünder. Um 1520. Flandrischer Bildteppich. London, Victoria-and-Albert-Museum

339 Honoré Daumier, Gnade!. Um 1864. Öl auf Leinwand, 38 × 68 cm. Rotterdam, Museum Boymans-van Beuningen

## Aspekte der Rechtskritik in der Neuzeit

Anders als die bisher besprochenen Relativierungen des Rechts stellt die Kritik der letzten fünf Jahrhunderte stärker auf andere, u. U. vorzugswürdigere Arten menschlichen Zusammenlebens ab und weniger auf Vorzüge für Einzelinteressen (wie bei den Sophisten) oder den Einbruch höherer Prinzipien in die Sphäre des Rechts (wie im Mittelalter).

### Paradoxien der Streitsucht (Der Spott auf den Prozeßnarren)

Die Rechtslehre des Spätmittelalters hatte die Entwicklung einer Denkfigur besonders gefördert, die wir heute mit »Subjektives Recht« benennen[13]: Das Recht als **mein** Recht, als eine Machtposition gegenüber anderen. Es verwundert deshalb nicht, daß ein wichtiges Thema der neuzeitlichen Rechtsphilosophie und deshalb auch der Kunst der Kampf des einzelnen um sein Recht ist. Insbesondere in der Literatur wird immer wieder mit feinem Gespür die Paradoxie des Kampfes ums Recht festgehalten: Je konsequenter und einseitiger man sein Recht durchsetzen will, desto mehr kehrt sich dieser Kampf gegen den Kämpfer selbst; er kann sein Hab und Gut, seine Freunde und sein Lebensglück oder Seelenheil verlieren. Dies sind Motive, die die europäische Literatur von Sebastian Brants *Narrenschiff* über Abraham a Sancta Claras *Hundert ausbündige Narren* oder Kleists *Michael Kohlhaas,* Gogols *Die Geschichte, wie sich Iwan Iwanowitsch mit Iwan Nikiforowitsch zerstritt* bis Gottfried Kellers *Romeo und Julia auf dem Dorfe* durchziehen.

Dahinter steht die Vermutung, daß die ›Verrechtlichung‹ mitmenschlicher Konflikte in vielen Fällen diese Konflikte nicht löst, sondern u. U. neue und noch schlimmere schafft. Die Rechtstheorie unserer Tage hat sich dieses Aspekts als eines Forschungsgegenstands angenommen[14]. Vielfach wird darauf hingewiesen, daß Beziehungen des sozialen Nahbereichs wie Nachbarschaft, Freundschaft oder Ehe bereits in das Stadium ihrer Zerrüttung bzw. Auflösung eingehen, wenn der eine Teil sich auf eine Rechtsposition beruft. Diese Unverträglichkeit von Recht und Gemeinschaft liegt darin begründet, daß derjenige, der sich auf sein Recht beruft, seine Interessen mit Hilfe der Zwangsbefugnisse eines Dritten, der Justiz, durchzusetzen droht. Durch diese Androhung oder gar Zuhilfenahme des Zwangs von dritter Seite ist die unmittelbare freundschaftlich-spontane Beziehung gestört, meist sogar zerstört. Ähnliches gilt im Geschäftsleben: Rechtliche Schritte schaden dem Erhalt einer längerfristigen guten Beziehung und bergen zudem oft ein zu hohes finanzielles Risiko. Und zunehmende Verrechtlichung von Bereichen wie Familie, Schule oder Sozialhilfe intensiviert zugleich die soziale Kontrolle gegenüber dem einzelnen. Freilich: Auch diese Gesichtspunkte dürfen nicht einseitig genommen werden. Welche Einschränkung der Freiheit und damit auch der Möglichkeit zu unmittelbaren menschlichen Beziehungen würde es bedeuten, wenn man nicht notfalls auf Recht rekurrieren könnte; welche Einbuße an Vertrauen in geschäftliche Beziehungen wäre die Folge, wenn zur Durchsetzung von Forderungen nur der Weg zur Selbsthilfe bliebe? Und auch die Verrechtlichung der Daseinsvorsorge muß in ihrer Paradoxie gesehen werden: Als Intensivierung sozialer Kontrolle um der Befreiung des einzelnen aus naturwüchsigen Macht- und Ohnmachtsbeziehungen willen.

Die Ironie der bildenden Kunst, insbesondere vom 16. bis 18. Jahrhundert, gilt deshalb auch nur dem, der einseitig die Lösung im ›Verrechtlichen‹ sucht, dem Prozeßnarren. Abbildung 340 zeigt die Albrecht Dürer zugeschriebene bekannte Szene aus Sebastian Brants *Narrenschiff,* in der ein mit einer Hechel behafteter Narr der Gerech-

340 Albrecht Dürer, Allegorie aus dem *Narrenschiff* des Sebastian Brant. 1494, Basel. Holzschnitt, 12 × 8,5 cm. München, Bayerische Staatsbibliothek, Rar 121 91v

tigkeit die Augen verbindet (die erste Gerechtigkeit mit verbundenen Augen?). Im Text heißt es hierzu u. a.: »Gar oft die Hechel der empfind't / der immer zanket wie ein Kind / und machen will die Wahrheit blind. / Von solchen Narrn will ich euch sagen, / die in jeder Sache wollen tagen / und nicht mit Güte sich vergleichen, / um einem Zank gar auszuweichen . . .«[15]. Von Cornelis Galle stammt das *Spottbild auf einen streitsüchtigen Menschen* (Abb. 341), der aus Prozeßsucht Haus und Hof in den Rachen einer wilden Prozeßbestie, halb Mensch, halb Tier, schiebt. Ganz rechts steht die (vertane) Zeit mit einer Sanduhr, daneben eine Frau, die ein Haus hält, das wegen der Prozeßkosten vernachlässigt ist. Der von einem nackten Kind betastete tote Körper links im Hintergrund soll die völlige Vernachlässigung des Seelenheils symbolisieren. Abbildung 342 schließlich als Illustration aus Abraham a Sancta Claras *Hundert ausbündige Narren* zeigt, gestochen von Johann Christoph Weigel, einen Prozeßnarren, der den Richter gerade entlohnt, während draußen ein Wagen geschmiert wird. Darunter heißt es: »Ich führ Prozeß schon lange Jahr, / davon mir wachsen graue Haar! / Der Richter nimmt sein deputat, / das Recht verkehrt mein Advokat. / Von oben ab bis an die Sohl / wann ich sie schmier, so fahr ich wohl«[16].

Francisco Goya (1746–1828), ein »Dialektiker der Aufklärung«[17], dem es um die Monstren ging, die der Traum der Vernunft hervorbringt[18], hat zwei Zeichnungen geschaffen, welche die Paradoxie noch grundsätzlicher aufgreifen. Auf der einen (Abb. 343) verfolgt eine weibliche Gestalt, *divina razon* (göttliche Vernunft), mit einer Peitsche schwarze Vögel. Wegen der Waage in ihrer Linken interpretiert man diese Gestalt zu Recht auch als Gerechtigkeit. »No deges ninguno« (laß keinen übrig) steht darunter. Hier wird nicht so sehr ein Ideal dargestellt, sondern eher ein Problem, ein Paradox: Daß man Vögel nicht sinnvoll mit einer Peitsche angreifen kann, ist den Interpreten immer wieder aufgefallen. Ähnliches gilt auch für die Kreidezeichnung (Abb. 344): Waage und Schwert tauchen wieder auf, aber das Schwert liegt paradoxerweise auf einer Waagschale, auf der anderen eine Feder, und es scheint, daß die Feder schwerer ist als das Schwert. Die Waage wird gehalten von einem Mann mit dem Aussehen eines

341 Cornelis Galle, Spottbild auf einen streitsüchtigen Menschen, der aus Prozeßsucht Haus und Hof verliert. 18. Jh. Aus: Feder, *Werke des ältesten Kunstdrucks*. 1892

342 Johann Christoph Weigel, Prozeß-Narr. 1709. Aus: Abraham a Sancta Clara, *Hundert Ausbündige Narren*

343 Francisco de Goya, Göttliche Vernunft, laß keinen übrig. 1820–24. Chinesische Tusche und Sepia, laviert, 20,5 × 14,3 cm. Madrid, Prado

344 Francisco de Goya, Die Feder ist mächtiger als das Schwert. 1824–28. Schwarze Kreide, 19,2 × 15,6 cm. Cambridge, Fitzwilliam Museum

Mönchs, und dies bei einem Künstler, den Baudelaire mit einigem Recht wegen seiner vielen gähnenden, schlemmenden, listigen und verschlagenen Mönche als einen »Mönchshasser« bezeichnen konnte. Freilich gehen Lichtstrahlen vom Haupt des Mannes aus, er ist also auch nicht einseitig negativ zu bewerten. Goya gibt hier, ebenso wie mit der anderen Zeichnung, eher eine Problemskizze als eine Stellungnahme: Der Geist wiegt schwerer als das Schwert, eines der Insignien der Gerechtigkeit, das wird aber deutlich mit Hilfe der Waage, des anderen Insigniums der Gerechtigkeit. Die Gerechtigkeit, die ihr eigenes Defizit an Geist deutlich macht?

## Die Abstraktion des Rechts

Daß bei der rechtlichen Diskussion oder Klärung z. B. eines sozialen Konflikts von vielerlei abgesehen wird, worauf es den Beteiligten besonders ankommt, ist eine Beobachtung, die juristische Laien immer wieder machen und die Künstlern besonders auffällt. Künstlerische Darstellungen dieser Abstraktheitsproblematik finden sich gehäuft erst in der Graphik des 20. Jahrhunderts. *Der Staatsfeind* von A. Paul Weber (Abb. 345), die schemenhaft verschwimmende Rückansicht eines Mannes, der vielleicht im Kerker, vielleicht schon für die Exekution, vor einer Mauer steht – was könnte deutlicher die Reduktion des Menschen auf ein »Nichts als ...« machen. Von allem wird abstrahiert, wichtig ist nur, daß er der Staatsfeind ist, und dies allein bestimmt sein Schicksal. Und wo sie nicht in seine Zuständigkeit fallen, schreitet das Recht einfach über die am Boden liegenden Menschen dahin (Abb. 346).

Was es heißt, daß (laut Art. 6 Europäische Menschenrechtskonvention) jeder Mensch Anspruch auf Anerkennung als Rechtsperson hat, sucht Christoph Meckel zu verdeutlichen (Abb. 347): Seziert in die zusammenhanglosen Einzelteile, so stellt sich die Rechtsperson für das hohe Gericht dar. Die Gerechtigkeit, die sich selbst (?) die Hand mit der Waage abgeschlagen hat, trägt den ganzen Kopf verbunden, aber sieht mit den hohlen Augen durch den Verband.

346

347

345 A. Paul Weber, Staatsfeind. 1956. Lithographie, 34 × 24 cm. Nachlaß des Künstlers

346 A. Paul Weber, Niemand war zuständig

347 Christoph Meckel, Artikel 6: Allgemeine Erklärung der Menschenrechte. 1973. Radierung, 31 × 21 cm. Besitz des Künstlers

Der Philosoph Hegel (1770–1831) hat diesen Aspekt als einer der ersten rechtsphilosophisch abgehandelt und insbesondere in seinen jungen Jahren als Ausgangspunkt für die Kritik am »Rechtszustand« genommen[19]. Zwei Diskussionszusammenhänge waren hierbei bedeutsam: Das Verhältnis der griechischen Polis-Sittlichkeit zum römischen Rechtsdenken und – ein uns aus früheren Kontroversen bereits bekannter Problemkomplex – das Verhältnis des alttestamentarischen Gesetzes zur christlichen Liebe.

Die Griechen lebten nach Hegels Interpretation in einer unmittelbaren Einheit mit ihrer Gemeinschaft; das Heraustreten einzelner Individuen aus ihrer natürlichen Verbundenheit mit dem »lebendigen Volksgeist« gehört für Hegel bereits zur Verfallsgeschichte des griechischen Geistes. Bei den Römern sei dann das Allgemeine »in die Atome der absolut vielen Individuen zersplittert«. Die Individuen sind Personen füreinander, werden als gleich anerkannt, aber das heißt: anerkannt nur in dem Aspekt ihrer Individualität, in dem sie sich auch wirklich voneinander nicht unterscheiden, also als Rechtssubjekte. Nicht mehr ein inneres Band gemeinsamer Überzeugungen, gemeinsamer Traditionen, gemeinsamer Aufgaben hält die Menschen zusammen, sondern die wechselseitige Anerkennung als Rechtssubjekte. Darin aber besteht für Hegel die Abstraktion: »Denn was [den Römern, K. S.] als das absolute Wesen gilt, ist das Selbstbewußtsein als das reine leere Eins der Person.« Recht abstrahiert also gerade von dem, was das Leben des einen Individuums von dem des anderen unterscheidet; als Rechtssubjekte sind sie unabhängig von charakterlichen Eigenschaften, Bedürfnissen, Interessen, sozialer Stellung, politischer und wirtschaftlicher Macht gleich. Der auf diese Weise vernachlässigte, dem Zufall anheim gegebene Inhalt verselbständige sich aber – im römischen Gott-Kaiser, für Hegel nichts anderes als die Konsequenz des römischen »Rechtszustands«. Freilich will auch Hegel kein Zurück zur unmittelbaren Sittlichkeit, sondern sucht nur die negative Seite einer als notwendig erscheinenden Entwicklungsstufe aufzuzeigen. Die Kritik am Recht als einer Abstraktion hat fortgewirkt, auch über die im nächsten Kapitel zu besprechende Traditionslinie hinaus. In unserem Jahrhundert haben etwa politisch so weit voneinander entfernte Theoretiker wie der liberale Sozialdemokrat Gustav Radbruch und einer der Förderer des nationalsozialistischen Rechtsdenkens, Karl Larenz, eine Überwindung der Denkfigur des Rechtssubjekts wegen deren Abstraktheit in Richtung auf ein »soziales Recht« bzw. den »Volksgenossen« gefordert[20]. Hegels Kritik stand ihrerseits in der Tradition von Pietismus und lutherischer Aufklärungstheologie[21].

Hegels Verwurzelung in dieser theologischen Tradition wird noch deutlicher in seiner Stellungnahme zu Gesetz und Liebe. In erster Linie ist es nun nicht mehr die (göttliche) Gnade, sondern (neben der Liebe Christi) die Liebe der Menschen untereinander, die dem Gesetz entgegengestellt wird. Hegel versucht am Beispiel der Bergpredigt zu zeigen, inwiefern Jesus etwas Höheres als den Gesetzesgehorsam aufzeige. Gesetze, so Hegel, sind »Vereinigung entgegengesetzter in einen Begriff«, der seinerseits im Gegensatz zur Wirklichkeit stehe (wenn etwas sein **soll**, so ist es eben noch nicht). Gesetze setzten auch einen Gegensatz zur Neigung voraus. Diese Abstraktion im Festhalten einer von zwei Seiten überwinde Jesus' Liebes»gebot«, das deshalb gar kein Gebot im eigentlichen Sinne sei. Jesus zeige etwas auf, was den Gehorsam gegen Gebote entbehrlich mache: Liebe, als »Modifikation des Lebens«, die der Wirklichkeit nicht als ein Sollen gegenübergestellt werden muß (und, darin gibt Hegel Kant recht, gar nicht geboten werden könnte)[22].

## Recht, Herrschaft und Ökonomie

Hegels Abstraktions-Kritik am Recht wird verschärft und auf das Verhältnis des Rechts zur Ökonomie zugespitzt durch Karl Marx. Für ihn ist Recht seiner Natur nach Anwendung eines gleichen Maßstabs auf ungleiche Individuen[23]. Die Gleichheit und Freiheit, die das Recht garantiere, sei Gleichheit und Freiheit im Austausch von Waren

348 Gustav Klimt, Jurisprudenz. 1903–07. Öl auf Leinwand, 430 × 300 cm. 1945 verbrannt

– als Warenaustauschende seien die Menschen gleich, bei allen sonstigen Unterschieden, und insofern der Austausch von Waren ohne Zwang vor sich gehe, auch frei. Das Rechtssubjekt sei also das warentauschende Individuum. Da aber die Ware Arbeitskraft mehr Wert schaffe als sie selbst wert sei und als deshalb für sie ausgegeben werde, produziere eben diese Gleichheit die Ungleichheit – und nicht etwa eine »ungerechte« Entlohnung sei schuld an der Ungleichheit, wie andere Sozialisten meinten. Es handelt sich für Marx um die »Verwirklichung der Gleichheit und Freiheit, die sich ausweisen als Ungleichheit und Unfreiheit«. Heute wie damals wird natürlich darüber gestritten, ob diese Abstraktion von den wirtschaftlichen Verhältnissen wirklich ein Vorwurf gegenüber dem Recht sein könne und, wenn ja, ob das moderne Recht solcher Gleichbehandlung des Ungleichen im ›Sozialstaat‹ nicht auch erfolgreich entgegenwirke.

Marx' Kritik des Rechts ist möglicherweise für adäquate künstlerische Darstellungen zu komplex. Bedenkt man aber, daß das Recht in der Sicht von Marx Element eines Verwertungsprozesses ist, der »hinter dem Rücken« des Menschen, also für die einzelnen unkontrollierbar abläuft, so dürften wirkungsgeschichtlich all die Darstellungen auch auf seine Ideen zurückzuführen sein, in denen das Recht als eine bedrohliche, dunkle Macht dem einzelnen gegenübertritt. Dazu gehört etwa Klimts Fakultätsbild (Abb. 348) der *Jurisprudenz* von 1903. Das Bild, geplant als Deckengemälde zusammen mit anderen Fakultätsbildern Klimts für den Festsaal der neuen Wiener Universität, ist ein »Frontalangriff auf die Kultur des Gesetzes«[24] und wurde deshalb von der Universität nicht akzeptiert. Wahrheit, Gerechtigkeit und Gesetz sind im oberen Bilddrittel abweisende, blutleere Wesen. Anders als in Klimts erstem Entwurf von 1898, wo eine traditionelle Justitia gegen den das Verbrechen verkörpernden Oktopus kämpfte, ist der Oktopus jetzt selbst das Gesetz, dessen Macht die Menschen nackt ausgeliefert sind. Auf eine bedrohliche, nicht zu bändigende Macht des Rechts zielen auch Magrittes Foto *Das Jüngste Gericht* (Abb. 349) sowie *Das Paragraphen-Opfer* von A. Paul Weber (Abb. 350), ein Mann mit dem Entsetzen in den Augen, von zwei riesigen Paragraphen abgeführt, aus Mund und Ohren quellen ihm Paragraphen.

Wesentlich weniger deutlich als die Stellungnahme von Marx erscheint das Verhältnis der Anarchisten zu Recht und Gerechtigkeit[25]. Proudhon etwa versteht unter Anarchie, daß nicht mehr die Menschen über Menschen herrschen, sondern nur die Gesetze der Wissenschaft, so wie auch spätere Anarchisten das ›Naturgesetz‹ als völlig ausreichend für die gesellschaftliche Ordnung ansehen. Während auf diese Weise Sollensnormen, also menschliche Gesetze, ganz abgelehnt werden, so fordern doch andererseits z. B. Proudhon oder auch Bakunin ausdrücklich Recht und Gerechtigkeit für die anarchistische Gesellschaft. Für die soziale Ordnung, die allgemein von den Anarchisten bejaht wird, sollen als Fundamente neben den schon genannten Naturgesetzen der wirtschaftliche Austausch sowie der Vertrag (Proudhon) und die spontane, freie Assoziation (Bakunin) treten. Einhellig ist allerdings die Ablehnung staatlicher Herrschaft.

Als Symbol der Herrschaft des Menschen über den Menschen, der staatlichen Herrschaft also, galt den Anarchisten der Kommune von Paris die von einer Napoleon-Figur gekrönte Vendôme-Säule, die deshalb am 16. Mai 1871 umgestürzt wurde (Abb. 351). Eines der vielen kleinen Anarchistenblätter, *Le Père Peinard,* im Argot verfaßt, zeigt in seinem Titel einen Mann aus dem Volk, wie er über zerbrochenen Gesetzestafeln die Autoritäten von Staat und Kirche verjagt, während im Hintergrund Justizpalast, Börse und Kaserne in Feuer aufgehen (Abb. 352). Arbeiter tragen auf einer expressionistischen Postkarte die Fahne der Anarchie (Abb. 353). In den späten 30er Jahren des 20. Jahrhunderts kann dies nur noch als Spielbuden-Kompensation gelten – in der Realität hat sich längst die Despotie durchgesetzt (Abb. 354).

349 René Magritte, Le dernier jugement (das Jüngste Gericht). 1935. Fotografie, 11 × 7,5 cm. Privatsammlung

350 A. Paul Weber, Paragraphenopfer

351 Meaulle (nach Vierge), Sturz der Vendôme-Säule am 16. Mai 1871. Holzstich. Paris, Bibliothèque Nationale

352 *Le père Peinard,* Titelillustration der Zeitung vom 9.–16. 5. 1897

353 Anarchie. Deutsche Postkarte vom Anfang der 20er Jahre

354 Gerd Arntz, Kompensation. 1938. Holzschnitt, 16 × 25 cm. Köln, Galerie Glöckner

▷

356 A. Paul Weber, Im Namen des Volkes

357 René Magritte, L'assasin menacé (Der bedrohte Mörder). 1926. Öl auf Leinwand, 150,5 × 195,2 cm. New York, Collection The Museum of Modern Art, Kay Sage Tanguy Fund

## Die Isolierung des einzelnen zum Symbol

Besonderer Kritik ist das Recht als tatvergeltendes Recht ausgesetzt, also das Strafrecht. Soweit es hierbei nicht nur um Detailkritik oder um Appelle zur Milderung und Humanisierung der Strafpraxis geht, sondern die Wurzeln dieses Rechts selbst freigelegt werden sollen, geht die Kritik insbesondere in zwei Richtungen: die Legitimation von Strafe wird bezweifelt und die Kriterien der Zurechnung einer Tat zu einem Täter werden problematisiert.

Die Abbildungen 355 und 356 zeigen Täter vor Gericht. Goya hat das Bild von der mit dem Schandhut noch besonders zur Schau gestellten Person vor dem Inquisitionsgericht mit den Worten »aquellos polbos« (dieser Staub) unterschrieben[26]. Die Menge in A. Paul Webers *Im Namen des Volkes* scheint Ähnliches zu artikulieren. Wird hier nicht dem bloßen Rachegefühl der Menge stattgegeben? Oder wird, in der Sprache der Psychoanalyse, ein ›Sündenbock‹ gesucht? Eine schwache Legitimation! Wäre aber mehr gewonnen, wenn Strafe zu dem Zweck verhängt werden sollte, um andere potentielle Täter abzuschrecken? Ob der einzelne zum Mittel für diesen Zweck gemacht werden darf, ist zumindest seit Kant umstritten[27].

Zugleich lassen sich beide Bilder lesen als Kritik an der Isolierung des einzelnen im Prozeß der Zurechnung. Obwohl jeder mit seinen Handlungen in eine Fülle sozialer Beziehungen eingebettet ist, wird für die Zurechnung der Tat der Kausalstrang nur bis zum ›Täter‹ zurückverfolgt, und auch ihm wird der Rekurs auf lebensgeschichtliche Motive für die Tat grundsätzlich abgeschnitten. Diese Ausblendung des Täters als konkretes Individuum hat Vorzüge für die Garantie von Freiheit – ganz deutlich etwa im Vergleich zu einer Psychiatrisierung von Tätern. Dem einzelnen wird, um ihn als gleichwertigen Interaktionspartner behandeln zu können, Freiheit und Verantwortung generalisiert zugeschrieben[28]. Daß der Täter nur unter dem Aspekt der für die beeinträchtigende Tat relevanten Eigenschaft gesehen wird, beinhaltet den weiteren Vorzug einer Entdramatisierung des Verhältnisses von Täter und Opfer. Beide Vorzüge geraten freilich in die Gefahr, dadurch erkauft zu werden, daß aus der Fülle der sozialen Determinanten, die einen sozialen ›Konflikt‹ schaffen, ein besonderer Kausalnexus und mit ihm ein einzelner Urheber isoliert werden. Insbesondere der Konflikt, der u. U. einer Tat vorausging, sowie seine Lösung interessieren das Strafrecht nicht – ihm kommt es allein auf den durch die Tat geschaffenen Konflikt an. Und das ist – sonst könnte man seine Lösung den unmittelbar Beteiligten überlassen – aus der Sicht der gängigen Straftheorien insbesondere der potentielle Konflikt anderer potentieller Täter mit anderen potentiellen Opfern. Die Lösung dieses Konflikts verlangt auf seiten der potentiellen Opfer die Bestärkung von deren Erwartungen und die Begrenzung von deren Ängsten durch eine symbolische Unterwerfung des aktuellen Täters, der deshalb auch nur noch als Symbol, als Produkt der Sichtweise potentieller Opfer, interessant ist[29]. Von solchen Generalisierungen und Reduktionen abgesehen ist der ›Täter‹ auch insofern Produkt von Zuschreibung, als aus der Gesamtheit derer, die eine Straftat begehen, durch private Anzeigen, Polizei, Staatsanwaltschaft und Gerichte unter unterschiedlichen Aspekten nur eine kleine Auswahl der schließlichen Sanktionierung zugeführt wird[30]. Die Feststellung solcher Zurechnungs- und Zuschreibungsmechanismen wird gemeinhin mit der Kritik verbunden, daß diese Mechanismen dem Selbstverständnis des Strafrechts als gerechter Schuldvergeltung oder rationaler Konfliktormalisierung widersprechen.

Weit hinein in diese Problematik reicht Magrittes Bild *Der bedrohte Mörder* (Abb. 357). Daß die Täter/Opfer-Definition juristisch erfolgt, weiß man schon lange: z. B. Notwehr – und das Verhältnis kehrt sich um. Die Gefahr im Bild droht dem Mörder von seinen lauernden Häschern – aber ist er wirklich der Mörder, ist die Tote wirklich ermordet oder nur ein menschlicher Köder, oder hat sie gar ihrerseits den Mann bedroht? Auf die Austauschbarkeit im juristischen Deutungsspiel weist das Bild hin, und so hat es auch Robbe-Grillet in seinem Roman *La Belle Captive* interpretiert: Ein Mörder (?), der eingekerkert im strengen Verhör Taten rekonstruiert, die er (so?) gar nicht (?) begangen hat. Die juristische Sicht der Wirklichkeit erscheint, wie in Dürrenmatts *Justiz,* nur als auswechselbare Hypothese.

355 Francisco de Goya, Dieser Staub. Blatt 23 aus den *Caprichos*. 1797–98. Radierung und Aquatinta, 21,7 × 14,8 cm. Privatbesitz

356

357

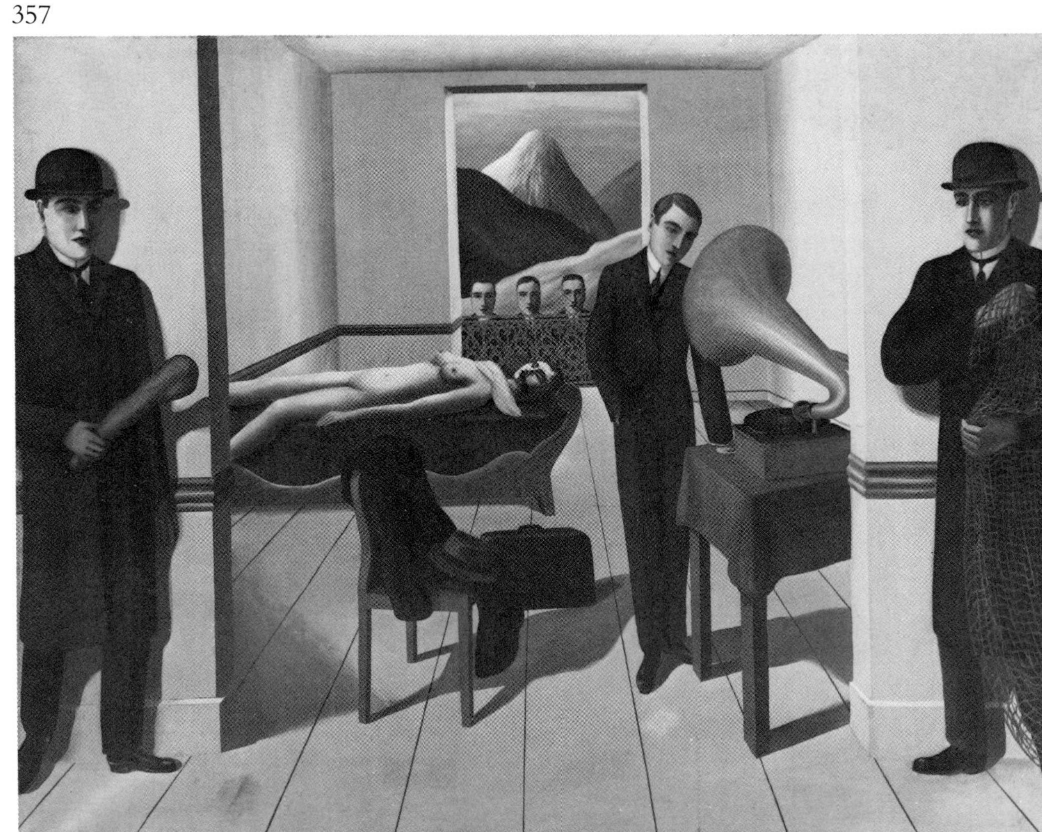

Hans Latz

# VI
# Die Thematisierung des Verhältnisses von Recht und Herrschaft in der Kunst der Neuzeit

Der Begriff ›Herrschaft‹ setzt ein Unterwerfungsverhältnis, ›Recht‹ hingegen ein Begründungsverhältnis voraus. Daraus resultiert ein Spannungsverhältnis, denn Recht legitimiert sich nicht an Herrschaft, sondern gründet gerade auf Freiheit:

Das freie Rechtssubjekt folgt der Norm, weil und soweit es sie als vernünftig begründet, d. h. auch in seiner Vernunft gründend anerkennt. So gesehen installiert und begründet aber Recht auch immer Herrschaft, indem es dieser – im Idealfall – das Unterwerfungsmoment nimmt.

Die Frage nach dem (Rechts-)Grund der Herrschaft tritt in der Aufklärung vehement hervor und dringt unmittelbar in die Darstellungen der bildenden Kunst ein. Aber die Französische Revolution, im Bewußtsein der bürgerlichen Freiheit begonnen, wird vom Standpunkt der Moralität aus geführt, ein Standpunkt, der stets auf dem Sprung ist, ins Böse umzuschlagen.

So etabliert sich über drei Stufen eine neue Herrschaft:
- In dem Gegensatzpaar ›gut‹ und ›böse‹ wird ›böse‹ durch ›gut gemeint‹ ersetzt (Jakobiner),
- der Zweck heiligt die Mittel,
- was folgt ist die Katastrophe der Rechtsidee: Ihre Benutzung zur eitlen Rechtfertigung nackter Willkür (Napoleon), also einer Herrschaft, die sich bis in die Subjektivität seiner ›Rechts‹unterworfenen fortsetzen will.

Die Überschreitung des menschlichen Maßes (der Humanité), welches die Aufklärung in der Reflexion auf die griechische Philosophie in der Vernunft gefunden hatte, mündet bei Hitler in die vollständige Perversion der Rechtsidee – ein ›Recht‹, das seine Legitimation aus dem Grad der Unmittelbarkeit bezieht, mit der es den Willen des ›Führers‹ formuliert. So ist die Architektur des Dritten Reiches nicht bloß ein Ausdruck des Größenwahns, sondern ein unmittelbares Abbild des sich der technischen Vernunft bedienenden und die gesetzgebende Vernunft entmachtenden Wahnsinns – der Herrschaft als Idee.

## Herrschaftsbestätigung und Herrschaftskritik im Zeitalter der Aufklärung und der Französischen Revolution

»Aufklärung – lumières, enlightenment, illuminismo, ilustración –, allen diesen Ausdrücken verschiedener Sprachen ist gemeinsam, daß man das Licht, das Licht der Vernunft als bezeichnend für eine Weltauffassung ansieht, die die europäischen Literaturen des 18. Jahrhunderts bestimmt. In dem so verstandenen Begriff fehlt der Zusammenhang mit der göttlichen Offenbarung, mit Autorität und Tradition. Die Vernunft bildet sich gegen die Geltung der Theologie aus, um die Grundlage für die Mündigkeit, die Autonomie der Person zu legen, die, sich auflehnend gegen ein Joch, das auf ihr gelastet hatte, als eine Kraft in Erscheinung tritt, die die Welt verstehen und meistern möchte. Die Aufklärung als eine wesentlich unkirchliche Weltanschauung bemüht sich, die Methodik der Vernunft als der Wurzel aller Erkenntnis nicht nur in den mathematisch-naturwissenschaftlichen Forschungen durchzusetzen, sondern auch in der Ethik, in Religion, Geschichte und Politik eine allgemeine Gesetzlichkeit zu begründen.«[1]

Diese Weltauffassung, die im 18. Jahrhundert den *honnête homme,* den Gebildeten, prägte, ging zurück auf den Humanismus der Renaissance, auf die Philosophie Descartes' und die Schriften Galileis. Hobbes' Annahme, die bürgerliche Gesellschaft beruhe auf Vertrag, setzt das Naturrecht an die Stelle des göttlichen Rechtes. Hobbes lehrt aber den unumschränkten Absolutismus der Staatsgewalt und bestreitet den Untertanen das

358 Charles Thévenin, Der Erstürmung der Bastille in Paris am 4. Juli 1789. Öl auf Leinwand, 41 × 58,5 cm. Paris, Musée Carnavalet

359 Antoine-François Callet, Ludwig XVI., König von Frankreich. 1789. Öl auf Leinwand, 73 × 56 cm. Versailles, Musée National du Château de Versailles et de Trianon

◁ 360 Pierre Antoine de Machy (Atelier), Massenexekution auf der Place de la Révolution in Paris. 1794. Papier/Leinen, 37 × 53,5 cm. Paris, Musée Carnavalet

361 Léon Cogniet, Abmarsch der Nationalgarde aus Paris im September 1792. Öl auf Leinwand, 176 × 189 cm. Versailles, Musée National du Château de Versailles et de Trianon

Recht, diese auf Übereinkunft beruhende Herrschaft aufzulösen. Locke verlangt dagegen die Notwendigkeit der Übereinstimmung der Gesetze mit der Vernunft und stellt als erster die These von der »Teilung der Staatsgewalt in Gesetzgebung und Exekutive« auf. Montesquieu fordert später die »richterliche Gewalt« als dritte unabhängige Staatsgewalt.

362 Erklärung der Menschen- und Bürgerrechte vom August 1798. Flugblatt aus Paris. Paris, Archives Nationaux

Verstand sich zunächst der aufgeklärte Monarch als absoluter Herrscher, als »erster Diener des Staates«, der weiß, was zum Wohle des Volkes ist, so ändert sich das Bild des aufgeklärten Staates bei Montesquieu, der – trotz seiner Bewunderung für die konstitutionelle Monarchie Englands – den Freiheitsstaat in der Staatsform der Republik fordert. Voltaire, der in der Zeit der Aufklärung zur geistigen Autorität Europas wurde, kämpfte leidenschaftlich gegen die Unterdrückung des Menschen durch Sklaverei und gegen seine Bevormundung durch Fanatismus und Aberglauben. Die Monarchen aber bleiben Despoten, das Volk bleibt stumm. Noch 1766 verkündete Ludwig XV.: »Mir allein wohnt souveräne Macht inne. Mir allein steht ohne Abhängigkeit und Teilung gesetzgebende Macht zu. Von mir allein geht die göttliche Ordnung aus, deren oberster Richter ich bin.«[2]

Die Ignoranz der herrschenden Klasse gegenüber dem Geist der Zeit findet noch am Vorabend der Französischen Revolution Ausdruck in dem Gemälde Callets, der Ludwig XVI. in der selbstsicheren Pose des absolutistischen Herrschers zeigt (Abb. 359).

Die Französische Revolution weckte im Bürger das Bewußtsein seiner Freiheit. Der jahrhundertelang aufgestaute Haß der Bürger Frankreichs gegen die Unterdrückung durch die Monarchie, den Adel und den Klerus entlud sich mit eruptiver Gewalt (Abb. 358, 360). Das größte Kloster des Abendlandes, Cluny, im Mittelalter geistiger Mittelpunkt Frankreichs, wird niedergebrannt; den Statuen der Könige des Alten Testamentes an der Westfassade von Notre Dame in Paris werden die Köpfe abgeschlagen, weil das Volk sie als Abbilder französischer Könige ansah; der regierende König und die Königin werden enthauptet. Die Kathedralen werden zu Tempeln der Vernunft erhoben. Angriffe deutscher Monarchen zur Rettung der Krone Frankreichs werden zurückgeschlagen durch ein in aller Eile einberufenes Heer, das – schlecht ausgerüstet und unzulänglich verpflegt – im September 1792 aus Paris mit großer Begeisterung aufbricht (Abb. 361). Die Kanonade von Valmy beendete diesen Krieg zugunsten der Revolution. »Von hier und heute geht eine neue Epoche der Weltgeschichte aus und ihr könnt sagen, ihr seid dabeigewesen«[3], waren die seherischen Worte Goethes, der an dem Feldzug des Herzogs von Braunschweig gegen Frankreich teilnahm.

363

364

363 Antoine-Jean Gros, Napoleon Bonaparte auf der Brücke von Arcole. 1796. Öl auf Leinwand, 130 × 94 cm. Versailles, Musée National du Château de Versailles et de Trianon

364 Jacques Louis David, Napoleon I., Kaiser der Franzosen. 1806. Öl auf Leinwand, 291 × 233 cm

Im August 1789 proklamierte die französische Nationalversammlung die »Menschen- und Bürgerrechte«, die sich an alle Menschen aller Länder und Staaten richteten. »Die Menschen werden frei geboren und frei bleiben sie.« Und Freiheit ist »das Recht, alles zu tun, was niemand anderem schadet.« (Abb. 362) Die Gewaltenteilung, von Montesquieu gefordert, wird Gesetz. Der Absolutismus ist überwunden. Das Gesetz wird als Ausdruck der *volonté générale* im Sinne Rousseaus verstanden. Der Geist der Aufklärung hat gesiegt.

Die Ideen der Französischen Revolution faszinierten die Gebildeten und Intellektuellen in ganz Europa. Die ›absoluten‹ Monarchen wappneten sich gegen die nach ihrem Verständnis zerstörerischen Ideen; Aufstände in Irland, England, den Niederlanden und in der Schweiz konnten von ihnen niedergeschlagen werden, aber sie blieben nicht Sieger. Napoleon gewann den Kampf gegen die Monarchen. Er erschien den unter dem Absolutismus, dem Adel und der Kirche leidenden Völkern Europas als die Verkörperung der Revolution, als der Künder der Freiheit, der Gleichheit und der Brüderlichkeit (Abb. 363). Seine Siege werden gefeiert als Befreiung vom Joch der Mächtigen. Durch seine Gesetze werden der Adel und die Kirche ihrer Privilegien beraubt, der Bürger wird sich der Freiheit seiner Person, seiner Rechte bewußt.

Bald aber zeigte sich, daß Napoleon durch seine Kriegszüge den schon überwunden geglaubten Despotismus in Gestalt menschenverachtender Unterdrückung wiederauf-

365 Jacques Louis David, Die Krönung des Kaisers Napoleon I. und der Kaiserin Josephine in Notre Dame zu Paris am 2. Dezember 1804. 1805–07. Öl auf Leinwand, 621 × 979 cm. Paris, Louvre

erstehen ließ. Seine Siege dienten nicht mehr der Befreiung des Bürgers und vollzogen sie auch nicht mehr, sondern hatten ausschließlich das Ziel, die Herrschaft über Europa zu gewinnen. Napoleon wurde zur Geißel der Menschen. Als er sich 1804 zum Kaiser krönen ließ (Abb. 365), zerriß Ludwig van Beethoven das Titelblatt seiner soeben komponierten 3. Sinfonie, die Napoleon gewidmet war, und gab ihr den Namen *Eroica*. Goethes Begegnung mit Napoleon war nicht mehr als ein Austausch von Höflichkeiten. Napoleon, der Goethes *Werther* während seiner Kadettenzeit mit Begeisterung gelesen hatte, empfand die Begegnung mit Goethe als belanglos – für ihn war alles außer seiner eigenen Machtentfaltung bedeutungslos geworden.

Die Völker Europas, Bürger der ›befreiten‹ Länder, fühlten sich betrogen um die Errungenschaften der Französischen Revolution. Sie verzweifelten und empörten sich, sie kämpften gegen diesen Usurpator der Revolution, der in Wahrheit ein Despot war (Abb. 364).

Anders als im Mittelalter und in der Renaissance, aber auch anders als nach dem Dreißigjährigen Krieg in der Klage von Andreas Gryphius in *Tränen des Vaterlandes*[4], erlebten die von Napoleon unterjochten Menschen den Krieg. Die Gesetzlosigkeit, das Unrecht und der Frevel des Krieges trafen nicht mehr nur das Land, die Stadt, das Dorf; sie trafen den einzelnen Bürger, der **seine** Folterung, **seinen** Hunger, **seinen** Tod erlitt und dieses Verbrechen nicht mehr als Geißel Gottes, als Schicksal, sondern als Unrecht und Verrat sich selbst gegenüber ansah. Die geknechteten Bürger hatten die Freiheit, die Gleichheit und die Brüderlichkeit erhofft, sie erhielten die Unterdrückung, die Nichtachtung ihrer Person und den Haß.

Francisco de Goya, Verächter despotischer Könige, der noch kurz vor dem Einmarsch napoleonischer Heere in Spanien die damals herrschende Königsfamilie gemalt und ungeschminkt das Galgenvogelgesicht der Königin und die stumpfe Ignoranz des Königs der Nachwelt überliefert hatte (Abb. 366), bekannte nach dem Rückzug Napoleons aus Spanien in seinem Tagebuch:

> »Niemand ist noch unschuldig, wenn er das alles gesehen hat, was ich gesehen habe. Ich habe gesehen, wie die edelsten Ideen von Freiheit und Fortschritt sich in Lanzen, Säbel und Bajonette verwandelten, hinter denen sich ein neuer und barbarischer Herrschaftsanspruch verschanzte. Ich habe Feuersbrünste gesehen, Plünderungen und Vergewaltigungen, für eine neue Ordnung, deren einzige Neuerung der Tausch des Galgens gegen das gemeine Würgeeisen war.
>
> Ich habe gesehen, daß der Barbarei mit Greueltaten geantwortet wurde, daß Haß die Antwort auf Haß war, und daß Blutvergießen nur neues Blutvergießen zeugte und daß jeder nach Rache dürstete. Soweit ich sehen konnte, hat es keine hehre oder edle Idee gegeben, die sich am Ende nicht als Weggefährte der Folter, der Entwürdigung oder des Verrats erwies.
>
> Nichts von allem, was meine Augen gesehen haben, würde der gerechte Mann als Lösung für seine Angst sehen. Es ist keine Unschuld in mir, auch nicht in meiner Epoche. Vielleicht sind nur meine Bilder unschuldig, die der Widerschein des Entsetzens sind[5].«

Goyas Radierungen *Die Schrecken des Krieges* geißeln nicht eigentlich den Krieg, sie drücken vielmehr die Empörung, die Verzweiflung und die Hoffnungslosigkeit des einzelnen, vom Krieg geschundenen Menschen aus. Die Hoffnungslosigkeit war unerträglicher denn je; denn die Hoffnung, auf die die Menschen in Europa gesetzt hatten, war verraten worden, und die Rächer dieses Verrates wurden selbst zu Verrätern. »Die Entzauberung, die den Zauber nicht löst, sondern hintergeht, bringt neue Schamanen hervor. Die Aufklärung, die den Bann nicht dialektisch bricht, sondern im Schleier der

366 Francisco de Goya, Die Familie Karls IV. 1800. Öl auf Leinwand, 280 × 336 cm. Madrid, Prado

halben Rationalisierung um so fester schnürt, macht die entgötterte Welt selbst zum Mythos.«[6]

Als es der Kirche in Spanien, die um ihre Privilegien fürchtete, am 2. Mai 1808 gelang, das Volk gegen die eingedrungenen französischen Heere zu mobilisieren, wurde ein Kampf »Aller gegen Alle« entfacht; denn das französische Militär schritt brutal ein, um die »Ordnung wiederherzustellen«, Chaos war die Folge. Niemand wußte mehr genau, wer Freund und wer Feind war. Das Entsetzen, das französische Hinrichtungskommandos auslösten, schildert Goya in seinem in grellen Farben gemalten Bild *Der Dritte Mai 1808* (Abb. 367).

367 Francisco de Goya, Der 3. Mai 1808 in Madrid: Die Erschießung der Aufständischen. 1814. Öl auf Leinwand, 268 × 347 cm. Madrid, Prado

Seine Radierungen *Die Schrecken des Krieges* stellen die Leiden einzelner Menschen dar: in *Welche Grausamkeit* die Folterung, in *Bist du einverstanden?* die Erpressung mit dem Tod und in *Ich sah es selbst* die Schrecken der Flucht (Abb. 368–370).

368 Francisco de Goya, Welche Grausamkeit. Zeichnung 108 aus Album C. 1814–23. Sepia, laviert, 20,5 × 14,2 cm. Madrid, Prado

369 Francisco de Goya, Bist Du einverstanden? Zeichnung 97 aus Album C. 1814–1823. Chinesische Tusche und Sepia, laviert, 20,8 × 14,4 cm. Madrid, Prado

370 Francisco de Goya, Ich sah es selbst (7) aus *Desastres de la Guerra*. 1810–1820. Rötelzeichnung, 13,9 × 19,8 cm. Madrid, Prado

# Herrschaftskritik im 19. und 20. Jahrhundert

Das neue Erlebnis der Schrecken des Krieges, nicht mehr als Geißel Gottes, nicht mehr als unabwendbares Schicksal, sondern als ein von Menschen willkürlich verletztes Menschenrecht, findet leidenschaftlichen Ausdruck in den Werken bedeutender Literaten und Künstler des 19. und 20. Jahrhunderts. Den Verrat der Ideen der Französischen Revolution und der von ihr proklamierten Menschenrechte erfuhren sie selbst durch die Revolutionen und Kriege ihrer Zeit.

Edouard Manet, der Wegbereiter des Impressionismus, schildert in seinem Bild *Die Erschießung* (Abb. 371) den Tanz zu Tode verwundeter Soldaten, die – der Willens- und Freiheitsäußerung beraubt – sich im Todeskampf aufbäumend zu Boden stürzen. Otto Dix, der vor Goebbels den »Totalen Krieg« (Abb. 372) apostrophierte, erlebte den Krieg als Aufhebung der Person des Menschen. Der Mensch gleicht einer Maschine und wird damit unfähig zur Freiheit und zur Liebe. Sein *Totentanz 1917* (Abb. 373), den er zehn Jahre später malte, läßt das Grauen des Krieges in gesichtslos verstümmelten Menschen erleben wie einen Alptraum. Frans Masereel, dessen Graphiken gegen Krieg und Gewalt gerichtet sind, zeigt den Schrecken und die Verzweiflung derer, die – unausweichlich – den auf sie gerichteten Bayonetten ausgeliefert sind (Abb. 374).

Salvador Dalis Bild: *Weiche Konstruktion mit gekochten Bohnen, Vorahnung des Bürgerkriegs* (Abb. 375), sechs Monate vor dem spanischen Bürgerkrieg (1936–1939) entstanden, auf dem sich, wie Dali sagt, »ein riesiger Körper mit zahllosen Armen und Beinen im Delirium selbst erwürgt«, zeigt auf surrealistisch provozierende Art und Weise die Absurdität des Kampfes »Aller gegen Alle«, das grauenvolle Ausmaß der Selbstzerstörung des Menschen durch den Krieg. *Guernica* (Abb. 376), das ein Jahr später entstandene Bild Pablo Picassos, zeigt eine neue Schreckensvision des Krieges. Deutsche Flugzeuge der Legion Condor bombardierten 1937 aufgrund der Fehlmeldung, es

371 Edouard Manet, Die Erschießung. 1871. Öl auf Leinwand, 37,5 × 45,5 cm. Essen, Museum Folkwang

372 Otto Dix, Das Geschütz. 1914. Öl auf Pappe, 98,5 × 69,5 cm. Düsseldorf, Kunstmuseum

handele sich um ein militärisches Ziel, die spanische Stadt Guernica und zerstörten sie. Der räumliche Abstand der Zerstörer vom Ziel enthob sie der genauen Wahrnehmung dessen, was sie zerstörten. Im Gegensatz hierzu hebt Picasso ins Bewußtsein, was – aus der Nähe gesehen – blinde Zerstörung im einzelnen bewirkt: Die im Tode erstarrten Schmerzensschreie von Mensch und Tier, die ausgestreckte Hand, die vergeblich Gerechtigkeit beschwört.

373 Otto Dix, Totentanz. 1917. Radierung aus der Mappe *Der Krieg,* 24,5 × 30 cm. Berlin, Galerie Nierendorf

374 Franz Masereel, Blatt aus der Serie *Remember,* 31 × 47 cm

375 Salvador Dali, Weiche Konstruktion mit gekochten Bohnen, Vorahnung des Bürgerkriegs. 1936. Öl auf Leinwand, 100 × 99 cm. Philadelphia, Museum of Art, Louise u. Walter Arensberg Collection

376 Pablo Picasso, Guernica. 1937. Öl auf Leinwand, 351 × 782 cm. Madrid, Casón

Aufklärung und Französische Revolution hatten nicht nur den Frieden unter den Völkern, sondern auch den sozialen Frieden gefordert und verkündet. Das – trotz aller Restauration – erstarkte Bürgertum schuf sich jedoch den vierten Stand – das Proletariat. Die schwächer werdende und nicht mehr in allen Bereichen des Staates mächtigen Monarchen gaben einen Teil ihrer bisherigen Macht – weil sie diese entbehren konnten – an die Bürger ab. Diese übten die neu gewonnene Macht aus, als ob ›Brüderlichkeit‹ nie verkündet worden wäre.

Angebliche Gesetzesübertreter wurden von der Gesellschaft geächtet und ausgestoßen. Sie verloren die ihnen verliehene Freiheit in der Unfreiheit der Gefängnisse. Vincent van Gogh stellt das Erlebnis der Unfreiheit in seinem Bild *Spaziergang der Gefangenen* (Abb. 377) dar. Das Gesicht eines dieser Gefangenen zeigt individuelle Züge, die anderen Gesichter sind schemenhaft, der Gefängnishof ist düster, die Fenster zu hoch, um hinaus in die Freiheit schauen zu können.

George Grosz, der große Sozialkritiker unter den Künstlern der zwanziger Jahre dieses Jahrhunderts, gibt in seiner Zeichnung *Auf der Flucht erschossen* (Abb. 378a) seiner Erschütterung Ausdruck über die Ohnmacht des Gefangenen. Er brandmarkt die Macht des Geldes auf Kosten des Proletariats in seiner Graphik *Wo die Dividenden herkommen – und wo sie hinkommen* (Abb. 378b). Grosz' Forderung: *Wie der Staatsgerichtshof aussehen sollte* (Abb. 379) wiederholt jedoch den *circulus vitiosus* der ›Gewalt gegen die Gewalt‹. Hier stehen Arbeiter mit Gewehren hinter Arbeitern am Richtertisch. Vor ihnen die ›Scheusale‹ der Militärs und Kapitalisten. Es ist, als ob Goya vergebens vom »Tausch des Galgens gegen das gemeine Würgeeisen« gesprochen hätte.

Honoré Daumier geißelt in seinen Grafiken den Herrschaftsanspruch einer zur Kaste gewordenen Justiz. Der Richter (Abb. 380) Repräsentant der Idee des Rechts, pervertiert das ›rechtliche Gehör‹ eines freien, gegen König Louis Philippe revoltierenden Republikaners, der wie ein gebändigtes Tier vorgeführt wird.

377 Vincent van Gogh, Spaziergang der Gefangenen. 1890. Öl auf Leinwand, 80 × 64 cm. Moskau, Puschkin-Museum

378a George Grosz, Auf der Flucht erschossen. Zeichnung aus der Mappe *Das Gesicht der herrschenden Klasse*. 1921

378b George Grosz, Wo die Dividenden herkommen – wo sie hinkommen. Zeichnungen aus der Mappe *Das Gesicht der herrschenden Klasse*. 1921

379 George Grosz, Wie der Staatsgerichtshof aussehen sollte. Zeichnung aus der Zeitschrift *Der blutige Ernst* I/3. 1919

380 Honoré Daumier, aus *Les Gens de Justice*. 1835. »Sie haben das Wort, erklären Sie sich, Sie sind ein freier Mensch.« Lithographie. Paris, Bibliothèque Nationale

Gewalt ist die Negation von Recht, Elend einer Minderheit gefördert von der Mehrheit, ist unvereinbar mit Gleichheit. Ignoranz ist der Tod der Brüderlichkeit. Die Aufklärung bereitete den Boden für die Ideen der Französischen Revolution. Die Erkenntnisse der Aufklärung und die Ideen der Französischen Revolution siegten nicht. Aber: »Der Friedenszustand unter Menschen, die nebeneinander leben, ist kein Naturzustand ... Er muß also gestiftet werden ...«[7].

## Herrschaftsbestätigung im Nationalsozialismus

Der Siegeszug des Faschismus in Italien und Spanien, der Sieg des Bolschewismus in Rußland und des Nationalsozialismus in Deutschland beendeten die Freiheit der Kunst in diesen Ländern. Es hatte zwar immer in der ›Auftragskunst‹ Gebote, Verbote und Ablehnung geschaffener Kunstwerke gegeben, so in der Renaissance die nachträgliche ›Bekleidung‹ des nackten Christus im *Jüngsten Gericht* von Michelangelo oder im Barock die Verbannung der *Nachtwache* Rembrandts in eine Dachkammer, weil einige der Auftraggeber sich nicht genügend in den Mittelpunkt des Bildes gesetzt fühlten. Ende des letzten Jahrhunderts erregte die Ablehnung der Entwürfe Klimts zur Ausmalung der Decke der Universitätsaula durch die philosophische und juristische Fakultät der Universität Wien großes Aufsehen. Die Allegorien *Philosophie* und *Jurisprudenz,* Meisterwerke des Jugendstils, wurden zurückgewiesen. Es hört sich wie eine makabre Bestätigung dieser Ablehnung an, daß beide Werke im letzten Krieg zum Schutz vor Bomben in ein österreichisches Schloß verbracht und dort von Bomben zerstört wurden. Ludwig Hevesi, der die *Jurisprudenz* (vgl. Abb. 348) während der Entstehung im Atelier Klimts sah, beschreibt dieses Werk:

> »Wie oft hat er (Klimt) den armen Sünder gezeichnet, der in der ›Jurisprudenz‹ als Angeklagter erscheint. Diesen ausgemergelten, nackenden Alten mit dem tiefgesenkten Kopf und niedergekrümmten Rücken, den krampfhaft geschlängelten Muskelbündeln. Im verlorensten der verlorenen Profile steht er da, schon dadurch als unrettbar Verurteilter gekennzeichnet. Die drei Quälweiber als Erscheinungsformen der rächenden Sittlichkeiten, ... Lemuren des 20. Jahrhunderts ... dazu diese rotfahlen Schöpfe, diese unheimlichen Kometenschweife um's Haupt dieser Haarsternhaare, in deren Nebel es überall von gelben Gold blitzt, von goldenen Schlangen mit glühendem Gebiß. Warum soll einer nicht mit goldenem Beil enthauptet werden können? an juwelenbesetztem Stiel. Mit Saphiren und Brillianten, je nach dem Urteilsspruch. Goldene Gewissensbisse! Das ist wohl das Äußerste an dekorativer Möglichkeit in strafrechtlicher Sphäre. Doch nein, das Gewissen stellt eigentlich der mächtige Polyp dar, in dessen Fangarmen sich der arme Sünder windet. ... Ein Riese aus Schleim und Leder, unzerbrechlich, unzerreißbar. ... Es ist wirklich ein schauerlicher Humor in der Sache.«[8]

Die Juristen Wiens entzogen sich einer Welt, die sie nur richten, aber nicht sehen konnten.

Der Nationalsozialismus nahm sich darüber hinaus das Recht zu entscheiden, was Kunst und Kultur und was Unkultur und entartete Kunst seien. So wie er sich das ›Recht‹ nahm, die von ihm als »Untermenschen« degradierten Völker und Rassen zu vernichten, so verurteilte und vernichtete er die von ihm als »entartete Kunst« bezeichneten Werke und die Schriften unliebsamer Kritiker oder »rassisch minderwertiger« Personen und verdammte deren Schöpfer zum Schweigen oder zur Emigration. Herrschaftskritik wird zum Verbrechen, Herrschaftsbestätigung zum Prinzip der Kunst erhoben.

381 Walter Gropius, Bauhaus-Gebäude, Dessau. 1925/26

382 Ludwig Mies van der Rohe, Weißenhofsiedlung Stuttgart. 1927. Miethausblock, Rückfront

383 Ernst Ludwig Kirchner, Potsdamer Platz. 1914. Öl auf Leinwand, 200 × 150 cm. Privatbesitz

384 Max Beckmann, Schwarze Lilien. 1928. Öl auf Leinwand, 80 × 45 cm. Privatbesitz

Oswald Spengler, ein von den Nationalsozialisten Geächteter, sagte prophezeiend: »Es gelangen Elemente zur Macht, welche den Genuß der Macht als Ergebnis betrachten und den Zustand verewigen möchten, der nur für Augenblicke tragbar ist«[9].

Ewig sollten die Prunkmonumente des »Tausendjährigen Reiches« dauern; man wählte Bausteine aus, die auch noch nach der Verwitterung grandiose Ruinen hergeben sollten. Zunächst aber mußte der »Unrat« weggeschafft werden. Doch es war für die Nationalsozialisten, die sich mehr mit der Macht als mit der Kunst beschäftigt hatten,

385 Max Ernst, Der große Wald. 1927. Öl auf Leinwand, 114,5 × 146,5 cm. Basel, Öffentliche Kunstsammlungen, Kunstmuseum

386 Oskar Schlemmer, Bauhaustreppe. 1932. ▷ Öl auf Leinwand, 162,3 × 114,3 cm. New York, Collection The Museum of Modern Art, Gift of Philip Johnson

nicht einfach zu definieren, was als »Unkunst« zu bezeichnen war. Professor Troost, künstlerischer Berater und erster Baumeister Hitlers, verwies auf das von Carl Einstein verfaßte Kapitel »Kunst des 20. Jahrhunderts« in der Propyläen-Kunstgeschichte. Darin waren die später als »entartet« bezeichneten Kunstrichtungen, die ›Ismen‹, zu finden: der Kubismus, Futurismus, Expressionismus, Dadaismus, und die Maler Matisse, Rouault, Henri Rousseau, Derain, Modigliani, Kirchner, Beckmann, Schmidt-Rottluff, Marc, Macke u. a. mehr.

Aber auch die Architekten des Bauhaus, insbesondere Walter Gropius und Ludwig Mies van der Rohe, deren Funktionalismus der beziehungslosen Monumentalität des Nationalsozialismus geistesfremd war, wurden verdammt (Abb. 381, 382).

Sieht man diese Struktur des Nationalsozialismus, so fällt es nicht schwer zu begreifen, daß der *Potsdamer Platz* Kirchners, die *Schwarzen Lilien* Max Beckmanns, *Der große*

386

*Wald* von Max Ernst und die *Bauhaustreppe* Oskar Schlemmers (Abb. 383–386) von ihm nicht begriffen und nicht geliebt werden konnten, also verboten werden mußten. Dieses Verbot erregte nur wenige Künstler und Gebildete in Deutschland, denn die Masse des Volkes verstand diese Moderne, deren angeblich fortschreitende Lösung von der Wirklichkeit und der Gegenständlichkeit nicht. Es fiel daher der Propaganda Hitlers leicht, diese Kunst als jüdische, kulturbolschewistische, undeutsche und damit »artfremde« zu brandmarken. Man erinnert sich an die Feststellung Spenglers zur ›Machtergreifung‹ des Nationalsozialismus: »Das war kein Sieg, denn die Gegner fehlten.«[10]

Gelang die Verdammung der »entarteten Kunst« leicht, so war es schwierig, eine dem Nationalsozialismus genehme moderne Kunst zu finden und zu fördern. Carl Einstein, dessen Definition der »Kunst des 20. Jahrhunderts« von den Nationalsozialisten als »Selbstpräsentation des Gegners«[11] begriffen wurde, hatte verkannt, daß neben dieser Moderne eine diese Kunstrichtungen bekämpfende Malerei existierte, nämlich die der alten Künstler-Verbände, deren »kleinbürgerlich malende« Mitglieder[12] nun versuchten, in das Kunstvakuum vorzustoßen. Den Künstlern wurde eine »Frist gesetzt« bis 1937 zur »Ersten großen Deutschen Kunstausstellung in München«, in der die Kunst des nationalsozialistischen deutschen Staates vorgestellt werden sollte. Diese und die folgenden Ausstellungen fanden statt im Haus der Deutschen Kunst, das Professor Troost in München errichtete. Die luxuriöse Ausstattung dieses monumentalen klassizistischen Tempels der Kunst, mehr Denkmal als zweckentsprechendes Ausstellungshaus, war der Beginn des neuen Baustils, den Albert Speer ad absurdum führen sollte (Abb. 388).

Hitler, enttäuscht über die Qualität der zur »Ersten großen Deutschen Kunstausstellung« zusammengetragenen Werke der neuen Kunst, beschäftigte sich in seiner Rede zur Eröffnung der Ausstellung mehr mit der Verurteilung der »entarteten« Kunst:

> »Und was fabrizieren sie? Mißgestaltete Krüppel und Kretins, Frauen, die nur abscheuerregend wirken können, Männer die Tieren näher sind als Menschen, Kinder, die wenn sie so leben würden, geradezu als Fluch Gottes empfunden werden müßten. Und das wagen diese grausamsten Dilettanten unserer heutigen Mitwelt als die Kunst unserer Zeit vorzustellen, d. h. als den Ausdruck dessen, was die heutige Zeit gestaltet und ihr den Spiegel aufprägt. Man sage nur nicht, daß diese Künstler das eben so sehen. Ich habe hier unter den eingeschickten Bildern manche Arbeiten beobachtet, bei denen tatsächlich angenommen werden muß, daß gewissen Menschen das Auge die Dinge anders zeigt, als sie sind, d. h. daß es wirklich Männer gibt, die die heutigen Gestalten unseres Volkes nur als verkommene Kretins sehen, die grundsätzlich Wiesen blau, Himmel grün, Wolken schwefelgelb usw. empfinden, oder wie sie vielleicht gerne sagen, erleben. Ich will mich nicht in einen Streit darüber einlassen, ob diese Betreffenden das nun wirklich so sehen oder empfinden oder nicht, sondern ich möchte im Namen des deutschen Volkes nur verbieten, daß so bedauerliche Unglückliche, die ersichtlich an Sehstörungen leiden, die Ergebnisse ihrer Fehlbetrachtungen der Mitwelt mit Gewalt als Wirklichkeiten aufzuschwätzen versuchen, oder ihr gar als ›Kunst‹ vorsetzen wollen. Nein, hier gibt es nur zwei Möglichkeiten: Entweder diese sogenannten ›Künstler‹ sehen die Dinge wirklich so und glauben daher an das, was sie darstellen, dann wäre nur zu untersuchen, ob ihre Augenfehler entweder auf mechanische Weise oder durch Vererbung zustande gekommen sind. Im einen Fall tief bedauerlich für diese Unglücklichen, im zweiten wichtig für das Reichsinnenministerium, das sich dann mit der Frage zu beschäftigen hätte, wenigstens eine weitere Vererbung derartiger grauenhafter Sehstörungen zu unterbinden. Oder aber sie glauben selbst nicht an

388 Paul Ludwig Troost, Haus der Deutschen Kunst, München. 1933–37

die Wirklichkeit solcher Eindrücke, sondern sie bemühen sich aus anderen Gründen, die Nation mit diesem Humbug zu belästigen, dann fällt so ein Vergehen in das Gebiet der Strafrechtspflege ...«[13]

387 Franz Marc, Der Turm der blauen Pferde. 1913. Öl auf Leinwand, 200 × 130 cm. Verschollen, ehem. Nationalgalerie Berlin

389 Werner Peiner, Deutsche Erde

390 Walter Hoeck, Das junge Deutschland. Bahnhofsvorhalle Braunschweig

391 Paul Mathias Padua, Der Führer spricht

Dank der den Despotien eigenen Inkonsequenz fand Ende des Zweiten Weltkrieges Franz Marc, insbesondere sein Bild *Turm der blauen Pferde* (Abb. 387), Gnade vor diesem ›Gericht‹; vielleicht weil man sich erinnerte, daß er 1916 in Frankreich für Deutschland gefallen war.

Wie sollte nun die ›neue‹ deutsche Kunst aussehen? Auch das weiß Hitler:

»Ich will daher, wenn ich von deutscher Kunst rede, den Maßstab im deutschen Volke, in seinem Wesen und Leben, seinem Gefühl, seinen Empfindungen und ihre Entwicklung in seiner Entwicklung sehen . . . Die heutige neue Zeit arbeitet an einem neuen Menschentyp. Dieser Menschentyp, den wir erst im vergangenen Jahre in den Olympischen Spielen in seiner strahlenden, stolzen, körperlichen Kraft und Gesundheit vor der ganzen Welt in Erscheinung treten sahen, dieser Menschentyp, . . . ist der Typ der neuen Zeit . . . Das deutscheVolk dieses 20. Jahrhunderts aber ist das Volk einer neu erwachten Lebensbejahung, hingerissen von der Bewunderung des Starken und Schönen und damit des Gesunden und des Lebensfähigen. Kraft und Schönheit sind die Fanfaren dieses Zeitalters. Klarheit und Logik beherrschen das Streben. Wer in diesem Jahrhundert aber Künstler sein will, muß sich auch diesem Jahrhundert weihen.«[14]

Das Ergebnis dieser Beschwörungen war in der Malerei dürftig. Sie stellte sich Themen, die nicht einlösbar sind. Die *Deutsche Erde* von Werner Peiner (Abb. 389) postuliert ›deutsch‹ im Titel, das Bild aber zeigt die Unmöglichkeit ›Deutsche Erde‹ zu malen, es offenbart sich in langweiliger Sachlichkeit. Walter Hoecks *Das junge Deutschland* (Abb. 390) versucht, die Symbole des Neuen Reiches, das Hakenkreuz, den deutschen Gruß, die marschierenden uniformierten Kolonnen zu vereinen; es gelingt aber nur Peinlichkeit. Das Interessante des Bildes von Mathias Padua: *Der Führer spricht* (Abb. 391), von dem für den ersten flüchtigen Blick lähmendes Desinteresse ausgeht, liegt vor allem darin, daß es dem Maler – *contre cœur* – gelungen ist, das Idyll einer Bauernfamilie unter dem auf sie eintönenden Volksempfänger zu einem Zerrbild von Idylle werden zu lassen. Erschreckend ist das beziehungslose Nebeneinander der dicht zusammengescharten Familienmitglieder. Was sie nicht eigentlich miteinander verbindet, sondern beim einen wie beim anderen sich nur in leerer Gleichförmigkeit wiederholt: Die Erstarrung von Haltung, Gestik und Mimik, der niedergeschlagene Blick, der nicht innere Bewegung, Aufmerksamkeit ausdrückt, sondern willenlos leere Ergebenheit verrät. Mehr Gewicht als den reglos dasitzenden – beinahe schemenhaft blaß wirkenden – Menschenfiguren kommt dem über ihren Köpfen thronenden dunklen Kasten, dem ›Volksempfänger‹ zu. Er ist das Subjekt, das von der Stelle aus, die vielleicht früher einmal der Herrgottswinkel war, die Menschenobjekte bestimmt und beherrscht. Was er im einzelnen mitzuteilen hat, scheint unerheblich zu sein. Ist doch – wie es der Titel des Bildes *Der Führer spricht* anzeigt und wie es das Führerbild an der sonst leeren Zimmerwand verdeutlicht –, mächtiges Surrogat von bedenkenswerter Mitteilung die jeder Kritik enthobene mythische Führer-Figur. Ihr wurde das bedingungslose »Ja« – auf dem Führerbild mit emphatischem Ausrufungszeichen versehen – im vorhinein schon gegeben.

In Architektur und Plastik dagegen – Despoten haben diese Kunstbereiche stets bevorzugt – gelingt dem Nationalsozialismus die Verkörperung der eigenen Ideen. Es ist erschreckend zu sehen, wie Bildhauer, verblendet durch die ›Neue Zeit‹, ihre schöpferische Kraft verlieren und den neuen Menschentyp schaffen, dem nichts Menschliches mehr nahe ist. Georg Kolbe, dessen 1912 geschaffene *Tänzerin* (Abb. 392) Lebendigkeit und Anmut ausstrahlt, gelingt im *Menschenpaar* (Abb. 393) 1937 die Gestaltung seelenloser Körper, ohne Liebreiz, ohne Atem. Arno Breker, der vor 1933

392 Georg Kolbe, Tänzerin. 1911–12. Bronze, 154 cm hoch. Berlin (Ost), Staatliche Museen zu Berlin, Nationalgalerie

393 Georg Kolbe, Menschenpaar. 1936–37. Bronze. Hannover, am Maschseeufer

394a

394a/b Projekte von Albert Speer, 1936–41. a) Große Halle; b) Führer-Palast, Eingangsfront

noch in der Manier Rodins den Kopf Max Liebermanns – eines Juden – modellierte, lieferte als ›Schmuck‹ für die Führerbauten nur noch künstlerisch belanglose, in hohlen Posen erstarrte Plastiken.

Albert Speer, der Architekt Hitlers, fertigte, sich an die Entwürfe Hitlers anlehnend, – wenn auch zum größten Teil nur in Zeichnungen und in Gips –, die Bauten für die Ewigkeit des »Tausendjährigen Reiches«. Er mißachtete, wie Despoten es fordern, das Gesetz menschlichen Maßes, dessen Verletzung die Griechen als Hybris ansahen.

Die »Große Halle« sollte mit der geplanten Höhe von 290 m mehr als doppelt so hoch werden, wie die Kuppel der Peterskirche in Rom. Der »Triumphbogen«, dessen Ausmaße die des Arc de Triomphe in Paris, des bis dahin größten Triumphbogens der Welt, bei weitem übertreffen sollten, war als Beginn einer kilometerlangen Prachtstraße quer durch Berlin gedacht, deren Bau durch ›Führerbefehl‹ 1940 – im Kriege – in Auftrag gegeben wurde[15].

Über Ausdruck und Funktion des geplanten Führerpalastes (Abb. 394 a–d), dessen Monumentalität der angeblichen Anspruchslosigkeit Hitlers spottete, äußert sich Speer:

> »Unbewußt gab ich der Trennung Hitlers von seinem Volk in der den künftigen Volksversammlungen zugewandten Fassade seines Palastes Ausdruck. Kein Fenster oder sonst eine Öffnung war in sie eingeschnitten, von zwei Ausnahmen abgesehen: Dem großen stählernen Eingangstor und einer Tür zu einem Balkon, von dem aus sich Hitler der Menge zeigen konnte. ›Die Zentrale des Reiches‹, sagte Hitler, ›muß wie eine Festung verteidigt werden können‹.«[16]

Den Ausmaßen des Führerpalastes, der nie gebaut wurde, sind nur die Paläste römischer Kaiser und barocker Fürsten gleichzusetzen. Caserta, eines der letzten großen Barockschlösser (Abb. 395 a/b) verstand sich – wie der Führerpalast – als Festung, in der der König, vom Volk getrennt und vor dem Volk geschützt, residieren sollte.

Wenn Kunst aber dazu dienen soll, die inneren Widersprüche und Brüche der Willkür zu vernebeln, wird sie selbst unwahr, denn: »Desintegration ist die Wahrheit der

394c Der von Albert Speer projektierte Triumphbogen

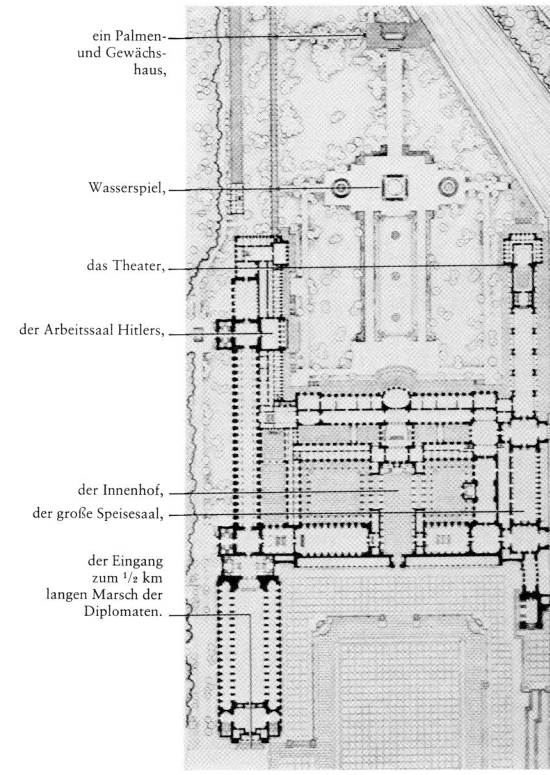


394d Grundriß des geplanten Führerpalastes

integralen Kunst«[17]. Die Wahrheit der Kunst also ist unabdingbar gebunden an den Widerstand gegen jede ihrer Eigengesetzlichkeit fremde Ordnungsmacht. Der Nationalsozialismus verkannte nicht nur die Eigengesetzlichkeit der Kunst, sondern wollte sie nicht dulden, ihren Widerstand brechen und sie den eigenen Ideen unterjochen. Kunst war für den Nationalsozialismus ausschließlich Herrschaftsbestätigung.

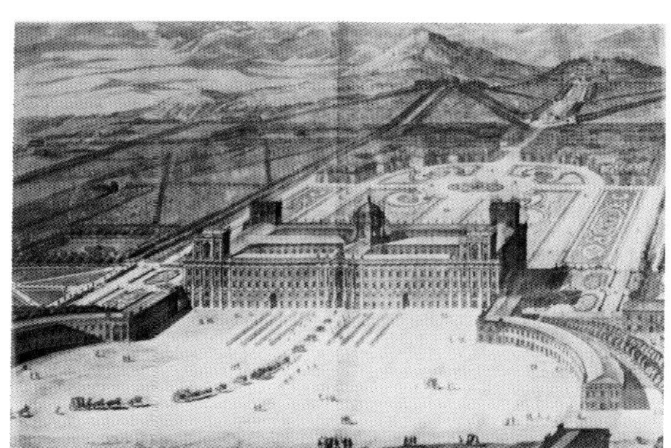

395a Königliches Schloß in Caserta, Kupferstich

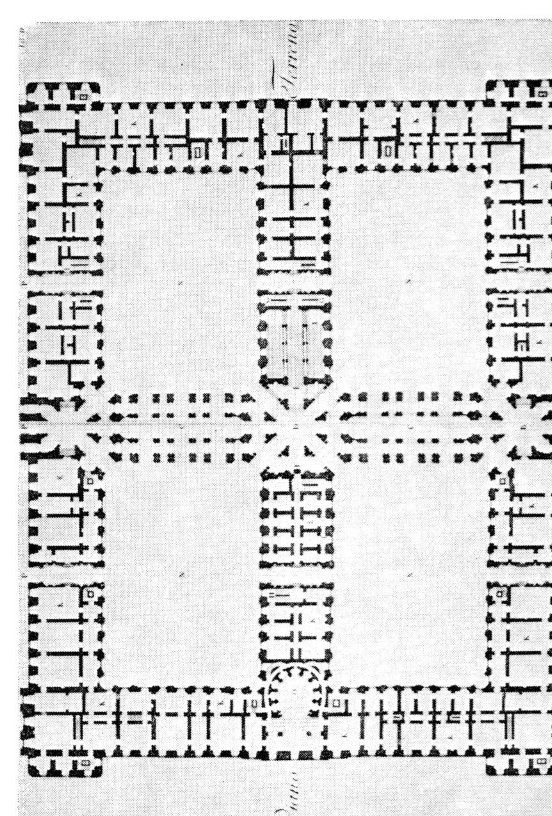

395b Grundriß des Königlichen Schlosses von Caserta

Johannes Latz

# *VII Die Rückseite des Spiegels – Kunst im Dunkel des Richtens und Wägens*

Die Beiträge dieses Bandes haben Recht und Gerechtigkeit im Spiegel der Kunst beleuchtet. Recht begegnet Kunst jedoch nicht nur hier: Als ›Fall‹ kann sie in vielfältiger Weise zum Gegenstand des Rechts werden. Die Betrachtung dieser Seite des Verhältnisses von Kunst und Recht deckt möglicherweise statt eines Spiegels nur dessen leere Rückseite auf – eine Seite, in der Kunst lediglich als Rechtsbegriff existiert.

Nach Art. 5 Abs. 3 S. 1 GG ist »Kunst ... frei«. Diese Formulierung zeigt, daß Kunst nicht erst zum Fall wird, wenn sie in Konflikt zu rechtlich geschützten Gütern tritt. Vielmehr hat schon ihre Existenz Rechtsbedeutung, ist also Gegenstand rechtlicher Beschreibung. Wie sich das Recht in dieses Verhältnis zur Kunst setzt, wie es ihren Freiheitsraum beschreibt, ist Thema dieses Beitrages.

Zunächst wird es deshalb um die Anerkennung von Kunst im Recht gehen. Anhand einschlägiger Fälle soll gezeigt werden, wie die Dialektik von Schutz und Eingriff gewissermaßen die rechtliche Aura[1] von Kunst bestimmt und sich mithin ihrem Zentrum nur annähert. Daher werden die ›Lösungen‹ der einzelnen Fälle daraufhin befragt, wie sie ausfallen könnten, würde sich das Recht auf das Selbstverständnis der Kunst einlassen müssen. Im zweiten Teil wird von außerjuristischer Perspektive aus nach einer Erklärung für das Spannungsverhältnis von Annäherungsbedürfnis und Berührungsangst im Verhältnis von Recht zu Kunst gefragt.

## Kunst zwischen Schutz und Eingriff

### Original und Fälschung

»Das Hier und Jetzt des Originals macht den Begriff seiner Echtheit aus«[2].

Der Kunstfälscher greift das ›Hier und Jetzt‹, die ›Einzigkeit‹ des Kunstwerkes an. Er stellt Kopien oder ›eigene‹ Werke im Stil eines bestimmten Künstlers her, ›vervielfältigt‹ also dessen Werk. Die Einzigkeit des Kunstwerks taucht im Recht jedoch nicht auf. Als die strafrechtliche Ahndung von Kunstfälschung Anfang des 16. Jahrhunderts mit dem Einschreiten der Stadt Nürnberg gegen Dürer-Fälschungen (Abb. 396) begann[3], wurde im Fälschungsdelikt wesentlich ein Angriff auf die Zuordnung des Kunstwerkes zu seinem Urheber gesehen. Der Fälscher des Künstlerzeichens – Dokument der Verantwortungsübernahme (Urheberschaft) für das Kunstwerk[4] – ›stiehlt‹ dem Künstler seine Kunst[5].

Ein eigenes Delikt der ›Kunstfälschung‹[6] kennt auch das heutige Recht nicht. Derartige Verhaltensweisen erfaßt es als Urkundenfälschung (§ 267 StGB), reduziert also das Kunstwerk auf die mit ihm verbundene Signatur[7]. Geschützt ist damit nicht die ›Einzigkeit‹ des Kunstwerkes sondern das Vertrauen in die Redlichkeit des Geschäftes[8] mit Kunstwerken – ein Vertrauen, das der Käufer gerade der Signatur als dem Markenzeichen einer fälschungsanfälligen Mangelware entgegenbringt[9]. ›Meisterfälscher‹ wie Han van Meegeren[10] (Abb. 397) und Elmyr de Hory[11] (Abb. 398) wären ohne Ausnutzung des Fetisch[12] Signatur und anderer ›vertrauensbildender‹ Maßnahmen[13] nie zu derart herausragender Bedeutung gelangt.

Da das Vertrauen auf die Redlichkeit des Geschäftes mit der Kunst nicht zuletzt auf der Fachautorität und Vertrauenswürdigkeit der Kunstexperten und -händler basiert[14], erschüttern Fälschungen im großen Stil dieses Vertrauen derart, daß in den unmittelbar betroffenen Kreisen ein Interesse an strafrechtlicher Verfolgung kaum noch besteht: Der Schaden (Vertrauensverlust), der durch das Aufrollen der Tatumstände entstehen würde, wäre weitaus größer als der bereits eingetretene[15]. Elmyr de

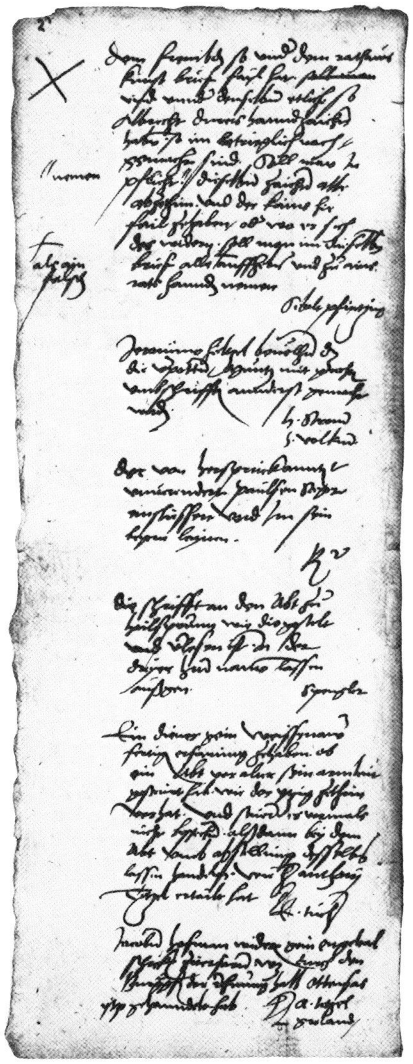

396

397

398

Hory erklärt mit diesem Aspekt die Tatsache, daß der Händler, der seine Fälschungen vertrieb, sich der strafrechtlichen Verfolgung entziehen konnte[16].

## Urheberrecht – Happening, Eigenplagiat und ›Eigenwert‹ des Kunstwerks

Auf die persönlich-schöpferische Beziehung des Künstlers zum Werk, auf sein »geistiges Eigentum«[17] bezogen ist der Urheberrechtsschutz. Nach einer neueren Entscheidung des BGH[18] erfaßt er sogar Happenings, also Kunstwerke, die sich – abgesehen von ihrer künstlerischen Planung (Partitur – Abb. 399) und eventuell späteren Dokumentation (Abb. 400) – in einem einmaligen (flüchtigen) Ereignis erschöpfen.

Der Schutz gegenüber dem Plagiat abstrahiert jedoch andererseits derart von der Urheberperson, daß er auf den Künstler selbst zurückschlagen kann: Wer – wie der Schweizer Maler Ferdinand Hodler seinen *Holzfäller* (Abb. 401) – ein einmal erfolgreiches Bild immer wieder malt, setzt sich u. U. der Geltendmachung des Werknutzungsrechts des Erstkäufers aus[19].

Gegen die bis hierher – unausgesprochen – verfolgte These, Rechtsschutz für die Kunst sei in Wahrheit Schutz ihrer im Wirtschaftsleben vertypten Kommerzialisierung, könnte das in § 16 UrhG enthaltene sogenannte ›Folgerecht‹ sprechen, wonach dem Künstler eine Beteiligung an wiederholten Wiederverkaufserlösen zusteht. Diese Vorschrift wird aus kunsttheoretischer Sicht als rechtliche Anerkennung eines einschätzungs- und marktunabhängigen Eigenwertes von Kunstwerken gesehen. Festgeschrieben sei damit die These, »ein großes Kunstwerk (sei) schon im Augenblick seiner Fertigstellung ein großes Kunstwerk, gleichgültig ob es sofort als ein solches erkannt und bewertet« werde oder nicht[20].

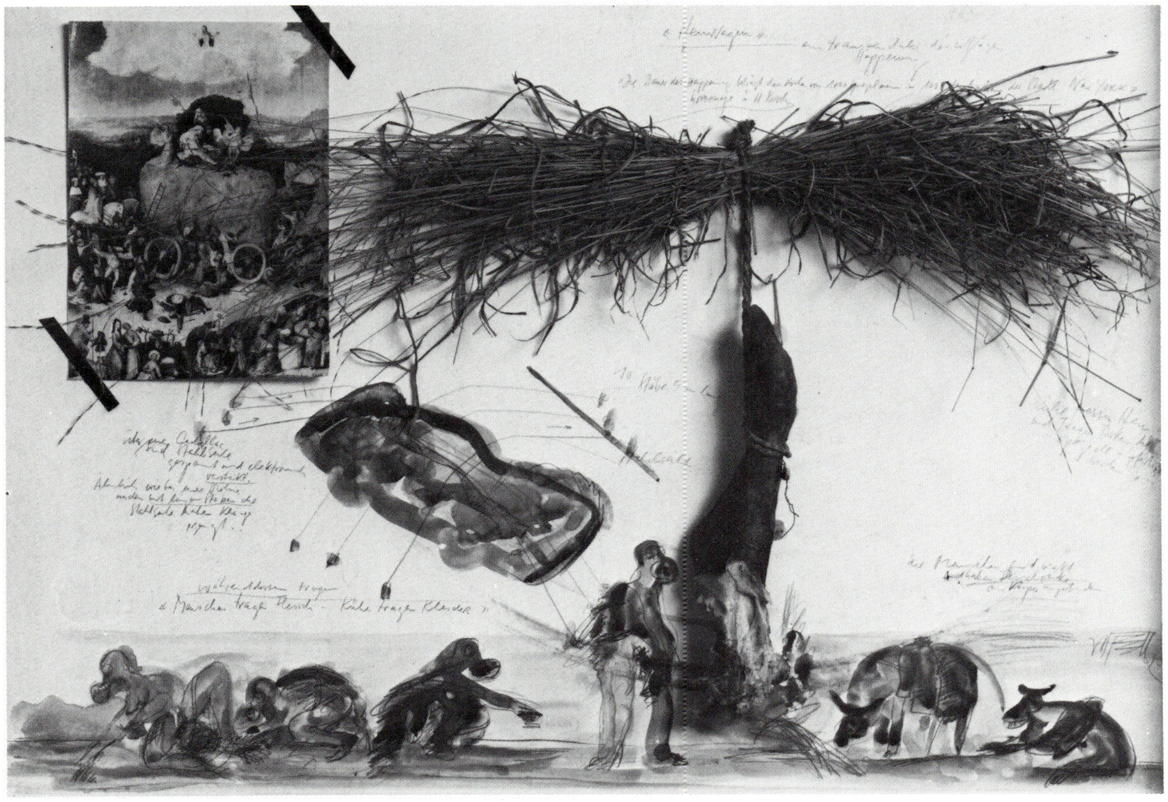

399

396 Ratsverlaß der Reichsstadt Nürnberg vom 3. 1. 1512. Aus: *Verlässe des Rates* Nr. 539, fol. 2. Nürnberg, Staatsarchiv

397 Han van Meegeren, Abendmahl. Fälschung im Stil Vermeers, die für 1 600 000 Gulden veräußert wurde

398 Elmyr de Hory, Porträt einer Frau. Fälschung im Stil Modiglianis. Privatbesitz

399 Wolf Vostell, Partitur zum Happening *Heuwagen,* ein transzendentales dé-collage-Happening. 1975. Bleistift, Mischtechnik, aufmontiertes Foto, Heugarbe, Seil und Schweineklaue auf dickem, weißem Karton auf Holz in einem schwarzen Holzkasten, 88,5 × 108 cm. Wolfsburg, Städtische Galerie

400 Wolf Vostell, Metamorfosis America latina. 1984. Acryl, Zement und Sand auf Leinwand, dreiteilig, 245 × 579 cm. Köln, Galerie Inge Baecker

400

401 Ferdinand Hodler, Der Holzfäller. 1910. Öl auf Leinwand, 260 × 211 cm. Bern, Kunstmuseum

Eine solche Interpretation des Folgerechts als Spiegel des Eigenwertes von Kunstwerken ist jedoch nicht zwingend. Sie erklärt z. B. nicht, warum sich das Folgerecht nur **zugunsten** des Künstlers auswirken soll. Interpretiert man dagegen die Vorschrift umgekehrt – also auf einen Marktwert der Kunst bezogen – erhält sie die Funktion eines Ausgleichs für eine ungünstige Position des Künstler in der Veräußerungskette. Regelmäßig ist beim Erstverkauf ein ›Markt‹ noch gar nicht vorhanden, so daß die Vorschrift die Gerechtigkeitsvorstellung[21] realisiert, dem durch seine – vom Leistungs- und Konkurrenzprinzip aus gesehen – zufällige Position benachteiligten Teilnehmer am Wettbewerb einen Ausgleich zu verschaffen[22]. Damit erkennt sie keinen Eigenwert eines Kunstwerks sondern gerade die Eigengesetzlichkeit des Kunstmarktes an[23].

402 Klaus Staeck, »Seit Chile wissen wir genauer, was die CDU von Demokratie hält«. 1974. Plakat

## Kunst, Eigentum und Öffentlichkeit

»In seinem künstlerischen Schaffen sollte der Künstler die prekäre Grenze zwischen Politik und Kunst respektieren.« (Alfred Dregger)[24]
»Eine Kunst, die sich über die von Mir bezeichneten Gesetze und Schranken hinwegsetzt, ist keine Kunst mehr.« (Kaiser Wilhelm II)[25]
»In der Bundesrepublik Deutschland wie in der Schweiz kann sich Kunst auch ohne Beschädigung fremden Eigentums entfalten.« (Bundesverfassungsgericht)[26]
»Denken ist bereits Plastik.« (Josef Beuys)[27]

Diese Sätze könnten das Programm der folgenden ›Kunstanschläge‹ sein:

*Fall 1: »Bonner Bildersturm«*[28]
Während der Eröffnung einer Ausstellung mit Plakaten des Rechtsanwaltes und Graphikers Klaus Staeck in den Räumen der Parlamentarischen Gesellschaft in Bonn am 30. März 1976 stürmten mehrere Abgeordnete der CDU/CSU Bundestagsfraktion auf die ausgestellten Plakate zu, rissen sie von den Wänden und trampelten auf den Fetzen herum. Anlaß der Empörung war u. a. ein Plakat, welches die Verhältnisse in Chile thematisierte. Dieses Plakat zitierte eine Äußerung von Bruno Heck (CDU): »Das Leben im Stadion ist bei sonnigem Wetter recht angenehm«[29] und war mit dem Satz kommentiert: »Seit Chile wissen wir genauer, was die CDU von Demokratie hält.« (Abb. 402).

Unter den tobenden Parlamentariern spielten Philipp Jenninger (CDU) und Carl Otto Lenz (CDU) eine besondere Rolle. Jenninger ließ sich nach der Aktion mit dem abgerissenen Chile-Plakat wie mit einer ›Trophäe‹[30] fotografieren. Lenz zerriß ein Plakat, das der Abgeordnete Egon Lutz (SPD) gerade erworben hatte, um es an die Stelle eines zerstörten Exemplars aufzuhängen. Auf den Vorwurf, er zerstöre fremdes Eigentum erklärte Lenz: »Auf Eigentum kommt es hier nicht an.«[31]

403 Graham V. Sutherland, Porträt von Sir Winston Churchill. 1954. Öl auf Leinwand, 147,3 × 121,9 cm (zerstört)

*Fall 2: Churchill/Sutherland*[32]
Lady Churchill vernichtete 1955[33] ein Porträt ihres Mannes, das der bekannte englische Maler Graham V. Sutherland[34] im Auftrage des Parlaments gemalt hatte und das Churchill ein Jahr zuvor zum 80. Geburtstag überreicht worden war (Abb. 403). Churchill hatte das Bild vom ersten Augenblick an gehaßt, da es ihn keineswegs als strahlenden Helden darstellte: Sutherland hatte vielmehr »den Kampfgeist des Helden der 40er Jahre auf eine viel ältere und vom Scheitern aller Pläne gezeichnete Gestalt übertragen«[35]. Lady Churchill hatte es ihrerseits nicht mehr mit ansehen können, wie das Bild die Stimmung ihres Mannes belastete.

*Fall 3: Der Zürcher Sprayer*[36]
Der als Zürcher Sprayer bekannt gewordene Harald Naegeli besprühte in den Jahren 1977 bis 1979 in über 1000 Fällen Fassaden mit Figuren und Aktionszeichen. In der Bundesrepublik Deutschland betätigte er sich ebenfalls mehrfach. In Köln etwa beantwortete er die »eilfertige Liquidierung«[37] seiner Geschöpfe mit der Inszenierung eines *Totentanzes:* Skelett-Figuren in tänzerisch-ironischer Gauklerpose (Abb. 406, 407, 408).

*Fall 4: Beuys – Badewanne*[38]
Ein Münchener Kunstsammler hatte das ihm gehörende Beuys-Objekt *Badewanne* der Stadt Wuppertal für eine Wanderausstellung zur Verfügung gestellt. Im Schloß Morsbroich (Leverkusen) landete die Wanne in einem Abstellraum. Dort wurde sie während einer im Schloß stattfindenden Feier eines SPD-Ortsvereins aufgestöbert und als Bierkühlgerät zweckentfremdet – nicht ohne daß vorher die Wanne von den mit ihr verbundenen Beuys-Materialien ›gesäubert‹ worden wäre. »Pflaster und Mullverbindungen« sowie ein »Fettklumpen, der in der Wanne zu liegen hat«[39], waren entfernt worden.

Allen Fällen ist gemeinsam, daß sie entscheidbar sind, ohne daß es auf das Selbstverständnis der betreffenden Künstler oder darauf ankäme, ob es sich bei den betroffenen Werken um solche der Kunst handelt. Alle Fälle haben deshalb sehr einfach strukturierte Lösungen:

1. Die ›Bilderstürmer‹ wurden nicht wegen ›Sachbeschädigung‹ (§ 303 StGB) verfolgt, weil Staeck nicht den dazu erforderlichen Strafantrag gestellt hatte.[40]
2. Der »vandalistische Akt«[41] gegen das Churchill-Porträt ist nach Deutschem Recht nicht strafbar: Der Eigentümer kann mit seiner Sache nach Belieben verfahren, sie also auch zerstören.
3. Die ›Anschläge‹ Naegelis wurden in der Schweiz als Sachbeschädigung mit einer neunmonatigen Gefängnisstrafe geahndet, zu deren Verbüßung er von der Bundesrepublik an die Schweiz ausgeliefert werden sollte. Nach erfolgloser Verfassungsbeschwerde[42] stellte sich Naegeli den Schweizer Behörden zum Haftantritt[43].
4. Der Eigentümer der *Badewanne* erhielt auf seine Klage gegen die Stadt Wuppertal letztlich 45 500,– DM[44] als Schadensersatz zugesprochen.

In den Fällen ›Bildersturm‹ und ›Zürcher Sprayer‹ schwindet die Bedeutung des Eigentums im Bewußtsein der Provokation. Umgekehrt barbarisiert die ›Aneignung‹ in den Fällen Churchill und Beuys die Fähigkeit zur Identifikation eines Gegenstandes als Kunstwerk. Wahrgenommen wird nur mehr dessen Eignung zur Verfolgung eigennütziger Interessen. Beide Effekte sind möglicherweise den betroffenen Werken als spezifische ›Kunstwirkung‹ zuzurechnen, könnten also eine isolierende Betrachtung des Werkes als Gegenstand von Eigentum in Zweifel ziehen.

404 Klaus Staeck, »Auf Eigentum kommt es hier nicht an«. 1976. Plakat und Postkarte zum sog. ›Bonner Bildersturm‹. 1976

a) Staeck:
Obwohl Staeck selbst betont, er wolle solche Aktionen gegen seine Plakate nicht provozieren, geht es ihm doch um das »Auslösen von Handlungen«, um »Agitation«[45]. Hier knüpfen die Qualifizierungen der Plakate als Nicht-Kunst an, sei es, daß auf formaler Ebene die Bild/Textmontage mit harmlosen Jedermann-Späßen gleichgesetzt wird[46], sei es, daß aus der ›Wesensverschiedenheit‹ von Politik und Kunst auf jeweils exklusive Urteilskompetenz geschlossen wird[47] oder daß einfach aus der Agitationsabsicht auf das Eingeständnis fehlender künstlerischer Intention geschlossen wird[48]. Gemeint ist ›Agitation‹ aber von Staeck ausdrücklich in dem engeren Sinn einer wahrnehmungssteigernden ›Aufklärung‹[49]. Daß sich die Aufklärungsleistung mehr der Wahrnehmung als der Schöpfung des Werkes verdanken kann, spricht seit der Erweiterung des Kunstfähigen auf Vorgefundenes[50] nicht gegen den Kunstcharakter des Werkes[51]. Die Staeck-Plakate könnten überdies gerade Belege für eine spezifische Wandlung des Kunstwerks »im Zeitalter seiner technischen Reproduzierbarkeit« sein[52].

Mit dem alltäglich als Werbemittel verwendeten Plakat trete es in Form der Plakatkunst in einer neuen Hülle auf, die auf Überlistung der Reizabwehrstrategien ziele: Der

Betrachter sieht sich veranlaßt, einem Gegenstand seine Aufmerksamkeit zu widmen, den er im alltäglichen Kontext in Randbereiche der Wahrnehmung verdrängt, um in einer reizüberfluteten Welt lebensfähig zu bleiben[53].

In der Berichterstattung über Sätze wie den im Chile-Plakat zitierten dient nicht nur die versachlichende Aufbereitung, sondern auch die Zuordnungsmöglichkeit zu bestimmten parteipolitischen Richtungen der Reizabwehr: Die Dimension des zynischen Ab-Sehens von der Wirklichkeit kann zumindest teilweise auf die Ebene parteipolitischen Streites transponiert und damit entschärft werden. Mit dem Zurechnungsversuch, den das Staeck-Plakat unternimmt, wird dieser Übertragungsmechanismus auf einer inhaltlichen Ebene aufgebrochen und so die Aussage der Wahrnehmung ihres Gegenstandes – der wirklichen Situation der Gefangenen – überantwortet[54] (Abb. 402). Das Urteil, es handele sich bei den Staeck-Plakaten um Kunstwerke, hebt den ›Bildersturm‹ strafrechtlich in die Sphäre einer gemeinschädlichen Sachbeschädigung nach § 304 StGB[55]. Die daraufhin ermittelnde Staatsanwaltschaft Bonn[56] konnte jedoch das Verfahren einstellen[57], ohne das Tatbestandsmerkmal ›Gegenstände der Kunst‹ (§ 304 StGB) prüfen zu müssen: Da die Parlamentarische Gesellschaft nur Mitgliedern sowie von diesen eingeführten Gästen offensteht, waren die Staeck-Plakate jedenfalls nicht »öffentlich« i.S.d. § 304 StGB »aufgestellt«[58].

Unter dem Aspekt des Allgemeininteresses an einem herausgehobenen Schutz für Kunstwerke[59] erscheint es unerheblich, an welchem Ort das Kunstwerk beschädigt wird. Die Zufälligkeit dieses Schutzes wird deutlich in der Begründung des Öffentlichkeitserfordernisses, die man in der besonderen Gefährdung sieht, der ein Kunstwerk ausgesetzt ist, wenn es einem unbeschränkten Personenkreis zugänglich ist[60]: Im ›Bildersturmfall‹ verwirklichte sich schließlich eine gesteigerte Gefahr – auch für die Friedfertigkeit eingeladener Volksvertreter kann offenbar nicht garantiert werden.

Nicht ganz zufällig erscheint indessen die Bestätigung eines wesentlichen Aspekts im Kunstbegriff Staecks, den § 304 StGB hier liefert:

> »Künstlerische Arbeit, die sich als Plakatkunst definiert, scheint überhaupt nur in dem Maße auch Kunst zu sein, in dem sie öffentlich ist. Das Ringen um Öffentlichkeit ist ein wesentlicher Bestandteil der Arbeit. Schon deshalb besteht wenig Gefahr, daß sich diese Kunst in Privatheit verliert«[61] (Abb. 404).

b) Churchill/Sutherland:

Umgekehrt zeigt der Fall des privatissime zerstörten Churchill-Porträts die spezifische Konkurrenz von Kunstfreiheits- und Eigentumsgarantie im Problem der Zugangsbeschränkung. Das Freiheitsrecht des Art. 5 Abs. 3 S. 1 GG schützt die künstlerische Betätigung nicht nur soweit sie die Schaffung des Werks betrifft (sog. ›Werkbereich‹), sondern ebenso hinsichtlich der Aktivitäten, mit denen der Öffentlichkeit Zugang zu dem Kunstwerk verschafft wird (sog. ›Wirkbereich‹)[62].

Nun läßt sich diese Freiheitsgarantie aber nicht aus der Kommunikationsbeziehung Künstler – Öffentlichkeit herauslösen und isoliert auf den Künstler als dessen eigene Freiheit projizieren[63]. Vielmehr ist es gerade das Kunstwerk selbst, in dem sich die Intersubjektivität der (geschützten) Freiheit des Künstlers vergegenständlicht, also seine Betätigungen von vornherein aus vollständiger Privatheit heraushebt[64]. Gilt dies aber schon im ›Werkbereich‹, so scheint erst recht im ›Wirkbereich‹ die Realisierung der Kunstfreiheitsgarantie nicht denkbar zu sein ohne ein Recht der Öffentlichkeit auf Zugang (Abb. 405)[65].

Aus dieser Sicht ist es schon fraglich, ob Kunstfreiheit und Privateigentum an Kunstwerken (mit der Folge eines möglichen Zugangsausschlusses) überhaupt mitein-

405 ›Suizid‹ eines Kunstwerks: Zunächst von den Künstlern als Akt gegen institutionelle Vereinnahmung übertüncht, später zur ›Sanierung‹ abgerissen. Köln, Stollwerck-Maschinenhalle mit Graffiti von Klaus Winterfeld u. a.

ander vereinbar sind: Die Zerstörung des Churchill-Porträts ist nicht nur der Extremfall eines endgültigen Zugangsausschlusses, sondern auch ein Beispiel für private Zensur – das Bild werde nie das Licht der Öffentlichkeit erblicken, soll Lady Churchill geäußert haben[66]. Wenn jedenfalls noch eine hypothetische Möglichkeit des Zugangs für die Öffentlichkeit zu Kunstwerken im Privateigentum bestehen soll, dürfen sie nicht bis zur Grenze der Zerstörungsbefugnis an Private ausgeliefert sein[67].

Nach geltendem Recht ist zwar auch das Eigentum an Kunstwerken verpflichtend (Art. 14 Abs. 2 S. 1 GG), insoweit es um die Erhaltung von Kulturgütern geht[68]. Diese Sozialbindungen ›denken‹ allerdings vom Eigentum aus, indem sie das Einzeleigentum an einem allgemeinen (wertvollen) ›Haben‹ begrenzen[69]. Dagegen zeigt der Fall Churchill, daß sich Kunstwerke dem ›Haben‹ auf vielfältige Weise entziehen oder ihm sogar widerstreiten: Der Auseinandersetzung mit der privaten Selbst-Anschauung im objektivierenden Porträt ist das ›Haben‹ nicht gewachsen[70]. Mithin kann der Gedanke der Sozialpflichtigkeit des Eigentums an Kunstwerken nur unmittelbar an der Kunst-

407

408

406 Harald Naegeli. Sprühbild in Frankfurt/M.: Überwindung seelenloser Fassaden

407 Harald Naegeli, Sprühbild an einem Brükkenpfeiler in Köln

408 Ernst Barlach, Totentanz I. Ernst Barlach-Haus, Hamburg: ein ›Vorläufer‹ Naegelis

freiheitsgarantie ansetzen und von daher möglicherweise sogar eine Pflicht des Gesetzgebers nahelegen, jedenfalls Zerstörungshandlungen auch im privaten Bereich unter Strafe zu stellen[71].

c) Naegeli:
Den Einwand Naegelis, er »beschädige« nicht, sondern »bereichere«[72], nahm das Bundesverfassungsgericht nicht zur Kenntnis: Die Reichweite der Kunstfreiheitsgarantie erstrecke sich von vornherein nicht auf die eigenmächtige Inanspruchnahme oder Beeinträchtigung fremden Eigentums[73]. Wenn das Gericht damit den Kunstcharakter der ›Anschläge‹ Naegelis insoweit offenläßt, als es sie im Verhältnis zum Eigentumsgrundrecht für (entscheidungs-) unerheblich hält, setzt es jedenfalls implizit einen bestimmten Kunstbegriff voraus, nämlich einen solchen, für den Beschädigung[74] fremden Eigentums höchstens die Rolle einer durch andere Ausübungsmodalitäten ersetzbaren[75] Randbedingung spielen kann: Kunst sind allenfalls die Figuren, nicht aber ihr ›Hintergrund‹. Abstrahiert man von den je subjektiven Geschmacksurteilen über die ästhetische Bereicherung einer Betonmauer durch ein Naegeli-Signum[76], besteht die juristische Erheblichkeit des Naegeli-Einwandes in der Behauptung einer notwendigen Kollision von Eigentumsgrundrecht und Kunstfreiheit, sofern es um seine künstlerische Auseinander-setzung von menschenwürdig gestalteter Umwelt mit »seelenlosen Betonbauten«[77] geht: Eigentum würde danach um eine von der Kunstfreiheit vermittelte Grenze »bereichert«.

Das Besprühen ausgewählter Fassaden im öffentlichen Raum hat für Naegelis Kunstverständnis die Bedeutung einer notwendigen (wenn auch nicht hinreichenden) Bedingung, insofern die Modalität des ›Zeichen-setzens‹ jeweils bestimmte Aspekte seines Gegen-standes spiegelt. Dazu gehört: Das heimliche Vorgehen[78] gegen offene Stadtzerstörung, der Kommunikationseintritt belebter Figuren mit den zum ›letzten Wort‹ des Eigentümers erstarrten Fassaden[79], die (autonome) Kunst der Agitation[80] außerhalb institutioneller Rahmen gegen die Entschärfung von Kunst in Museen[81], die Ästhetik Till Eulenspiegelscher Not-wendigkeit gegen die Ästhetik des Schweizers: »frisch gestrichen«[82] (Abb. 407).

Auf einer pfäffischen Argumentationsebene könnte das Bundesverfassungsgericht Naegelis Anspruch demnach sogar entgegengekommen sein: Wenn zum Thema seiner »Spray-Anschläge«[83] nicht zuletzt auch der Rechtsschutz für die ›angeschlagenen‹ Objekte gehört und zur formalen Typik die Übertretung des Verbots, wäre Naegeli von Rechts wegen gerade in der vollen Entfaltung seiner künstlerischen Betätigung gehindert, würden die Anschläge nicht als Sachbeschädigung bestraft[84].

Hinter der Widersprüchlichkeit dieser Argumentation – danach hätte der Künstler ein ›Recht‹ zum Unrecht und die Pflicht, der Ausübung dieses Rechts wegen Bestrafung zu dulden – wird indessen schon die juristische Brisanz des Werkes Naegelis sichtbar. Sie scheint darin zu bestehen, daß sein Gegenstand – sein Vorwurf – nicht im Bereich der Darstellung verbleibt, sondern performativ[85] umgesetzt wird: Darstellung und Überwindung ›seelenloser Fassaden‹ münden in ein und denselben Akt[86] (Abb. 406). Wird damit zugleich ›bloße‹ Rechtskritik zum Rechtsbruch?

Die Kritik an der Entscheidung des Bundesverfassungsgerichts entzündete sich demgemäß an der gedanklichen Verkürzung des Werkes auf einen – strafrechtlich irrelevanten – Darstellungsteil und einen ungeschützten, dem Strafrecht anheim gestellten, Eigentum verletzenden Handlungsteil[87]. Gleichwohl wurde der Entscheidung im Ergebnis beinahe einhellig zugestimmt: Die vorbehaltlos gewährte Kunstfreiheit finde jedenfalls im Kollisionsfall ihre Grenze an dem in der Eigentumsgarantie verbürgten gleichrangigen Freiheitsrecht[88].

Demgegenüber scheint das Bundesverfassungsgericht in einer wenige Monate nach dem Sprayer-Beschluß ergangenen Entscheidung die Kollision von Kunstfreiheit mit dem ebenfalls grundrechtlich geschützten Persönlichkeitsrecht flexibler zu handhaben, indem es beide Freiheitsbereiche sich wechselseitig begrenzen läßt: Wegen der hohen Bedeutung der Kunstfreiheit könne ohne deren Berücksichtigung die Beeinträchtigung des Persönlichkeitsrechts nicht festgestellt werden. Es müsse vielmehr aufgrund einer Gesamtschau des Werkes geklärt werden, ob die Beeinträchtigung derart schwerwiegend sei, daß die Freiheit der Kunst zurückzutreten habe[89]. Überträgt man diese Überlegung auf die Strafbarkeit des Sprayers, so ließe sich schließen, beide Freiheitsbereiche müßten sich im Kollisionsfall wechselseitig in der Weise begrenzen, daß nur bei einer schwerwiegenden Beeinträchtigung des Eigentumsrechts – hier in Form der Sachbeschädigung – die Kunstfreiheit Naegelis zurückstehen müsse. Selbst wenn man davon ausgeht, daß ein Eingriff in die Sachsubstanz[90] das Sacheigentum im Vergleich zu den vom Zivilrecht schon erfaßten Beeinträchtigungen[91] erheblich betrifft, würde doch in die Erheblichkeitsprüfung der Substanzverletzung selbst die ›Gesamtschau‹ des Werkes einfließen können: Daß nicht jede noch so geringe Substanzverletzung den Tatbestand der Sachbeschädigung nach § 303 StGB erfüllt, leuchtet ein[92] (z. B. Herausbrechen eines Steinchens aus dem Fugenmörtel). Ob es sich jenseits dieser Grenze schon um eine Grundrechtsverletzung (Eigentum) handelt[93], wäre unter Berücksichtigung der Kunstfreiheit, d. h. sämtlicher das Werk Naegelis auszeichnender Sachkriterien zu prüfen.

Bei den bereits zusammengestellten Gesichtspunkten[94] handelt es sich jedoch lediglich um solche, die den Umschlag der Darstellung in einen performativen Akt rechtfertigen. Die ›Gesamtschau‹ des Bundesverfassungsgerichts soll dagegen das Leitprinzip der Interpretation des Kunstwerks sein, mit deren Hilfe erst festgestellt werden könne, ob eine schwerwiegende Beeinträchtigung des kollidierenden Grundrechts vorliege[95]. Das Gericht bezieht sich damit auf eine Auffassung, die das Wesentliche der Kunst in der Mannigfaltigkeit ihres Aussagegehaltes und der sich daraus ergebenden Möglichkeit sieht, der Darstellung im Wege fortgesetzter Interpretation immer weiterreichende Bedeutungen zu entnehmen[96]. Es erkennt also den Grund der Privilegierung von Kunstfreiheit in deren Festlegung auf einen Bereich der ›Darstellung‹, die einem bestimmten schöpferisch-fiktionalen Wahrheitsbegriff[97] verhaftet ist. Im Kontext vieldeutiger Darstellung verlieren folgerichtig auch verletzende Verhaltensweisen ihren sonst evidenten Bedeutungszusammenhang – sie werden zur interpretierbaren »künstlerischen Aussage«[98]. Spezifische und damit für »Inhalte, Methoden und Tendenzen«[99] künstlerischer Betätigung gefährliche Kollisionsmöglichkeiten ergeben sich deshalb nur mit solchen Gütern, zu deren Verletzung notwendig die Rezeption der Darstellung gehört[100] (Persönlichkeitsrecht, Pornographie etc.).

Damit löst sich der Widerspruch zwischen beiden Entscheidungen auf: Eigentumsobjekte können nicht im Wege einer (Rezeption voraussetzenden) Darstellung beschädigt werden[101], im Fall des Sprayers haben wir es vielmehr ›eindeutig‹ mit Sachbeschädigung zu tun[102]: Zwar vermittelt der performative Akt seinem Darstellungsanteil weitere (im Fall: kritische) Bedeutungen. Seine Eindeutigkeit empfängt er jedoch aus dem unmittelbaren Eintritt in schon gegebene Bedeutungssachverhalte (Substanzverletzung fremder Sachen). Der Schritt von der (geistigen) Auseinander-setzung von Kunst mit der Welt[103] zur Annäherung von Kunst an ›Leben‹ hat zur Folge, daß dem Leben dann Vieldeutigkeit nur um den Preis der ›Vereindeutigung‹ der Kunst abgerungen werden kann. Gerade hierin scheint aber auch der Sinn des performativen Umschlags bei Naegeli zu liegen, den er als die Ästhetik des Notwendigen bezeichnet[104]. Dieser Konsequenz entgeht man nur scheinbar, wenn man aus der »Unmöglichkeit, Kunst generell zu definieren«[105], möglicherweise auch eine unzulässige Beschränkung[106] auf den Bereich von Ausdruck und Darstellung folgern und Kunst als eine sich dem Zugriff juristischer Rationalität entziehenden »Gegenwelt«[107] verstehen würde. Sinn dieser »schrankenlosen Freiheit« wäre es dann, die »nichtrationale« Gestalt von Kunst in Schutz zu nehmen[108]. Auf eine Rechtsnorm (Art. 5 Abs. 3 S. 1 GG) kann eine solche Argumentation jedoch nur gestützt werden, wenn sie gerade umgekehrt die ›Gegenwelt‹ als im Recht aufgehoben sieht[109]. Für die sich aus der Annäherung von Kunst an Leben ergebende Problematik verweist sie dann auf das allgemeine Problem der Organisation von Freiheiten: Ob das Eigentumsrecht auch mit den Einwirkungen eines Sprayers belastet sein kann, folgt nicht aus einem Spezifikum ›Kunstfreiheit‹, sondern aus der Antwort auf die Frage, wie Recht gedacht werden muß: Als mosaikartige Zuweisung von Reservaten oder als der Inbegriff der Bedingungen, unter denen sich Handlungsfreiheiten im wechselseitigen Bezug optimieren[110]. Auf den dynamisch-kritischen Anspruch des letzteren Rechtsverständnisses scheinen Naegelis ›Anschläge‹ auf die ›eigentümlichen‹ Reservate[111] der Großstädte hinzuweisen und auf dieser Ebene die Frage zu stellen, ob im wechselseitigen Bezug von Grundfreiheiten[112] schon ein Sprühbild die Erheblichkeitsgrenze einer Substanzverletzung zur Sachbeschädigung eindeutig überschreitet.

d) Beuys:

Das mit dem ›Badewannen-Fall‹ befaßte LG entschied, die Stadt Wuppertal habe den Zeitwert des Objektes *Badewanne* in Geld auszugleichen, da eine Restaurierung wegen des situationsbezogenen und damit unwiederholbaren Verfremdungseffektes bei Aktionswerken unmöglich sei: Das Kunstwerk finde

> »seinen über den Materialwert hinausgehenden Wert in der Einschätzung des Betrachters. Nur solange der Betrachter das Bewußtsein hat, den Gegenstand als Ergebnis eines einmaligen Schöpfungsaktes ansehen zu können, wird er ihn als Kunstwerk betrachten und honorieren.«[113]

Damit begreift das Gericht die Zerstörung des Objektes *Badewanne* nicht materiell, sondern als Zerstörung seiner Aura: Den Umständen, denen sich die Einmaligkeit des

Werkes verdankt und mit denen es der Betrachter wie mit einer Eigenschaft umgibt[114], um es in der Wahrnehmung aus Gleichartigem herauszuheben und so als Kunstwerk identifizieren zu können.

Das Besondere an einem Objekt wie diesem besteht jedoch darin, daß zunächst die Kombination vorgefundener Gegenstände geeignet ist, »der Produktion das Brandmal einer Reproduktion« aufzudrücken[115] und so die Aura der (einmaligen) Schöpfung gerade hindert. Andererseits bringt das ›Material‹ Badewanne mit seinem autobiografischen Bezug zu Beuys' Kindheit[116] eine schon vorhandene Einzigkeit in das Kunstwerk ein. Mit der Verlagerung der Aura auf einen Gegenstand in seiner konkreten Beziehung zur Lebenswelt erhält das Werk eine ›Geschichte‹, die weit hinter seine eigene Entstehung zurückweist. In ihrer allgemeinen Bedeutung wird sie verständlich erst über die Indikatoren[117] für das Geburtstrauma, den ersten Kontakt mit den harten materiellen Dingen der Welt (Wunde-Pflaster) und für Leben, Veränderung, Vergänglichkeit (Fett): Sie umfaßt den allgemein-biografischen Zusammenhang von traumatischem Ursprung des Lebens mit der Transformation von Substanz – dem jedermann möglichen Schöpfungsakt. Betrachtet man die Umstände des Badewannen-Mißbrauchs vor diesem Hintergrund, lassen sich drei Einwände[118] gegen dessen Qualifizierung als ›Zerstörung‹ diskutieren.

1. Ein Kunstwerk ist um so weniger als solches erkennbar, je mehr es Ausdruck einer subjektiven Kunstauffassung ist. Hinweisfunktionen kann dann im Extremfall nur noch dessen institutioneller Rahmen entfalten[119].

Da die *Badewanne* in einem Abstellraum des Museums aufgestöbert wurde, war der institutionelle Rahmen ›Museum‹ zumindest aufgelockert. Sie könnte sich deshalb ihre Benutzung als Gebrauchsgegenstand ›zurechnen‹ lassen müssen, wenn sie als Kunstwerk schlechthin nicht erkennbar gewesen wäre. Ein solcher Extremfall liegt hier jedoch nicht vor, da die mit der Wanne verbundenen Materialien diese aus bloß funktioneller Beliebigkeit herausheben.

2. Möglicherweise erfordert Beuys' Kunstbegriff einen spezifischen institutionellen Rahmen, innerhalb dessen Mißverständnisse weniger die Rolle einer Kommunikationsstörung als vielmehr die eines Indikators für die Notwendigkeit der Kunstbegrifferweiterung spielen.

Aus der Erkenntnis Duchamps, Kunst entstehe durch Einbringen eines beliebigen Gegenstandes in einen artifiziellen Raum[120], zieht Beuys eine umfassende Konsequenz[121]. Wenn die Erkenntnis Duchamps richtig sei, dann müsse real derjenige, welcher das eingebrachte Industrieprodukt gefertigt habe, der Künstler sein und daraus folge, jeder Mensch sei ein Künstler[122]. Werden also Kunst und Leben vom Alltagsbereich ausgehend in einem prozessualen Sinn einander angeglichen[123], dann kann der artifizielle Raum dieser Kunst nicht länger ein musealer (Museum, Sammlung etc.), sondern nur noch die Lebenswelt schlechthin sein. Hier mag das Kunstwerk zwar symbolische Bezüge aufweisen[124], kann aber nicht Symbol bleiben, sobald es sich aus dem Herrschaftsbereich des Künstlers in die Lebenswelt emanzipiert: Es bindet seinen ›Betrachter‹ nicht mehr in der Entschlüsselung von Symbolik, sondern es erzeugt über die neuen Bedeutungsrahmen der Materialien Assoziationen und Erkenntnisprozesse, macht ihn also zum ›Beteiligten‹[125] in dem Bedeutungsfeld[126] ›soziale Plastik‹.

Gerade die ›Anmutungsqualität‹[127] der verwendeten organischen Materialien (Fett) setzt aber den von Beuys intendierten therapeutischen Prozeß[128] auch der Gefahr einer Verselbständigung aus, die für Künstler und Kunstwerk Risiken mit sich bringt. Da Beuys konsequent mit Mißverständnis und Ablehnung bis hin zu physischer Gewalt rechnete und sogar im Interesse seiner ›Konfrontationsmethode‹[129] in Kauf nahm[130], ist möglicherweise auch die spezifische Kunstwirkung Beuys' um ein selbstdestruktives Moment ›erweitert‹.

3. Das wäre für die *Badewanne* um so bedeutsamer, wenn man in ihrer Umfunktionierung selbst einen kreativen Akt sehen könnte, etwa weil die ›Anmutung‹ des Geburtstraumas dessen Überwindung im solidarischen[131] Austausch der Energieträger (Fett – Bier) hervorgebracht hätte[132].

Aber schon mit der Präzisierung des erweiterten Kunstbegriffs dahingehend, ›prinzipiell‹ sei jeder Mensch ein Künstler und das meine den ›Selbstbestimmungsprozeß‹[133], kommt eine rechtliche Kategorie in Form der Selbstbindung von Kreativität ins Spiel: Die Umfunktionierung der *Badewanne* – »ein klarer Fall ausbeuterischen Eigennutzes« (Beuys)[134] – geschieht auf Kosten der Selbstbestimmung anderer, verletzt mithin deren Recht.

Daß es bei den Entscheidungen des LG und des OLG nicht um die Selbstbestimmung der allgemein an ›sozialer Plastik‹ Beteiligten, sondern um die des Eigentümers ging, offenbart eine Differenz, die auch bei Beuys hinsichtlich der Kommerzialisierung seiner Objekte[135] nicht überwunden ist: die von fließender ›Lebenswelt‹ zum musealen Rahmen, in dem das Eigentum den Takt von Stagnation und Veränderung schlägt. Hier kann die *Badewanne* – über die Kommerzialisierung ihrer Aura – zum nichtrestaurierbaren Fetisch werden.

## Kunst und Pornographie: »Ent-rüstung« des Schönen

Qualifizierungen wie »politische Pornographie«[136] (der Staeck-Plakatkunst) und »Schmierereien«[137] (der Sprühfiguren Naegelis) verweisen auf eine Verlagerung dessen, was als ›anstößig‹ in der Kunst empfunden wird: Der Bedeutungsschwund[138] von Kunst-Konflikten mit dem Sexualtabu zeigt sich hier unmittelbar, insofern heute das Vokabular der »Ent-rüstung«[139] moderne Fassaden vor der Entblößung schützen soll. Neben der erheblich gestiegenen gesellschaftlichen Toleranz[140] gegenüber Darstellungen sexuellen Inhalts dürfte sich die Zurückhaltung der Gerichte vor »Sittenrichtertum«[141] zumindest auch auf eine breite Rechtsprechungskritik in der Literatur zurückführen lassen[142].

Während die juristische Kritik vornehmlich um die Sachkompetenz der Gerichte in Kunstdingen[143] (Abb. 409) und um die Frage kreiste, **wessen** Schamgefühl geschützt werden sollte – das des sog. »Normalmenschen«[144] oder des »künstlerisch aufgeschlossenen« Betrachters – ging es von anderer Seite um die Psychologie des »Anstoßnehmens«[145]: Anstoß werde dann genommen, wenn vermutet wird, daß das Kunstwerk im Betrachter eine antriebsfundierte Aktion auslöst, die der herrschenden Gesellschaftsstruktur schädlich sein könnte[146]. Treffe der Künstler auf bereitliegende Reaktionsmöglichkeiten, die dem Betrachter unbewußt seien, fühle sich dieser entlarvt und reagiere mit Ekel (gegenüber der »unverdaulichen« Kost) oder der Entwicklung von Schamgefühlen (gegenüber der Bloßstellung verborgener Wünsche)[147].

Konfrontiert man diese These mit der Definition, pornographisch sei eine Darstellung, wenn sie den Sexualtrieb »reißerisch aufstachelt« und den Menschen damit auf ein »physiologisches Reiz-Reaktionswesen reduziert«[148], zeigt sich, daß das Anstößige einer Darstellung weniger in einer ihr eigenen Besonderheit als vielmehr in einer Leistung seines Betrachters besteht, die dem Werk wie eine Eigenschaft zugeschrieben wird (Abb. 410)[149]. Damit ist es lediglich die Hilf- und Schutzlosigkeit des sich im Konflikt zwischen Über-Ich-Forderungen und Triebansprüchen des Es aufreibenden

409 Honoré Daumier, Celebrrrre Jury de Peinture. 1839. Lithographie, 2. Zustand, 20,5 × 27,7 cm, publiziert im *Figaro* vom 14. 3. 1839. Paris, Bibliothèque Nationale

410 Honoré Daumier, Un veritable amateur. 1847. Lithographie aus *Les Bons Bourgeois,* Nr. 66. Paris, Bibliothèque Nationale

Ich, welches nach der Verbotsnorm ruft: Es benötigt sie als äußeren Verstärker seines zwanghaften und damit kräfteverzehrenden Umgangs mit nichtintegrierten Triebansprüchen[150].

Hodlers Bild *Die Nacht* (Abb. 411), durch administrative Verfügung vom Genfer Frühlingssalon 1891 wegen Verstoßes gegen die guten Sitten ausgeschlossen[151], kann als das Opfer[152] einer Reaktion gelten, bei der das Nackte primär für die o. b. Hilf- und Schutzlosigkeit steht. Der Schlaf ist insofern ein ›normloser‹ Zustand, als mit dem »Abziehen des Interesses von der Außenwelt«[153] sich das Individuum nur noch sich selbst – genauer: seinem Unbewußten – ausliefert. Mit der Darstellung des der Selbstanschauung entzogenen Schlafes wird die Gebärde des Liegens bedrohlich: Da sie zugleich »Urgebärde des Schlafens, des Todes und der Liebe«[154] ist, zeigt sie in Form der Introversion[155] die Polarität von Eros und Tod als Macht des Unbewußten. Der Betrachter sieht sich deshalb einem Zustand völliger Ent-rüstung (nämlich von Abwehrmechanismen) gegenüber, den er so lange als angsteinflößend erfährt, als sein eigenes Ich nicht in der Lage ist, ohne äußere Verstärkung der Über-Ich-Forderungen (Norm) Wachsamkeitsverluste zu akzeptieren[156].

Ist danach das Schöne das ›Zugelassene‹, also das, was auch bei sich selbst gesehen werden darf, so fragt es sich, wie Kunst überhaupt zwang-los zugelassen werden kann, wenn sie – etwa in der Form des Aktes – trotz oder wegen ihrer Vieldeutigkeit zumindest auch auf den materiellen Gegenstand hinlenkt[157]. Hinsichtlich der Zulassung sexueller Darstellungen in der Kunst könnten also ebenfalls ›pathologische‹ Gründe

411 Ferdinand Hodler, Die Nacht. 1889/90. Öl auf Leinwand, 116 × 299 cm. Bern, Kunstmuseum (»Manch einer, der sich abends ruhig zum Schlafen legt, wird am Morgen nicht mehr erwachen!« wurde von Hodler auf den Rahmen des Bildes gemalt.)

412 Kurt Fahrner, Bild einer gekreuzigten Frau unserer Zeit. 1959. Mischtechnik auf Pavatex, 222,2 × 180 cm. Basel, Öffentliche Kunstsammlungen, Kunstmuseum

eine Rolle spielen. Dafür spricht zunächst die Vermutung, daß die Verbotstätigkeit, als ein ›Befassen‹ mit dessen Gegenstand selbst ambivalent, Abwehr in Form virtuos abgrenzender Rationalisierung herausfordern könnte[158].

Im Strafverfahren um Fahrners *Bild einer gekreuzigten Frau unserer Zeit*[159] (Abb. 412) begründet das Appellationsgericht seine Ansicht, es handele sich nicht um eine unzüchtige Darstellung, mit der positiven Feststellung des Gegenteils: Die dargestellte Frau wirke im Ganzen betrachtet »asexuell« – nachdem diese Feststellung durch die distanzierende Qualifizierung von Kopf und Brust als »eher langweilig« vorbereitet worden war[160]. Die gespreizten Beine der Frau machten jedoch so entscheidende Schwierigkeiten, daß sich das Gericht nicht auf seine Interpretationsfähigkeit verlassen wollte, sondern auf eine – vom persönlichen Eindruck Fahrners bestätigte – ernste künstlerische Notwendigkeit verwies: Mit geschlossenen Beinen sei die Darstellung einer »geschändeten vergewaltigten Frau« und ihr »hilfloses ›Offensein‹ gegenüber allen Qualen . . . gerade das Wesentliche der leidenden Frau im Gegensatz zum leidenden Mann« nicht möglich gewesen.

Daneben scheint die Flucht in das Schöne[161] eine Rolle zu spielen. Solange das Schöne in vergeistigter Form erscheint, lenkt es von seiner ursprünglichen Bedeutung als Eigenschaft des Sexualobjektes ab[162]. Sinn für Schönheit ist demnach allgemein Sinn für eine ›Gegenwelt‹, in der die Strenge des Über-Ich nicht zu befürchten ist[163]. Pornographisch erscheint dann das ›Rohe‹ und ›Eindeutige‹ einer Darstellung, in der das Sexuelle nicht mehr nur ›dienende‹ Funktionen hat[164]. Bei dem Bild von Baselitz, *Die große Nacht im Eimer* (Abb. 413) war diese Flucht offenbar so wenig möglich, daß das Gericht für die Beschreibung des Bildes in den Urteilsgründen lediglich dessen Ausmaße in cm und die Feststellung übrig hatte, es stelle eine männliche Person mit einem erigierten Penis dar[165].

In zweifacher Weise zeigt die Collage Karl Arnolds (Abb. 414) Widersprüche in der Praxis des Anstoßnehmens auf. Als Antwort auf Maßnahmen der Staatsanwaltschaft gegen ein Bild Zilles stellte Arnold unbeanstandete ›Normalmenschen‹ dar. Die ›Überschwemmung‹ mit zulässiger Nacktheit löste jedoch sofort ebenfalls ein Strafverfahren aus, in dem erst das Reichsgericht[166] die Unzüchtigkeit verneinte.

Die psychoanalytischen Erklärungen des ›Anstoßnehmens‹ haben jedoch trotz aller Schlüssigkeit einen entscheidenden Mangel: Außerhalb einer Behandlungssituation ist ihre Wahrheit eine kümmerliche, weil sie hier (in der bloßen Erklärung) den Freiheitsraum ausklammern, der für die Behandlung in Form der Verantwortungsübernahme des Patienten[167] notwendig vorausgesetzt wird[168]: den Aspekt der Selbstvermittlung[169], der den Rechtszwang aus bloßer Heteronomie löst und andererseits ›Behandlung‹ zur Eigenleistung macht. Daher sind psychoanalytische Deutungen nicht dazu geeignet, Recht gleichsam als ›Therapie‹ gesellschaftlicher Verhältnisse zu legitimieren: Sie würden die in der Behandlungssituation einzulösende Freiheitsvoraussetzung über die mit dem Recht verbundene ›Befugnis zu zwingen‹[170] aus dem Legitimationszusammenhang herausbrechen[171] – der psychoanalytische Sinn des Anstoßnehmens legitimiert also nicht den Strafzwang als hilfreiche Unterstützung zwanghaft aufrechterhaltener psychischer Balance[172]. Andererseits lassen sie sich aus demselben Grund nicht auf einen strikten Nachweis der Illegitimität strafrechtlicher Sozialkontrolle im Konflikt von Kunst und ›Anstoß‹ festlegen, da ihre erklärende Reduktion auf das ›Nichts anderes als‹[173] wiederum nur aus der Emanzipation in der Behandlung ihren Sinn bezieht. Es bliebe z. B. als Legitimation unerfaßt, nicht ungewollt zum Vehikel eines therapeutischen Anspruches von Kunst gemacht zu werden[174].

In kritischer Hinsicht bleibt der psychoanalytischen Deutung des Anstoßnehmens aber die entscheidende Funktion, den Freiheitsverlust aufzudecken, der in der Begründung des Verbots »reißerisch aufstachelnder« Darstellung liegt: Gerade mit der rechtlichen Festschreibung zwangsläufiger Reaktionen auf solche Darstellungen wird das Rechtssubjekt in einer Weise in Ansatz gebracht, die es auf ein ›Reiz-Reaktionswesen‹ reduziert. Hier berührt sich die Theorie des Unbewußten mit den »nicht mehr schönen Künsten«: Kunst als Wiederkehr des Verdrängten, als »Geltendmachen des unterdrückten Besseren oder milde Präsenz des schlimm-Regressiven«[175] operiert immer schon mit der Freiheit, die psychoanalytisch sichtbar gemacht werden soll: Sie liegt in der Zweideutigkeit von Verdrängung, die »das zu Unrecht verstoßene Heile – Deckname Eros – und das zu Recht verbannte Unheil – Deckname Todestrieb – gleichermaßen«[176] erfaßt.

# Welt und Gegenwelt

»Was der Verstand trennt, das denkt der Mythos als eine Einheit im Heiligen.«[177]

Sofern die Handhabung der Kunst durch Recht dazu führt, daß ihr Reservate zugewiesen werden, in denen »künstlerische Notwendigkeiten«[178] über die Grenzen des Freiheitsbereichs entscheiden, werden Kunst und Recht zu ›Gegenwelten‹, die sich wechselseitig als Einheiten denken und damit mystifizieren[179]. Erst die Anerkennung von Kunst als im Recht konfliktfähig[180] macht sie zu einer ›freien‹ im Sinne des Grundgesetzes. Dann allerdings kritisiert Kunst Recht nicht bloß in seiner äußeren Regelungsseite, sondern an der Gültigkeit seiner Freiheitsvoraussetzungen[181].

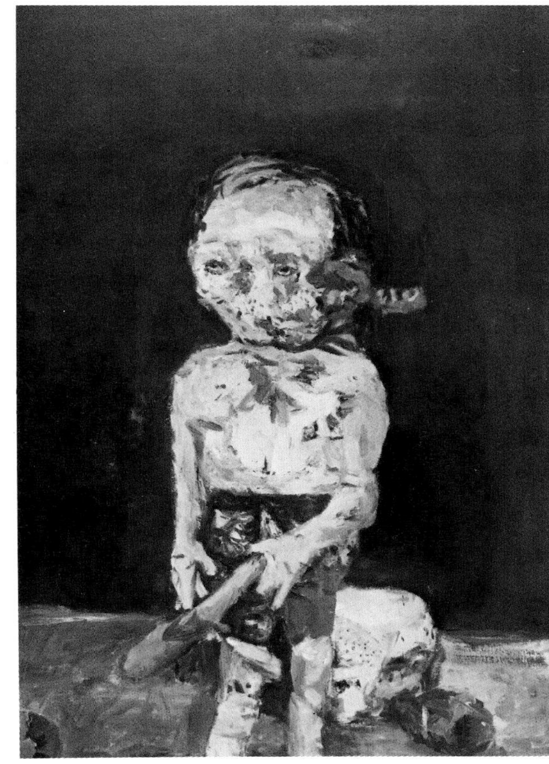

413 Georg Baselitz, Die große Nacht im Eimer. 1963. Aquarell auf Papier, 63 × 50 cm. Köln, Museum Ludwig

414 Karl Arnold, Unsers lieben Herrn Staatsanwalts braver Normalmensch. 1926. Collage aus dem Simplicissimus vom 4. 1. 1926

# Anmerkungen

## zu Kapitel I

1 Zu Begriff und Bedeutung von Mythos, Mythologie und zu den verschiedenen Mythos-Theorien: A. Horstmann in: *Hist. W B. d. Phil.* 6, S. 281 ff, *LdA Rel. S. 2,* 108–110, 110/111, 111–114; Burckhardt 1977, I, S. 15–50; II, S. 7 ff; 20 ff; III, S. 282–301; IV, S. 22 ff, 30 ff; Grant/Hazel 1980, Einleitung; Grassi 1957, S. 77 ff; Hübner 1985, S. 21 ff, 48 ff, 109 ff; Kerényi, *MG I,* S. 7 ff; II, S. 7 ff; ders. 1967, S. 182 ff, 285 ff; ders. 1971 passim, insbes. S. 13 ff, 35 ff, 193 ff, 240 ff, 260 ff; ders. 1982, passim; Kirk 1982, S. 11 ff, 213 ff, 263 ff; Kroker 1980/1891, S. 3–10; Moritz 1979, S. 9 ff, dort auch das Nachwort von Haupt S. 297 ff; Otto 1947, S. 9 ff, 19 ff, 127 ff, 167 ff, 227 ff; ders., *Musen* 1956, passim; ders. 1956, S. 7 ff, 28 ff, 69 ff, 119 ff; ders. 1963, S. 44 ff, 63 ff; ders. 1975, passim; Papaioannou 1973, S. 9 ff, 63 ff; Gruppe in: Roscher VII, 4, passim; Rose 1982, S. 1 ff: Simon 1985, S. 7–13; Stoll, S. 5–26; Vollmer 1983/1874, S. III ff; von Wilamowitz-Moellendorff 1984/1955, I, S. 1 ff, insbes. S. 40–44. Zur Annäherung an den Mythos im 20. Jh. und dessen Bedeutung für die ›Moderne‹ s. den von Bohrer herausgegebenen Sammelband 1983. Zu Begriff und Bedeutung der Mythographie: *Kl. Pauly 3,* S. 1542–1544; Killy 1984, passim. Über Vorgang und Begriff der ›Personifikation‹, der für die hier abzuhandelnden Rechtsgottheiten große Bedeutung hat, s. Roscher III, 2, S. 2068 ff; Reinhardt 1966, S. 7 ff. Zum sog. ›mythischen Denken‹: Snell 1980, S. 178 ff; kritisch Kirk 1982, S. 266 ff.

2 Kirk 1982, S. 11 ff, Zitat 26.

3 Homer, *Ilias (Il.)* I, 1; II, 484, 761; XIV, 508 u. ö.; *Odyssee (Od.) 1,* 1, 8, 62 ff, 73, 481, 488 u. ö.; Hesiod *Theogonie (Th.)* 1 ff, 22 ff, 1022 u. ö.; *Erga kai Hemerai (= Werke und Tage, W. u. T.)* 1, 662. Über diese Gottheiten, die erst seit Hesiod in der kanonischen Neunzahl auftreten: Otto, *Musen,* insbes. S. 23 ff; ders. 1956, S. 30/31; Kerényi, *M G I,* S. 83–85; Albert in Hesiod 1983, S. 41 (Anm. 1 zu Th. 1).

4 Der Naturwissenschaften, der Psychologie, der Geschichts- und Sozialwissenschaften: Hierzu Hübner 1985, S. 28 ff, 95 ff, 243 ff.

5 Hübner 1985, S. 239 ff, 257 ff, 271 ff, 276 ff, 281 ff, 285 f, 287 ff.

6 *Historien II* c. 53, 1980, I, S. 246/247; s. die berühmte Schelte des Xenophanes von Kolophon (ca. 570–475/70 v. Chr.), DK 21 B 11, Capelle 1968/1953, S. 121, Nr. 22 = Mansfeld 1983, S. 220/221, Nr. 25.

7 Hierzu Schadewaldt 1978, S. 85–91 (insbes. S. 88 ff), 100, 101 u. ö.

8 So auch Wolf 1950, S. 21, gegen Hirzel 1966/1907, S. 1/2 und Ehrenberg 1921, S. 3, mit der zutreffenden Bemerkung: »Es gab im frühen Griechentum weder gedankenlose Gestalten, noch gestaltlose Gedanken. Was der Grieche sah, dachte er, und was er dachte, sah er . . .«; s. auch Reinhardt 1966, S. 18 ff, und Hübner 1985, S. 110, 113, 124, 126, 127.

9 S. u. Anm. 24.

10 *Geist II 1* 1968/1894, S. 36, dort auch S. 50 ff über die »Ausscheidung fremdartiger ›Elemente‹ – des religiösen und moralischen – aus dem Bereich des römischen Rechts«; interessant auch *Geist II 2* 1968/1898, S. 349 ff, wo die Anschauungsweise des Laien, der sich dem Totaleindruck der Rechtsverhältnisse hingibt, ganz ähnlich wie die ›naive‹ Geisteshaltung der Frühzeit charakterisiert wird.

11 Ihr Beiname »schön« – Homer, Il. XV, 87; Hesiod, Th. V. 901 – bezieht sich auf ihre blanken Wangen und das Glänzende ihrer Erscheinung; *Th.* V. 16 verleiht ihr das Prädikat »ehrwürdig«.

12 Zu Themis sowie zum frühgriechischen und archaischen Rechtsdenken: Latte in *RE V A 2* 1934, (1626–1630) = 1968, S. 140–145; *Kl. Pauly 5,* S. 676; Roscher V, S. 570 ff, Ehrenberg 1921, S. 3–53 (zu Themis); Frommhold 1925, S. 18 ff; Hamdorf 1964, S. 50/51, 108–110; Hirzel 1966/1907, S. 1–56 (zu Themis); ders. 1902, passim; Hunger 1984/1974, S. 397; Kerényi, *MG I,* S. 82/83; Köstler 1950, passim; Latte 1920, passim; ders. 1968, S. 233 ff, 252 ff, 367 ff, 380 ff; Moritz 1979, S. 54/55, 86/87 u. ö.; Nilsson 1950, S. 38–41, 42–50, 50–56, 62–71; Panagiotou 1983, S. 48–50, 142; Preller/Robert 1964, S. 475–477 u. ö.; Primmer 1970, S. 5 ff; Reinhardt 1966, S. 26–32; Tsouyopoulos 1966, passim, insbes. S. 13–17, 26–32; del Vecchio 1950, S. 5–18; von Wilamowitz-Moellendorff 1984/1955, I, S. 201, 202/203, 205; Wolf 1950, S. 19–165, insbes. S. 22–34 (zu Themis), S. 70 ff (zu Homer), S. 120 ff (zu Hesiod), S. 69 eine Tafel zur Genealogie der Rechtsgottheiten; Wolff 1961, S. 1–90; ders. 1980, S. 557 ff. Einen Überblick über Themis im spätgriechischen u. byzantinischen Rechtsdenken gewinnt man aus der *Anthologia Graeca (Ant. Gr.) V,* 70; VII, 593; VIII, 106, 110; IX, 658; XI, 350; XII, 31; XVI, 38; zu Themis in der Emblematik: Henkel/Schöne 1967, S. 1722/1723.

13 Die Bedeutung ihres Namens ist bis heute nicht befriedigend geklärt – s. etwa Ehrenberg 1921, S. 42/43; Hirzel 1966/1907, S. 53–56, und Wolf 1950, S. 33, Anm. 6 –, wird aber überwiegend als »das Feststehende« gedeutet: so Latte 1968, S. 140. – Aischylos geht in *Prometheus* V. 209/210 sogar soweit, sie mit Gaia zu identifizieren; allerdings hält Latte diese Gleichsetzung für nicht ursprünglich und erklärt sie für eine ›Neuerung‹ des Aischylos; 1968, S. 142, s. auch S. 143.

14 Dazu Frommhold 1925, S. 20/21. Vielleicht trug es mit dem rechten Arm eine Waage als Attribut; denn der Stifter rühmt sich in der zugehörigen Inschrift – s. Latte 1968, S. 143 – seiner *dikaiosyne,* d. h. seiner Gerechtigkeit. Zu dieser Tugend, die Homer und Hesiod jedenfalls als Begriff noch gar nicht kannten, hat sich Themis gemäßes Verhalten im Laufe der Jahrhunderte ausdifferenziert.

15 S. Hesiod, *Th.* V. 901; Pindar (um 518 – nach 446 v. Chr.), fr. 13 (20), 1967, S. 348/349.

16 So vor allem von Hirzel 1966/1907, S. 2 ff, 17 ff, der diese Eigenschaft der Göttin aber doch wohl etwas überbewertet; s. Wolf 1950, S. 27 und Anm. 2, 28 und Anm. 3.

17 *Homerische Hymnen (Hom. Hym.)* XXIII, 2/3; Pindar, fr. 13/30), ders. 8. *Isthmische Ode* 31; ders. 1 3. *Olympische Ode* 9; Aischylos, *Prometheus* 18.

18 *(Kypr)* 8./7. Jh. v. Chr.; s. *RE XI,* 2 1921, S. 2348 ff, dort Sp. 2379 ff; *LdA Lit. 3,* S. 23. Ob die *Kypr.* wirklich die im Text erwähnte moralische Komponente vom hochmütigen Benehmen der Menschen und von dessen Ahndung durch den männermordenden Trojanischen Krieg enthielten, ist zweifelhaft; vgl. Hirzel 1966/1907, S. 2/3, Anm. 5. Von Scheffer folgt in seiner trotz einiger Schwülstigkeiten und Modernismen durchaus lesenswerten Neudichtung der *Kypr.* der moralischen Version: 1934, I, 4–6, 27 ff, 41 ff.

19 Die Vase ist in Furtwängler/Reichhold II S. 46–50 eingehend beschrieben; s. auch Charbonneaux/Martin/Villart 1977, I, S. 325/326. Themis sitzt – ein Zeichen für ihre wahrsagerischen Kräfte – auf dem sog. *Omphalos,* einem heiligen Stein im Apollon – Heiligtum zu Delphi, der als Erdmittelpunkt galt.

20 *Il.* XXIV, 29/30; ferner Euripides, *Andromache (Andr.)* 275–293; ders. *Troerinnen (Th.)* 924–934, ders. *Iphigenie in Aulis (Iph. A.)* 1298–1306; von Scheffer 1934, *Kypr. IV,* insbes. 224 ff, 402 ff, 551 ff; zum Parisurteil etwa Kerényi *GM* II, S. 245–248; Rose 1982, S. 99/100; Wolf 1950, S. 47/48; und ausführlich Reinhardt 1960, S. 16–36; zu antiken Darstellungen Clairmont (1952, passim.

21 Dies wiederum rief Zeus, den Hüter des Gastrechts, auf den Plan: Hierüber Aischylos, *Agamemnon (Ag.)* 40 ff, 60 ff; 362 ff, 339 ff; s. auch Herter in RE XVI, 2, S. 2344. Zu Helena als Tochter der rächenden Nemesis s. u. S. 21.

22 Aischylos, *Eumeniden (Eum.)* 1–4; hierzu Latte 1968, S. 142.

23 Plutarch (ca. 45–125 n. Chr.), *Theseus* c. 3, 1979/1980, I, S. 42/43, bei dem allerdings schon Apoll Herrscher des Orakels ist; s. auch Grant/Hazel 1980, S. 27, 31; Kerényi, *MG* II, S. 175; Reinhardt 1966, S. 31/32. Zum Zusammenhang des Themis-Kults in Troizen mit der Figur des Pittheus und dem Sagenkreis um Theseus: Ehrenberg 1921, S. 33/34. Beschreibung der Themis-Schale in Furtwängler/Reichhold III, S. 110–113. – Über weitere Orakelsprüche der Themis Ovid, *Metamorphosen (Met.) I,* 372–383; IV, 634; IX, 403–419.

24 Zur *thémis*-Vorstellung Homers, die mit derjenigen Hesiods übereinstimmt: Ehrenberg 1921, S. 4/5; Kerényi *MG I,* S. 82; Latte 1968, S. 233; Tsouyopoulos 1966, S. 14/15; Wolf 1950, S. 76–84, 95–100.

25 *Od.* 22, 1 ff; zum Begriff *athémistos*: Wolf 1950, S. 72–76, 84, 94/95, 104–107.

26 S. Wolf 1950, S. 75/76; Wolff 1980, S. 569–571; ähnlich bereits Ehrenberg 1921, S. 6, 8, 14, 15; zur mythischen Bedeutung des dem Herrscher verliehenen Zepters Hübner 1985, S. 119.

27 Latte 1968, S. 234.

28 *Il.* I, 188 ff, 194 ff, Agamemnon erhob Anspruch auf Briseis, weil er die ihm ursprünglich überlassene Chryseis auf Betreiben Apollons wieder an ihren Vater hatte herausgeben müssen. Über die Ölskizze von Rubens zu Abb. 7 Giltay 1983/1984, S. 62/63, Nr. 10: Die hämischgrinsende Herme vorn links stellt die Göttin des Streits, Eris (s. Hesiod *Th.*, V. 266) dar, die linke die blinde Wut.

29 Od. 11, 568–571. Zum Fehlen des Glaubens an eine Vergeltung im Jenseits in der ursprünglichen, griechischen Religiosität Rohde 1980/1898, I, S. 308 ff, insbes. S. 310/311 (Anm. 1); vgl. auch Tsouyopoulos 1966, S. 52–57 über die angeblichen Strafen an den Frevlern Tityos, Tantalos und Sisyphos (*Od.* 11, 576 ff im Hades s. Abb. 7b, unterer Streifen der apulischen Vase, wo links Sisyphos und rechts Tantalos zu sehen sind.)

30 Zu Abb. 7 a und b s. *PKG I* zu Abb. 239a; Schefold 1981, S. 150, 152. Zu einer Darstellung der drei Totenrichter aus der Renaissance (Abb. 202) W. Schild, Kap. III, S. 132 ff.

31 Hesiod, *Th.* V. 903, 1984, S. 75 und Pindar, fr. 13 (30), 1967, S. 350/351, der sie »früchteprangend und truglos (wahrhaftig)« nennt.

32 Zu diesem Bereich ihres Wirkens: *REVIII*, 2, 1913, S. 2300 ff; Kl. *Pauly 2,* S. 1215/1216; *LdARel. 1*, S. 315; Roscher I, 2, S. 2712–2738; Baumeister I, S. 700ff; *Lübkers Reallex*. S. 475; Grant/Hazel 1980, S. 211; Hamdorf 1964, S. 39/40, 100/101; Hunger 1984/1974, S. 184; Preller/Robert 1964, S. 477–480; Rose 1982, S. 48, 53, 121, 371 (Anm. 27) Epigramme auf die Horen in der *Ant. Gr. V, 70*; VI, 98; IX, 16; XII, 38; XIII, 28; XVI, 202.

33 Preller/Robert 1964, S. 478; s. auch Philostratos, *Die Bilder/Eikones II*, 34, 1968, S. 264/265.

34 *Hom. Hym.* III, 194; VI, 5ff, 14ff.

35 Über die enge Beziehung der Horen zu Dionysos, als deren Begleiterinnen sie auch auf der François-Vase (Abb. 8) erscheinen, Furtwängler/Reichhold I, S. 214/215; zur François-Vase Furtwängler/Reichhold *I s. 1* – 14; Simon/Hirmer 1981, S. 69–71; *L d A Ku. 1*, 238 und 339; *PKG* I zu Abb. 185b und 186 – überall dort, wo die Horen sich auf antiken Kunstwerken in der Mehrzahl zeigen, ist das naturhafte Element ihres Wesens, nicht das ethische angesprochen.

36 S. *RE* V, 1, 1903, S. 574ff; *Kl. Pauly 2*, S. 24ff; Roscher I, 1, S. 1018–1020; Ehrenberg 1921, S. 54ff; Gagarin 1973, S. 81ff und 1974, S. 186ff; Hamdorf 1964, S. 51–53, 110; Hirzel 1966/1907, S. 56ff; Panagiotou 1983, S. 50ff, 142ff; Papaioannou 1973, S. 99–102; Preller/Robert 1964, S. 150, 479; Schadewaldt 1978, S. 106ff; Tsouyopoulos 1966, S. 17ff, 57ff; Wolf 1950, S. 34ff, 130ff. Über Dike und Dikaiosyne in der *Ant. Gr.*: III, 11; V., 298; VII, 580, 697; VIII, 246, 247; IX. 164, 362, 445, 658, 659, 779; XI, 350, 380; XIV, 122.

37 Eine anschauliche Schilderung der aus Dike abgeleiteten personifizierten Tugend der Gerechtigkeit (*Dikaiosyne*) bringt der römische Eklektiker Aulus Gellius (wohl 113–165 n. Chr.), die er vom Stoiker Chrysippos (3. Jh. v. Chr.) übernahm: *Attische Nächte*, Buch IV 4, §§ 3–5; s. Kissel, 1984, S. 22 bei Anm. 19.

38 Es handelt sich um ein Weihegeschenk für das Zeus-Heiligtum in Olympia: *Pausanias, Beschreibung Griechenlands,* Buch V, 17,5–19,10; Erwähnung der Dike 18,2, 1972, I, S. 270; sehr schöne Rekonstruktionszeichnung der Lade bei Schefold 1964, S. 68/69; s. auch *L d A Ku. 2*, 33 und Latte 1968, S. 244.

39 Nachweis bei Waser, *RE V*, 1, 1903, S. 578, dort auch Hinweise auf weitere Vasenbilder; zu Peirithoos und dessen Bestrafung für den Frevel, die Gemahlin des Unterweltgottes Hades, Persephone, zur Frau begehrt zu haben: Grant/Hazel 1980, S. 323/324; *Kl. Pauly 4*, S. 586/587; Schefold 1978, S. 154–157 u. ö.; zu Dike als Unterweltgöttin; Sophokles: *Antigone*, 451. – Mit der Waage wird sie nur von wenigen in Verbindung gebracht: z. B. von Aischylos, *Choephoren (Cho.)* 61 und Bakchylides (um 516–450 v. Chr.) *Siegesgesänge. IV*, 12 und *Dithyramben XVIII* (III), 25/26 in: Simonides/Bakchylides 1969, S. 78/79, 152/153; s. auch *Hom. Hym.* IV, 324. Bildnisse der Dike mit Waage sind mir nicht bekannt; wohl aber solche der Dikaiosyne mit Waage, Zepter oder Füllhorn: s. Hinweise bei Waser, *RE. I*, 1 1903, S. 564; dem entspricht die Personifikation und Darstellung der Aequitas (Billigkeit) bei den Römern; hierzu unten S. 32.

40 Preller/Robert 1964, S. 871 und Frommhold 1925, S. 22, meinen, nicht Dike sei dargestellt, sondern eine hewaffnete Aphrodite.

41 Wolf 1950, S. 133, s. ferner, S. 85, 107ff, 113ff, 117ff.

42 Zum *díke*-Begriff und seiner sozialen Bedeutung insbes. Ehrenberg 1921, S. 62ff; über Dike als Beisitzerin des Zeus Hesiod *W. u. T.* V. 258ff, 267ff. Aischylos, fr. 195, 1980, S. 642/643. – Zur umstrittenen Ethymologie des Wortes *díke* – es wird überwiegend von *deíknymi* = zeigen, weisen, abgeleitet – Schadewaldt 1978, S. 108.

43 Zu Prometheus: Th. 535–569, 614–616; W. u. T. 42ff, 50–52; zu Pandora: W. u. T. 60ff: Th 570ff. Zum Prometheus-Pandora-Mythos: Fränkel 1968, S. 329–334; Grønbech 1967, S. 140–143; Heitsch 1966, S. 327ff, 342ff, 367ff, 411ff, 419ff; Marg in: Hesiod 1984, S. 224ff, 235ff, 343–346; Panofsky 1962, passim (S. 3–10 zur antiken Überlieferung); Preller/Robert 1964, S. 97/98 u. ö.; Reinhardt 1960, S. 191ff; Roscher III, 1, S. 1520–1530; III, 2, S. 3032ff; Schefold 1964, S. 29, 36, 49, 54, 61, 65; ders. 1978, S. 51ff; ders. 1981, S. 72–75 (dort auch zu Abb. 13), S. 87–91; von Wilamowitz-Moellendorff in: Hesiod 1970, S. 48–53, 137/138.

44 *W. u. T.* V. 106–201; vgl. die Fassungen, die dieser Mythos bei Aratos (um 310–250 v. Chr.), *Phainomena (Ph.)* V. 96–136 und bei Ovid (43 v. Chr. – 17/18 n. Chr.), *Met.* I, 89–162 erhielt; s. ferner Babrios I, Prolog: Irmscher 1978, S. 243 = Mader 1973, S. 227. Zu Hesiods Version: Heitsch 1966, S. 367ff (373ff), 439ff, 450ff, 471ff, 523ff, 545ff (547ff), 602ff; Marg in: Hesiod 1984, S. 346–350; von Wilamowitz-Moellendorff in: Hesiod 1970, S. 53–64, 139–141.

45 Ovid, Met. I, 90; Aratos, Ph. V. 107. Über diese Konzeption einer positiv verklärten, seligen Urzeit und die Gegenkonzeption, nach der dies Weltalter als primitiv und einfältig und rechtlos erscheint, aufschlußreich Panofsky 1980, S. 62ff, insbes. S. 67/68 und 85/86 (Anm. 22–27). – Zu den Abb. 14–17e: Antike Darstellungen der Weltalter sind mir nicht bekannt. Renaissance und Humanismus, die – auch hierin von antiken Vorbildern inspiriert – ausgiebig über die menschlichen Anfänge nachdachten (s. Panofsky, a. a. O.), nahmen sich des Themas auch bildnerisch an. Cranach hat es originell und ansprechend in seine Zeit und sein ganz unantikisches Schönheitsideal übersetzt. Da seine Bilder trotz vieler anekdotischer Details einen deutlichen Bezug zu den klassischen Texten weitgehend vermissen lassen, sehe ich mich außerstande zu bestimmen, welchem Dichter – Hesiod, Ovid oder wem sonst – er gefolgt ist; zu Abb. 14: W. Schade 1977, S. 70; zu Abb. 16: der landläufige Titel *Das Silberne Zeitalter* dürfte auf einem Irrtum beruhen – Schade/Flügel/Kroll 1983, S. 301. Sehr viel näher an seine Textvorlage Hesiod hält sich Flaxman (Abb. 17a–e) mit seinen berühmten Umrißzeichnungen zu Hesiod und anderen griechischen Klassikern: dazu Hofmann 1979, S. 106ff, 150/151, 178ff und die Übersicht S. 220/221; Popitz 1982, S. 26–28 (Nr. 1/3–1/6); zu Zucchi s. u.

46 *W. u. V.*, S. 197–200; gemeint ist folgendes: Wenn Aidos – »Scheu und Respekt vor dem, was Achtung verlangt« (Marg in: Hesiod 1984), S. 349 – und Nemesis – die tadelnde Nachrede, »das Verargen, mit dem man die Verstöße anderer feststellt und mißbilligt« (Marg, a. a. O. S. 350; so die Bedeutung der Gottheit bei Homer und Hesiod; zu ihrer späteren Bedeutung Abschn. I 3a) – zum Olymp entwichen sind, wenn also die inneren (Scham) und äußeren gesellschaftlichen (Nemesis) Sanktionen widerrechtlichen, schändlichen Verhaltens ausbleiben, ist die Menschheit reif für ihren Untergang.

47 *Ph.* 133–135 1971, S. 12/13 und Erläuterungen S. 73/74; zum Sternbild der Jungfrau, welche bei Aratos auch Astraea (= Sternenjungfrau) heißt: *Lübkers Realle x*, S. 986, Nr. 13; *Kl. Pauly 5*, S. 361, Nr. 6; *Roscher IV*, S. 1453/1454; Frommhold 1925, S. 28/29; bei Vergil, *Georgica II*, 474; Ovid, *Met.* I, S. 150; Juvenal (58–138 n. Chr.) *Satiren* VI, S. 19/20 u. a. (s. *R E, Suppl*, XV S. 805–809) entschwindet Dike/Astraea/Justitia ebenfalls. – Abb. 18a, eine Federzeichnung des auf mythologische Themen spezialisierten Graphikers La Fage aus Toulouse, ist eine zwar nicht erschöpfende, aber sehr lebhafte und detailfreudige Wiedergabe der Ovidischen Schilderung des Eisernen Weltzeitalters (*Met. I*, 127–150): Im Hintergrund links brennt eine Stadt (Krieg), rechts deutet ein Schiff mit Bewaffneten auf die auch von Hesiod sehr negativ bewertete Schiffahrt. Männer vergreifen sich an Frauen (Mittelgrund links). Im Vordergrund sind drei Männer im Begriff, ihre Gegner mit Schwert oder Dolch zu töten. Einer bückt sich nach einem vielleicht mit dem verderblichen Gold gefüllten Sack. Astraea mit Waage und Liktorenbündel (Liktoren waren in Rom die öffentlichen Diener der hohen Magistrate, insbesondere des Prätors als obersten Gerichtsherrn) entschwebt auf dunklen Wolken. Ausführlich zu Dike/Astraea/Justitia W. Schild, Kap. II S. 45.

48 Frommhold 1925, S. 38.

49 S. Legner 1985, S. 331–333, Nr. B 107–B*2. Die zugehörigen Beschreibungen in der Klosterneuburger Handschrift, spätes 12 Jh./Anfang 13. Jh. (Nr. B 108, fol. 73 v), und der Zwettler Handschrift, nach 1200 (Nr. B 107, fol. 88 r), sagen ausdrücklich: »virgo quae et iustitia appellatur = Die Jungfrau, welche auch iustitia genannt wird.«

50 Zum folgenden: Puttfarken 1980, S. 130ff, insbes. 133f, 134ff, 137ff, 139ff, 142ff; s. auch die Angaben in *Gli Uffizi* 1979, S. 596/597, Nr. P 1915–1917.

51 Hierzu Seiten 130ff, 178ff.

52 Hesiod, *Th*, 902; zu dieser Gottheit und zum antiken Friedensgedanken *Re V*, 2, 1905, S. 2128ff; *Kl. Pauly 2*, S. 216/217. Roscher I, 1, S. 1221/1222; Hamdorf 1964, S. 53–55, 110/111; Keil 1916, passim; Nestle 1938, passim; Panagiotou 1983, S. 205ff; Scheibler 1984, passim; Wolf 1950, S. 64/85. Zu Eirene/Pax in der Emblematik Henkel/Schöne 1967, S. 1560–1562.

53 Der Vater des sehr viel berühmteren Bildhauers Praxiteles; zur Plastik der Eirene ausführlich Scheibler 1984, S. 48/49 (Abb. 1, 12, 13, 14). Erstaunliche Ähnlichkeit weist Eirenes ruhevolles Antlitz (Abb. 22) mit Ambrogio Lorenzettis edler Gestalt der Pax (Abb. 206) auf; vgl. W. Schild, Kap. III, S. 139.

54 Man schlug auch Begriffe wie ›Wohlordnung‹ oder ›Gute Ordnung‹ vor, ohne Bedeutungsreichtum und Schönheit der Begriffsfügung des griechischen Worts je erreichen zu können. Zu dieser Göttin *RE VI*, 1, 1907, S. 1129ff; Roscher I, 1, S. 1404/1405; Ehrenberg 1965, S. 139ff; Jaeger in: Eisenhut 1970, S. 7ff, insbes. S. 26–31; Hamdorf 1964, S. 55/56, 111; Panagiotou 1983, S. 190ff; Wolf 1950, S. 65/66.

55 S. die Beschreibung des Kraters bei Furtwängler/Reichhold III, S. 170–175, dort S. 172 zu Eunomia; vgl. auch Roscher III, 2, S. 2068ff, insbes. S. 2117–2119 über Darstellungen der Eunomia im Gefolge Aphrodites.

56 *RE XVI*, 2 1935, S. 2338ff; *Kl. Pauly 4*, S. 48/49; *LdA Rel. 2*, S. 116/117; Roscher III, 1, S. 117ff; Baumeister II, S. 1007–1009; Ehrenberg 1921, S. 31/32; Hamdorf 1964, S. 35/36, 96/97; Hirzel 1966/1907, S. 306–308; Hunger 1984/1974, S. 268; Kerényi 1966, S. 52ff, 56ff; Kretzenbacher 1958, S. 45–48; Preller/Robert 1964, S. 535–538; Schweitzer 1931, S. 175ff; Wolf 1950, S. 56–58. Zu Nemesis in der Emblematik Henkel/Schöne 1967, S. 1811–1813; zum *némesis-* (= Straf- und Vergeltungs-) Gedanken bei Linné s. Lars Gustafsson in: Linné 1981, S. 293ff.

57 Kerényi *GM I*, S. 85; dort wird zutreffend darauf hingewiesen, daß der Wirkungsbereich dieser Göttin sich mit demjenigen der Erinyen überschneidet, denn auch diese Rachegöttinnen greifen ein, wenn die Ordnung der Themis verletzt wurde, allerdings werden sie nur bei ganz elementaren Verstößen aktiv.

58 Zum vieldeutigen Begriff des Schicksals und des von ihm zugemessenen Anteils sowie zu den Moiren als Schicksalsgöttinnen Hesiod, *Th.* V. 217–219, 904–906; *Kl. Pauly 3*, S. 1391–1396; *LdA Rel 2*, S. 97/98; Roscher II, 2, S. 3084ff; Dodds 1970, S. 5–8 u. ö.; Hamdorf 1964, S. 33/34, 95/96; Marg in: Hesiod 1984, S. 136, 286/287.

59 Zu den kleinasiatischen Kulturen der Nemesis Roscher III, 1, S. 121–123; zum Kult in Rhamnus, a. a. O., S. 124–128.

60 *Beschreibung Griechenlands I*, 33, 1972, I, S. 91/92; ausführlich Roscher III, 1, S. 147–155; vgl. auch *RE XV, 2*, S. 2348–2352; Kissel 1984, S. 129/130 (Anm. 20). Nach den Maßangaben der Skizze des griechischen Archäologen Despinis, die in Werner Fuchs, *Die Skulptur der Griechen*, 3. Aufl. Darmstadt 1983, S. 206 (Abb. 221) wiedergegeben ist, muß die Plastik über 8 m hoch gewesen sein.

61 S. o. bei Anm. 18–21; über Nemesis' Rolle in den *Kypr. RE XVI, 2*, S. 2342–2346; Roscher III, 1, S. 118–121; Kerényi 1966, S. 52ff; Wolf 1950, S. 58.

62 Zu den weiteren Attributen *RE XVI, 2*, S. 2374–2376; Roscher III, 1, S. 136–140. Epigramme auf Nemesis in der *Ant. Gr. VI*, 283; VII, 630; IX, 146, 405; X, 123; XI, 216, 326; XII, 12, 33, 141, 160, 193, 229; XVIII, 221–224, 251, 263.

63 Zu Tyche: Roscher V, S. 1309ff; Hamdorf 1964, S. 37–39, 97–100; Wolf 1950, S. 35; zum spätantiken, stark orientalisch, insbes. vom ägyptischen Alexandria, geprägten synkretistischen Nemesis-Kult: Schweitzer 1931, S. 175ff, dort 175–183; Skutsch 1936, S. 50–55, 57/58.

64 Der falsche Titel wurde in Anlehnung an das sog. *Kleine Glück*, einen Kupferstich von 1496, geprägt, bei dem es sich tatsächlich um eine Fortuna-Darstellung handelt. Zur Nemesis: Panofsky 1977, S. 109/110 u. ö. (S. 109 das im Text gebrachte Zitat).

65 Es kann als Strafsymbol gedeutet werden, das vielleicht von dem auf ein Rad gefesselten, in der Unterwelt büßenden Frevler Ixion – s. Roscher II, 1, S. 766ff, *LdA Rel. 2*, S. 26; Grant/Hazel 1980, S. 230; Schefold 1981, S. 154–156; Abb. 203, 204, 206, 208 – auf sie übertragen wurde, oder als Symbol ihrer Allgegenwart, denn sie durchwaltet ausgleichend das ganze Universum und ist in rastloser Bewegung.

66 Zu Kairos: *RE X, 2*, noch 1919, S. 1508ff; *Kl. Pauly 3*, S. 48; *LdA Rel. 2*, S. 48; Roscher II, 1, S. 897ff; Hamdorf 1964, S. 40/41, 101; Kretzenbacher 1958, S. 41–44; Reinhardt 1966, S. 33.

67 Der um 270 v. Chr. tätige hellenistische Epigrammdichter Poseidippos hat es anmutig beschrieben: *Ant. Gr.* XVI, 275; zu Kairos noch X, 52; XII, 31.

68 Zu dieser sprichwörtlichen Wendung, die den kritischen Moment bezeichnet, in dem man sich und seine Sache zu bewähren hat: Homer, *Il. X*, 173; Aischylos, *Cho.* 883; Erasmus von Rotterdam (1466/69–1536), *Adagia I*, 1, 18 1984, S. 16. – Zur Bedeutung des günstig gewählten Augenblicks: Hesiod, *W. u. T.* 694; Snell 1938, S. 13, 101. – Auch die Emblematik nahm sich des Kairos an, allerdings des lateinischen Synonyms *Occasio*, weshalb sie ihn zu einer schönen, nackten Frau umgestalten mußte: Henkel/Schöne 1967, S. 1809–1811.

69 Literatur: *RE Suppl VIII* 1956, S. 82ff; *Kl. Pauly 2*, S. 358/359; *LdA Rel. 1*, S. 232; Roscher I, 1, S. 1310ff; Baumeister I, S. 494/495; Hunger 1984/1974, S. 127/128; Kerényi *MG I*, S. 42–44; Otto 1947, S. 21ff; Preller/Robert 1964, S. 834–842; Rose 1982, S. 78, 79–83 u. ö.; von Wilamowitz-Moellendorff 1984/1955, I, S. 391–400. Emigramme in der *Ant. Gr.*: VII, 188, 377, 745; VIII, 199; IX, 470; XI, 127, 189, 411, 424. Zu den Erinyen/Furien in der Emblematik Henkel/Schöne 1967, S. 1792/1793.

70 Hesiod, *Th.* 183–185; Aischylos macht sie zu Töchtern der Nacht: *Eum.* 321/322; so auch die Mehrheit antiker Autoren, *RE Suppl, VIII*, S. 85.

71 S. *Kl. Pauly 2*, S. 358; die Herkunft ihres teilweise auch mit doppeltem ›n‹ geschriebenen Namens ist nach wie vor umstritten; zu den verschiedenen Deutungsmöglichkeiten *RE Suppl VIII* S. 83/84; weiten Anklang hat die Ableitung vom Verbum *erinýein* = zürnen gefunden; dagegen etwa Rose 1982, S. 80; Rohde 1980/1898, II, S. 64 (Anm. 1).

72 Aischylos, *Cho* V. 1021ff, 1048ff.

73 Weshalb sie bei den Römern *furiae* = die Rasenden hießen: s. Rose 1982, S. 80 unten. Roscher I, 2, S. 1559–1564. Zum Vergleich der Erinyen mit blutgierigen Hunden Aischylos, *Cho* V. 924/925, 1054; Roscher I, 1, S. 1316.

74 Rohde 1980/1898, I, S. 269, 270; vgl. Nilsson 1967, S. 101, und Rose 1982, S. 80.

75 S. im einzelnen *Il.* IX, 454, 571/572; XV, 204; XIX, 87, 259, 418, *Od.* 17, 475; ferner Hesiod, *W. u. T.* 803.

76 *RE Suppl VIII*, S. 124–127; Kerényi, *MG I* S. 43.

77 58ff, 131ff; s. bereits *Cho.* 1048–1058.

78 Eine der frühesten Darstellungen überhaupt – von Roscher I, 1, S. 1333 in die erste Hälfte des 5. Jhs. v. Chr. datiert – auf einer rotfigurigen Vase zeigt eine Erinys mit langem Gewand und zwei Schlangen in den ausgestreckten Armen.

79 Zu diesem Feind des Dionysos und dessen furchtbarer Rache Grant/Hazel 1980, S. 269, Nr. 1; Roscher II, 2, S. 2192–2204, Nr. 1; vgl. auch *Il. VI*, 130ff.

80 Über den schönen, edlen Hippolytos, den Verehrer der Artemis und Verächter Aphroditens, deren Anschläge ihm zum Verhängnis wurden, Roscher I, 2, S. 2681–2687, Nr. 5; Grant/Hazel 1980, S. 209, Nr. 1 und das 428 v. Chr. uraufgeführte gleichnamige Drama des Euripides.

81 S. Bernd Schneider 1983, S. 66/67, Nr. D 5.

82 *Aen*; VI, 548–627 (über die Furien 555/556, 570–572, 574/575 und VI, 280); Beschreibung der Abb. 30 in: Vergil 1979, S. 377; weitere Furien-Darstellungen a. a. O., S. 155, 189, 191, 194, 196, 198 – Es bleibt noch zu bemerken, daß die Darstellung der Vergilischen Unterwelt in dieser Holzschnittfolge sehr markant von der christlichen Höllenauffassung geprägt ist (a. a. O., S. 366), wie ja auch umgekehrt die Vorstellungen Vergils die christliche Konzeption der Hölle (namentlich über Dante) nachhaltig beeinflußt haben.

83 Zu diesem Zyklus Manfred Boetzkes 1984, S. 286; s. auch das vorhergehende Bl. Nr. 44, a. a. O. S. 250, Abb. 326. Euripides hat dieser Deutung der Erinyen vorgearbeitet: Bei ihm ist ihre Wirksamkeit weitgehend verinnerlicht, sie sind Ausgeburten des schlechten Gewissens und der Reue, die im Schuldigen den Wahnsinn erzeugen: S. *Orestes*, 380ff, insbes. 396, 408; *Iphigenie im Taurerlande*, 281ff; vgl. auch von Wilamowitz Moellendorff 1984/1955, I, S. 399 und Anm. 3.

84 Zu ihm Plutarch, *Solon* 1979/1980, I, S. 211–250; *RE III A 1* 1927, S. 946ff; *Kl. Pauly 5*, S. 262ff; *LdA Lit. 4*, S. 202–204 (vgl. *LdA Gesch. 3*, S. 210/211).

85 Besonders aufschlußreich für sein Rechtsdenken sind drei Gedichte: *Die Elegie an die Musen*, fr. D 1; *Die große Staatselegie*, fr. D 3 und *Politische Rechenschaft*, fr. D 24, in: Solon 1945, S. 32–37, 16–19, 30/31: hierzu insbes. Jaeger 1973, I, S. 187–205; ders. in: Eisenhut 1970, S. 7–31; Latte 1968, S. 243/244; Schadewaldt 1978, S. 113–121; Wolf 1950, S. 189–217.

86 *LdA Gesch. 3*, S. 211; Schefold 1964, S. 78; ders. 1978, S. 51ff, 273.

87 Zu Theseus: *Kl. Pauly 5*, S. 750/751; *LdA Rel. 2*, S. 280–282; Roscher V, S. 678ff; Baumeister III, S. 1786ff; Brommer 1982, passim; der (S. VIII) von 900 Vasen und 350 anderen bildlichen Darstellungen spricht, die sich mit Theseus befassen; Grant-Hazel 1980, S. 398–406; Rose 1982, S. 257ff; Schefold 1978, S. 150–168; ders. 1981, S. 248–252, 258 u. ö. Antike Quellen sind z. B. Bakchylides *Dithyramben* Nr. 17 und 18, Simonides/Bakchylides 1969, S. 150–165 und Plutarch 1979/1980, I, S. 41–75.

88 561 v Chr. hatte Peisistratos die Macht an sich gerissen und das Amt des Alleinherrschers in maßvoller Weise bis 528 v. Chr. ausgeübt. Sein Sohn Hippias regierte zunächst nach den Grundsätzen seines Vaters und wandte erst nach der Ermordung seines Bruders und Mitregenten Hipparchos durch Harmodios und Aristogeiton tyrannische Methoden an; s. *LdA Gesch. 2*, S. 119 und *3*, S. 52/53; Fehr 1984, S. 5/6; Höhn 1948, S. 136–152.

89 *LdA Gesch. 2*, S. 194, Nr. 1; Hönn 1948, S. 153–160.

90 Beschreibung der Euphronios-Schale (Abb. 32) bei Furtwängler/Reichhold I, S. 27–30, III, S. 117–123; vgl. auch *PKG I* zu Abb. 208; zum Zyklus der Theseus-Taten und seiner Darstellung (z. B. Abb. 34) s. Brommer 1982, S. 65–76.

91 Zu den Vorsokratikern, die nach und nach die mythische Sehweise, die die Vorgänge in der Natur- und Menschenwelt auf das Wirken personaler Mächte – der Götter – zurückführte, durch das Prinzip rationaler Erklärung ersetzten und dadurch die Wissenschaft und mit ihr den Logos des Rechts begründeten: Capelle 1968/1953, S. 1ff, 10ff; Fränkel 1976, S. 289ff; Jaeger 1973, I, S. 206ff; Kirk 1982, S. 263ff; Lesky 1971, S. 193–200; Mansfeld 1983, S. 9ff; insbes. S. 15–18, 21–25. – Zum Verhältnis der Lyrik zum Mythos, die ja auch als Kunstform in einem aufschlußreichen Kontrast zu derjenigen tritt, in der der Mythos sich ausdrückt: dem Epos, s. Fränkel 1976, S. 147ff; Jäger 1973, I, S. 160ff.

92 Vgl. Mansfeld 1983, S. 21–25.

93 Ausgewählte Literatur: Bowra 1968, S. 137–184; Buschor 1963, passim; Kott 1975, passim; Lesky 1971, S. 260ff; ders. 1972, passim; ders. 1984, passim; Aufsätze von Seeck, Hans-Joachim Newiger und Frank Kolb in: Seeck 1979, S. 1ff, 155ff, 434ff, 504ff; von Wilamowitz/Moellendorff 1979/1981/1984, I, A. 44ff, 121ff, 221ff.

94 Neben der in Anm. 93 genannten Literatur speziell zu Aischylos: Hommel 1974, I/II, passim; Jaeger 1973, I, S. 307–342; Lesky 1966, S. 92ff, 220ff, 233ff, 264ff; ders. 1971, S. 279–311; Reinhardt 1949, passim; ders. 1960, S. 136ff, 167ff, 191ff (dort 207ff); Herwig Görgemanns in: Seeck 1979, S. 13–50. Zum Rechtsgedanken bei Aischylos: Phanis J. Kakridis in: Hommel 1974, II, S. 369–380; Kaufmann–Bühler 1951, passim; Wolf 1950, S. 340–424.

95 458 v. Chr. uraufgeführt; sie besteht aus den Dramen: *Agamemnon (Ag.), Choephoren (Weihgußträgerinnen, Cho.), Eumeniden (Eum.),* s. Aischylos 1980, S. 6ff, 110ff, 184ff; s. auch S. 720–729. Speziell zur *Orestie:* Aufsätze in Hommel 1974, II, S. 149–327; Kaufmann-Bühler 1951, S. 59ff, 84ff, 95ff, 102ff; Kraus 1984, S. 166–183; Lesky 1943, passim; ders. 1966, S. 92–110; Wolf 1950, S. 379–424.

96 Anrufungen Dikes und Hinweise auf sie sind schon im *Ag.* (z. B. 249, 383, 774, 1432, 1607, 1611) nicht selten; sie häufen sich in den *Cho.*: 54ff, 147/148, 244, 274, 306–314, 397/398, 400–404, 461/462, 496–498, 556–558, 639–641, 927, 935–941, 946–952, 978/979; zum Vergeltungsglauben des Aischylos Nilsson 1950, S. 44–46. In den *Eum.* wird Dike auffälligerweise nicht mehr angerufen; wohl deshalb, weil – wie Wolf 1950, S. 408f meint – Dike im Lichtgott Apoll, dem Vertreter der Rechte des Vaters und Ehemannes, aufgegangen ist (s. auch *Eum.* 85).

97 Zur Institution des Areopag, dem vor allem die Blutgerichtsbarkeit (über Mord und Totschlag) übertragen war: *Kl. Pauly 1,* S. 524/525.

98 *Eum.* 179ff; zu Abb. 37cs. *Eum.* 94ff; Beschreibung der Vase Abb. 36 bei Furtwängler/Reichhold III, S. 362–369.

99 Skeptisch zu einem ›Fortschritts‹-Gedanken bei Aischylos: Reinhardt 1949, S. 154ff, 160–162 und Wolf 1950, S. 410–414, 419–424.

100 Zu Augustus: *Kl. Pauly 1,* S. 744–754; *LdA Gesch 1,* S. 164–167; Bengtson 1981, insbes. ab S. 55ff; Domaszewski 1914, I, S. 11–250; Grant 1983, S. 69–104; Heinze 1972, S. 163–171; Kornemann 1938/1939, II, S. 128–136; Mann/Heuss IV, 2, S. 319–330. Zu seinen kulturellen Leistungen: Heinze 1983/1933, passim; Ogilvie 1984, passim; Aufsätze von Ulrich Knoche und Reinhard Herbig in: Oppermann 1984, S. 359ff, 400ff. Zum kaiserlichen Herrscherbild Vierneisel/Zanker 1979, passim.

101 S. Augustus, *Res gestae (R.g.)* 13, 1983/1975, S. 14/15; hierzu Giebel, a. a. O. S. 49/50 (Anm. 26); zu Augustus' Friedenspolitik: Bengtson 1981, S. 95–111: Augustus schloß den Tempel dreimal: 29 v. Chr., 25 v. Chr. und zwischen 8 und 1 v. Chr. Vor Augustus wurde er angeblich nur zweimal geschlossen.

102 Das Zeitalter der Revolutionen und Bürgerkriege begann mit den Reformversuchen des Tiberius Gracchus (133 v. Chr.) und endete mit dem Sieg des Augustus bei Actium über seinen Rivalen Marcus Antonius (31 v. Chr.); dazu Kornemann 1938/1939, I, S. 410–599; II, S. 1–127; Mann/Heuss IV, 1, S. 177–316.

103 Nestle 1938, S. 58–61.

104 *S.R.g.* 12, 1983/1975, S. 14/15 und S. 49 (Anm. 25). Zur Ara Pacis *RE XVIII, 2,* 1942, S. 2082ff; Bengtson 1981, S. 106/107; Bianchi Bandinelli 1975, S. 100–103; Domaszewski 1977–1979, S. 90–103; Moretti 1962, passim.

105 V. 29–32 Horaz 1970/1967, S. 220/221; zu diesem Gedicht: Büchner 1968, S. 321–323; Fraenkel 1983, S. 427ff.; Jan Gagée in: Oppermann 1980, S. 14ff. Tellus/Gaia, die auch als Ceres, Venus Genetrix (Ahnherrin des Julischen Herrscherhauses) und sogar als Pax gedeutet wird, ist umgeben von den Genien der Luft (links) und des Wassers (rechts).

106 Vergil: *Bucolica IV* 1970, S. 22–27; zit. wird V. G; zu diesem bis heute nicht ganz enträtselten Gedicht: Hommel in: Oppermann 1981/1976, S. 368ff; Klingner 1967, S. 72–82; Kraus 1984, S. 357ff; Gerhard Radke in: Vergil 1970, S. 503–518; s. auch S. 499–503; Antonie Wlosok in: Pöschl 1983, S. 68ff; zum mutmaßlichen politischen Hintergrund – Vergil spielte mit dem himmlischen Knaben (S. 7ff, 18ff, 37ff, 49ff, 60ff) wahrscheinlich auf den von Octavianus (dem späteren Augustus) sehnlich erwarteten Sohn an – auch Kornemann 1938/1939, II, S. 106/107.

107 S. bei Anm. 47ff.

108 Interpretiert man Rosas Gemälde in diesem Sinne – als Illustration zu der im Text zit. Zeile aus Vergils IV. Ekloge: so etwa Klauner 1981, S. 393/394 – dann kann es gleichzeitig »als poetische Anspielung auf die glückliche Regierung des Hauses Medici« (a. a. O. S. 394) über Florenz aufgefaßt werden, wo Rosa von 1640–1649 besonders glückliche Jahre verlebte.

109 *Georgica (G.)* II, 473, 474, 1970, S. 118/119. Deshalb nennt Vergil Italien auch Saturnisches Land (*G.* II, 173; vgl. auch II, 538). Zu Vergils Konzeption des Bauernlebens als Inbegriff rechtschaffenen Lebenswandels und der *iustissima tellus* (allgerechteste Erde), die dem Landmann leichten Lebensunterhalt gedeihen läßt: Klingner 1967, S. 268ff (s. auch S. 257ff). Wili 1930, S. 59ff, 64ff; über Vergils Beziehungen zu Hesiod und seinen mit Hesiod vergleichbaren Ernst: Klingner 1967, S. 177ff, 182ff; Götte in: Vergil 1970, S. 488ff. – Wallace 1967, S. 433/434 sieht in Rosas Bild eine Veranschaulichung der Szene *G* II, 473/474: Justitia/Astraea übergibt den ehrfürchtig zu ihr aufschauenden Bauern ihre Insignie, die Waage. Er kann sich für seine Deutung auf einen Brief Rosas berufen: S. 433, Anm. 17.

110 Ogilvie 1984, S. 119ff.

111 Zum Begriff *pax* und seiner Personifikation Pax: *RE XVIII,* 4 1949, S. 2430ff; *Kl. Pauly 4,* S. 576; *LdA Rel.* 2, S. 151; Roscher III, 2, S. 1719–1722; Klingner 1961, S. 600ff; Harald Fuchs und Eiliv Skard in: Oppermann 1983, S. 23ff, dort S. 24; S. 173ff, dort S. 205, 207/208; Scheibler 1984, S. 51–56.

112 Vgl. Vergil, *Aen. VI,* 851–853: zu diesen berühmten Versen Klingner 1961, S. 603/604; Schadewaldt in: Oppermann 1981/1976, S. 67/68; wichtig auch Jhering, der *Aen. VI,* 851 als Motto über seine brillante Charakterisierung des römischen Geistes in § 20 seines *Geist I,* 1968/1907, dort S. 312, gesetzt hat. – Auch Horaz huldigte diesen Vorstellungen: *Carmen Saeculare* 51–56.

113 S. Kent/Overbeck/Stylow/Hirmer 1973, S. 104 und T. 57 (Nr. 222); vgl. damit T. 103 (Nr. 439), S. 133 und T. 125 (Nr. 556), S. 148 sowie Scheibler 1984, Abb. 24, 27–30 und Anm. 40 (S. 57). Noch sehr viel häufiger war Victoria selbst abgebildet; wie schon bei den Griechen erwies sie sich als die zugkräftigere Personifikation, woran sich auch in christlicher Zeit (seit Constantin dem Großen, 307–337 n. Chr.) nichts änderte: Kent/Overbeck/Stylow/Hirmer 1973, T. 160–172.

114 S. Kent/Overbeck/Stylow/Hirmer 1973, T. 113 (Nr. 512; s. auch Nr. 510/511), S. 142/143.

115 Eine gute, wenn auch bewußt unvollständige Übersicht gibt Lothar Wickert in: *Kloft* 1979, S. 339ff, dort S. 349/350; s. auch a. a. O. S. 361ff, 388ff, 416ff, 473ff.

116 Augustus, *R.g.* 34, 1983/1975, S. 38/39, 63 (Anm. 71). Zu diesen Tugenden: Domaszewski 1977/1909, S. 111–120; Klingner 1961, S. 611–615, 653–669; Kloft 1979, S. 368–370; Oppermann 1983, S. 229ff (S. 258–273), 370–375, 516–528; Seneca 1970, passim.

117 Kent/Overbeck/Stylow/Hirmer 1973, T. 41 (Nr. 160), S. 98; dort auch Livia als Pietas (Nr. 159) und als Salus Augusta (Heil und Segen des Augustus), T. IV (Nr. 158).

118 Zur Darstellung der Justitia und Aequitas bei den Römern: *RE X, 2,* 1919, S. 1339; Frommhold 1925, S. 26–30; Kisch 1955, S. 58–63 (T. 1 Nr. 1–7; zu Abb. 42c, 134, Nr. 3), dort auch über das Nachwirken römischer Motive in der Medaillenkunst seit der Renaissance; Kissel 1984, S. 23–26. – *Moneta* ist ursprünglich ein Beiname der Göttin Juno (Hera), die auf der Burg *(arx)* von Rom nahe dem Capitol ein altes Heiligtum besaß, welches der Sitz der Münze war; *Kl. Pauly 3,* S. 1410; *LdA Rel. 2,* S. 99. Er wurde auf diese Münzstätte und von dort auf die übrigen Münzstätten im Imperium Romanum übertragen. Die ihnen zugeordnete Göttin ist die Moneta/Aequitas, denn die engen Verbindungen beider Gottheiten liegen auf der Hand: Ohne gleichmäßiges, korrektes Wägen des Metalls, das zu den einzelnen Münzen verarbeitet wurde, gab es keine zuverlässige, allgemein verbindliche Währung, weshalb in späterer Zeit die Münzwaagen auch häufig das Bild der Justitia als Obertugend, von der Aequitas ja nur ein Aspekt ist, trugen. Das Auftreten dreier Monetae auf römischen Münzen versinnbildlicht die Prägung in den drei üblichen Münzmetallen Gold, Silber und Erz; Abbildungen der Moneta/Aequitas in Kent/Overbeck/Stylow/Hirmer 1973, T. 94 (Nr. 393), T. 106 (Nr. 459), T. 114 (Nr. 514), T. 122 (Nr. 545, 551, 555), T. 126 (Nr. 559), T. 131 (Nr. 595), T. 136 (Nr. 634). Zur Aequitas ferner W. Schild, Kap. III, S. 103ff.

119 Ausführlich Kretzenbacher 1958, passim; s. auch die Überblicke bei Heinz-Mohr 1984, S. 298 und Seibert 1980, S. 331.

120 Kretzenbacher 1958, S. 28, 36.

121 S. Champdor 1977, S. 85–90, 90–93; Frischauer 1977, S. 32–35; Frommhold 1925, S. 14–16; Hornung 1984, S. 73, 152, 204, 233, 318; Kissel 1984, S. 19/20; Kretzenbacher 1958, S. 24–28; Posener 1978/1960, S. 341; Rossiter 1984/1979, S. 28–31, 62/63, 82/83, 91, 93, 96, 102/103, 106/107, 110–112. Diese Unterweltszene wurde erst im Neuen Reich (um 1550–1080 v. Chr.) in der hier beschriebenen Form ausgestaltet und illustriert. Ihr Ursprung ist aber sehr viel älter. – Zur Bedeutung des sog. Totenbuchs, in dem die Herzenswägung abgebildet ist: Champdor 1977, S. 57ff, 59ff; Frischauer 1977, S. 23ff; Posener 1978/1960, S. 339–341, s. auch S. 344–346; Rossiter 1984/1979, S. 9ff; es handelt sich um

eine Sammlung von Gebeten und Zauberformeln, die der Verstorbene aufzusagen hat, um die zahllosen Feinde (böswillige Dämonen), die in der Unterwelt auf ihn lauern, zu besiegen und die großen Götter – vor allem Osiris und Re – für sich gnädig zu stimmen.

122 Zu Osiris: Beltz 1982, S. 25ff, 50ff, 77ff, 142–144 u. ö.; Hornung 1971, S. 277, dort weitere Fundstellen; Posener 1978/1960, S. 233–237. Die Einswerdung mit ihm wurde im Alten Reich (ca. 2700/2600 v. Chr.–um 2150) nur dem Pharao zuteil, seit dem Ende des Mittleren Reichs (1991 – um 1650 v. Chr.) jedem Menschen, sofern er nicht der ewigen Verdammnis – hierzu Hornung 1984, S. 42–45 – verfiel: s. Beltz 1982, S. 144; Posener 1978/1960, S. 234.

123 Zu Re: Beltz 1982, S. 38–42, 149–154 u. ö.; Hornung 1971, S. 277, dort weitere Fundstellen; Posener 1978/1960, S. 270–272.

124 Zu Maat, die in mancher Hinsicht mit Themis vergleichbar ist: Beltz 1982, S. 39ff; Hornung 1971, S. 209ff, 275, dort weitere Fundstellen; Posener 1978/1960, S. 188/189. Zu ihrer Bedeutung für die altägyptische Rechtsordnung, insbes. die vom Pharao ausgehenden Rechtsbefehle, Helck 1980, S. 303ff.

125 Zu Anubis: Beltz 1982, S. 187–190, 208ff u. ö.; Hornung 1971, S. 272, dort weitere Fundstellen; Posener 1978/1960, S. 28.

126 Posener 1978/1960, S. 124.

127 Beltz 1982, S. 85ff, 91, 110–112 u. ö.; Hornung 1971, S. 280, dort weitere Fundstellen; Posener 1978/1960, S. 331/332.

128 Auf Abb. 44 sind 12 davon dargestellt (oberer Streifen); auf Abb. 45 sind es 14; auf Abb. 43 stellen vielleicht die 11 sitzenden Figuren oben links die Totenrichter dar (ganz links oben Maat); Rossiter 1984/1979, S. 106/107 wird die Gerichtsszene nochmals wiederholt, wobei der Schwerpunkt auf dem ›negativen Schuldbekenntnis‹ liegt, das Anhaï vor den 42 Richtern abgibt.

129 Zit. nach Rossiter 1984/1979 S. 93, 96.

130 Zu Horus: Beltz 1982, S. 25ff, 53ff, 84ff, 144–148 u. ö.; Hornung 1971, S. 274, dort weitere Fundstellen; Posener 1978/1960, S. 132/133.

131 Auch der Ani-Papyrus enthält die Osiris-Szene: Rossiter 1984/1979, S. 30/31; im Anhaï-Papyrus fehlt sie: statt dessen wird Anhaï mit freudig erhobenen Armen als ›Siegreiche‹ von Maat weitergeleitet.

132 XXII, 208–213; in: Homer 1961, S. 752/753; Achill hatte den fliehenden Hektor dreimal um die Mauern Trojas herumgejagt. Vgl. Vergil, *Aen. XII,* 725–727 (Wägung der Todesgeschicke von Aeneas und Turnus durch Jupiter); Abb. in: Vergil 1979, S. 349. Zum Wägethema bei Homer, in den *Kyklischen Epen* (s. *RE XI, 2,* 1921, S. 2347ff, und den von ihnen inspirierten Vasenbildern Kretzenbacher 1958, S. 29–36; Reinhardt 1960, S. 11; Roscher II, 1, S. 1136ff, dort 1138/1139, 1143/1144 u. Abb. 1, 2, 4; III, 2, S. 3201ff, dort insbes. S. 3222–3234 u. Abb. 14; Schadewaldt 1965, S. 156, 160, 164, 191, 309–311; Schefold 1978, S. 241–243 u. Abb. 324/325.

133 Nach Rohde 1980/1898, I, S. 239/240 (Anm. 1) war *kér* – jedenfalls im attischen Sprachgebrauch – ein sehr alter Ausdruck für Seele. Aischylos ersetzt in seinem bis auf wenige Fragmente verschollenen Memnonsdrama (zu Memnon im Text) *Psychostasia* – s. Aischylos 1980, S. 584–587 – den alten Begriff durch die inzwischen geläufige *psyché.* – Zur Entwicklung des Seelenbegriffs: Rohde 1980/1898, I, S. 3ff; II, S. 137ff: Bei Homer und im volkstümlichen Seelenglauben ist sie das schattenhafte zweite Ich des Menschen, das bei dessen Tod als leerer Schemen in den Hades steigt; unter dem Einfluß der vorsokratischen Naturphilosophie wird sie zu einer Bezeichnung für die dem Menschen innewohnende Lebenskraft, die sich in seinen Sinnen, seinem Verstand, seinem Streben und Wollen ausdrückt. Demgegenüber verstanden die Pythagoreer (a. a. O. II, S. 161ff) im Anschluß an ältere religiöse Lehren (a. a. O. II, S. 89ff) unter ›Seele‹ ein vom Gefängnis des vergänglichen Leibes getrenntes geistiges Einzelwesen, dem Unsterblichkeit zukommt und das den eigentlichen Wert des Menschen ausmacht.

134 Schadewaldt 1965, S. 155ff tritt dafür ein, daß dieses Epos sogar schon vor der *Il.* abgefaßt war und dessen Hauptvorlage bildete; hiergegen etwa Schefold 1978, S. 241 (bei Anm. 549), wonach die Wägeszene der *Il.* auf die jüngere *Aithiopis* übertragen wurde. Zur *Aithiopis* in der bildenden Kunst: Schefold 1978, S. 238–244; Boardman 1977, S. 252; ders. 1981, S. 258. – Lt. Schefold 1978, S. 241/242 wurde in der archaischen Kunst seit 540 v. Chr. nur die Seelenwägung Achill-Memnon dargestellt und Boardman 1981, S. 258 bezieht Abb. 46 auf diese Szene. Für die von mir vorgeschlagene Deutung als Wiedergabe der Homerischen Kerostasie könnte sprechen, daß die Mütter der beiden Helden fehlen und der auf der rechten Seite vom wägenden Hermes befindliche Gott offenbar Apollon ist, der Hektor bis kurz vor seinem Tod Beistand leistete; s. auch Bannert 1979, S. 91.

135 VIII, 66–74; XVI, 658; XIX, 223/224; s. auch das interessante Wägegleichnis XII, 432–436, hierzu Reinhardt 1966, S. 210/211.

136 *Ag.* 438/439, zum Wägegedanken und seiner Ethisierung – Verknüpfung mit Dike – bei Aischylos Kaufmann-Bühler 1951, S. 17–21.

137 Beschreibung des Blattes bei Harms/Rattay 1983, S. 168; s. auch die Erklärung des Stichs in deutscher Sprache Abb. 47, rechts unten.

138 Die Ausführungen im Text folgen der Deutung von Studniczka 1911, S. 50ff, dort S. 139ff, 141ff; Überblick über versch. Deutungsmöglichkeiten bei Schefold 1981, S. 80/81, der Studniczkas Erklärung zuneigt. Zu Adonis Grant/Hazel 1980, S. 14; Schefold 1981, S. 280ff.

139 Zu Nemesis und ihrer Bedeutung für die christliche Idee der Seelenwägung: Skutsch 1936, S. 50–55, 57/58; dort (S. 55/56, 58ff) auch über den Anteil der Darstellungen der Aequitas und des Waage-Sternbilds an der ikonographischen Ausgestaltung dieser Idee (Waage haltender Engel); vgl. auch Kretzenbacher 1958, S. 41ff und 37ff (zu Hermes als Seelengeleiter und Hercules Ogmios).

140 Kretzenbacher 1958, S. 49–54; Renner 1927, S. 45/46.

141 Weitere Bibelstellen mit dieser Thematik: *Sprüche Salomos,* 16,2; 21,2; 24,12; die Erwähnung der Waage in Psalm 61,2 dient lediglich als Metapher für die Kürze des Menschenlebens. – W. Schild deutet die im Text zit. Stelle Dan 5,27 anders (Kap. II S. 57f).

142 S. De Wald 1932, passim; Dufrenne 1978, passim; Kretzenbacher 1958, S. 95–97. Der *Utrechter Psalter* verwendet übrigens die Zählung der lateinischen *Vulgata,* welche auf die griechische *Septuaginta* zurückgeht, während Luther und moderne Übersetzungen der Zählung der *Biblia Hebraica* folgen. Da Psalm 9 und 10 in der *Vulgata* zusammengefaßt sind, ist die Zahl der folgenden Psalmen jeweils um 1 geringer als in den heute geläufigen Bibeln. Im folgenden verwende ich die Vulgata-Zählung und setze die heutige Zählung in runde Klammern. S. zum *Utrechter Psalter* auch W. Schild, Kap II, S. 50.

143 Erläuterung des Blattes bei De Wald 1932, S. 8; Erläuterung des Psalms bei Weiser 1966, S. 104–106.

144 Erläuterung des Blattes bei De Wald 1932, S. 10/11; Erläuterung des Psalms bei Weiser 1966, S. 121/122.

145 S. Kretzenbacher 1958, S. 56–58; über die Ausprägung des Seelenwägungsgedankens bei den Kirchenvätern und in der frühchristlichen Legende a. a. O., S. 59–64.

146 In der Heiligen Schrift ist er nur an wenigen Stellen namentlich erwähnt: *Daniel* 10,13; 12,1 (Schutzengel Israels); *Brief des Judas* 9 (Fürsprecher des toten Moses gegenüber dem Satan); *Offenbarung* 12, 7–9 (Kampf mit dem höllischen Drachen); *Sacharja* 3, 1ff wird auf Michael bezogen. Legenden um Michael: Jacobus de Voragine 1963, S. 306, 803–816 u. ö.; *Passional* 1913, I, S. 3–6. Literatur zu Michael und seinem Amt als Seelengeleiter und Seelenwäger: *LdcI* II 470; III, S. 255–258; Davidson 1967, S. 193–195, Gothein 1886, S. 41ff; Krefting 1937, S. 8ff, 13ff, 17ff, 22ff, 34ff, 39ff, 41ff, 78ff, 84ff; Kretzenbacher 1958, S. 65ff, 183ff; Lueken 1898, passim; Mai 1979, insbes. S. 16–29, 50ff; Nigg/Gröning 1981, S. 38/39, 124–129, 141; Renner 1927, insbes. S. 45–48; J. W. Schneider 1981, insbes. S. 95–108; Schröder 1982, S. 51ff, 55ff, 58ff, 152; Seibert 1980, S. 222/223; Speiser 1947, passim; Stadler/Ginal 1975/1875, IV, S. 440–443; Wiegand 1886, passim. Zum Jenseitsgericht in den verschiedenen Religionen Grof 1984, S. 48–51, 78–81, s. auch 16–20. – Weitere Hinweise auf Michael bei W. Schild, Kap. II, S. 62f.

147 Zit. nach Schneider 1981, S. 153; s. auch S. 101.

148 Erwähnt seien: Tympanon der Abteikirche Sainte-Foy in Conques-en-Rouergue (2. Viertel 12. Jh.), Rupprecht/Hirmer 1975, Abb. 114, 116; Kapitell in Saint-Eutrop in Saintes (2. Drittel 12. Jh.), Rupprecht/Hirmer 1975, Abb. 87; Kapitell in Saint-Jean in Saujon (2. Drittel 12. Jh.), Rupprecht/Hirmer 1975, Abb. 89, vgl. auch Tetzlaff 1976, Abb. 42; Kapitell in Saint-Pierre in Chauvigny (2. H. 12. Jh.), Tetzlaff 1976, Abb. 53, vgl. auch Rupprecht/Hirmer 1975, S. 98–102; nördliche Außennische am Portal von Saint-Trophime in Arles (letztes Drittel 12. Jh.), Rupprecht/Hirmer Abb. 266; Tympanon des Hauptportals/Westfassade der Kathedrale von Amiens (1225–1236), Kretzenbacher 1958, Abb. 42 u. 43, dort auch S. 150ff.

149 Zum Tympanon des Ghislebertus in Autun: Rupprecht/Hirmer 1975, zu Abb. 170–175.

150 Außerordentlich eingehend und wohl zum erstenmal in der Literatur sind die teilweise grotesken Manipulationen des Wägevorgangs durch die Teufel – sie schleppen ganze Warenlager von Verfehlungen der verklagten Seele an und mühen sich verbissen, die Schale mit den Sünden herunterzuziehen – in der umfangreichen Versdichtung des Heinrich von Burgus oder Burgeis *Der Seele Rat* (um 1310 in Bozen niedergeschrieben) geschildert: V. 5359ff, 6351ff, 6440ff; s. Kretzenbacher 1958, S. 144–148 sowie Rosenfeld in: Heinrich von Burgus 1932, XLI–XLIV. – Abb. 58 ist in dieser Hinsicht am aufschlußreichsten: Zwei Teufelchen wollen mit einem Mühlstein (häufiges Motiv!) und einem großen, schweren Amboß erreichen, daß die Schale mit der kleinen nackten Seele hochschnellt.

151 S. Legner 1985, I, S. 239 (B 39).

152 S. *PKG VI* zu Abb. 434 a; rechts oben sitzen 6 Selige in Gestalt von Königen; links unten schmoren die Verdammten im Kessel; rechts unten besiegt Michael den Drachen.

153 So überzeugend J. W. Schneider 1981, S. 103.
154 S. *PKG VII* zu Farbt. V.
155 Darstellungen Michaels mit Schwert und Waage bei Davidson 1967, S. 178, Kretzenbacher 1958, Abb. 38–40, 47, 49, 58, 61 und Mai 1979, Abb. 5, 56, 63, Farbt. II. Eigens zu erwähnen ist die berühmte Wägeszene auf dem Hochgrab Kaiser Heinrichs II. (1002–1024) von Tilman Riemenschneider: Kretzenbacher 1958, Abb. 33, 34 (dort auch S. 120ff zur Heinrich-Legende); Kissel 1984, Abb. 20.
156 Harbison führt in seinem Bildteil lediglich zwei einschlägige Werke auf: Abb. 60 u. 81; dort S. 92ff über die theologischen Voraussetzungen und Hintergründe.
157 S. z. B. Kissel 1984, Abb. 20; Kretzenbacher 1958, Abb. 54–57; Mai 1979, Farbt. I.
158 S. Legner 1985, III, S. 121 (H 39); s. auch S. 118/119 (H 37).

## zu Kapitel II

1 Vgl. von Bezold 1922; Jasbar 1980; Liebeschütz 1926; Saxl 1927; Seznec 1961; Wind 1981.
2 Vgl. Brieger/Meiss/Singleton 1969; Conrad 1966, S. 59ff; Gilbert 1925; 1965; Ledig 1943; von Roon-Bassermann 1956; Schubring 1931; Seidlmayr 1952; Volkmann 1892.
3 Dazu Hauber 1916; Schild 1985, S. 106ff.
4 Dazu Harck 1884, S. 99ff; Rosenberg 1974; 1979, S. 377ff; Warburg 1980, S. 173ff.
5 Dazu Evers 1943, S. 167ff; Glang-Süberkrüb 1977, S. 555ff; Judson/van de Velde 1977.
6 Dazu Gatz 1967; Levin 1969; Möseneder 1983, S. 32f; Preimesberger 1974, S. 80ff; Puttfarken 1980, S. 130ff; Quednau 1981, S. 355f; Yates 1947, S. 27ff.
7 Dazu Bosch 1983, S. 73ff.
8 Dazu Smith 1984, S. 390ff.
9 Dazu Escher 1919, S. 115ff; Großmann 1906; Saward 1973; von Simson 1936.
10 Dazu von Simson 1936, S. 358f.
11 Weis 1985. Vgl. auch Dölger 1971; 1972; Hunnicott 1979; Schnell 1978, S. 21ff; Sedlmayr 1960, S. 249ff; von Simson 1936, S. 339.
12 Dazu Eichler 1976, S. 13ff; Häussermann 1962, S. 38ff; Panofsky 1978, S. 175, 287ff; Rathe 1927, S. 187ff; Schultheiß 1971; Würtenberger 1971, S. 21, 28.
13 von Beckerath 1984, S. 97ff.
14 Dazu Goldschmidt 1900, S. 265ff; Tikkanen 1915. – Zum Bamberger Psalter vgl. Klemm 1980.
15 Dazu George 1969, S. 3ff; van Oyen 1950, S. 270ff; von Rad 1950, S. 418ff; Schmid 1968; Theisson 1975; del Vecchio 1950, S. 8ff; Volz 1934.
16 Dazu Häussermann 1962; Kretzenbacher 1958; Kroos 1985, S. 165ff; von Moeller 1907; Skutsch 1936, S. 49ff; Vieweg 1962; Volz 1934, S. 293.
17 Dazu Beer 1952, S. 45, 62; Esmeijer 1978, S. 102ff; Zahlten 1979, S. 153ff.
18 Psalm 7, 12; 58, 12.
19 Vgl. Hagemann 1982; Heitz 1918.
20 Dazu Schild 1985, S. 20ff. (m.w.N.)
21 Dazu Fehr 1923, S. 59ff.
22 Dazu Fehr 1923, S. 58f.
23 Dazu Beguin 1975, S. 359ff; Boorsch 1985, S. 111ff.
24 Dazu Schild 1985, S. 20ff.
25 Dazu Burdach 1926–1932.
26 Dazu Fehr 1950, S. 67ff; Hagemann 1960, S. 55ff; Ott 1983; Schmitz 1980, S. 49ff; Stintzing 1867, S. 263ff; Strothmann 1930.
27 Dazu Schmitz 1980.
28 Dazu Ott 1983 (m.w.N.)
29 Dazu de Chapeaurouge 1984; Heider 1861; Jantsch 1959, S. 4ff; Laun 1979; Molsdorf 1926; Röhrig 1959; Schmidt 1981; Vetter 1954, S. 127ff; Weis-Liebersdorf 1913.
30 Weis 1947, S. 207ff.
31 Dazu Fritz 1969, S. 147ff.
32 Vgl. z. B. Bernhard von Clairvaux, PL 183, S. 383ff.
33 Dazu Cahn 1982, S. 50; Schiller 1966, IV/1, S. 68ff.
34 Dazu Bollier 1953, S. 14ff; George 1969, S. 3ff; Lapide 1985, S. 12; Mennekes 1985, S. 15ff; Theisohn 1975; Volz 1934.
35 van der Meer 1978. Vgl. auch Gassen/Holeczek 1985; Hansmann 1981; Herrmann 1934; James 1927; Leemann-van Elck 1939, S. 86ff.
36 Dazu van der Meer 1938; Meyer 1961, S. 73ff; Rademacher 1964; Valentin 1966, S. 285ff.
37 Dazu Bee 1985, Blume 1983; Chadraba 1963, S. 79ff; 1964; Juraschek 1953; van der Meer 1978, S. 283ff; Oechselhäuser 1885; Panofsky 1977, S. 68ff; Perrig 1987; Schmidt 1939, S. 261ff.
37a Vgl. Cetto 1974, S. 203ff; Perrig 1987, S. 8.
38 Chadraba 1963, S. 79ff; 1964
39 Dazu Arens 1981; Brandon 1967; Brenk 1966; Chatelet 1965; Cocagnac 1956; Dietheuer 1981, S. 10ff; Drost 1941; Dülberg 1899; 1900; Fourneé 1964; Gerstenberg 1957; Gmelin 1969; Glum 1976; Harbison 1976; Hermesdorf 1978; Hofmann 1985; Hofmann 1987, Jessen 1883; Jonsdottir 1959; Kettler 1977; Klauner/Heinz 1987, S.444ff.; Klein 1985, S. 107ff; Kolb 1971; Kroos 1985; Löcher 1979; Meyer 1924; Moppert-Schmidt 1967, S. 103ff; van der Mülbe 1911; Petas 1958; Polaczek 1928; Portig 1885; Röper 1975; Sauerländer 1979, S. 33ff; Schaefer 1871, S. 273ff; Schmitt 1948; Schneider 1958; Schreiner 1983, Springer 1884, S. 375ff; Toscano 1960; Verdier 1973; Voss 1884.
40 So Brenk 1966, S. 34.
41 Vgl. van der Meer 1938; Meyer 1961, S. 73ff; Rademacher 1964; Valentin 1966, S. 285ff.
42 Vgl. Erni 1963.
43 Dazu Kretzenbacher 1958, S. 70f; Spiekerkötter 1939, S. 1ff; Springer 1884, S. 378ff.
44 Brenk 1966, S. 212ff; 249.
45 Dazu Brenk 1966, S. 91; Erni 1963; Milosevic 1963.
46 Vgl. Baumgärtner 1947; Dölling 1957, S. 148, 177.
47 Dazu Baumgärtner 1947, S. 5ff; Brenk 1966, S. 84ff.
48 Dazu von Bogay 1967; Brenk 1966, S. 95ff; Erni 1963, S. 48f; Walter 1968.
49 Dazu Suckale 1977, S. 177ff.
50 Dazu de Chapeaurouge 1973, S. 9ff.
51 Dazu Demus 1943/1944, Mussolino o. J.; Polacco 1986.
52 Dazu Battisti 1960, S. 77ff; Bellosi 1981, S. 52ff; Gosebruch 1962, S. 103ff; Imdahl 1980; Pfeiffenberger 1966; Schlegel 1957, S. 125ff; Schümer 1987, S. 17ff; Stubblebine 1969.
53 Dazu Paeseler 1938, S. 311ff; Redig de Campos 1936, S. 124ff.
54 Brenk 1966, S. 50f; 75, 127ff; 212f.
55 Brenk 1966, S. 51.
56 Dazu Williams 1977, S. 80.

56a Vgl. Thurn 1970, S. 32.
57 Vgl. Goldmann 1975, S. 247ff; Schwarz 1981, S. 527.
58 Dazu Brenk 1966, S. 131ff. Vgl. auch Klein 1985, S. 107ff.
59 Dazu Katzenellenbogen 1959, S. 82ff; Kusch 1981; Mâle 1907; Medding 1930; van der Mülbe 1911; Sauerländer 1965; Tetzlaff 1982; Walzer 1938.
60 Dazu Kesser 1964, S. 64ff; Sauerländer 1966, S. 261ff.
61 Vgl. Schöne 1959, S. 26ff.
62 Dazu Brenk 1966, S. 28.
63 Troescher 1939, S. 139ff; (dazu Frölich 1942, S. 496ff). Vgl. auch Lederle 1937; Schwarz 1981, S. 532ff.
64 Zu Vreeman de Vries vgl. Iwanoyko 1986; Mielke 1967; Schneede 1965, S. 46.
65 Zu Hamburg s. Reincke/Bolland 1968; zu Lübeck s. Hasse 1897; zur Bambergino s. Kohler/Scheel 1902; Leitschuh 1886.
66 Dazu Köbler 1970; Schild 1985, S. 125.
67 Dazu Klee 1906; Reuschel 1906.
68 Dazu Dittmar 1934; Kettler 1977; Klibansky 1925, S. 27ff; Schwab 1961, S. 11ff.
69 Dazu Erni 1963, S. 34.
70 Dazu Dietheuer 1981, S. 50f; Schramm 1966, S. 480ff.
71 Dazu Gornatowski 1936; Lurker 1980, S. 95ff; Morenz 1951, S. 62ff.
72 Vgl. Panofsky 1927, S. 261ff.
73 Dazu Dittmar 1934; Murken 1985, S. 91ff; Wadell 1969, S. 98.
74 Vgl. Harbison 1976.
75 Zu Augustinus s. de Laborde 1909; zum Somme le Roi s. Anm. 65 im nächsten Kapitel.
76 Dazu Unterkircher 1985.
77 Vgl. Brenk 1966, S. 212f.
78 Dazu Feldhusen 1978, S. 24.
79 Vgl. Mâle 1907, S. 228, 413; Rademacher 1964, S. 112ff.
80 Dazu Kretzenbacher 1958, S. 131ff; 206f; Mâle 1907, S. 272ff; Perdrizet 1908.
81 Dazu Kretzenbacher 1958.
82 Dazu Brenk 1966, S. 100ff; Dietheuer 1981, S. 54; Halm 1921/1922, S. 1ff; Kretzenbacher 1958; Perry 1912/1913, S. 94ff; 208ff; Roosval 1950, S. 125ff.
83 Dazu Kretzenbacher 1958, S. 97ff. Vgl. auch Wadell 1969.
84 Zu ihm vgl. Anm. 25 im nächsten Kapitel.
85 Dazu Kretzenbacher 1958, S. 156f; Stürzinger 1895. Zum Stundenbuch vgl. Lafond 1929.
86 Vgl. Kraft 1976, S. 80; von Moeller 1907, S. 279.
87 Dazu Schild 1985, S. 153ff (m.w.N.).
88 Dazu Freyhan 1948, S. 68ff; von Thadden 1951; Walch 1973; Wind 1937/1938,. S. 322ff.
89 Vgl. Kretzenbacher 1958, S. 132; Mäder 1971, S. 40.
90 Vgl. Reuschel 1906.
91 Dazu Appuhn 1981, S. 153ff; Breitenbach 1930; James/Berenson 1926; Kloss 1925; Lutz/Perdrizet 1907/1909; Neumüller 1972; Perdrizet 1908; Pfister 1937; Seidel 1977, S. 94ff; Thomas 1970, S. 192ff; 1975, S. 204; Wirth 1985, S. 315ff.
92 Dazu Jessen 1883, S. 48f; Panofsky 1927, S. 307f; Seidel 1977, S. 76.
93 Dazu von Einem 1971, S. 17.
94 Dazu Emiliani 1986, S. 150ff.
95 Dazu Bennett 1976, S. 55ff; Cavallo 1958, S. 147ff; 1967; Wood 1911/1912, S. 210ff; 277ff; Ysselsteyn 1969, S. 117ff.
96 Schwarz 1981, S. 526ff; 538f. Vgl. auch Malke 1976, S. 44ff.
97 Dazu de Chapeaurouge 1973, S. 9ff; 1980, S. 35ff; Halm 1921/1922, S. 1ff; Kretzenbacher 1958, S. 112ff; Osborne 1981; Rogers 1983, S. 125ff.
98 Dazu Harthan 1977, S. 84; Thomas 1973, S. 11ff.
99 Vgl. Le Goff 1981; Halm 1921/1922, S. 1ff.
100 Vgl. Anm. 19.
101 Dazu Berliner 1956, S. 97ff; Löffler 1922; Panofsky 1927, S. 261ff; Schrade 1930, S. 164ff; Wadell 1969, S. 23ff.
102 Dazu Bott 1983, S. 334ff; Wadell 1969, S. 55ff.
103 Vgl. Bott 1983, S. 333ff; Harbison 1976; 1976a, S. 78ff; Hofmann 1987, S. 210ff; Marsch 1980, S. 34ff.
104 Dazu Berliner 1953, S. 9ff.
105 Zur Zwei-Reiche-Lehre vgl. Schrey 1969; Zimmermann 1987, S. 392ff.
106 Andere Interpretation bei Schuster 1982, S. 80f; Theuerkauff 1977, S. 173ff.
107 Vgl. Gassen 1985, S. 75ff.
108 Vgl. Berliner 1953, S. 9ff; Vieweg 1962, S. 23.
109 Dazu Boorsch 1985, S. 53ff; Chastel 1984, S. 188ff; Feldhusen 1978; Hall 1976, S. 85ff; Kallab 1903, S. 138ff; Kraus/Sauer 1908, S. 535ff; Panofsky 1927, S. 308; Perrig 1976; Pfleger 1985, S. 107ff; Steinberg 1975, S. 48ff; Steinemann 1905, S. 516ff; Tietze 1926, S. 429ff; Weber 1960, S. 2ff.
110 Vgl. Schöne 1959, S. 37ff.
111 Feldhusen 1978.
112 Vgl. Harbison 1976; Hofmann 1987, S. 274ff; Schreiner 1983; Spiekerkötter 1939.
113 Vgl. Falken 1965; Fickert 1978; Gärtner 1984; Gassen/Holeczek 1985; Maass 1965; Simmet 1969; Weber 1960.

## zu Kapitel III

1 Vgl. Kahsnitz 1970, S. 134.
2 Dazu Bopp 1932.
3 Dazu Jauss 1960, S. 99; Kroos 1985, S. 256ff; Mähl 1969, S. 99; Mâle 1907, S. 17; Zöckler 1904, S. 115. Vgl. aber auch Huizinga 1932, S. 85 Fn. 1.
4 Dazu Braunfels 1950; Krücke 1905.
4a Kroos 1985, S. 256ff.
5 Dazu Beer 1952, S. 24ff; Bietz 1973; Esmeijer 1978, S. 59ff; Frevier 1956; Homey 1972, S. 74ff; Schlee 1937.
6 Dazu Zeller 1979, S. 83ff.
7 Dazu Herkommer 1976, S. 192ff; Trier 1952, S. 213; Wyss 1957, S. 87f. Vgl. auch Preismesberger 1974, S. 143ff.
8 Dazu Löffler 1928, Taf. 20; Schlee 1937, S. 162 Fn. 44, 163.
9 Dazu Hamann 1934, S. 16ff; Katzenellenbogen 1939, S. 52; Müller-Christensen 1960, S. 20f; Schlee 1937, S. 179.
10 Dazu Cahn 1982, S. 50; Mähl 1969, Abb. 2. Zur Figur des David überhaupt vgl. Steger 1961.
11 Zur Herrscherauffassung vgl. Deshman 1971, S. 1ff; Kantorowicz 1957; Kleinschmidt 1974; Mezzatesta 1984, S. 620ff; Neuendorff 1982; Nilgen 1985, S. 217ff; Schild 1985, S. 12ff (m. w. N.); Schramm 1928; 1954–1956; 1966, S. 480; Schramm/Mütherich 1962; Seidel 1977, S. 84.
12 Dazu Cahn 1969, S. 55ff; Hoffmann 1964; Levison 1951, S. 14ff. Zum Decretum Gratiani siehe Melnikas 1975.

13 Dazu von Birk 1883/1884; Schmitz 1922; Schneebalg-Perelman 1973, S. 201 ff.
14 Dazu d'Hulst 1974 II, S. 565 ff; 1982, S. 263.
15 Dazu Bauch 1976; Berendsen 1968, S. 211; Bruhns 1940, S. 253 ff; Burger 1904; Burke 1948/49, S. 179 ff; Cohen 1973; Durian-Ress 1974, S. 235 ff; Ettlinger 1953, S. 239 ff; von der Gabelentz 1903, S. 233 ff; Gregorovius 1857; Hertlein 1966; s'Jacob 1954; Johannsen 1979, S. 81 ff; Lammers 1972; Morper 1956; Panofsky 1964; Pechstein 1967; Pilz 1970; Sauer 1954, S. 244 f; Steinmann 1912; Wittkower 1966.
16 Dazu Bergmann 1972, S. 177, 237; Brunner 1933/1934, S. 188 ff; Chew 1947, S. 37 ff; Eichhorn 1895; von Einem 1962, S. 14 ff; Grassl 1933–1935; Heinzel 1874, S. 43 ff; Immaculata 1942, S. 951 ff; Katzenellenbogen 1939, S. 40 ff; Kleinefelter 1953, S. 90 ff; Kraft 1976; Kretzenbacher 1966, S. 10 ff; Kroos 1985, S. 146 ff; Mäder 1971; Michael 1984, S. 96 ff; Piper 1859, S. 25 ff; Scherer 1877, S. 414 ff; von Simson 1936, S. 231, 339 Fn. 3; Strothmann 1930; Traver 1907; 1925, S. 44 ff; Verdier 1952/1953, S. 97 ff; Weis 1947, S. 248 ff; Wolff 1953, S. 19 ff.
17 Im Folgenden zitiert nach: Piper 1859, S. 25 ff.
18 Zu einem ähnlichen Gemälde von Johan Laum (Lauw) (1681) vgl. Chew 1947, S. 66 ff; Kretzenbacher 1966, S. 10 ff; Meyer 1976.
19 Dazu Cahn 1982, S. 199; Watson 1934, S. 99 ff.
20 Dazu Albert 1898, S. 68 ff; Atz 1906; Einhorn 1976, S. 203 ff; von der Gablentz 1913; Graus 1894, S. 73 ff; Graff 1922; Kuntze 1907, S. 273 ff; Piper 1859, S. 34 ff; Reiter 1902, S. 33 ff; Stuhlfauth 1944; Vetter 1954; Walcher 1907; Wyss 1960.
21 Dazu Füglister 1964, S. 130, 250 ff; Kraft 1976; Saxl 1927, S. 104 ff; 1942, S. 82 ff; Swarzenski 1933, S. 108 ff.
22 Dazu Füglister 1964, S. 105 ff; Kraft 1976, S. 87 ff, 149.
23 Dazu Appuhn 1955, S. 19; Kraft 1976, S. 65 ff, 141; Michler 1968, S. 138 ff.
24 Dazu Hubel 1987, S. 111 ff; Kraft 1976, S. 68 ff, 81 ff, 161; von Rohr 1967, S. 63, 126.
25 Dazu Bergmann 1983; Camille 1984; Chew 1962; Cust 1859; Gewande 1927; Greenhill 1954; Gröber 1902, S. 749 ff; Hultmann 1902; Jeanroy 1907, S. 361 ff; Kretzenbacher 1958, S. 156 ff; Ludwig 1902, S. 163 ff; Mäder 1971, S. 41, 89; Traver 1907; Tuve 1966, S. 145 ff; Verdier 1952/53. Veröffentlicht von Stürzinger 1893, 1895, 1897.
26 Dazu Ludwig 1902, S. 163 ff.
27 Dazu Bennett 1929, S. 21 ff; Kampers 1897.
28 Dazu Jansen 1933; Ronig 1961, S. 404 ff; Swarzenski 1932, S. 262 ff. Vgl. auch von Einem 1962.
29 Dazu de Tervarent 1944, S. 95 ff.
30 Dazu Gaskell 1984, S. 558. Zum Problem vgl. Kroos 1985, S. 149 ff, 164 ff.
31 Vgl. Bauer 1923; Heitmann 1958; Mähl 1969; Mâle 1907, S. 134 ff; Sauer 1964, S. 232 ff; Schulze 1914; Zöckler 1904.
32 Dazu Mähl 1969, S. 8 ff; Stelzenberger 1933.
33 Vgl. Berg 1964; Ehrismann 1930, S. 37 ff; Eifler 1970; Franz 1957, S. 306 ff; Obermüller 1971.
34 Dazu Alexander 1977, S. 68.
34a Vgl. Dorez 1904; Frisch 1930; Langosch 1931; Wach 1949.
35 Dazu Baumgarten 1898, S. 30 ff; Marle 1971, S. 216 ff; Meiss 1951, S. 94 ff; von Schlosser 1896, S. 44 ff.
36 Dazu Buschhausen 1974; Katzenellenbogen 1939, S. 46; Röhrig 1955, 1983; Rupprich 1931, S. 146 ff.
37 Dazu Biermann 1957, S. 23 ff; von Einem 1971, S. 7 ff; Escher 1919, S. 87 ff; Gutman 1958, S. 27 ff; Jones/Penny 1983, S. 49 ff; Pfeiffer 1975; Redig de Campos 1984, S. 11 ff; von Schlosser 1896, S. 87 ff; Seznec 1961, S. 143 ff; Shearman 1965, S. 158 ff; von Simson 1936, S. 142 ff; Steinmann 1899, S. 169 f; 1901, S. 112 ff; de Vecchi 1983, S. 33 ff, 245 ff; Wickhoff 1893, S. 49 ff; Wind 1937/1938, S. 69 f; 1938/1939, S. 75 ff.
38 Vgl. Wind 1937/1938, S. 69 f.
39 Dazu Wind 1937/1938, S. 69 f.
40 So Gutman 1958, S. 27 ff.
41 Vgl. Wind 1938/1939, S. 75 ff.
42 Dazu Steinmann 1899, S. 169 f; 1905, S. 112.
43 Dazu von Schlosser 1896, S. 19 ff.
44 Zu Oresme s. Menut 1940, S. 51; van Moé 1925; 1930. Zu Pion s. Aeschlimann 1940, Taf. XCLV. Zu »Les Honores« s. Demarcel 1979, S. 62 ff; Ysselsteyn 1969, S. 120 ff.
45 Vgl. Combridge 1965, S. 31 ff; Franz 1957, S. 310 ff; Gaisser 1955; Horn 1968; Kaufmann 1959; Kisch 1955, S. 195 ff; Wohlhaupter 1931.
46 Dazu Bodmer 1942, S. 44.
47 Dazu Kurth 1926, S. 208 ff.
48 Dazu Windisch 1985, S. 393 ff.
49 Dazu Calò 1962, S. 457 ff.
50 Mâle 1907, S. 134 ff.
51 Vgl. Tuve 1964, S. 43 f.
52 Dazu Kosmer 1978, S. 302 ff.
53 Dazu Clausberg 1959; Katzenellenbogen 1939, S. 43; Liebeschütz 1930; Schipperges 1979.
54 Dazu Bouffard 1962; Engelmann 1959; Jauss 1960, S. 185 ff; Katzenellenbogen 1933; 1939, S. 1 ff; Michel 1952; Seel 1965, S. 35 ff; Stettiner 1905.
55 Dazu Cames 1971, S. 54 ff; Gillen 1931; Green/Evans/Bischoff/Curschmann 1979 Heinsius 1968; Katzenellenbogen 1933, S. 32 ff; Pfeiffenberger 1966; Straub/Keller 1879/1899; Walter 1952.
56 Dazu von der Leyen/Spamer 1910, S. 41 ff; Saxl 1927, S. 105 ff.
57 Dazu Müller 1935; Neumann/Veller 1977; von Oechelhäuser 1890.
58 Dazu Katalog Mainz 1968, S. 46. Zu Penni vgl. Kaiser 1974, S. 57 ff; Zerner 1969, S. 17, 25, 46.
59 Vgl. Mähl 1969, S. 53 ff, 83 ff.
60 Vgl. Panofsky 1930, S. 153; von Simson 1936, S. 49.
61 Dazu Mertz 1975, S. 52 ff; Wind 1948, S. 3 ff; Wittkower 1984, S. 246 ff.
62 Zu diesem Bild vgl. Debout 1975, S. 227 ff; Hirschfeld 1968, S. 114 ff; Schwendemann 1966, S. 145; Seznec 1961, S. 109 ff; Verheyen 1971, S. 30 ff.
63 Dazu Bauer 1923; Kaiser 1974; Katzenellenbogen 1939; Molsdorf 1926, S. 210 ff; Nordström 1956; Pfeiffenberger 1966; Sauer 1964, S. 233 ff, 414 ff; Tuve 1963, S. 264 ff; 1964, S. 42 ff; 1966, S. 57 ff.
64 Stelzenberger 1933, S. 355 ff.
65 Dazu Einhorn 1976, S. 185 ff; Kosmer 1973–1975; Mâle 1907, S. 131; Martin 1925; 1926, S. 43 ff; Millar 1953; Nelson Francis 1942, S. 122 ff; Tuve 1964, S. 42 ff; 1966, S. 93 ff.
66 Dazu Bickel 1905, S. 505 ff; Blüher 1969; Chew 1947, S. 95; Haselbach 1975; Hülfing/Teitge 1981; Irmer 1890; Mâle 1925, S. 314; 1949, S. 314; Nothdurft 1963; Tuve 1963, S. 267.
67 Dazu Schild 1985, S. 76. Zur Verbindung Gerechtigkeit-Geduld vgl. Wittkower 1984, S. 217.
68 Dazu Einhorn 1976, S. 152 f; Goetz 1938, S. 78 ff; 1939, S. 101 ff; Hees 1952, S. 51 ff.
69 Dazu Bernisches Historisches Museum 1969, S. 227.
70 Dazu Tuve 1963, S. 274; Winkler 1913, S. 275.
71 Vgl. dazu Becker 1967, S. 511 ff; Bornstein 1975; 1975a, S. 100 ff; 1976; 1977; 1981; Haselbach 1975; McLeod 1976; Pernoud 1982; Pinet 1974; Rieger 1979, S. 29 ff; Rohrbach 1934; Schäfer 1937; Schild 1988; Tuve 1963, S. 264 ff; Willard 1950; 1966, S. 433 ff; Yenal 1982; Zimmermann 1986.
72 Dazu Becker 1967, S. 511 ff; Bühler 1970; van den Gheyn 1913; Rohrbach 1934, S. 13 ff.
73 Vgl. Christine de Pisan 1986. Dazu Pächt/Thoss 1974, S. 52 ff; 1977, S. 175 ff; Rohrbach 1934, S. 42 ff; Schäfer 1937, S. 119 ff; Schild 1988; Thoss 1978, S. 138 ff; Zimmermann 1986, S. 9 ff. Eine Fortsetzung dieses Werkes, zugleich ein Bildungsprogramm für Mädchen, schrieb Christine de Pizan unter dem Titel »Le Livre des trois vertus« (»Trésor de la Cité des Dames«) (Buch der drei Tugenden/Schatzkästlein der Stadt der Frauen): dazu s. Laigle 1912; Schild 1988; Willard 1950; 1966.
74 Vgl. de Mézières 1969. Dazu Bell 1955; Coopland 1969; Menut 1970, S. 12 ff; Pächt/Thoss 1977, S. 89 ff; Thoss 1978, S. 153 ff.

75 Zu Abb. 200a vgl. Braunfels 1948/49, S. 321 ff; von Einem 1962; Jaszai 1968; Poeschke 1973; Torriti 1960; Seidel 1977, S. 41 ff. Zu Abb. 200c vgl. Surigny 1869. Zu Abb. 200e vgl. Freedberg 1963, S. 47. Zu Abb. 200f vgl. Panofsky 1959, S. 257 ff. Zu Abb. 200i vgl. van Orden 1972; Rubinstein 1958, S. 189 ff; Southard 1979, S. 399 ff. Zu Abb. 200r vgl. Brockhaus 1933, S. 397 ff; Fischel 1912/1913, S. 35 f; Hoffmann 1972, S. 19 f, 22 ff; Kristeller 1910; Seznec 1953, S. 139; 1961, S. 137 ff, 199 ff. Zu Abb. 200t vgl. Peterich 1941, S. 28 f. Zu Abb. 200y vgl. Volkmann 1924, S. 407 ff.

76 Vgl. Franz 1957, S. 355 ff, 306 ff, 88 ff; Knab 1977, S. 259; Meister 1946, S. 157 ff; Pieper 1953.

77 Dazu Hildenbrand 1860, S. 98 ff; del Vecchio 1950, S. 18 ff. Zum Verhältnis Platon-Aristoteles vgl. Joseph 1934, S. 168 ff.

78 Dazu Fechner 1855; Freyschmidt 1867; Hildenbrand 1860, S. 250 ff; Kamp 1985; Salomon 1937; Trude 1955; del Vecchio 1950, S. 23 ff, 55 ff.

79 Vgl. Pieper 1953, S. 42, 47 ff.

80 Dazu Kuypers 1937, S. 289 ff; Trude 1955, S. 115 ff.

81 Zu Thomas von Aquin s. Grabmann 1926, S. 266 ff; Jaffa 1952; Oehler 1957, S. 135 ff; Pieper 1953; Redepenning 1875.

82 Dazu Babbitt 1978, S. 97 ff; Flasch 1987, S. 134 ff; Gilbert 1948/1949, S. 101 ff; Martin 1951, S. 35 ff; Powicke 1930, S. 85 ff. Zur Rezeption der »Politik« vgl. von Hertling 1914, S. 20 ff.

83 Dazu Babbitt 1978; Dieckhoff 1978, S. 120; Menut 1940; 1970; Richter-Sherman 1977, S. 320 ff.

84 Dazu Dieckhoff 1978, S. 118; Richter-Sherman 1977; S. 325 f.

85 Dazu Alexander 1977, S. 108; Hermann 1898, S. 175 f.

86 Dazu Zeeden 1968, S. 85. Mit astrologischer Argumentation s. von Beckerath 1984, S. 231 ff.

87 Zum Nürnberger Tugendbrunnen vgl. Herkommer 1976, S. 192 ff; Meister 1946, S. 157 ff.

88 Dazu Schild 1985, S. 153 ff.

89 So Loening 1903; del Vecchio 1950, S. 56 f, 70 f.

90 Dazu Herzner 1982, S. 39 ff; Hirschfeld 1968, S. 82 ff; Isermeyer 1937; Ladis 1986, S. 581 ff; Müller 1966; von Nagy 1962; Schlegel 1957, S. 125 ff; Schümer 1987, S. 17 ff; Skorr 1956, S. 107 ff; Stubblebine 1969; Thomas 1975, S. 47 ff.

91 Vgl. Imdahl 1980; Pfeiffenberger 1966, V; Schlegel 1957, S. 125 ff.

92 Vgl. Becker 1976, S. 281 ff; Edgerton 1985.

93 Dazu Baxandall 1987, S. 21 ff; Brandi 1983; Cairola 1979; Feldges-Henning 1972, S. 145 ff; Frugoni 1980, S. 239 ff; Prokopp 1985; Richter 1915, S. 99 ff; Rowley 1958, S. 99 ff; Rubinstein 1958, S. 179 ff; Schubring 1902, S. 138 ff; Seidel 1977, S. 98; Southard 1979, S. 272 ff; 1980, S. 361 ff; Tuve 1963, S. 290 ff.

94 Dazu vgl. Hattenhauer 1983.

95 Zu Sellaert s. Horb 1956, S. 39; Wescher/Steinbart 1927, S. 356 ff. Zu Veen s. Haberditzl 1907/1909, S. 191. Zu Murer s. Vignau-Wilberg 1982, S. 30.

96 Vgl. Schubring 1902, S. 138 ff; Tintelnot 1951, S. 283 ff.

97 Zu Vredeman de Vries vgl. Iwanoyko 1976; 1986; Mielke 1967; Schneede 1965.

98 Dazu Haak 1969, S. 173 ff; van Hamel 1945; Hegel 1938.

99 Dazu Bille 1956; van Eeghen 1956; Haak 1969, S. 302; Hegel 1938; von Simson/Kelch 1973, S. 12 ff, 31 ff; Münz 1956; Nordenfalk 1956; van Schendel 1956; van de Waal 1956.

100 Dazu Lungagnini 1970, S. 179 ff.

101 Dazu Roth 1965, S. 102 ff.

102 Dazu Southard 1979, S. 506 ff.

103 Zu Isaak Mes vgl. Weebers o. J.

104 Dazu Becker-Moelands 1985, S. 13 ff; 1986, S. 41 ff.

105 Dazu Kaiser 1974, S. 7 ff; Romdahl 1905, S. 111 ff; Stridbeck 1956, S. 126 ff; Zoff 1923; Zupnick 1972, S. 745 ff.

106 Vgl. von Hielmcrone 1974; van Holk 1981, S. 155 ff; Kissel 1984.

107 Zu Abb. 224 vgl. Southard 1979, S. 548 f. Zu Abb. 225 vgl. Eichorn 1983, S. 55 ff. Zu Abb. 228 Vgl. Deonna 1952, S. 129 ff.

108 Dazu Bashir-Hecht 1977, S. 79 ff; Escher 1919, S. 87 ff; Schulz 1968, S. 96 ff; von Simson 1936, S. 217 ff; Sinding-Larsen 1974; Wickhoff 1883, S. 1 ff; Wolters 1976; 1979; 1983; 1986, S. 139 ff.

109 Vgl. Keyser 1919; Kramer 1977; Langemeyer 1984; Nentwig 1981.

110 Dazu Fris/Lamoree/Salomons 1981; Kahsnitz 1970, S. 134; Kisch 1953, S. 341 ff; 1955; Krönig 1938, S. 198 ff; Lederle 1937; Redlefsen 1963, S. 217 ff; Reinecke 1938, S. 153 ff; de Ridder 1979/1980; Simon 1948; Troescher 1939, S. 139 ff.

111 Dazu Trier 1952; 1956, S. 79 ff; 1957, S. 193 ff.

112 Dazu Scharelten 1930, S. 122 ff. Zum Urteil des Pilatus vgl. Berliner 1933/1934.

113 Dazu Helliesen 1977, S. 232 ff.

114 Vgl. Mende 1979, S. 35.

115 Dazu Gelder 1974, S. 119 ff. Zum Ganzen vgl. Davies 1972, S. 72 f; Lederle 1937, S. 10 ff.

116 Dazu Börner 1981; Friedensburg 1913/1922; Gans 1947; Habich 1922; 1929/1934; Hill 1930; Kisch 1947; 1953, S. 341 ff; 1955; Laverrenz 1887.

117 Dazu Weber 1975.

118 Vgl. Weis 1947, S. 232 ff.

119 Vgl. Greßmann 1907, S. 212 ff.

120 Zu Bremen s. Förster 1966, S. 15 ff. Zu Pousin s. Cummings 1962, S. 146 ff.

121 Dazu Boesch 1954/1955, S. 87 ff; Dreyfusz 1929, S. 266 ff; Schmidt 1955; Stechow 1942, S. 213 ff.

122 Dazu Kocher 1985, S. 47 ff.

123 Vgl. Casey 1976; Pilger 1880, S. 129 ff; Popelka 1956, S. 145 ff; Schlosser 1966.

124 Dazu Ausstellung Bern 1969, S. 366 ff; Cetto 1963/1964, S. 9 ff; Kinkel 1867; Ysselsteyn 1969, S. 161 ff.

125 Dazu Cetto 1963/1964, S. 12 ff; Fris o. J., S. 628 ff; Mende 1979, S. 290 ff; van de Waal 1956.

126 Dazu Alexander 1977, S. 90.

127 Dazu Babelon 1952, S. 195 ff; Bernath 1914/1915; Boesch 1951; Cetto 1963/1964, S. 17 ff; Fris o. J.; Lafuente Ferrari 1954; Mende 1979, S. 17 ff; Seznec 1957. Zum Bild von Delacroix siehe Huygle 1967, S. 337 ff.

128 S. Milesi 1975.

129 So Lederle 1937, S. 58. Zu Bouts s. Schöne 1938.

130 Vgl. Helliesen 1977, S. 246 f.

131 Dazu van Holk 1983, S. 135 ff; van de Waal 1952, S. 258 ff.

132 Vgl. Lederle 1937, S. 42.

133 Dazu von Bodenhausen 1905; Gmelin 1967, S. 165; Mundy 1980, S. 122 ff; von Simson 1977, S. 349 ff; Voll 1913, S. 26 ff.

134 Zu Emden s. Eichorn 1983, S. 60 f, Gmelin 1967, S. 161 ff. Zu Rubens s. Cetto 1963/1964, S. 24, 34. Zu Hoorn s. Fris o. J. Zur Darstellung auf Münzen vgl. Gans 1947; Kisch 1947.

135 Vgl. Lederle 1937, S. 48 f; Roth 1965, S. 103 f.

136 Zu der Darstellung in Hoorn vgl. Fris o. J.

137 S. Lederle 1937, S. 48.

138 Dazu Böcker-Dursch 1973; Herkommer 1976, S. 194, 202 ff; Joost-Gaugier 1976, S. 184 ff; Schneebalg-Perelman 1973; S. 201 ff; Schroeder 1971; Thoss 1978, S. 144; Wyss 1957, S. 11 ff.

139 Zu Lüneburg s. Pfeiffer 1961, S. 15 ff.

140 Dazu Chastel 1984, S. 120 ff; Zürcher 1944, S. 216 f.

141 Vgl. Helliesen 1977, S. 243.

142 Dazu Fröhlich-Bum 1913/1914, S. 191 (u. U. auch als Darstellung des Brennus interpretiert).

143 Dazu Lepper-Mainzer 1982, S. 37 ff; Mende 1979, S. 256.

144 Vgl. Lederle 1937, S. 50.

145 Dazu Mende 1979, S. 274ff.
146 Dazu Mende 1979, S. 270ff.
147 Dazu Mende 1979, S. 266ff.
148 Dazu van Orden 1972; Rubinstein 1958, S. 189ff; Southard 1979, S. 399ff.
149 Dazu Cast 1981; Förster 1887: Mende 1979, S. 192ff.
150 Dazu Mende 1979, S. 192ff.
151 Dazu Mende 1979, S. 224ff.
152 Vgl. Helliesen 1977, S. 247.
153 S. vor allem Lederle 1937; Simon 1948; und die in Anm. 110 Genannten.
154 Zu Amsterdam s. Buchbinder-Green 1974; Fremantle 1959; 1962, S. 206ff. Zu Antwerpen s. Bevers 1985. Zu Augsburg s. Christoffel 1929; Michalski 1985, S. 77ff; von Walter 1972. Zu Bamberg s. Herbst 1970, S. 246ff. Zu Bochum s. Küppers 1927. Zu Bremen s. Börtzler 1956. Zu Breslau s. Zlot 1977. Zu Basel s. Katalog Malerfamilie Holbein S. 241ff. Zu Danzig s. Iwanoyko 1976; 1986. Zu Emden s. Eichorn 1983, S. 42ff; Gmelin 1967, S. 161ff. Zu Erfurt s. Cassel 1857. Zu Frankfurt a. M. s. Simon 1948. Zu Hamburg s. Brandt 1957. Zu Köln s. Fuchs 1973. Zu Lüneburg s. Gmelin 1969; Reinecke 1925; 1938, S. 154ff; Reinhart 1978; Wentzel 1947. Zu München s. Schattenhofer 1972. Zu Nürnberg s. Mende 1979; Mummenhoff 1891; 1913. Zu Schwäbisch-Hall s. Krüger/Prinzing/Hartmann 1985. Zu Tübingen s. Huber 1952. Allgemein zu den Rathäusern s. Grisebach 1907; Gruber 1943; Kranz-Michaelis 1976; Paul 1963; Rauda/Delling 1958;Schreiber-Nolte 1973; Wappenschmidt 1981.
155 Dazu Bennett 1976, S. 93ff. Vgl. zu einem ähnlichen Brüsseler Teppich (1550/1550) Calberg 1960, S. 17ff; Gilbert 1964.

# zu Kapitel IV

1 Illies 1977, S. 7; s. auch Hamm 1984, S. 507ff.
2 Illies 1977, S. 27ff; Hamm 1984, S. 509/10.
3 Illies 1977, S. 60ff, 76ff; Hamm 1984, S. 509, 511ff.
4 S. das gleichnamige Kap. in Baltrušaitis 1984, S. 9ff.
5 Zu den verschiedenen Fabeltheorien und Fabeldefinitionen: Bodemann 1984, S. 9ff (Hasubek); Dithmar 1970, S. 11ff; ders. 1974, S. 81ff; ders. 1982, passim; Doderer 1977, S. 7ff, 17ff; Grubmüller 1977, S. 9ff; Gumbrecht in Marie de France 1973, S. 19ff; Hasubek 1982, S. 7ff, 13ff (Leibfried), 106ff (Siegrist), 198ff (Nikisch); ders. 1983, S. 1ff, 19ff (Grimm), 32ff (Vischer), 38ff (Hausrath), 97ff (Spoerri), S. 224ff (de Boor), 298ff (Gebhard); Keydell in *Kl. Pauly 2* S. 485ff; Leibfried 1982, S. 1f, 3ff, 22ff; Leibfried/Werle 1978, passim; Lessing 1967, S. 67ff; Lindner 1975, S. 9–11; ders. 1978, S. 12ff; Sternberger 1950, S. 7ff.
6 Elschenbroich 1981, II, S. 751; s. auch S. 750.
7 Sternberger 1950, S. 21.
8 S. Hausrath in Hasubek 1983, S. 42ff; Keydell in *Kl. Pauly 1* S. 199; die Frage, ob es sich bei Aesop um eine historische Persönlichkeit oder nur um die »Verkörperung des fabulierenden griechischen Volksgeistes« (Hausrath in *Aesopische Fabeln* 1944, S. 102) handelt, kann hier offenbleiben; zur sagenhaften Lebensgeschichte des Aesop, den man sich als häßlichen Zwerg voll Lebensklugheit und Mutterwitz vorstellte, und seiner bildlichen Darstellung seit Steinhöwels *Ulmer Aesop* v. 1476 Bodemann 1984, S. 88ff.
9 Keydell in *Kl. Pauly 2* S. 487; Leibfried 1982, S. 12; Schönberger in Phaedrus 1975, S. 210.
10 S. Luther in Elschenbroich 1981, II, S. 746/47: »Nicht allein aber die Kinder/sondern auch die grossen Fürsten vnd Herrn/kan man nicht bas betriegen/zur Warheit/vnd zu jrem nutz/denn das man jnen lasse die Narren die Warheit sagen/dieselbigen können sie leiden vnd hören/sonst wöllen oder können sie/von keinem Weisen die Warheit leiden/Ja alle Welt hasset die Warheit/wenn sie einen trifft.« Zu Luthers Fabeltheorie Doderer in Hasubek 1983, S. 207ff; s. auch Rehermann/Köhler-Zürich in Hasubek 1982, S. 27ff.
11 S. den Titel des Aufsatzes von Spoerri in Hasubek 1983, S. 97ff.
12 S. Schütze 1973, S. 37ff, 137ff; Grubmüller 1977, S. 213ff, 341ff, 350ff; s. auch Schnur 1979, S. 208/09, 214/15, 306/07 und Johannes von Capua 1960, Stellenangaben im Reg. unter den Stichworten Armer, S. 397, König, S. 405, Krieg/Gewalt, S. 404, Wolf, S. 412.
13 Z. B. Dithmar 1974, S. 130ff.
14 Zur Illustrierung der erstaunlichen Konstanz einiger Fabelstoffe werde ich manchmal auf deren orientalische (ägyptische oder mesopotamische) Fassungen hinweisen.
15 1978, Vorrede S. 8/9.
16 *W. u. T.* V. 202–212; Marg 1984, S. 316 = Irmscher 1978, S. 3 = Mader 1973, S. 45; die Zeichnung von Hegenbarth illustriert in Marquardt 1975, S. 6/7 die Aesopische Fabel vom Habicht und der Nachtigall – Irmscher 1978, S. 13 = Mader 1973, S. 58 –; paßt aber genausogut auf die Hesiodische Version der Fabel.
17 Strasburger 1954, S. 236/37 spricht von der »Überzeugung vom naürlichen Willkürrecht des Stärkeren«.
18 Aesop: Irmscher 1978, S. 86; Phaedrus: I, 1 (4, 5) = Irmscher 1978, S. 165 = Mader 1973, S. 169; Babrios: I, 89 Irmscher 1978, S. 286 = Mader 1973, S. 260; Marie de France (ca. 1130–1200): 1973, S. 56/57, Nr. 2 = Schirmer/Ringger 1977, S. 172; Ulrich Boner (1300–1350): 1972, S. 11, Nr. 7; Steinhöwel (1412–1483): Dithmar 1970, S. 129; Luther: Elschenbroich 1981, II, S. 750, Nr. 2; Burkard Waldis (1495–1557): Dithmar 1970, S. 123; Erasmus Alberus (um 1500–1553): Dithmar 1970, S. 129; Hans Sachs (1494–1576): Dithmar 1970, S. 135; La Fontaine: I, 10, 1978, S. 38/39; Johann Adolf Schlegel (1721–1793): I, 19, 1965, S. 119; Iwan Andrejewitsch Krylow (1768/69–1844): I, 13, 1960, S. 27; Hinweise auf weitere Bearbeitungen: Romulus (um 400 n. Chr.): Irmscher 1978, S. 345, Nr. 3; Ignatios Diakonos (1. H. 9. Jh.): Irmscher 1978, S. 445, Nr. 33; Grubmüller 1977, Fundstellen im Reg. S. 473; Lindner 1978, S. 51, Nr. 2; S. 57, Nr. 8; S. 62, Nr. 12; S. 97, Nr. 30; S. 105, Nr. 38; S. 114, Nr. 50; S. 143, Nr. 82; 162, Nr. 102; Schütze 1973, S. 46–51, 179/80; Varianten: Aesop: Irmscher 1978, S. 20, Nr. 16 = Mader 1973, S. 62; Irmscher 1978, S. 89, Nr. 166; Gotthold Ephraim Lessing (1729–1781): I, 28; II, 4; Anhang II, 3, 1967, S. 25, 29, 62; James Thurber (1894–1961): 1967, S. 5; Helmut Arntzen (geb. 1931): Dithmar 1970, S. 256 = Lindner 1978, S. 210, Nr. 176. S. auch Sternbergers Analyse der Fabel 1950, S. 8–17.
19 S. Grundmann/Strich/Richey 1984, S. 19; vgl. auch Liebs 1982, S. 46, C 68: Contra vim non valet jus = gegen Gewalt ist das Recht machtlos.
20 I, 10 V. 29.
21 Mir will allerdings bei dieser Karikatur nicht recht wohl werden: Rechtfertigen die teilweise sehr aggressiven Aktionen der gefangenen Terroristen in jeder Hinsicht alle an ihnen vorgenommenen Maßnahmen wie Zwangsernährung und Isolationshaft? Legitimieren sie vor allem die **allgemeine** Beschränkung der Kontaktmöglichkeiten zwischen Untersuchungsgefangenem/Strafgefangenem und seinem Anwalt durch die sog. nicht nur von der ›Linken‹ kritisierten Antiterrorgesetze? Die übrigen Karikaturen der Sammelmappe *Paragrafik* – vor allem diejenigen von Ernst Maria Lang (geb. 1916) und von Luis Murschetz (geb. 1936), aber auch die weiteren Haitzingers – zeigen, wie komplex das Thema ›Terrorismus und Rechtsstaat‹ ist und wie viele Aspekte es aufweist. Gerade an diesem Beispiel wird deutlich, welche Schwierigkeiten die Übertragung der traditionellen Fabelmodelle und -figuren auf moderne Problematiken mit sich bringt.
22 Aesop: Irmscher 1978, S. 82, Nr. 154 = Mader 1973, S. 63; S. 83, Nr. 155a; Phaedrus: I, 5 (S. 8/9), Irmscher 1978, S. 168 = Mader 1973, S. 174; Babrios: I, 67, Irmscher 1978, S. 276 = Mader 1973, S. 259; Marie de France 1973, S. 78/79, Nr. 11; Odo von Cherington (1. H. 13. Jh.): Schnur 1979, S. 242/43; Boner: 1972, S. 12, Nr. 8; Luther: Elschenbroich 1981, II, S. 752/53, Nr. 6 und 7; La Fontaine: I, 6, 1978, S. 24/25; Gottlieb Konrad Pfeffel (1736–1809): Dithmar 1970, S. 188; Krylow: IV, 1, 1960, S. 138; Wilhelm Busch (1832–1908): Dithmar 1970, S. 227; weitere Bearbeitungen: Romulus: Irmscher 1978, S. 348, Nr. 8; Ignatios Diakonos: Irmscher 1978, S. 447 u. 449, Nr. 41 u. 48; Grubmüller 1977 Fundstellen im Reg. S. 471; Lindner 1978, S. 62, Nr. 11; Varianten Babrios: II, 154 »Der Wolf als Gesetzgeber«, Irmscher 1978, S. 320 = Mader 1973, S. 264; La Fontaine: IV, 12, 1978, S. 272/73; Thurber: 1967, S. 5, Arntzen: Lindner 1978, S. 209, Nr. 172 u. 173 = Dithmar 1970, S. 254.
23 Ulpian (römischer Rechtsgelehrter, Ende 2. Jh. – 228 n. Chr.) in den Digesten XVII, 2, 29, 2, der wahrscheinlich auf diese Fabel in der Fassung Aesops oder des Phaedrus anspielt; Scharr 1960, S. 1136/37.

24 Auch dieses Bild geht auf eine Aesopische Fabel zurück: Mader 1973, S. 62; Aristoteles nimmt darauf in seiner *Politik* III, 13 (1248 a) Bezug; 1973, S. 125 u. 313 (Anm.).
25 *Der Marder, der Fuchs und der Wolf*: Sommer 1976, S. 67; noch drastischer: Pfeffel in seiner Fabel *Die Stufenleiter*: Windfuhr 1965, S. 93.
26 Weitere Darstellungen des Themas in Anlehnung an Bruegel und mit verschiedenen politischen Implikationen: Harms/Rattey 1983, S. 296/97, Abb. 145 (Kupferstich von 1563); Harms/Paas/Schilling/Wang 1983, S. 84/85 (Kupferstich von 1619).
27 Phaedrus III, 18 (S. 68/69) Irmscher 1978, S. 198 = Mader 1973, S. 203; Romulus anglo-latinus (Ende 11./Anf. 12. Jh.): Schnur 1979, S. 180/81; Marie de France: 1973, S. 126/27, Nr. 31 = Schirmer/Ringger 1977, S. 191; La Fontaine: II, 17, 1978, S. 142/43.
28 Aesop: Irmscher 1978, S. 143, Nr. 292 = Mader 1973, S. 105; vgl. auch Lessing: I, 5 u. 7; II, 18, 1967, S. 13, 15, 36.
29 *Politeia (Der Staat)* II, 11, 14 (370 b, c, 374 a ff); IV, 10 (433 a) u. ö.: 1961, S. 65/66, 71/72, 154.
30 Titus Livius: *Römische Geschichte* II, 32 Irmscher 1978, S. 158 = Dithmar 1970, S. 106; Romulus: Irmscher 1978, S. 385, Nr. 66 = Mader 1973, S. 342; Marie de France 1973, S. 114/15, Nr. 27; Boner: 1972, S. 100, Nr. 52; Waldis: Dithmar 1970, S. 125; La Fontaine: III, 2, 1978, S. 168/69; Daniel Wilhelm Triller (1695–1782): Dithmar 1970, S. 155; Christian August Fischer: (1771–1829): Lindner 1978, S. 190, Nr. 136; weitere Bearbeitungen: Grubmüller 1977, Fundstellen im Reg. S. 471; Lindner 1978, S. 54, Nr. 6; S. 99, Nr. 32; S. 109, Nr. 44; S. 123, Nr. 59; S. 150, Nr. 91; 169. Nr. 106; Varianten: Barthelemy Imbert (1747–1790): Lindner 1978, S. 135, Nr. 71; Johann Heinrich Pestalozzi (1746–1827): a. a. O. S. 191, Nr. 138; Edwin Hoernle (1883–1952): a. a. O. S. 200, Nr. 153.
31 Babrios: II, 128, Irmscher 1978, S. 308 = Mader 1973, S. 255; Aesop: Irmscher 106, Nr. 204 = Mader 1973, S. 60; die interessante Fabel vom *Jungstier, dem Löwen und dem Räuber* – Phaedrus II 1 (S. 32/33), Irmscher 1978, S. 180 – veranschaulicht die Mahnung an die Regierenden, den Armen zu geben, auch wenn diese sich nicht vordrängen, und nicht der Habsucht alles in den Rachen zu werfen.
32 Aesop: Irmscher 1978, S. 45, Nr. 71; Babrios: I, 36 a. a. O. S. 261 = Mader 1973, S. 237; Avianus (um 400 n. Chr.): a. a. O. S. 416, Nr. 16; Ignatios Diakonos: a. a. O. S. 448, Nr. 45; La Fontaine: I, 22, 1978, S. 82/83; Lessing: III, 15, 1967, S. 49; Friedrich von Bodenstedt (1819–1892): Simon S. 382; Jean Anouilh (geb. 1910): 1970, S. 94/95; weitere Bearbeitungen und Varianten: Grubmüller 1977, Fundstellen im Reg. S. 468; Lindner 1978, S. 51, Nr. 3; 59, Nr. 9; 105, Nr. 39; 107, Nr. 42; 155, Nr. 97; 168, Nr. 105; 181, Nr. 118; 182, Nr. 122; 203, Nr. 157.
33 Babrios: I, 64. Irmscher 1978, S. 274 = Mader 1973, S. 238; Avianus (um 400 n. Chr.): a. a. O. S. 419, Nr. 19; Boner: 1972, S. 141, Nr. 72.
34 IV, 6 1978, S. 250/51; vgl. Phaedrus: IV, 6 (S. 82/83), Irmscher 1978, S. 205 = Mader 1973, S. 207.
35 Pfeffel: *Der Adler und der Weih*: Dithmar 1970, S. 185; Karl Wilhelm Ramler (1725–1798): Alverdes 1965, S. 225; s. auch die inhaltsgleiche Fabel von Ludwig Heinrich Freiherr von Nicolay (1737–1820): Simon S. 305; in diesen Zusammenhang gehört auch die bittere Fabel *Löwe, Wolf, Fuchs und Esel* in der Fassung des Nicolaus Bozon (um 1320–1350): Schnur 1979, S. 306/307 und La Fontaine: VII, 1, 1978, S. 462/63.
36 Ein besonders eindrucksvolles neuzeitliches Zeugnis dieses Vergeltungsglaubens haben wir in dem Buch des schwedischen Naturforschers Carl von Linné (1707–1778), *Nemesis Divina*.
37 Wie Hesiod, Solon und andere es mitunter von Dike annahmen; hierzu Kap. I.
38 Irmscher 1978, S. 4 = Mader 1973, S. 45; Aesop: Hausrath 1944, S. 20/21, Nr. 18 = Dithmar 1970, S. 85; Babrios: II, 186, Irmscher 1978, S. 333; Luther, Tischreden, Aurifaber 1981/1566, S. 84 r. Hinzuweisen ist noch auf die babylonische Fassung der Fabel, die seit dem 2. Jt. v. Chr. nachweisbar ist: *Schlange und Adler*, Carlsson 1959, S. 7, sowie auf die ägyptische: *Geier und Wildkatze*, Brunner-Traut 1984, S. 35; s. ferner S. 53; eingehend zu dieser Fabel und ihren orientalischen Parallelen Trencsényi-Waldapfel 1966, S. 181–191, 516/517.
39 Aesop: Irmscher 1978, S. 135, Nr. 273; Aischylos: Hausrath 1944, S. 20/21, Nr. 17 = 1980, S. 568/69, Fr. 69; Babrios II, 185, Irmscher 1978, S. 332 = Mader 1973, S. 317; Ignatios Diakonos: a. a. O. S. 443, Nr. 25; La Fontaine: II, 6, 1978, S. 106/07.
40 Anh. I, 1 1967, S. 58 = Sommer 1976, S. 56; s. auch Krylow: I, 21 1960, S. 40; ferner *Fuchs und Bauer* von Babrios: I, 11 Irmscher 1978, S. 249 = Mader 1973, S. 252.
41 Aesop: Irmscher 1978, S. 149, Nr. 302; Babrios: II, 191 a. a. O. S. 335 = Mader 1973, S. 257; Romulus: a. a. O. S. 346, Nr. 4; Münchener Romulus (wohl 12. Jh.): Schnur 1979, S. 208/09 (ohne die Bestrafung des Frosches); Boner: 1972, S. 5, Nr. 3; Luther: Elschenbroich 1981, II, S. 750, Nr. 3; La Fontaine: IV, 11 1978, S. 268/69; in diesen Themenkreis gehören noch: Phaedrus: I, 17 (S. 18/19) Irmscher 1978, S. 173; Babrios: I, 5, 105 u. II, 142, a. a. O. 246, 296, 315 = Mader 1973, S. 251 (vgl. Romulus: a. a. O. S. 377/78, Nr. 55, 56 = Mader 1973, S. 341; La Fontaine: VII, 12, S. 514/15), 253, 255; Lessing: II, 15, 1967, S. 34.
42 Z. B. *Der Mörder* von Aesop: Irmscher 1978, S. 27, Nr. 32 = Mader 1973, S. 61.
43 Babrios: *Die Schiffbrüchigen und die Ameisen* II, 117; Irmscher 1978, S. 303 = Mader 1973, S. 254.
44 La Fontaines Version von *Eiche und Schilfrohr* – 1978, S. 82/83 – kann in diesem Sinne gedeutet werden: Spoerri in Hasubek 1983, S. 108–112; s. auch *Dornstrauch und Fichte* Anm. 33.
45 Phaedrus: I, 26 (S. 27/28) Irmscher 1978, S. 171 = Mader 1973, S. 186; Romulus: a. a. O. S. 369, Nr. 43; La Fontaine: I, 18, 1978, S. 68/69; s. auch Strobach 1980, S. 66/67; s. ferner *Geier und Schlange*, wo Böses mit Bösem vergolten wird, Babrios: II, 150 a. a. O. S. 318 = Mader 1973, S. 256.
46 Romulus: Irmscher 1978, S. 373, Nr. 51 = Mader 1973, S. 337; *Gesta Romanorum* (Ende 13. Jh.): 1973, S. 211, Nr. 104; s. auch a. a. O. S. 468, Nr. 216.
47 Christian Fürchtegott Gellert (1715–1769): *Das Pferd und die Bremse*: 1965, S. 38 = Windfuhr 1965, S. 32 = Alverdes 1965, S. 168; ferner die Variante von *Adler und Fuchs* bei Phaedrus: I, 28 (S. 26/27) Irmscher 1978, S. 178, Marie de France = 1973, S. 76/77, Nr. 10 und Boner 1972, S. 23, Nr. 14; Aesop *Adler und Mistkäfer*: a. a. O. S. 13, Nr. 3 = Mader 1973, S. 103, vgl. La Fontaine: II, 8, 1978, S. 110/11; *Löwe und Mücke* von La Fontaine: II, 9, 1978, S. 114/15.
48 *Der Löwe und die drei Stiere* von Babrios: I, 44 Irmscher 1978, S. 265; Ignatios Diakonos: a. a. O. S. 439, Nr. 11; vgl. auch Avianus: a. a. O., S. 418, Nr. 18; die Stiere fallen der Gewalt zum Opfer, weil sie die nötige Solidarität vermissen lassen; ebenso *Die Schöpse und der Schlächter* von Romulus: a. a. O. S. 392, Nr. 76 = Mader 1973, S. 343; hierzu Schütze 1973, S. 89f.
49 Auch von dieser Fabel existiert eine ägyptische Fassung: Brunner-Traut 1984, S. 37, 54f; Aesop: Irmscher 1978, S. 83, Nr. 155; Babrios: I, 107 a. a. O. S. 297 = Mader 1973, S. 307; Romulus: a. a. O. S. 357, Nr. 22; Marie de France: 1973, S. 90/91, Nr. 16 = Schirmer/Ringger 1977, S. 182; Boner: 1972, S. 28, Nr. 18; La Fontaine: II, 11, 1978, S. 122/23; Krylow: IX, 9, 1960, S. 306; weitere Bearbeitungen: Grubmüller 1977, Fundstellen im Reg. S. 479, insbes. S. 202ff; Lindner 1978, S. 95, Nr. 29 u. S. 114, Nr. 51; vgl. La Fontaines Variante *Taube und Ameise*: II, 12, 1978, S. 124/25; Grandville (Abb. 30 a+b) verschränkt beide Fabeln in großartiger Weise: im Hintergrund der einen ist jeweils die andere dargestellt.
50 *Die Eintracht unter den Tieren*: I, 102 Irmscher 1978, S. 294 = Mader 1973, S. 261.
51 S. Heinemann 1900/1976, Abb. 55, 56, 74, 77–79, 141, 142 und Text S. 57/58; Fehr 1923, *Spottbilder*, Abb. 205–219 sowie Erläuterungen S. 157–168; Schild 1980, S. 12 und Abb. 6; Kissel 1984, S. 12/13, 62ff; 64ff.
52 I, 10 (S. 12/13) Irmscher 1978, S. 170 = Mader 1973, S. 176; Romulus: a. a. O. S. 372, Nr. 48; La Fontaine: II, 3, 1978, S. 96/97.
53 1972, S. 6, Nr. 4; hierzu Fehr 1923, S. 72 u. Abb. 76; Schütze 1973, zu dieser Fabel S. 66ff; zur Krise des mittelalterlichen Gerichtswesens und dessen Kritik in der Fabeldichtung S. 53ff, 70ff; zugrunde liegt die schon erwähnte (Anm. 37) Fabel *Schaf, Hund und Wolf* des Phaedrus I, 17.
54 *Geist I* 1968/1907, S. 49.
55 1972, S. 44, Nr. 27; s. Fehr 1923, S. 73 und Abb. 77; Schütze 1973, S. 56ff.
56 Phaedrus' Urfassung der Fabel – I, 16 (S. 18/19) Irmscher 1978, S. 173 = Mader 1973, S. 181 – enthielt die Justizkritik Boners noch nicht, sondern befaßte sich mit einem Bürgschaftsfall. Das Schaf ist auch hier auf seiner Hut und läßt sich mit dem Hirschen, der den Wolf als Bürgen bietet, erst gar nicht auf das Geschäft ein.
57 1972, S. 159, Nr. 81; s. Fehr 1923, S. 163 u. Abb. 212.
58 V, 14, 1978, S. 360/61; auf Grandvilles Illustration findet sich im Hintergrund eine Person in prunkvoller Richterrobe und mit einem Eselskopf.
59 Grundmann/Strich/Richey 1984, S. 22.
60 (1719–1783): Sommer 1976, S. 197.
61 Unverfehrt 1980, S. 3ff; von ihrer fortwährenden Aktualität zeugt eine so beißend satirische Publikation wie *Der häßliche Jurist* 1980, die nach ihrem kritischen Anspruch und der Breite der von ihr aufgegriffenen Themen ganz in der Tradition der französischen Vorläuferin steht; sie enthält mehrere Graphiken aus *La Caricature*. Weitere Aspekte der Herrschafts- und Sozialkritik seit dem frühen 19. Jh., die auch immer die Kritik an den Trägern der Herrschaft, insbes. den Juristen, mit einschließen, bei H. Latz, Kap. VI.
62 VIII, 10, 1978, S. 580/81; zur Lithographie Unverfehrt 1980, S. 141, Nr. 47; weitere Graphiken mit Fabelstoffen oder fabelähnlicher Thematik: a. a. O. S. 79, Nr. 17; S. 90, Nr. 22; S. 102, Nr. 28; S. 152, Nr. 53; S. 221, Nr. 91; S. 246, Nr. 105; S. 267, Nr. 116.

63 Unverfehrt 1980, S. 27ff.
64 S. das Nachwort zur deutschen Ausgabe 1976, Bd. II, S. 379ff von Karl Riha.
65 Baltrušaitis 1984, S. 44ff.
66 1969 VII, S. 148–150.
67 Die Abb. dieses Kap. umspannen einen Zeitraum von nahezu 700 Jahren und vermitteln einen freilich nur sehr knappen Überblick über Geschichte und verschiedene Stiele der Fabel-Illustration; hierzu Bodemann 1983, S. 34ff, 50ff, 67ff; Dithmar 1974, S. 158ff; Doderers Legenden 1977 zu den beigefügten Abb. enthalten interessante Hinweise auf wichtige Fabel-Illustratoren (Stellennachweise S. 328–331).
68 La Fontaine: V, 1 V. 27, 1978, S. 320/21.
69 Über ihre ›Wissenschaftlichkeit‹ dürfte der scharfsinnige Georg Christoph Lichtenberg (1742–1799) das Erforderliche gesagt haben: s. seinen 1778 in 2. Aufl. erschienenen Aufsatz *Über Physiognomik Wider die Physiognomen* 1974, S. 268ff; vgl. Siegrist in seinem Nachwort zu Lavaters *Physiognomische(n) Fragmente(n)* 1984, S. 390–392.
70 Baltrušaitis 1984, S. 9ff; zu den Teilgebieten der Physiognomik gehört auch die bereits (bei Anm. 65) erwähnte Phrenologie.
71 Baltrušaitis 1984, S. 36ff, Abb. 27.
72 a. a. O. S. 42, 44 u. Abb. 30.
73 a. a. O. S. 50; Unverfehrt 1980, S. 81.
74 Baltrušaitis 1984, Abb. 35, 36.
75 Blätter mit spezifisch sozialkritischem Inhalt: Nr. 13, 15, 26, 29, 34, 38, 44, 45, 53, 59, 66, 69.
76 Genaue Beschreibung bei Unverfehrt 1980, S. 80, Nr. 18 u. 166, Nr. 22; s. auch S. 48–50, Nr. 1; auch an diesen Blättern wird deutlich, daß Grandville die Tierphysiognomien als Rollen verwendet und sich dadurch der Methodik der Fabel stark annähert; diese mehr dramatische Funktion der Physiognomik bei ihm wird durch die beiden Teile seines *Politischen Karnevals* (a. a. O. S. 55ff, Nr. 5 u. S. 60ff, Nr. 7) belegt, auf denen sich die damaligen Großen der Gesellschaft ein lächerliches Stelldichein in närrischer Verkleidung geben.
77 1982, S. 119.
78 Montaigne, Essais II, 12, 1953, S. 432ff, 438; s. auch II, 11, S. 416ff; Schopenhauer, Parerga und Paralipomena, § 114, 1972, VI, S. 225ff; ferner Hamm 1984, S. 508/09, 513ff.
79 1972, VI, S. 228 »l'animal méchant par excellance«, im Anschluß an den pessimistischen Rassetheoretiker Graf Gobineau (1816–1882); weitere Nachweise für den moralischen Mensch-Tier-Vergleich bei Wagner 1960/1909, S. 266.
80 IX, 12 (588b ff): 1961, S. 378/79.
81 Zu den *Caprichos*: Burbach 1980, S. 22ff; Hofmann 1980, S. 52ff, 62ff, 75ff, 95ff, 108ff, 266ff; Stuffmann 1981, S. 35ff; Widmer, Vorwort zu Goya 1972; Williams 1978, S. 48ff; zu *Los Desastres de la Guerra*: Burbach 1980, S. 80ff; Farner, Vorwort zu Goya 1972; Hofmann 1980, S. 117ff, teilweise 146ff u. 280ff; Stuffmann 1981, S. 90ff; Williams 1978, S. 158ff; zu den *Disparates* oder *Proverbios:* Burbach 1980, S. 122ff; Hofmann 1980, S. 195ff; teilweise 280ff; Stuffmann 1981, S. 142ff; Williams 1978, S. 152ff.
82 1973/1853, S. 4, s. auch S. 26ff.
83 So der Ayala-Kommentar; zur Deutung des Blattes: Burbach 1980, S. 41, Nr. 40; Hofmann 1980, S. 82, Nr. 28; Stuffmann 1981, S. 52, Nr. D 19.
84 Zitat Ayala-Kommentar; s. Burbach 1980, S. 57, Nr. 64; Hofmann 1980, S. 64, Nr. 6; Stuffmann 1981, S. 68, Nr. D 40.
85 S. Burbach 1980, S. 50, Nr. 55; Hofmann 1980, S. 108, Nr. 56; Stuffmann 1981, S. 60, Nr. D 33; weitere adelskritische Blätter: *Capr.* Nr. 37–41; s. auch Nr. 4; das vollständige spanische Sprichwort, auf das *Capr.* 42 (Abb. 316c) sich bezieht, lautet: »Du der du es nicht kannst, trage mich auf deinen Schultern«; vgl. noch Stuffmann 1981, S. 177, Nr. L 16 u. L 16 a.
86 S. Burbach 1980, S. 69, Nr. 77; Hofmann 1980, S. 110, Nr. 57; Stuffmann 1981, S. 76, Nr. D 51; die Reiter werden auch als räuberische Regierungsbeamte gedeutet; der vordere Reiter könnte vielleicht auch ein geistlicher Würdenträger sein: vgl. *Desastres* Nr. 75.
87 S. Burbach 1980, S. 113, Nr. 165/166; Hofmann 1980, S. 66, Nr. 10/11; Stuffmann 1981, S. 118, Nr. G 35/36.
88 S. Burbach 1980, S. 128, Nr. 183; Hofmann 1980, S. 200, Nr. 150; Stuffmann 1981, S. 146, Nr. J 3; weiteres Beispiel zur Eheproblematik *Capr.* Nr. 75.
89 So Schopenhauer: *Über die Grundlage der Moral,* § 17 1972, IV, S. 213, in teilweiser Übereinstimmung mit Ulpian, Dig. I, 1, 10, 1: Scharr 1960, S. 196/97.
90 Zu Schopenhauers interessanter Theorie von der Positivität des Unrechts und der Negativität des Rechts: *Die Welt als Wille und Vorstellung* Bd. I § 62, 1972, II, S. 400, sowie a. a. O. § 17, 1972, IV, S. 212ff, 216ff; zum rechtsethischen und rechtspraktischen Wert der Unrechtserfahrung: Jhering 1963/1874, S. 40ff; s. Pleister 1982, S. 299–304.

## zu Kapitel V

1 Vgl. den Sammelband Blankenburg/Klausa/Rottleuthner 1980.
2 Zu dieser Trias von Gründen vgl. die entwicklungslogischen Überlegungen von Kohlberg 1971, bes. S. 164f.
3 Die Texte, auf die hier und im Folgenden Bezug genommen wird, sind Gorgias, *Rede auf die Gefallenen des Peloponnesischen Krieges,* bei: Diels/Kranz, *Die Fragmente der Vorsokratiker II* B 6; Platon, *Gorgias,* 482D–484B, 491E; Platon, *Protagoras,* 337B; Platon, Politeia, 338C, 343C–344B. Zu den Vorsokratikern Erik Wolf 1952.
4 Zum Folgenden vgl. Augustinus, *De Civitate Dei,* 12. Buch, Kap. 28; 14. Buch, bes. Kap. 1, 4, 28; 15. Buch, Kap. 17.
5 Flasch 1980, S. 394.
6 Zu Giotto in Assisi vgl. Schrade 1964, hier bes. S. 32ff, 100ff.
7 Zum franziskanischen Armutsstreit insbesondere Lambert 1961; Grossi 1972; Seelmann 1979, S. 98ff.
8 Zu den folgenden Darstellungen vgl. insbesondere Appuhn 1981; A Kat *Martin Luther u. d. Reformation in Deutschland* 1983, S. 338ff.
9 Vgl. bes. Luthers Thesen 60ff gegen die Antinomer, WA 39/I, S. 357 sowie die 1. Disputation gegen die Antinomer, WA 39 I, S. 359–417.
10 Zum ganzen Streit vgl. Iwand 1980, S. 51ff, 56ff.
11 Vgl. zu diesen Bildern die A Kat. *Martin Luther und die Folgen für die Kunst* 1984, S. 210ff; *Kunst d. Reformationszeit* 1983, S. 357ff; zur *Gothaer Tafel*: Friedländer/Rosenberg 1979, Nr. 221.
12 Vgl. dazu Arthur Kaufmann 1984, S. 1062ff.
13 Dazu Seelmann 1979, bes. S. 37ff, 161ff.
14 Weiterführend Ellscheid 1979, S. 42ff; Voigt 1983; Habermas 1981, bes. S. 530ff.
15 Brant 1964, S. 257ff.
16 Vgl. hierzu Grundmann/Strich/Richey 1984, S. 13; ein weiteres Beispiel eines ›Prozeßhansels‹ ist Grandvilles Esel in Kap. IV, Abb. 313b.
17 Hofmann 1980, S. 53. Zu den beiden hier gezeigten Bildern Goyas vgl. Gassier 1973, S. 266, 424 sowie Gassier/Wilson 1971, S. 1357, 1770.
18 Vgl. Goyas bekannte Radierung aus den *Caprichos* (Cap. 43) mit der Aufschrift »E. sueño de la razon produce monstruos«, meist – wohl zu platt – dahingehend verstanden, daß die Phantasie, vom Intellekt verlassen, Monstren hervorbringe. Zu Goyas Skepsis gegenüber der Vernunft der Aufklärung vgl. auch H. u. G. Böhme 1983, S. 248f und Kamper 1987, S. 5ff.
19 Vgl. insbesondere das Kapitel »Der Rechtszustand« in Hegels *Phänomenologie des Geistes* von 1807, aber auch die Passagen zu griechischem und römischem Geist in Hegels Geschichts- und Religionsphilosophie.
20 Zu beiden Themen Seelmann 1973, S. 101ff.
21 Dazu Graf 1984, S. 102ff, 109ff.
22 Hegel 1907, S. 261ff.
23 Zu Marx' Kritik am Recht im hier umschriebenen Sinn vgl. bes. MEW 19, S. 21; MEW 23, S. 181ff; Grundrisse, S. 151ff.
24 Zu Klimts Fakultätsbild vgl. Schorske 1985, S. 22.

25 Vgl. zum Folgenden Proudhon 1896, S. 179ff, 223ff; vgl. auch Bakunin 1972, S. 90f, 93; zu den Anarchisten Dierse 1971.
26 Zu den verschiedenen Interpretationsmöglichkeiten für dieses Wort vgl. A Kat Stuffmann 1981, S. 52, sowie A Kat. Burbach 1980, S. 53.
27 Zu diesem Streit über Legitimation und Zwecke der Strafe vgl. Seelmann 1981.
28 Vgl. dazu Schild 1982, S. 39.
29 Vgl. dazu Zielcke 1988. Zum Thema »Täter und Opfer« vgl. auch den Ausstellungskatalog *Kunstpreis* des Bundesministeriums der Justiz 1986.
30 Zu dieser Erkenntnis des *labeling approach* in der Kriminalsoziologie vgl. Sack 1972.

## zu Kapitel VI

1 Schalk 1964, S. 469.
2 Widmann IV 5.
3 Goethe 1962, Bd. 12, S. 289.
4 Gryphius 1963, S. 3.
Tränen des Vaterlandes
1636
Wir sind doch nunmehr gantz, ja mehr denn gantz verheeret.
Der frechen Völcker Schaar, die rasende Posaun,
Das vom Blut fette Schwerdt, die donnernde Cartaun
Hat aller Schweiß und Fleiß und Vorrath auffgezehret.

Die Türme stehn in Glut, die Kirch ist umgekehret,
Das Rathhauß liegt im Grauß, die Starcken sind zerhaun,
Die Jungfern sind geschändt, und wo wir hin nur schaun,
Ist Feuer, Pest und Tod, der Hertz und Geist durchfähret.

Hier durch die Schantz und Stadt rinnt allzeit frisches Blut;
Dreymal sind schon sechs Jahr, als unser Ströme Flut,
Von Leichen fast verstopfft, sich langsam fort gedrungen;

Doch schweig ich noch von dem, was ärger als der Tod,
Was grimmer denn die Pest und Glut und Hungersnoth,
Daß auch der Seelen-Schatz so vielen abgezwungen.
5 Zitat aus der Fernsehsendung 1985 WDR »Schrecken des Krieges«.
6 Habermas 1971, S. 333.
7 Kant 1964, IV, S. 203.
8 Hevesi 1978, S. 72.
9 Spengler 1961, S. 7.
10 Spengler 1961, S. 6.
11 Hinz 1974, S. 19.
12 Hinz 1974, S. 33ff.
13 Hitler 1937.
14 Hitler 1937.
15 Speer 1970, vor S. 193.
16 Speer 1970, im Bildteil zw. S. 160 u. 161
17 Adorno 1970, Bd. 7, S. 455.

## zu Kapitel VII

1 Zu diesem kunsttheoretischen Begriff vgl. Benjamin 1974, S. 440ff, 480f.
2 Benjamin a. a. O., S. 437.
3 Nach Würtenberger 1970, S. 232 handelt es sich bei dem Nürnberger Ratsverlaß vom 3. Januar 1512 um die erste urkundlich belegte obrigkeitliche Maßnahme gegen Kunstfälschung; vgl. auch Koschatzky 1976, S. 129ff, 140.
4 Zur Entwicklung des Zeichenschutzes aus dem Zunftrecht vgl. Würtenberger a. a. O., S. 221, 233; zum Zusammenhang mit der Wandlung der Auffassung über die Künstlerpersönlichkeit im ausgehenden Mittelalter: Würtenberger 1951, S. 5; ders.: 1985, S. 1586ff.
5 Im Register heißt es zu dem entsprechenden Ratserlaß: »Dürers Kunst abgestollen«; vgl. Hampe 1904, Nr. 905, S. 139.
6 Einen speziellen Straftatbestand – ähnlich der Warenfälschung in Art. 153 SchwStGB hält Würtenberger 1951, S. 115ff, für erforderlich.
7 Vgl.: RGSt 56, 357; die reine Stilfälschung (ohne Signatur) bleibt unerfaßt. Zum Fälschungsunwert der unsignierten Fälschung s.: Kienapfel 1979, S. 133.
8 Das von § 267 StGB geschützte Rechtsgut ist die Sicherheit und Zuverlässigkeit des Rechtsverkehrs (h. M.: Dreher/Tröndle § 267 Rdn. 1 m. w. N., abw.: Sch.-Schr./Cramer § 267 Rdn. 1). Der im UrhG §§ 15 Abs. 1 Nr. 1, 16 Abs. 1 geregelte Schutz des Künstlers gegenüber der Nachbildung ist vergleichsweise schwach, da zeitlich begrenzt (bis 70 Jahre nach dem Tod des Urhebers, § 64 Abs. 1 UrhG) und im Strafrahmen niedriger als § 267 StGB (§ 106 UrhG: Geldstrafe oder Freiheitsstrafe bis zu einem Jahr).
9 Zum Zusammenhang vom Phänomen des Sammelns von Kunstwerken mit dem Kunstfälschertum vgl.: Arnau 1959, S. 22ff; Eudel/Roessler 1947, S. 159ff; Würtenberger 1970, S. 86ff; zum Warencharakter der Kunst ferner: Holz 1972.
10 Zu dem mit Vermeer-Fälschungen berühmt gewordenen Maler siehe besonders: Kilbracken 1968; ferner: Arnau, S. 277ff.
11 In dem Schriftsteller Irving 1970 hatte Elmyr einen kongenialen Biographen gefunden, da jener selbst Fälscher (einer Howard Hughes-Biographie) war, vgl. *Fakes and Forgeries* 1973, S. 22; Bericht in: *Artis* 29, 1977, S. 10 (o. Verf. angabe).
12 Sowohl van Meegeren (vgl. Kilbracken a. a. O., S. 20, 25) als auch Elmyr (vgl. Irving a. a. O., S. 199, 275) geben als Beweggrund für ihre Fälscherkarriere u. a. ihre Verärgerung gegenüber der zum Fetisch gewordenen Signatur an. Ähnlich Naegeli (vgl. Zürcher Sprayer, 1978, *mein revoltieren,* o. S.) – freilich als Grund für ›autonome‹ Kunst; ferner: Borgeest 1979, S. 168.
13 Beide täuschten erfolgreich über die Alterung der Bilder: van Meegeren bediente sich Leinwände von Orginalen minderer Qualität aus der Zeit Vermeers und alterte die Ölfarbe derart geschickt, daß erst seine eigenen Angaben den Nachweis der verwendeten Substanzen (Kunstharz) ermöglichten (vgl. Kilbracken a. a. O., S. 17). Elmyr verwendete für seine ›Modiglianis‹ Vorsatzblätter aus antiquarisch erworbenen Büchern und montierte Fotos seiner Fälschungen in Originalkataloge, die den Käufern vorgelegt wurden (vgl. Irving a. a. O., S. 89).
14 Das Plädoyer des Staatsanwaltes im van Meegeren-Prozeß rechnete die Erschütterung der Fachautorität dem Angeklagten ausdrücklich zu, vgl. Kilbracken a. a. O., S. 279ff.

15 Zacher 1973, S. 199, weist auf eine weitere Schadensfolge hin, die darin besteht, daß Kunstwerke – unbegründeten – Zweifeln ausgesetzt werden und deshalb als Forschungsgegenstand der Kunstwissenschaften ausscheiden.
16 So: Irving a. a. O., S. 265f.
17 Zur Geschichte und Bedeutung dieses Begriffs s. Ulmer 1980, S. 105ff.
18 Urteil vom 6. 2. 1985 = NJW 1985, S. 1633; die beklagte Universität hatte das von Vostell gestaltete Happening *Heuwagen* auf ein Video-Band aufgenommen und veräußert, obwohl Vostell die Aufzeichnung nur für interne pädagogische Zwecke gestattet hatte.
19 So wohl: Würtenberger 1951, S. 123f (str.) anders: Runge 1953, S. 69, 139, der von einem engen Begriff der »unfreien Benutzung« nach § 16 KuUG a. F. (heute: § 24 UrhG ausgeht.) Zum Ganzen: Ulmer a. a. O., S. 274; Fromm/Nordemann § 24 Anh. Rdn. 10. Problematisch ist das ›Selbstplagiat‹ vor allem unter dem Gesichtspunkt, daß das einen Künstler immer wieder beschäftigende Sujet jede ›Neuauflage‹ zu einer Neuschöpfung werden lassen kann, ohne daß dies überprüfbar wäre – selbst Hodlers kommerzielle Motive (vgl. Mühlestein/Schmidt 1983, S. 378f) sind kein Beweis für den Ausschluß einer neuen schöpferischen Leistung.
20 So: Borgeest a. a. O., S. 34 in seiner Kritik an diesem Kunstbegriff.
21 Ulmer a. a. O., S. 280.
22 Der § 26 UrhG zugrundeliegende Gedanke wird in der Beteiligung an der Wertsteigerung (Marktwert) gesehen (vgl. v. Gamm § 26 Rdn. 1, 2).
23 Vgl. besonders Ulmer a. a. O., S. 281, zum Vergleich der Weiterveräußerungsakte mit der wiederholten Wiedergabe eines Musikstücks.
24 In der Kulturdebatte des Bundestages (99. Sitzung der 10. Wahlperiode vom 9. 11 1984), s.: Verhandlungen des Deutschen Bundestages 1984 (Bd. 130), 7174ff (7176 A).
25 Anläßlich der Einweihung der Berliner Siegesallee im Jahre 1901.
26 Sog. ›Sprayer-Beschluß‹: BVerfG NJW 1984, S. 1293 (1294) (2. Senat).
27 In: *Selbstdarstellung* 1973, S. 33.
28 S. zum folgenden die Dokumentation von Staeck/Adelmann 1976a.
29 Vgl. Süddeutsche Zeitung vom 18. 10. 1973, zitiert nach Staeck/Adelmann a. a. O., S. 56.
30 So Staeck in einem Interview im Kölner Stadtanzeiger vom 15. 4. 1976.
31 Vgl. Michaelis in: DIE ZEIT vom 9. 4. 1976, ferner die Belege in: Staeck/Adelmann a. a. O., S. 18, 30.
32 Überblick bei: Alley 1982, S. 137f; Hayes 1980, S. 134f; Thullier 1982, S. 96ff.
33 Vgl. die Nachw. bei Alley a. a. O. Lediglich DIE ZEIT vom 22. 2. 1980 gibt – für das Motiv bedeutsam – einen Zeitpunkt nach dem Tode Churchills an.
34 In der Bundesrepublik wurde er besonders durch sein Porträt Konrad Adenauers (1963) bekannt – die Ereignisse um das Churchill-Porträt wiederum steigerten seine Popularität in England erheblich (Thullier a. a. O., S. 95).
35 John Ward (Porträt-Maler) in: Sunday Times vom 15. 1. 1978.
36 Vgl. Grünberg/Maessen 1982, Conrad/Zimmer 1981, Schmidt-Brümmer 1982, S. 190ff, Murken-Altrogge/Murken 1985, S. 311ff, 316ff.
37 Peters in: Grünberg/Maessen a. a. O.
38 Darstellung nach den Tatbeständen der Urteile: LG Wuppertal vom 17. 12. 1975 Az: 4 O 413/74 und OLG Düsseldorf vom 9. 7. 1976 Az: 22 U 17/76 (beide unveröffentlich) sowie: Tisdall 1979, S. 10; Berichte in: Kölnische Rundschau vom 15. 1. 1976, vom 22. 1. 1976, DIE ZEIT vom 6. 2. 1976, Leverkusener Anzeiger vom 5. 4. 1977, DER SPIEGEL, 33, 1979, Nr. 49, S. 250ff.
39 LG Urteil S. 5.
40 Durch das 22. Strafrechtsänderungsgesetz vom 18. 7. 1985 – § 303 StGB – (BGBl. I, 1510) wurde das Antragserfordernis in § 303 StGB gelockert: Die Staatsanwaltschaft kann jetzt auch von Amts wegen einschreiten, wenn ihr dies wegen des besonderen öffentlichen Interesses an der Strafverfolgung geboten erscheint. Zur Begründung vgl. BT-DrS 10/308, S. 4.
41 Sutherland über die Zerstörung, vgl. The Times vom 12. 1. 1978, S. 1. Ein vergleichbarer Fall beschäftigte die Gerichte in der Bundesrepublik 1977, als der ADAC wegen beabsichtigter Umbauarbeiten seines Hauptverwaltungsgebäudes Teile der von Hayek konzipierten und realisierten Außengestaltung beseitigte. Vgl. Süddeutsche Zeitung vom 8. 8. 1977; 23. 8. 1982; 26. 9. 1982.
42 BVerfG NJW 1984, S. 1293 (Vorprüfungsausschuß).
43 Vgl. Hoffmann 1985, S. 237.
44 OLG-Urteil a. a. O., 32, 40. Das LG-Urteil, welches 80000,– DM zugesprochen hatte, wurde insoweit abgeändert, weil die Beklagte für einen jene Forderung übersteigenden Betrag wirksam die Verjährungseinrede erhoben hatte. Der in der Presse teilweise vermittelte Eindruck, in II. Instanz seien die Erwartungen des Klägers sozusagen auf ein realistisches Maß zurückgestuft worden (vgl. z. B.: Leverkusener Anzeiger a. a. O., unklar auch: DER SPIEGEL a. a. O., S. 255) täuscht also.
45 Staeck in: Kölner Stadtanzeiger vom 15. 4. 1976 (Interview).
46 Vgl. Scheuch: »Auf einen Körper ein anderes Foto montieren, kann ein jeder von uns – etwa den Fotokopf einer ungeliebten Tante einem Nilpferd aufpappen.« (zit. nach Reuther in: Frankfurter Rundschau vom 29. 9. 1980).
47 So: Dregger a. a. O., 7176 (A), (B).
48 So die Verteidigung eines der Beschuldigten in dem Ermittlungsverfahren der Staatsanwaltschaft Bonn wegen des ›Bildersturms‹. S. dazu noch u. S. 242, 244f; ferner die Alternative Kunst oder »politische Pornografie« (Jan Eilers MDB, CDU, zit. nach Oldenburgische Zeitung Vechta vom 6. 4. 1976, bei: Staeck/Adelmann 1976a, S. 146). Weitere Beispiele in der Analyse des Katalogs zur Ausstellung »Politische Grafik gegen die Menschenwürde« bei Reuther a. a. O.; vgl. auch OLG Karlsruhe NJW 1972, S. 1810, 1812ff; offengelassen: Würtenberger 1983, S. 1150.
49 Vgl. Staeck Interview a. a. O.
50 So bei Marcel Duchamp; vgl. *Kindler Malereilexikon II,* S. 154. Zur Tradition des »erweiterten Kunstbegriffs« bis in die Renaissance vgl.: Schuster in: Süddeutsche Zeitung vom 22./23. 6. 85.
51 So aber offenbar: Hofstätter (zit. nach Reuther a. a. O.).
52 So: Adelmann a. a. O., S. 7ff, 26, 38ff, 44 u. B. auf den o. Anm. 1 angeführten Aufsatz Benjamins. Zur Änderung der Wahrnehmung s. dort: S. 439ff (478ff).
53 Adelmann a. a. O. Die komplexe Begründung seiner Auffassung kann hier im einzelnen nicht entfaltet werden.
54 Vgl. BGH NJW 1975, S. 1884 zum Ausdruck der ›wirklicheren‹ Erfahrung als Aufgabe der Kunst.
55 § 304 StGB:
»Wer rechtswidrig ... Gegenstände der Kunst ... welche in öffentlichen Sammlungen aufbewahrt werden oder öffentlich aufgestellt sind ... beschädigt oder zerstört, wird mit Freiheitsstrafe bis zu drei Jahren oder mit Geldstrafe bestraft.«
Neben Adelmann a. a. O. votieren für den Kunstcharakter der Staeck-Plakate: Bussmann, S. 14 u. Romain, S. 15ff in: Staeck/Adelmann 1976a; Zechlin 1984, S. 1092.
56 Az.: 50 Js 187/76. (Für die Verfolgung nach § 304 StGB bedarf es keines Strafantrages).
57 Verfügung vom 21. 9. 1976 (StA Bonn).
58 S.: Anm. 57.
59 Vgl. Anm. 55, 56.
60 BGHSt 10, S. 285 (286); Sch.-Schr./Stree § 304 Rdn. 4.
61 Staeck 1980, S. 184.
62 So: BVerfGE 30, S. 173ff (188f); BVerfG NJW 1985, S. 261 (262).
63 So aber die in Anm. 62 zit. Entscheidungen.
64 Deutlich wird dies schon in der auf eine lange Tradition (hierzu: Würtenberger 1977, S. 89ff) zurückgehende Formel Drehers, »Kunst« sei die »gültig geformte geistige Auseinandersetzung zwischen Künstler und Welt« (Dreher/Tröndle § 184 Rdn. 11). Vgl. ferner: »kommunikative Sinnvermittlung« (M-D/Scholz Art. 5 Abs. 3 Rdn. 29).
65 Zur Einbeziehung des Rezipienten in den Schutzbereich des Art. 5 Abs. 3 GG: Schwabe 1967, S. 161 u. bes.: Hoffmann a. a. O., S. 240f (»Kunst als Kommunikationsprozeß«); anders die h. M., die nur die notwendigen Vermittler einbezieht, vgl. die Nachw. zum Streitstand bei Hoffmann a. a. O., S. 241 Fn. 6.
66 Das Bild sollte nach ihrem Tod im Unterhaus aufgehängt werden vgl. DIE WELT vom 13. 1. 1978; Schmitt-Kammler a. a. O., 120 Fn. 208 erwähnt eine Entscheidung der Cour de Paris vom 15. 11. 1966, die einen Fall betraf, in dem ein Kunsthändler sich von einem Künstler das

Recht ausbedungen hatte, von der Monatsproduktion des betreffenden Malers jeweils soviele Werke zu zerstören, daß die vereinbarte Höchstzahl zu schaffender Bilder gewahrt blieb.

67 Vgl. Ridder 1964, S. 20, 24. Nach h. M. (RGZ 79, S. 397, 400f; v. Gamm § 14 Rdn. 11, § 44 Rdn. 6; a. A. Ulmer 1980, S. 22) erfaßt das Änderungsverbot des § 14 UrhG nicht die Zerstörung des Werkes, weil der Eigentümer damit nicht in die künstlerische Eigenart des fortbestehenden Werkes eingreift. Die Gegenansicht macht das geistige Interesse des Urhebers am Bestand und an der Unversehrtheit des Werkes (Ulmer a. a. O.) bzw. das Zugangsrecht des Urhebers (Fromm/Nordemann § 14 Anm. 2) geltend, um die Verpflichtung des Eigentümers zu begründen, dem Urheber vor der Vernichtung die Überlassung des Besitzes anzubieten.
Im Hayek-ADAC Fall (s. o. Anm. 41) wurde der ADAC zunächst dazu verurteilt, die Entstellung des Werkes zu beseitigen (entweder durch Wiederaufbau oder endgültige Entfernung der Fragmente, vgl. LG München NJW 1982, S. 655). Als der ADAC mit der Ausführung des letzteren begann, beantragte Hayek erfolglos den Erlaß einer einstweiligen Verfügung gegen die Zerstörung, vgl. LG München NJW 1983, S. 1205

68 Neben § 304 StGB, der auch den Eigentümer erfaßt (Sch.-Schr./Stree a. a. O., Rdn. 1) vor allem die Denkmalschutzgesetze der Länder (hierzu: Erbguth u. a. 1984 sowie das Gesetz zum Schutz deutschen Kulturgutes gegen Abwanderung vom 6. 8. 1955).

69 Vgl. Gesetz vom 6. 8. 1955 (vgl. Anm. 68) »Deutscher Kulturbesitz«, »Verzeichnis national wertvollen Kulturgutes« (§ 1 Abs. 1); in § 2 Abs. 1 S. 2 Denkmalschutzgesetz NRW vgl. die Definition des öffentlichen Interesses an Erhaltung und Nutzung von Denkmälern. Vgl. auch die Äußerungen von Kunstexperten (Sunday Times vom 15. 1. 1978, S. 5) zur Zerstörung, die das ›nominelle‹ Einzeleigentum dem ›materiellen‹ Allgemeineigentum an Kunstwerken gegenüberstellen oder auf den dokumentarischen Wert des Werkes hinweisen.

70 Insoweit besteht eine Parallele zu dem Streit um die Fakultätsbilder von Klimt (vgl. o. S. 210f, 227).

71 Dieser ausführungsbedürftige, hier aber nur thesenartig formulierbare Gedanke, stützt sich auf die Grundsatzerwägungen in der Entscheidung des BVerfG zur Verfassungswidrigkeit der sog. Fristenlösung (§ 218 StGB i. F. d. 5 StrReformG, BVerfGE 39, S. 1ff, 42ff), deren Kriterien zur Verpflichtung des Gesetzgebers auch hier zutreffen (Ranghöhe des Rechtsguts, soziale Dimension der fraglichen Verhaltensweisen, Vernichtung als Grenze möglichen Ausgleichs der konkurrierenden Grundrechte, unzureichender anderweitiger Schutz). Gegen eine Pflicht des Gesetzgebers zum Erlaß von Strafnormen insbesondere die abw. Meinung der Richterin Rupp v. Brünneck und des Richters Simon, a. a. O., S. 48ff, 73ff. Zum Ganzen: Schwabe a. a. O., S. 229ff, 240.

72 Zit. nach Thoss 1983, S. 215.

73 BVerfG NJW 1984, S. 1293 (1294) (Sprayer-Beschluß).

74 Für die Darstellung wird unterstellt, daß der von Naegeli verwendete Lack zu einer für die Strafbarkeit nach § 303 StGB erforderlichen Substanzverletzung (vgl. BGHST 29, S. 129 (132)) des Anstrichs bzw. der Oberfläche geführt hat. Zweifelnd insoweit für den Fall Naegeli: Thoss a. a. O., S. 215ff, 221f.

75 In der Terminologie Müllers 1969, S. 65f, der das BVverfG der Sache nach folgt, ist Sachbeschädigung nicht sachspezifisch. Kritisch zur Ersetzbarkeitsargumentation: Schwabe a. a. O., S. 159ff.

76 Für Naegeli überwiegend günstig – vgl.: Conrad/Zimmer a. a. O.; Schmidt-Brümmer a. a. O., S. 191f, u. a. zur Ausstellung im Kölner Kunstverein.

77 Zechlin 1984, S. 1092, Fn. 19.

78 Vgl. Kowallek 1981, o. S.

79 Zum Zusammenhang vom Werk Naegelis mit seinem ästhetischen Bezugsfeld: Hoffmann a. a. O., S. 240. Zur Kommunikationsfunktion der Wandmalerei: Schmidt-Brümmer a. a. O., S. 202f.

80 Zürcher Sprayer a. a. O. (»protestkunst«).

81 A. a. O. (»in museen galerien provoziert man nicht«).

82 A. a. O. (»an die beherzten«).

83 A. a. O. (»vom zeichnen zum sprayen«).

84 Unklar insoweit die Erläuterungsfunktion der Schlußbemerkungen Hoffmanns a. a. O., S. 246, zur Tragik des ästhetische Normen überwindenden und zugleich rechtliche Normen verletzenden Künstlers: »Der hohe Rang einer *ars militans* würde durch das Einräumen des rechtlichen Privilegs einer Narrenfreiheit für (einzelne) Künstler von vorne herein verspielt.«

85 ›Performativ‹ wird hier in Anlehnung an die Sprechakttheorie Austins (Darstellung bei Alexy 1978, S. 77ff) so verwendet: Die Darstellung einer Handlung ist zugleich ihr Vollzug. Bsp.: Der Satz: »Ich verspreche zu kommen« ist sowohl sprachliche Vermittlung (Darstellung) wie Abgabe eines Versprechens. Weiter dagegen der Begriff der *performance* i. S. v. »künstlerische Aufführung«, vgl. Murken-Altrogge/Murken a. a. O., S. 361.

86 Ebenfalls fallen hier Werk- und Wirkbereich (s. allg. hierzu: Hufen 1982, S. 121f, Fn. 94, 95) zusammen.

87 S.: Schmieder 1982, S. 630 (allgemein zum Sprayer-Problem); Zöbeley 1985, S. 257, Fn. 47; Hoffmann a. a. O., S. 240, besonders a. a. O., Fn. 47; Zechlin 1984, S. 1092, Fn. 19 (nicht ausdrücklich zur Entscheidung); allg. zur Aufspaltung von Werken in Kunst und Nichtkunst in der Rechtsprechung: Zechlin 1982, S. 252f.

88 So: Schmieder a. a. O.; Zöbeley a. a. O.; Hoffmann a. a. O., S. 244ff (allerdings aufgrund des Begriffs »Kommunikationsprozeß Kunst«) m. w. N. (Fn. 89); offengelassen bei: Zechlin a. a. O.

89 BVerfG NJW 1985, S. 261, 263 (1. Senat – »Anachronistischer Zug«) = NStZ 1985, S. 211ff m. Anm. Otto.

90 BGHSt a. a. O.

91 Zum umfassenden Schutz des (Sach)Eigentums im BGB nach § 903, 1004 s. Münchener Kommentar/Medicus § 1004 Rdn. S. 11ff, 24ff, 27; zur Erheblichkeit auch hier: RGRK/Pickart § 1004 Rdn. 28.

92 BGHSt a. a. O. verlangt vielmehr eine ›erhebliche‹ Substanzverletzung.

93 Zur doppelten Reduktion strafrechtlicher Normen zunächst auf den verfassungsrelevanten Kern und dann im Wege ›praktischer Konkordanz‹ (hierzu allgemein: Hesse 1984, Rdn. 72, S. 317ff); s. Zechlin 1984, S. 1092f.

94 S. o. S. 244.

95 BVerfG a. a. O., S. 273.

96 BVerfG a. a. O., u. B. auf v. Noorden 1969, S. 82ff.

97 Zechlin 1982, S. 253ff; ders.: 1984, S. 1093.

98 Zu vermuten ist, daß für die ›Schwere‹ der Beeinträchtigung deshalb die Eindeutigkeit ihrer Feststellung das entscheidende Präjudiz ist. Ob das wegen des damit konstituierten »unabdingbaren Schutzes der symbolischen Expressivität« von Kunst überhaupt mehr als nur theoretisch möglich ist, bezweifelt zu Recht: Frankenberg 1984, S. 452; vgl. auch das aufgrund der erfolgreichen Verfassungsbeschwerde ergangene – freisprechende – Urteil des AG Kempten NJW 1985, S. 987f (nicht rechtskräftig); s. a. Otto a. a. O.

99 Starck 1981, S. 246.

100 Vgl. Starck a. a. O.; Zechlin a. a. O.

101 Vgl. BVerfG NJW 1984, S. 1294 (Sprayer-Beschluß): »Gesetze, die eine Eigentumsbeschädigung mit Strafe bedrohen, verstoßen nicht gegen den Sinn dieser Freiheit« (der Kunst J.L.).

102 So: Schmieder a. a. O., S. 630.

103 Dreher/Tröndle § 184 Rdn. 11.

104 S. o. S. 244.

105 BVerfG NJW 1985, S. 262.

106 Zum Zusammenfallen von Werk- und Wirkbereich vgl. Anm. 86.

107 So: Frankenberg a. a. O., S. 450ff. Zum aus Art. 5 Abs. 3 S. 1 GG gefolgerten (materialen) Definitionsverbot vgl. Knies 1967, S. 217ff, und Hoffmann a. a. O., S. 237ff m. w. N. zum Streitstand (Fn. 6), dessen Annäherungsbegriff »Kommunikationsprozeß« (a. a. O., S. 241) sich aber nicht zuletzt auf institutionelle Formen selbst beschränkt (a. a. O., S. 245).

108 Frankenberg a. a. O., S. 452. Dieser bestechende Gedanke, freilich »eher therapeutischer Ratschlag für die Durchbrechung von Argumentations- und Entscheidungsroutinen« (a. a. O.) läßt allerdings offen, wie man über ihn zum durchaus rationalen »Schutz der physischen und psychischen Integrität der von Kunst betroffenen als äußerster Grenze« (a. a. O.) gelangt.

109 Was ›Rechtskritik‹ (a. a. O., S. 451) nicht ausschließt.

110 Kant, I.: Metaphysik der Sitten, Einleitung in die Rechtslehre, § C. Allgemeines Prinzip des Rechts, AB 33 (Ausgabe Weischedel, Bd. 4, S. 337). Methodisch handelt es sich dabei um das Verfahren der ›praktischen Konkordanz‹ (hierzu: Hesse a. a. O.; Zechlin 1984).
111 Vgl. Schmidt-Brümmer a. a. O., S. 201 ff, zum Zusammenhang von Grenzüberschreitung (Eigentum) und Abkehr vom Innenraum in der Wandmalerei. Ferner: Murken-Altrogge/Murken a. a. O., S. 317.
112 Immerhin verbleibt die ›Bereicherung‹ des Lebens um Vieldeutigkeit als Leistung der Kunst im Bereich der von Art. 5 Abs. 3 S. 1 GG geschützten Grenzerweiterung der Kunst (vgl. BVerfG NJW 1985, S. 262).
113 LG a. a. O. S. 12 u. B. auf Gutachten zweier Sachverständiger. Ebenso aus urheberrechtlicher Sicht: Fromm/Nordemann § 14 Anm. 2. Ferner: Haas 1978, S. 17 – Sachbeschädigung § 303 StGB, wenn sich die »Putzteufel« bewußt gewesen wären, »daß Beuys die Wanne zum Kunstwerk erklärt hat«.
114 Die Aura ist keine Eigenschaft des Werkes (vgl. Adelmann 1976, S. 60).
115 Vgl. Benjamin a. a. O., S. 463 (502) zum Dadaismus.
116 In der Wanne wurde Beuys als Kind gebadet (vgl. Tisdall a. a. O., S. 10).
117 Tisdall a. a. O., sowie Beuys ebd.
118 Der in der Tagespresse teilweise (Kölnische Rundschau vom 15. 1. 1976, Leverkusener Anzeiger vom 5. 4. 1977) ausgedrückte Unmut über die Entscheidung, formuliert im wesentlichen das Alltags-Vorurteil, bei der *Badewanne* handele es sich lediglich um eine ›Verrücktheit‹ der modernen Kunst, für deren Beschädigung letztlich der Steuerzahler aufkommen müsse.
119 So: Borgeest a. a. O., S. 28, der gerade die *Badewanne* für diese Behauptung als Beispiel heranzieht. Zur Entnahme von Bedeutungen aus dem ›Leben‹ s. o. S. 246.
120 Vgl. z. B. die entsprechende juristische Lösung bei Müller a. a. O., S. 46: Gedicht auf Papierserviette sei Kunst, i. S. d. Art. 5 Abs. 3 GG, Zeichnung auf einem Bauzaun nicht, es sei denn, er werde demontiert und in einen Ausstellungsraum gebracht. Gegen Müller: Schwabe a. a. O., S. 159 (»Monteur als Geburtshelfer für Kunst«).
121 S.: Bojescul 1981, S. 101 ff.
122 Beuys zit. nach Bojescul a. a. O., S. 104; vgl. auch: Beuys in: Harlan u. a. 1976, S. 20; Schata ebd.: S. 100 ff.
123 S.: Bojescul a. a. O., S. 161, ferner S. 151.
124 Vgl. Tisdall a. a. O.; Zweite 1981, S. 30; ferner: Beuys bei Tisdall a. a. O., ders. in: *Selbstdarstellung*, S. 30 ff; gegen eine auf werkimmanenter Interpretation aufbauende Deutung der Beuys-Materialien (»platte Metaphorik«): Wedewer in Romain/Wedewer 1972, S. 14 ff.
125 Beuys in: Harlan a. a. O., S. 20 f, 23 f (»sozialeSkulptur«); ferner: Honnef zit. nach Bojescul a. a. O., S. 164 (Plastik als »offenes System sich bedingender Prozesse«).
126 Zur Ablenkung des Interesses vom Gegenstand zum erzielten Bedeutungsfeld: Wedewer a. a. O., ferner ebd. S. 28.
127 Beuys zit. nach Bojescul a. a. O., S. 191.
128 Beuys in: Harlan a. a. O., S. 21 ff.
129 Bojescul a. a. O., S. 189 ff.
130 »Das (der therapeutische Prozeß, J. L.) ist das Wesentlichste in der Kunst . . . . die müssen ja allmählich einmal provoziert werden. Wenn das alles schon so verhärtet ist, dann muß man doch das mal wirklich generell anstoßen, richtig anstoßen, daß das alles mal hochkommt . . . . von mir aus können sie auch schlagen, das macht nichts. Aber das habe ich ja erreicht durch meine Plastiken, daß die Leute sich darüber aufgeregt haben . . . « (Beuys in: Harlan a. a. O., S. 21; vgl. auch: Rappmann ebd. S. 56).
131 Zur Solidarität als Wirkung von Plastik vgl. Beuys in: Harlan a. a. O., S. 21.
132 DER SPIEGEL 33 (1979) Nr. 45, S. 255: »Kunstwerk ins Leben zweckentfremdet«.
133 So: Beuys zit. nach Bojescul a. a. O., S. 140.
134 Zit. nach Tisdall a. a. O., S. 10.
135 Beuys' indifferente Haltung zur Kommerzialisierung seiner Objekte zeigt er in: Selbstdarstellung a. a. O., S. 42 ff, 48.
136 So: Jan Eilers (CDU), zit. nach Staeck/Adelmann (1976 a), S. 146, vgl. auch ebd. S. 28.
137 Vgl. Weihsmann 1982, S. 162; Schmidt-Brümmer a. a. O., S. 190 m. w. N.
138 Aktuell sind heute vielmehr Konflikte mit dem Persönlichkeitsrecht sowie mit geschützten Warenzeichen (vgl. Schmieder, 1982, S. 628 f) mit Staatssymbolen (Bundesflagge): OLG Frankfurt MDR 1984, S. 248. Kritisch hierzu: AK/Ladeur Art. 5 Abs. 3 GG Rdn. 17.
139 Vgl. die etymologische Erörterung bei Marcuse 1962, S. 371 f: »Mit dem Verlust der Rüstung setzt die Fassungslosigkeit ein, die Angst.«
140 Schmieder a. a. O.
141 Vgl. die bei Leiss 1971, S. 39 wiedergegebene Äußerung eines Senatsvorsitzenden des Bundesgerichtshofes (1968), es stehe der Strafjustiz nicht zu, den Sittenrichter in Kunstfragen zu spielen, da mündige Menschen selbst entscheiden müßten, was sie sehen und hören wollten.
142 Neben der umfassenden Dokumentation von Leiss vgl. schon Bredt 1909, S. 1 ff, 109; Dobsky 1912, S. 20 ff; ferner Schick 1968, S. 70 ff, 129 ff; Buchholz 1963, S. 326 ff; Ott 1964, S. 121 ff.
143 Für die Notwendigkeit, Sachverständige heranzuziehen: Schick a. a. O., S. 45, 126, 129 ff; v. Noorden a. a. O., S. 46 ff (nötigenfalls – bei nichttraditionellen Werken – aus den Reihen der Künstler, vgl. Schick a. a. O.); zust.: Würtenberger 1977, S. 87 ff m. w. N.; zweifelnd: Ropertz 1963, S. 122 ff; für ein Künstlerkommitee als Jury anstelle der ›Obrigkeit‹: Dobsky 1963 a. a. O., S. 20 ff; s. a. Evers 1964, S. 38 ff u. Ott a. a. O., S. 121 ff.
144 Hierzu besonders: Buchholz a. a. O.
145 Neben Marcuse a. a. O. s.: Clark 1958, S. 8 ff; Hau 1964, S. 28 ff, 31; Jedlicka 1964, S. 25 f.
146 Hau a. a. O., S. 28 f.
147 A. a. O., S. 31.
148 Dreher-Tröndle § 184 Rdn. 8; zust. Würtenberger 1977, S. 82 f; ähnlich: Sch.-Schr./Lenckner § 184 Rdn. 4.
149 Die Verbindung zum Werk sieht Würtenberger a. a. O. in einem »Sinnverstehen allein auf der Basis ›leiblicher Erfahrung‹«. Zur problematischen Verlagerung des Strafrechtsschutzes auf ein Vorfeld möglicher Gefahren ohne sichere Erkenntnis s.: Sch.-Schr./Lenckner § 184 Rdn. 1, 3.
150 Zur Begründung der generalpräventiven Notwendigkeit des Strafrechts auf dieser Basis: Haffke 1976, S. 164 ff.
151 Vgl. Mühlestein/Schmidt a. a. O., S. 314 ff. Groteskerweise bestand die Jury, die das Bild kurz vor der Eröffnung ›unwiderruflich‹ und einstimmig angenommen hatte, u. a. aus drei Mitgliedern des Administrativkomitees, welches später ebenfalls einstimmig den Ausschluß verfügte.
152 Das Bild wurde kurz nach dem Skandal enthusiastisch in Paris gefeiert, vgl. Mühlestein/Schmidt a. a. O.
153 Vgl. Freud 1900, S. 42 f, 54 ff, 559 f, ders.: 1917, S. 436; ders.: 1932, S. 16. 19.
154 Mühlestein/Schmidt a. a. O., S. 313.
155 Zur Interpretation der Mittelgruppe des Bildes als Sieg der Introversion über die Extraversion s. Mühlestein/Schmidt a. a. O., S. 307.
156 Zu Angst vor der Herabsetzung der Zensur im Schlaf: Freud 1917, S. 223 f.
157 Vgl. Clarks (a. a. O.), Umkehrungsargument: Der Wunsch, einen anderen menschlichen Körper zu ergreifen, sei so elementar, daß er unweigerlich in das Urteil über ›reine Form‹ einfließe. Deshalb sei der Akt gerade dann als Kunst falsch und unsittlich, wenn er nicht geeignet sei, im Beschauer Gedanken und Wünsche zu wecken, die sich auf den materiellen Gegenstand richten (S. 8, gegen Alexander, zit. a. a. O.).
158 Vgl. die allerdings zu einseitig reduzierende Kritik Ostermeyers 1972, S. 51 ff, 57 f an der juristischen Dogmatik.
159 Hierzu: Noll 1980; Schwander 1982, S. 46 ff; Schubarth 1983; ferner: Leiss a. a. O., S. 409 ff sowie Basler Zeitung v. 12. 1. (Geerk), 25. 1. (Wyss), 4. 3., 17. 9. 1980; Basler Magazin v. 12. 1. 1980 (Geerk/Schatz).
160 Die folgenden Zitate nach: Leiss a. a. O., S. 411.
161 Zum ambivalenten Interesse der Juristen an der ›Gegenwelt‹ der ›freien Künste‹ s. Leiss a. a. O., S. 4 ff. Zum zwiespältigen Einfluß ›außerjuristischer‹ Interessen des Juristen auf seine Leistungen s.: Radbruch, 1958, S. 248 ff, 257 ff.
162 Vgl. hierzu: Ehrenzweig 1973, S. 210 f; Hau a. a. O., S. 29.
163 Vgl. Ehrenzweig a. a. O.
164 Vgl. die Definition von Würtenberger 1977, S. 92 f, zust.: Sch.-Schr./Lenckner § 184 Rdn. 4, mit der ein Exklusivitätsverhältnis von Kunst und Pornografie begründet wird. Dagegen: M-D/Scholz Art. 5 Abs. 3 Rdn. 77.

165 Zit. nach dem (aufhebenden) Urteil des BGH 5 StrS 620/64 = NJW 1965, S. 983. Zum Skandal um das Bild s.: Buttig 1965, S. 90ff; Gachnang 1976, S. 25; Gorella 1964; DER SPIEGEL 18, 1964, Nr. 26, S. 82ff; ferner: Kosegarten 1964, S. 180ff.

166 RGSt 61, S. 295; auch heute noch soll »Massierung« sexueller Abbildungen ein Indiz für »grob Aufdringliches« und damit Pornographisches sein: Sch.-Schr./Lenckner § 184 Rdn. 5 a.

167 Von Habermas 1973, S. 288 »sittliche Verantwortung für den Inhalt der Krankheit« genannt.

168 Zum doppelgesichtigen Freiheitsverständnis bei Freud: Ruppelt 1977, S. 25ff, 32ff.

169 Zur selbstvermittelten Einengung des Freiheitsraumes in der Neurosenentwicklung: Mitscherlich 1969, S. 100ff.

170 Kant a. a. O. § D (AB 35), Ausgabe Weischedel, S. 338f.

171 Gegen Haffke a. a. O. Zum Ganzen: Schild 1983, S. 63ff, 66ff.

172 Die – ernstzunehmende – Warnung Haffkes (a. a. O., S. 166) vor einem Überspringen der Realität nötig nicht zu stabilisierender Politik mit vorsichtig aufklärerischer Tendenz: Sie betrifft vielmehr eine zwang-haft und damit autoritär durchgeführte Befreiung mit Hilfe des Rechts. Die Aufhebung einzelner (offensichtlich) illegitimer Strafdrohungen erreicht diese Stufe nicht einmal im Ansatz – sie ist vielmehr ihr Gegenteil.

173 Vgl. Seelmann (s. o. S. 208) zu diesem Charakteristikum.

174 Zum therapeutischen Anspruch bei Beuys vgl. o. S. 247f. Diese Erwähnung dürfte bei der Diskussion um Naegeli eine nicht unerhebliche Rolle spielen. § 184 Abs. 1 Nr. 6 erfaßt für die Pornografie den Schutz vor ungewollter Konfrontation. Vgl. Sch.-Schr./Lenckner § 184 Rdn. 3.

175 Marquard, S. 390.

176 A. a. O., S. 389.

177 Ricœur 1974, S. 241.

178 Gegen Müller a. a. O., S. 58, Fn. 19; 124: Schwabe a. a. O., S. 159ff.

179 Vgl. Frankenberg 1984, S. 450, 452.

180 Zechlin 1984, S. 1092.

181 Zur Rechtskritik in der Kunst vgl. Seelmann (o. S. 208ff, 210ff); ferner Adorno 1970, S. 353: »Die gesellschaftlich kritischen Zonen der Kunstwerke sind die, wo es weh tut wo an ihrem Ausdruck gesellschaftlich bestimmt die Unwahrheit des gesellschaftlichen Zustandes zutage kommt. Darauf eigentlich reagiert die Wut.«

# Literaturverzeichnis

Nicht aufgenommen sind allgemeine Darstellungen der Kunstgeschichte über bestimmte Epochen, Länder, Museen, Sammlungen und über einzelne Künstler. Folgende Abkürzungen sind verwendet:

| | |
|---|---|
| Diss. | Dissertation |
| Festschr. | Festschrift |
| Hrsg, hrsgg. | Herausgeber, herausgegeben |
| Jb. | Jahrbuch |
| Zeitschr. | Zeitschrift |
| übers. | übersetzt. |


Adelmann, Dieter (1976) *Das Konzept der Kunst in der politischen Plakatkunst.* In: Staeck/Adelmann (1976 b)

Adorno, Theodor W. (1970) *Gesammelte Schriften.* Bd. 7, *Ästhetische Theorien, Paralipomena.* Frankfurt a. M.

Aeschlimann, Erardo (1940) *Dictionary des miniaturistes.* Mailand

*Fabeln von Äsop* (1976) *Katz und Fuchs und Hund und Hummer.* Nacherzählt von Ennis Rees; mit Zeichnungen von Edward Gorey. Zürich

*Aesopische Fabeln* (1944), griechisch und deutsch von August Hausrath, 3. Aufl. München

Aischylos (1977) *Die Tragödien und Fragmente,* übertragen von Johann Gustav Droysen. 5. Aufl. Stuttgart

– (1980) *Tragödien und Fragmente.* Hrsgg. und übers. von Oskar Werner. 3. Aufl. München

AK/Bearbeiter = *Kommentar zum GG für die Bundesrepublik Deutschland* (Reihe Alternativkommentare), 1984. Gesamtherausgeber: Rudolf Wassermann; Bd. 1, Art. 1–20 Neuwied

Albert, P. (1898) *Die Einhornjagd in der Literatur und Kunst des Mittelalters, vornehmlich am Oberrhein.* In: *Schau-ins-Land,* Freiburg i. Br. 25, 68–91

Alexander, Jonathan James Graham (1977) *Buchmalerei der italienischen Renaissance im 15. Jahrhundert.* München

Alexy, Robert (1978) *Theorie der juristischen Argumentation.* Frankfurt a. M.

Alley, Ronald (1982) *Graham Sutherland.* Katalog zur Ausstellung in der Tate Gallery vom 19. 5. bis 4. 7. 1982

Alverdes, Paul, Hrsg. (1962) *Rabe, Fuchs und Löwe.* München

D'Ancona, Paolo (1955) *The Schifanoia Months at Ferrara.* Mailand

Andersson, Christiane D. (1980) *Religiöse Bilder Cranachs im Dienste der Reformation.* In: Spitz, Lewis W. u. a. (Hrsg.), *Humanismus und Reformation als kulturelle Kräfte in der deutschen Geschichte.* Berlin, New York.

Anouilh, Jean (1970) *Fables-Fabeln.* Edenhausen bei München

*Anthologia Graeca* (1957/58), hrsgg. und übers. von Hermann Beckby. 1. Aufl. München

Appuhn, Horst (1955) *Kloster Wienhausen.* Hamburg

– (1981) *Heilsspiegel.* Dortmund

Aratos (1971) *Pheinomena. Sternbilder und Wetterzeichen.* Hrsgg. und übers. von Manfred Erren. München

Arens, Fritz (1981) *Der Figurenzyklus des »Großen Weltgerichts« im Dommuseum und der Lettner der Augustinerkirche in Mainz.* In: *Städel-Jb* 8, 57–66

Aristoteles (1973) *Politik.* Übers. und hrsgg. von Olof Gigon. München

Arnau, Frank (1959) *Kunst der Fälscher, Fälscher der Kunst.* Düsseldorf

Atz, C (1906) *Die Jagd des sagenhaften Einhorns als Sinnbild der Menschwerdung.* In: *Archiv f. christliche Kunst* 10, 93–95

Augustus (1983) *Res gestae – Tatenbericht (Monumentum Ancyranum).* Übers. und hrsgg. von Marion Giebel. Stuttgart

Ausstellungskatalog: Burbach, Rainer (1980) *Goya in der Krise seiner Zeit.* Katalog Württembergischer Kunstverein. Stuttgart

Ausstellungskatalog: Stuffmann, M. (1981) *Goya. Zeichnungen und Druckgraphik.* Katalog der Städt. Galerie im Städelschen Kunstinstitut. Frankfurt a. M.

Ausstellungskatalog: *Kunst der Reformationszeit* (1983). Altes Museum Berlin (DDR). Berlin (DDR)

Ausstellungskatalog: *Martin Luther und die Reformation in Deutschland* (1983). Germanisches Nationalmuseum, Nürnberg

Ausstellungskatalog: *Martin Luther und die Folgen für die Kunst (1984).* Hamburger Kunsthalle, Hamburg

Babbitt, Susan Mary (1978) *The Livre de Politiques of Nicole Oresme and the political thought and political development of the fourteenth century.* Diss., Cornell University

Babelon, Jean (1952) *La Justice de Trajan.* In: *Revue numismatique.* Ser. 5, 14, 195–204

Bakunin, Michael (1972) *Staatlichkeit und Anarchie und andere Schriften.* Frankfurt a. M./Berlin/Wien

Baldass, Ludwig (1920) *Die Wiener Gobelinsammlung.* Wien

Baltrušaitis, Jurgis (1984) *Imaginäre Realitäten. Fiktion und Illusion als produktive Kraft.* Köln

Bandinelli, Ranuccio Bianchi (1975) *Die römische Kunst.* München

Bannert, Herbert (1979) *Homer.* Reinbek bei Hamburg

Bashir-Hecht, Herma (1977) *Die Fassade des Dogenpalastes in Venedig.* Köln/Wien

Bauch, Kurt (1976) *Das mittelalterliche Grabbild.* Berlin/New York

Bauer, Theodor (1923) *Die Tugenden und Laster in den frühchristlichen Denkmälern und ihre Verknüpfung mit Antike und Mittelalter.* Diss., Heidelberg

Baumeister, A., Hrsg. (1885–1888) *Denkmäler des klassischen Altertums zur Erläuterung des Lebens der Griechen und Römer in Religion, Kunst und Sitte.* Lexikon. Bd. I–III.

Baumgärtner, Erika Magdalen (1947) *Die byzantinische Weltgerichtsdarstellung in Evangelienhandschriften und ihre Ausläufer.* Diss., Heidelberg

Baumgarten, Fritz (1898) *Die sieben freien Künste in der Vorhalle des Freiburger Münsters.* In: *Schau-ins-Land,* Freiburg i. Br. 25, 16–49

Baxandall, Michael (1987) *Kunst, Gesellschaft und das Bouguer-Prinzip.* In: *Freibeuter* 33, 21–30

Becker, Marvin B. (1976) *Changing Patterns of Violance and Justice in Fourteenth- and Fifteenth-Century Florence.* In: *Comparative Studies in Society and History 18,* 281–296

Becker-Moelands, Margariet A. (1985) *De juridische titelprent in de zeventiende eeuw.* Muiderberg

– (1985 a) *Der rechtshistorische Wert des Titelstichs. Untersuchungen der Abbildungen des »Hof von Holland«.* In: *Forschungen zur Rechtsarchäologie u. Rechtlichen Volkskunde 7,* 13–45

– (1986) *Die Titelbilder juristischer Bücher,* hrsgg. vom Amsterdamer Verleger Lodewijk Elzevier. In: *Forschungen zur Rechtsarchäologie und Rechtlichen Volkskunde.* Zürich 8, 41–77

Becker, Philipp August (1967) *Zur romanischen Literaturgeschichte.* München

Becker, Werner (1975) *Von Kardinaltugenden, Todsünden und etlichen Lastern.* Leipzig

Beckerath, Erich von (1984) *Geheimsprache der Bilder.* Wien

Bee, Andreas (1985) *Apocalipsis com figuris.* In: Richard W. Gassen/Bernhard Holeczek (Hrsg.) *Apokalypse – Ein Prinzip Hoffnung?* Ausstellungskatalog Ludwigshafen. Heidelberg, 63–74

Beer, Ellen J. (1952) *Die Rose der Kathedrale von Lausanne.* Bern

Beguin, Sylvie (1975) *Un tableau de Luca Penni.* In: *La Revue du Louvre 25,* 359–367

Beitz, Egid (1926) *Caesarius von Heisterbach und die bildende Kunst.* Augsburg

Beling-Ihm, Christa (1976) *»Sub matris tutela«. Untersuchungen zur Vorgeschichte der Schutzmantelmadonna.* In: *Abhandlungen der Heidelberger Akademie der Wissenschaften.* Heidelberg, 3, 9–83

Bell, Dora (1955) *Etude sur le Songe du Vieil Pèlerin de Philippe de Mézières (1327–1405).* Genf

Beltz, Walter (1982) *Die Mythen der Ägypter.* Düsseldorf

Bengtson, Hermann (1981) *Kaiser Augustus. Sein Leben und seine Zeit.* München

Benjamin, Walter (1974) *Das Kunstwerk im Zeitalter seiner technischen Reproduzierbarkeit.* Gesammelte Schriften Bd. I 2, Abhandlungen, Frankfurt a. M., S. 435 ff. (471 ff. = 2. Fassung)

Bennett, Anna G. (1976) *Five Centuries of Tapestry from the Fine Arts Museums of San Francisco.* San Francisco

Bennett, M. S. (1929) *The Legend of the green Tree and the Dry.* In: *Archaeological Journal 83,* 21–32

Berendsen, Olga (1968) *Alexander VII's Catafalque by Gianlorenzo Bernini.* In: *Society of Architectural Historians Journal of the Society of Architectural Historian 27,* 211

Berg, Klaus (1964) *Der Tugenden Buch.* München

Bergmann, Rosemarie (1983) *Die Pilgerfahrt zum himmlischen Jerusalem.* Wiesbaden

Bergmann, Rolf (1972) *Studien zur Entstehung und Geschichte der deutschen Passionsspiele des 13. und 14. Jahrhunderts.* München

Bering, Kunibert (1986) *Kunst und Staatsmetaphysik des Hochmittelalters in Italien.* Essen

Berliner, Rudolf (1933/34) *Das Urteil des Pilatus.* In: *Die christliche Kunst 30,* 128–147

– (1953) *»God is love«.* In: *Gazette des Beaux-Arts 42,* 9–26

– (1956) *Bemerkungen zu einigen Darstellungen des Erlösers als Schmerzensmann.* In: *Das Münster 9,* 97–117

Bernath, Morton (1914/15) *Die Gerechtigkeit des Kaiser Trajan.* In: *Kunstchronik N. F. 26,* 73–81

Bevers, Holm (1985) *Das Rathaus von Antwerpen (1561–1565).* Hildesheim/Zürich/New York

Bezold, Friedrich von (1922) *Das Fortleben der antiken Götter im mittelalterlichen Humanismus.* Bonn/Leipzig

Bickel, E. (1905) *Die Schrift des Martinus von Bracara: Formula vitae honestae.* In: *Rhein. Museum f. Philologie 60,* 505–551

Bier, Justus (1947) *Riemenschneider's Tomb of Emperor Henry and Empress Cunegund.* In: *The Art Bulletin 29,* 95–117

Biermann, Hartmut (1957) *Die Stanzen Raffaels.* Diss., München

Bietz, Wolfgang Karl (1973) *Paradiesesvorstellungen bei Ambrosius und seinen Vorgängern.* Diss., Gießen

Bille, Clara (1956) *Rembrandt's Claudius Civilis at Amsterdam in 1734.* In: *Konsthistorisk Tidskrift 25,* 25–38

Birk, Ernst von (1883/1884) *Inventar der im Besitz des allerhöchsten Kaiserhauses befindlichen niederländischen Tapeten und Gobelins.* In: *Jb. d. Kunsthist. Sammlungen d. Allerhöchsten Kaiserhauses 1,* 213; 2, 167–220

Blankenburg, Erhard / Klausa, Ekkehard / Rottleuthner, Hubert (1980) *Alternative Rechtsformen und Alternativen zum Recht. Jb. f. Rechtssoziologie und Rechtstheorie.* Bd. IV. Opladen.

Blüher, Karl Alfred (1969) *Seneca in Spanien.* München

Blume, Eugen (1983) *Dürers Apokalypse – Ein Traum gegen das Böse.* In: *Bildende Kunst 31,* H. 8, 405–407

Boardman, John (1977) *Schwarzfigurige Vasen aus Athen. Ein Handbuch.* Mainz

– (1981) *Rotfigurige Vasen aus Athen. Die archaische Zeit. Ein Handbuch.* Mainz

Bodemann, Ulrike (1983) *Fabula docet. Illustrierte Fabelbücher aus sechs Jahrhunderten.* Katalog. Wolfenbüttel

Bodenhausen, Eberhard Frh. von (1905) *Gerard David und seine Schule.* München

Böcker-Dursch, Heidy (1973) *Zyklen berühmter Männer in der bildenden Kunst Italiens – ›Neuf Preux‹ und ›Uomini Illustri‹.* Diss., München

Böhme, Hartmut u. Gernot (1983) *Das Andere der Vernunft. Zur Entwicklung von Rationalitätsstrukturen am Beispiel Kants.* Frankfurt a. M.

Börner, Lore (1981) *Deutsche Medaillenkleinode des 16. und 17. Jahrhunderts.* Würzburg

Börtzler, Adolf (1955) *Die sinnbildlichen Figuren am Bremer Rathaus.* In: *Heimat und Volkstum 2,* 17–26

– (1956) *Die sinnbildlichen Figuren an der Schauseite des Bremer Rathauses.* Bremen

Boesch, Paul (1951) *»Kaiser Trajan und die Witwe« auf schweizerischen Glasgemälden.* In: *Zeitschr. f. schweizerische Archäologie und Kunstgeschichte 12,* 218–220

– (1954/55) *Schießen auf den toten Vater.* In: *Zeitschr. f. schweizerische Archäologie und Kunstgeschichte 15,* 87–92

Boethius, Gerda (1945) *Är Justitia verkligen blind?* In: *Konsthistorisk Tidskrift 14,* 1–8

Boetzkes, Manfred u. a. (1984) *Max Klinger. Wege zum Gesamtkunstwerk,* Katalog. Mainz

Bogay, Thomas von (1967) *Deesis und Eschatologie.* In: *Polychordia.* Festschr. f. Franz Dölger. Amsterdam, 59–72

Bojescul, Wilhlem (1981) *Zum Kunstbegriff des Joseph Beuys.* Berlin

Bollier, John A. (1953) *Judgment in the Apocalypse.* In: *Interpretation – A Journal of Bible and Theology 7,* 14–25

Boner, Ulrich (1972) *Der Edelstein.* Faksimile der ersten Druckausgabe Bamberg 1461. Stuttgart

Boni, G. (1924) *Justitia.* In: *Rivista mensile della Città di Venezia 3,* 130–134

Boorsch, Suzanne, Hrsg. (1985) *The Engravings of Giorgio Ghisi.* New York

Bopp, Werner (1932) *Die Geschichte des Wortes »Tugend«.* Diss., Heidelberg

Borchgrave, d'Altena J. (1933) *Des figures de vertus.* In: *Bulletin des Musées royaux de'art et d'histoire 5,* 14–19

Borgeest, Claus (1979) *Das Kunsturteil. Wiederaufnahme eines Verfahrens.* Frankfurt a. M.

Bornstein, Diane (1975) *Humanism in Christine de Pisan's Livre du corps de policie.* In: *Les Bonnes Feuilles 3,* 100–115

– (1975 a) *Mirrors of courtesy.* Hamden/Connecticut

– (1976) *Reflections of Political Theory and Political Fact in Fifteenth-century Mirrors for the Prince.* In: *Medieval Studies in honor of Lillian Herlands Hornstein.* New York, 11–85

–, Hrsg. (1977) *The middle English translation of Christine de Pisan's Livre du corps de policie.* Heidelberg

–, Hrsg. (1981) *Ideals of women in the works of Christine de Pizan.* Detroit

Bosch, Lynette M. F. (1983) *Time, truth & destiny: Some Iconographical themes in Bronzino's »Primavera« and »Giustizia«.* In: *Mitteilungen d. Kunsthist. Institutes in Florenz.* 27

Bott, Gerhard, Hrsg. (1983) *Martin Luther und die Reformation in Deutschland.* Ausstellungskatalog des Germ. Nationalmuseums Nürnberg. Nürnberg/Frankfurt a. M.

Bouffard, Pierre (1962) *La psychomachie sur les portails romans de la Saintonge.* In: *Zeitschr. für schweizerische Archäologie und Kunstgeschichte 22,* 19–21

Bowra, Cecil Maurice (1968) *Höhepunkte griechischer Literatur. Von Homer zu Theokrit.* Stuttgart/Berlin/Köln/Mainz

Brandi, Cesare, Hrsg. (1983) *Palazzo Pubblico di Siena.* Siena

Brandon, S. G. F. (1967) *The Judgment of the dead.* London/Edinburgh

Brandt, Heinz-Jürgen (1957) *Das Hamburger Rathaus.* Hamburg

Brant, Sebastian (1964) *Das Narrenschiff,* übertragen von H. A. Junghans. Stuttgart.

Braunfels, Wolfgang (1948) *Giottos Campanile.* In: *Das Münster 1,* 193–210

– (1948/49) *Zur Gestalt-Ikonographie der Kanzeln des Nicola und Giovanni Pisano.* In: *Das Münster 2,* 321–349

Bredt, E. W. (1909) *Sittliche oder unsittliche Kunst.* München

Breitenbach, Edgar (1930) *Speculum Humanae Salvationis.* Straßburg

Brenk, Beat (1966) *Tradition und Neuerung in der christlichen Kunst des ersten Jahrtausends.* Wien

Brieger, Peter/Meiss, Millard u. a. (1969) *Illuminated Manuscripts of the Divine Comedy.* Bd. 1 und 2. New York

Brockhaus, Heinrich (1933) *Ein edles Geduldsspiel: »Die Leitung der Welt oder die Himmelsleiter« die sogenannten Taroks Mantegnas vom Jahre 1459–60.* In: *Miscellanea di Storia dell'Arte in onore di Igino Benvenuto Supino.* Florenz, 397–416

Brommer, Frank (1982) *Theseus. Die Taten des griechischen Helden der antiken Kunst und Literatur.* Darmstadt

– (1983) *Odysseus. Die Taten und Leiden des Helden in antiker Kunst und Literatur.* Darmstadt

Bruhns, Leo (1940) *Das Motiv der ewigen Anbetung in der römischen Grabplastik des 16., 17. und 18. Jahrhunderts.* In: *Römisches Jb. f. Kunstgeschichte 4,* 253–432

Brunner, Karl (1933) *Der Streit der vier Himmelstöchter.* In: *Englische Studien 68,* 188–194

Brunner-Traut, Emma (1984) *Altägyptische Tiergeschichte und Fabel.* Darmstadt

Bryant, Lawrence Mcbride (1978) *The french royal entry ceremonys: Politics, society and art in Renaissance Paris.* Diss., The University of Iowa

Buchbinder-Green, Barbara Joyce (1974) *The painted decorations of the Town Hall of Amsterdam.* Diss., Northwestern University

Buchholz, Ernst (1963) *Wann ist Kunst unzüchtig?* In: *Sexualität und Verbrechen. Beiträge zur Strafrechtsreform.* Hrsg. Fritz Bauer u. a. Frankfurt a. M.

Büchner, Karl (1968) *Römische Literaturgeschichte.* 4. Aufl. Stuttgart

Bühler, Curt F., Hrsg. (1970) *The Epistle of Othéa.* London/New York/Toronto

Bundesministerium der Justiz, Hrsg. (o. J.) *Paragrafik.* Bonn

Burbach, Rainer (1980) *Goya in der Krise seiner Zeit.* Katalog. Stuttgart

Burckhardt, Jacob (1977) *Griechische Kulturgeschichte.* Bd. I–IV. München

Burdach, Konrad (1926–1932) *Der Dichter des Ackermann aus Böhmen und seine Zeit.* Berlin

Burger, Fritz (1904) *Geschichte des florentinischen Grabmals von den ältesten Zeiten bis Michelangelo.* Straßburg

Burmeister, Karl Heinz (1975) *Der hl. Ivo und seine Verehrung an den deutschen Rechtsfakultäten:* In: *Zeitschr. f. Rechtsgeschichte–Germ. Abt. 92,* 60–88

Buschhausen, Helmut (1974) *The Klosterneuburg Altar of Nicholas of Verdun: Art, Theology and Politics.* In: *Journal of the Warburg and Courtauld Institutes 37,* 1–32

Buschor, Ernst (1963) *Über das griechische Drama.* München

Buttig, Martin G. (1965) *Der Fall Baselitz.* In: *Der Monat* H. 203, 90–95

Byrne, Donal (1981) *Rex Imago Dei: Charles V of France and the »Livre des propriétés des choses«.* In: *Journal of Medieval History 7,* 97–115

Cahn, Walter (1969) *The Tympanum of the Portal of Saint-Anne at Notre Dame de Paris and the Iconography of the Division of the Powers in the Early Middle Ages.* In: *Journal of the Warburg and Courtauld Institutes 32,* 55–72

– (1982) *Die Bibel in der Romantik.* München

Cairola, Aldo (1979) *Simone Martini und Ambrogio Lorenzetti im Öffentlichen Palast von Siena.* Florenz

Calberg, M. (1960) *Le Triomphe des Vertus chrétiennes*. In: *Revue belge d'archeologie et d'histoire de l'art 29*, 3–36
Calo, Maria Stella (1962) *L'attività pugliese di Gaspar Hovic (o Heuvick) pittore fiammingo*. In: *Bulletin de l'Institut Historique Belge de Rome*. Brüssel/Rom, 457–479
Cames, Gérard (1971) *Allégories et Symboles dans l'Hortus Deliciarum*. Leiden
Camille, Michael William (1984) *The illustrated manuscripts of Guillaume de Deguileville's »Pèlerinages« 1330–1426*. Diss., Cambridge
Capelle, Wilhelm, Hrsg. und Übers. (1968) *Die Vorsokratiker*. 4. Aufl. Stuttgart
Carlsson, Anni, Hrsg. (1959) *Fabeln der Völker aus drei Jahrtausenden*. Heidelberg
Carmody, Francis J. (1948) *Li Livres dou Tresor de Brunetto Latini*. University of California
Casey, Paul F. (1976) *The Susanna Theme in German Literature*. Bonn
Cassel, Paulus (1857) *Das alte Erfurter Rathhaus und seine Bilder*. Erfurt
Cast, David (1981) *The Calumny of Apelles*. New Haven/London
Cavallo, Adolph S. (1958) *The Redemption of Man*. In: *Museum of Fine Arts* (Boston, Mass.) *Bulletin, 56/306*, 147–168
– (1967) *Tapestries of Europe in the Museum of Fine Arts*. Boston
Cetto, Anna Maria (1966) *Der Berner Traian- und Herkinbald-Teppich*. *Jb. d. bernischen Historischen Museums 43/44*, 9
– (1974) *»Der dritte Apocalyptische Reiter«*. In: *Metropolitan Museum Journal 9*, 203–210
Chadraba, Rudolf (1963) *Politische Sinngehalte in Dürers Apokalypse*. In: *Wissenschaftl. Zeitschr. d. Humboldt-Universität zu Berlin*. Gesellschafts- und sprachwissenschaftliche Reihe 12, 79–87
– (1964) *Dürers Apokalypse*. Prag
Champdor, Albert (1977) *Das Ägyptische Totenbuch*. München
Chapeaurouge, Donat de (1973) *Die Rettung der Seele*. In: *Wallraf-Richartz-Jb. 35*, 9–54
– (1980) *Die Rettung der Seele*. In: *Litteratura Laicorum. Vestigia Bibliae-Jb. d. Deutschen Bibel-Archivs Hamburg 2*, 35–88
Charbonneaux, Jean/Martin, Roland/Villard, François (1977) *Die griechische Kunst*. Bd. I–IV. München
Chastel, André (1984) *Chronik der italienischen Renaissancemalerei 1280–1580*. Würzburg
Chatelet, A. (1965) *Sur un jugement dernier de Dieric Bouts*. In: *Nederlands Kunsthistorisch Jaarboek 16*, 17–42
Chew, C. Samuel (1947) *The virtues reconciled*. Toronto
– (1962) *The Pilgrimage of life*. New Haven/London
Christoffel, Ulrich (1929) *Augsburger Rathaus*. Augsburg
Clairmont, Christoph (1952) *Das Parisurteil in der antiken Kunst*. Zürich
Clark, Kenneth (1958) *Das Nackte in der Kunst*. Köln
Clausberg, Karl (1980) *Kosmische Visionen*. Köln
Cocagnac, Augustin-Marie (1955) *Le Jugement dernier dans l'art*. Paris
Cohen, Kathleen (1973) *Metamorphosis of a death symbol. The Transi Tomb in the Late Middle Ages and the Renaissance*. Los Angeles/London
Combridge, Rosemary (1965) *Aequitas and Iustitia in Mediaeval German Psalters*. In: *Mediaeval German Studies. Presented to Frederick Norman*. London, 31–38
Conrad, Hermann (1965) *Recht und Gerechtigkeit im Weltbild Dante Alighieris*. In: *Speculum Historiale*. Festschr. f. Johannes Spörl. Freiburg/München, 59–66
Conrad, Mike/Zimmer, Dirk (1981) *Wandbilder vom Sprayer*. Frankfurt a. M.
Coopland, G. W., Hrsg. (1969) *Philippe de Mézières, Chancellor of Cyprus: Le Songe du vieil pèlerin. I, II*. Cambridge
Coreth, Anna (1940) *Maximilians I. politische Ideen im Spiegel der Kunst*. Diss., Wien
Cummings, Frederick (1962) *Poussin, Haydon, and The Judgement of Solomon*. In: *The Burlington Magazine 104*, 146–152
Cust, Katherine Isabella, Hrsg. (1859) *Guillaume de Guileville: The Booke of the Pylgremage of the Sowle*. London
Davidson, Gustav (1967) *A Dictionary of Angels, Including the Fallen Angels*. New York/London
Davies, Martin (1972) *Rogier van der Weyden*. München
Debout Marie-Alice (1975) *La représentation des Vices par Mantegna: L'Hermaphrodite à tête de singe*. In: *La Revue du Louvre 25*, 227–229
Degenhart, Bernhard/Schmitt, Annegrit (1968) *Corpus der italienischen Zeichnungen 1300–1450. Teil I: Süd- und Mittelitalien*. 4 Bände. Berlin
– (1980) *Corpus der italienischen Zeichnungen 1300–1450. Teil II: Venedig*. 3 Bände. Berlin
Delmarcel, Guy (1979) *Colecciones del Patrimonio Nacional. Tapices I. Los Honores*. In: *Reales Sitios 16*, 41–46
Demus, Otto (1935) *Die Mosaiken von San Marco in Venedig 1100–1300*. Baden bei Wien
– (1943/44) *Studies among the Torcello Mosaics*. In: *Burlington Magazine 82*, 136–141; 84, 41–45; 85, 195–200
Deonna, W. (1950) *La Justice à l'Hôtel de Ville de Genève et la fresque des juges aux mains coupées*. In: *Zeitschr. f. schweizerische Archäologie und Kunstgeschichte 11*, 144–149
– (1952) *Les fresques de la Maison de Ville de Genève*. In: *Zeitschr. f. schweizerische Archäologie und Kunstgeschichte 13*, 129–159
De Wald, E. T. (1932) *The illustrations of the Utrecht Psalter*. Princeton/London/Leipzig
Didron (1860) *Iconographie des quatre vertus cardinales*. In: *Annales Archéologiques 20*, 65–79
Dieckhoff, Reiner (1978) *Die Ethik des Aristoteles; die Politik und die Ökonomik des Aristoteles*. In: *Die Parler und der Schöne Stil 1350–1400*, Bd. 3. Köln, 116–120
Dierse, Ulrich (1971) *Stichwort »Anarchie, Anarchismus«*. In: *Historisches Wörterbuch der Philosophie*, hrsg. von Ritter, Joachim, Bd. I, 267–294. Basel/Stuttgart.
Dietheuer, Franz (1981) *Die Bildersprache des Regensburger Schottenportals*. Regensburg
Diller, Hans, Hrsg. (1967) *Sophokles*. Darmstadt
Dithmar, Reinhard (1970) *Fabeln, Parabeln und Gleichnisse*. München
– (1974) *Die Fabel. Geschichte. Struktur. Didaktik*. 4. Aufl. Paderborn
– Hrsg. (1982) *Texte zur Theorie der Fabeln, Parabeln und Gleichnisse*. München
Dittmar, Hans (1934) *Das Christusbild in der deutschen Dichtung der Cluniazenserzeit*. Erlangen
Dobsky, Arthur (1912) *Kunstvergewaltigung*. Stuttgart
Dodds, Eric Robertson (1970) *Die Griechen und das Irrationale*. Darmstadt
Doderer, Klaus (1977) *Fabeln, Formen, Figuren, Lehren*. München
Dölger, Franz Joseph (1971) *Die Sonne der Gerechtigkeit und der Schwarze*. 2. Aufl. Münster/Westfalen
– (1972) *Sol Salutis. Gebet und Gesang im christlichen Altertum*. Münster
Dölling Regine (1957) *Byzantinische Elemente in der Kunst des 16. Jahrhunderts*. Kap. I: *Byzantinische Marientypen und ihr Weiterwirken im 15. und 16. Jahrhundert in Europa*. In: *Aus der byzantinistischen Arbeit der Deutschen Republikanischen Republik II*. (Hrsg. Johannes Irmscher). Ost-Berlin 149–186
Dollmayr, Hermann (1898) *Hieronymus Bosch und die Darstellung der vier letzten Dinge in der niederländischen Malerei des XV. und XVI. Jahrhunderts*. In: *Jb. d. Kunsthist. Sammlungen d. Allerhöchsten Kaiserhauses 19*, 284–343
Domanig, Karl (1895) *Peter Flötner als Plastiker und Medailleur*. In: *Jb. d. kunsthist. Sammlungen d. Allerhöchsten Kaiserhauses 16*, 1–80
Domaszewski, Alfred von (1914) *Geschichte der römischen Kaiser*. Bd. I/II. Leipzig
– (1977) *Abhandlung zur römischen Religion*. Hildesheim/New York
Dorez, Leone (1904) *La canzone delle virtù e delle scienze di Bartolomeo di Bartoli da Bologna*. Bergamo
Dornseiff, Franz (1938) *Die apokalyptischen Reiter*. In: *Zeitschr. f. die neutestamentliche Wissenschaft und die Kunde der älteren Kirche*. 38, 196–197
Dreher/Tröndle (1986) *Strafgesetzbuch*. 43. Aufl. München
Dreyfusz, Heinrich (1929) *Über eine Zeichnung »Die Söhne nach der Leiche des Vaters schießend« in der Bremer Kunsthalle*. In: *Repertorium für Kunstwissenschaft 50*, 266–270
Drost, Willi (1941) *Das Jüngste Gericht des Hans Memling*. Wien
*dtv-Lexikon der Antike* (1969–1971), München
Dülberg, Franz (1899) *Das Jüngste Gericht des Lucas van Leyden*. In: *Repertorium für Kunstwissenschaft 22*, 30–61
– (1900) *Das Alkmaarer Jüngste Gericht – Ein Hoorner Rathausbild – Heeswyk*. In: *Repertorium für Kunstwissenschaft 23*, 203–210
Dufrenne, Suzy (1978) *Les illustrations du Psantier d'Utrecht. Sources et apport Carolingien*. Paris
Durian-Ress, Saskia (1974) *Das barocke Grabmal in den südlichen Niederlanden*. In: *Aachener Kunstblätter 45*, 235–330
– (1974a) *Studien zur Ikonographie und Typologie des figuralen Grabmals in Flandern in der Zeit von 1650 bis 1720*. Diss., München
Edgerton, jr. Samuel Y. (1985) *Pictures and punishment*. Ithaca/London
Eeghen, I. H. van (1956) *Rembrandt's Claudius Civilis and the Funeral Ticket*. In: *Konsthistorisk Tidschrift 25*, 55–57
*Jean Effel's La Fontaine* (o.J.), 36 ausgewählte und vom Künstler farbig illustrierte Tierfabeln. Hamburg
Ehrenberg, Victor (1921) *Die Rechtsidee im frühen Griechentum*. Leipzig
– (1965) *Polis und Imperium. Beiträge zur alten Geschichte*. Zürich/Stuttgart
– (1968) *Aristophanes und das Volk von Athen*. Zürich/Stuttgart
Ehrenzweig, Albert A. (1973) *Psychoanalytische Rechtswissenschaft*. Berlin
Ehrismann, Gustav (1930) *Die mittelhochdeutsche didaktische Literatur als Gesellschaftskritik*. In: *Deutschkundliches. Friedrich Panzer zum 60. Geburtstage*. Heidelberg, 37–43
Eichhorn, Karl (1895) *Mays Spiel von der Vereinigung göttlicher Gerechtigkeit und Barmherzigkeit*. Programm Gymnasium Bernhardinum. Meiningen
Eichler, Hermann (1976) *Recht und Reich bei Dürer*. Innsbruck
Eichorn, Helmut (1983) *Ausgewählte Emder Kunstwerke*, Emden
Eifler, Günter, Hrsg. (1970) *Ritterliches Tugendsystem*. Darmstadt
Einem, Herbert von (1962) *Das Stützengeschoß der Pisaner Domkanzel*. Köln/Opladen
– (1971) *Das Programm Stanza della Segnatura im Vatikan*. Opladen
Einhorn, Jürgen W. (1976) *Spiritalis Unicornis*. München
Eisenhut, Werner, Hrsg. (1970) *Antike Lyrik*. Darmstadt
Ellscheid, Günter (1979) *Die Verrechtlichung sozialer Bezie-*

*hungen als Problem der praktischen Philosophie*. In: *Neue Hefte für Philosophie 17*, 37 ff.
Elschenbroich, Adalbert, Hrsg. (1981) *Deutsche Literatur des 16. Jahrhunderts*. Bd. II. München/Wien
Emery, Kent (1983) *Reading the world rightly and squarely: Bonaventure's doctrine of the Cardinal Virtues*. In: *Traditio 39*, 189–218
Emiliani, Andrea u. a., Hrsg. (1986) *The Age of Correggio and the Carracci*. Washington
Engelhard, Erich (1967) *Die Gerechtigkeit auf Ofenplatten*. In: *Landeskundliche Vierteljahresblätter – Trier 13*, 7–10
Engelmann, Ursmar (1959) *Die Psychomachie des Prudentius*. Basel/Freiburg/Wien
Erasmus von Rotterdam (1984) *Adagia. Vom Sinn und vom Leben der Sprichwörter*. Zürich
Erbguth, Wilfried/Paßlick, Hermann/Püchel, Gerald, (1984) *Denkmalschutzgesetze der Länder. Rechtsvergleichende Darstellung unter besonderer Berücksichtigung Nordrhein-Westfalens*. Münster
Erni, Raymund (1963) *Das Christusbild der Ostkirche*. Luzern/Stuttgart
Escher, Konrad (1919) *Die großen Gemäldefolgen im Dogenpalast in Venedig und ihre inhaltliche Bedeutung für den Barock*. In: *Repertorium für Kunstwissenschaft 41*, 87–125
Esmeijer, Anna C. (1978) *Divina Quaternitas*. Amsterdam
Ettlinger, L. D. (1953) *Pollaiuolo's Tomb of Pope Sixtus IV*. In: *Journal of the Warburg and Courtauld Institutes 16*, 239–247
Eudel, Paul/Roessler, Arthur (1947) *Fälscherkünste*. 10. Aufl. Wien
Euripides (1972–1981) *Sämtliche Tragödien und Fragmente*, griechisch und deutsch. Übers. von Ernst Buschor u. a. München
– (1979) *Werke in drei Bänden*, 2. Aufl., Berlin/Weimar
Evers, Hans Gerhard (1943) *Rubens und sein Werk*. Brüssel
– (1964) *Kunstverbote durch Sittengerichte*. In: *littera*, 38 ff.
*Fabeln des Äsop und Äsopische Fabeln des Phädrus* (1975): *Die Diebe und der Hahn*, hrsgg. von Hans Marquardt; mit Tusch- und Federzeichnungen von Josef Hegenbarth. Wiesbaden
*Fälschung und Forschung* (1976), Katalog zur Ausstellung im Museum Folkwang Essen, Oktober 1976 bis Januar 1977
*Fakes and Forgeries* (1973), Katalog zur Ausstellung des Minneapolis Institute of Arts. 11. Juli bis 29. September 1973
Falken, Herbert (1965) *Die Apokalypse*. Düsseldorf
Fechner, Hermann Adolph (1855) *Über den Gerechtigkeitsbegriff des Aristoteles*. Leipzig
Fehr, Burkhard (1984) *Die Tyrannentöter*. Oder: *Kann man der Demokratie ein Denkmal setzen?* Frankfurt a. M.
Fehr, Hans (1923) *Das Recht im Bilde*. Erlenbach-Zürich
– (1931) *Das Recht in der Dichtung*. Bern
– (1936) *Die Dichtung im Recht*. Bern
– (1950) *Tod und Teufel im alten Recht*. In: *Zeitschr. f. Rechtsgeschichte-Germ. Abt. 67*, 50–75
Feldges-Henning, Uta (1972) *The Pictorial Programme of the Sala della Pace: a New Interpretation*. In: *Journal of the Warburg and Courtauld Institutes 35*, 145–162
Feldhusen, Ruth (1978) *Ikonologische Studien zu Michelangelos Jüngstem Gericht*. Bad Liebenzell
Février, P.-A. (1956) *Les quatre fleuves du paradis*. In: *Rivista di archeologie christiane 32*, 179–199
Fickert, Barbara (1978) *Die Offenbarung heute*. Freiburg i. Br.
Fischel, Oskar (1912/13) *A Dürer subject in the Prince Consort's Collection of Photographs after Raphael*. In: *Burlington Magazine 22*, 35–36
Flasch, Kurt (1980) *Augustinus. Einführung in sein Denken*. Stuttgart.
– (1987) *Einführung in die Philosophie des Mittelalters*. Darmstadt
Förster, Otto H. (1966) *Das Salomons-Urteil des Bartholomäus Bruyn*. In: *Wallraf-Richartz-Jb. 28*, 15–30
Förster, Richard (1887) *Die Verläumdung des Apelles in der Renaissance*. In: *Jb. d. königl. Preuß. Kunstsammlungen 8*, 29–56, 89–113
Formaggio, Dino (1959) *Die Kirchen von Assisi*. München.
Fournée, Jean (1964) *Le Jugement Dernier*. Paris
Fraenger, Wilhelm (1955) *Der Teppich von Michelfeld*. In: *Deutsches Jb. f. Volkskunde 1*, 183–211
Fraenkel, Eduard (1983) *Horaz*. 6. Aufl. Darmstadt
Fränkel, Hermann (1968) *Wege und Formen frühgriechischen Denkens*. 3. Aufl. München
– (1976) *Dichtung und Philosophie des frühen Griechentums*. 3. Aufl. München
Frankenberg Günter (1984) *Die Freiheit und die Verhältnisse*. In: *Kritische Justiz*, 437–453
Franz, Gerda (1957) *Tugenden und Laster der Stände in der didaktischen Literatur des späten Mittelalters*. Diss., Bonn
Franzoi, Umberto (1982) *Storia e Leggenda del Palazzo Ducale di Venezia*. Venedig
Frederich, Leonhard (1914) *Der Einfluß der augustinischen Anschauungen von pax, iustitia und den Aufgaben der christlichen Obrigkeit auf die Erlasse und Gesetze der deutschen Könige und Kaiser von der Ottonen- bis in die Stauferzeit*. Diss., Greifswald
Fremantle, Katharine (1959) *The Baroque Town Hall of Amsterdam*. Utrecht
– (1962) *The Open Vierschaar of Amsterdam's Seventeenth-century Town Hall as a Setting for the City's Justice*. In: *Oud-Holland 11*, 206–234
Freud, Sigmund (1969–1973) *Ges. W.* (hrsgg. v. Anna Freud u. a.). Frankfurt a. M.
– (1900) *Die Traumdeutung*, Bd. II/III
– (1917) *Vorlesungen zur Einführung in die Psychoanalyse*, Bd. XI
– (1932) *Neue Folge der Vorlesungen zur Einführung in die Psychoanalyse*, Bd. XV
Freyhan, R. (1948) *The evolution of the caritas figure in the thirteenth and fourteenth centuries*. In: *Journal of the Warburg and Courtauld Institutes 11*, 68–86.
Freyschmidt, W. (1867) *Die aristotelische Lehre von der Gerechtigkeit und das moderne Staatsrecht*. In: *Jahresbericht Friedrichs-Gymnasium und Realschule*. Berlin, 1–18
Friedensburg, Ferdinand (1913/22) *Die Symbolik der mittelalterlichen Münzen*. Berlin
Friedländer, Max/Rosenberg, Jakob (1979) *Die Gemälde von Lucas Cranach*. Basel / Boston / Stuttgart.
Fris, Agathe (1986) *Het Hoornse gerechtigheidsdrieluk ontleed*. Sonderdruck Westfries Museum Hoorn
Fris, Agathe/Lamoree, Jhim/Salomons, Coos (1981) *Voorbeeldige Rechtspraak*. Alkmaar
Frisch, Ernst von (1930) *Über die Salzburger Handschrift von Hugo von St. Victors Opusculum de Fructu Carnis et Spiritus*. In: *Festschr. f. Georg Leidinger*. München, 67–71
Frischauer, Paul (1977) *Es steht geschrieben*. Dokumente. München / Zürich
Fritz, Rolf (1969) *Die Künstlerfamilie Moller in Stadthagen*. In: *Niederdeutsche Beiträge zur Kunstgeschichte 8*, 147–160
Fröhlich-Bum, Lili (1913/14) *Andrea Meldolla, genannt Schiavone*. In: *Jb. d. kunsthist. Sammlungen d. Allerhöchsten Kaiserhauses 31*, 137–220
Frölich, Karl (1942) *Besprechung von: Georg Troescher, Weltgerichtsbilder in Rathäusern und Gerichtsstätten*. In: *Zeitschr. f. Rechtsgeschichte-Germ. Abt. 62*, 496–499
Fromm, Karl/Nordemann, Wilhelm *Urheberrecht. Kommentar zum Urheberrechtsgesetz und zum Wahrnehmungsgesetz*. 6. Aufl. Stuttgart 1986
Frommhold, Georg (1925) *Die Idee der Gerechtigkeit in der bildenden Kunst*. Greifswald
Frugoni, Chiara (1980) *The Book of Wisdom and Lorenzetti's Fresco in the Palazzo Pubblico at Siena*. In: *Journal of the Warburg and Courtauld Institutes 43*, 239–241
Fuchs, Peter, Hrsg. (1973) *Das Rathaus zu Köln*. Köln
Füglister, Robert L. (1964) *Das lebende Kreuz*. Einsiedeln
Furtwängler, Adolf/Hauser, Friedrich/Reichhold, Karl (1900/1909/1932) *Griechische Vasenmalerei*. München
Gabelentz, Hans von der (1913) *Die Einhornjagd auf einem Altarbild im Großherzoglichen Museum zu Weimar*. In: *Jb. d. königl. preuß. Kunstsammlungen 34*, 207–219
Gachnang, Johannes (1976) *Das Bild als Ereignis der Malerei*. In: *Georg Baselitz*. Katalog zur Ausstellung vom 1. 4. bis 9. 5. 1976. Galerieverein München e. V., und Staatsgalerie Moderne Kunst, 25 ff.
Gärtner, Ulrike Camilla (1984) *Apokalypse*. Katalog der Darstellungen zur Offenbarung des Johannes im 20. Jahrhundert unter besondere Berücksichtigung der Apokalypse-Folgen. Diss., Erlangen – Nürnberg
Gagarin, Michael (1973) *Dike in the Works and Days*. In: *Classical Philology 68*, 81–94
– (1974) *Dike in archaic Greek thought*. In: *Classical Philology 69*, 186–197
Gaisser, Erich (1955) *Minne und Recht in den Schöffensprüchen des Mittelalters*. Diss., Tübingen
Gamm, Otto-Friedrich Frh. v. (1968) *Urheberrechtsgesetz*. Kommentar. München
Gans, Edward (1947) *The Cambyses Justice Medal*. In: *The Art Bulletin 29*, 121–122
Gassen, Richard W. (1985) *»Komm, lieber jüngster Tag«*. In: Richard W. Gassen/Bernhard Holeczek (Hrsg.), *Apokalypse – Ein Prinzip Hoffnung?* Ausstellungskatalog Ludwigshafen. Heidelberg, 75–90
Gassier, Pierre (1973) *Francisco Goya, Die Skizzenbücher*. Fribourg / Frankfurt a. M.
Gassier, Pierre/Wilson, Juliet (1971) *Francisco Goya, Leben und Werk*. Fribourg / Frankfurt a. M.
Gathercole, Patricia M. (1965) *Illuminations on French Manuscripts of Cicero, Seneca, Aristotle*. In: *Romance Notes 5*, 183–189
Gatz, Bodo (1967) *Weltalter, goldene Zeit und sinnverwandte Vorstellungen*. Hildesheim
Gehrig, Oscar (1928) *Herzog Ulrich hält Gericht*. In: *Mecklenburgische Monatshefte 4*, 597
Gelder, J. G. van (1974) *Enige Kanttekeningen bij de Gerechtigheidstaferelen van Rogier van der Weyden*. In: *Rogier van der Weyden – en zijn Tijd*. Brüssel, 119–164
Gellert, Christian Fürchtegott (1965) *Sämtliche Fabeln und Erzählungen. Geistliche Oden und Lieder*. München
Gellius, Aulus (1981) *Die Attischen Nächte*. Bd. I/II. Darmstadt
Gerstenberg, Kurt (1957) *Ein jüngstes Gericht im Dom zu Würzburg*. In: *Zeitschr. f. Kunstwissenschaft 11*, 35–44
*Gesta Romanorum* (1973), Geschichten von den Römern. Frankfurt a. M.
Gewande, Herbert Werner (1927) *Guillaume de Déguileville*. Diss., Berlin
Gheyn, Joseph van den (1913) *Christine de Pisan: Epître d'Othéa*. Brüssel
Gibellino-Krasceninnicowa, Maria (1938) *Un quadro di Ventura Salimbeni nel Museo di Lille*. In: *L'Arte 9*, 40–43
Gigon, Olof (1945) *Der Ursprung der griechischen Philosophie. Von Hesiod bis Parmenides*. Basel
Gilbert, Allan H. (1965) *Dante's Conception of Justice*. New York

Gilbert, Pierre (1964) *Les Tapisseries de la victoire des vertus.* Brüssel

Gillen, Otto (1931) *Ikonographische Studien zum Hortus Deliciarum der Herrad von Landsberg.* Berlin

Giltay, J. u. a. (1983/84) *Malerei aus erster Hand. Ölskizzen von Tintoretto bis Goya.* Katalog. Rotterdam

Glang-Süberkrüb, Annegret (1977) *Peter Paul Rubens Buchtitelentwürfe für die Officiana Plantiniana (1613–1640).* In: *Archiv f. Geschichte d. Buchwesens 18,* 555–666

Glum, Peter (1976) *Divine Judgment in Bosch's Garden of Earthly Delights.* In: *The Art Bulletin 58,* 45–54

Gmelin, Hans Georg (1967) *Zu einigen unbeachteten Gerechtigkeitsbildern im Rathaus zu Emden.* In: *Kunstgeschichtliche Studien für Kurt Bauch.* München / Berlin, 161–170

– (1969) *Das Weltgerichtsbild in der Gerichtslaube des Lüneburger Rathauses.* In: *Lüneburger Blätter 19,* 95

Goethe, Johann Wolfgang von (1962) *Kampagne in Frankreich 1792.* Zürich / Stuttgart

Goetz, W. (1938) *Dante und Brunetto Latini.* In: *Deutsches Dante-Jb. 20,* 78–99

– (1939) *Brunetto Latini und die arabische Wissenschaft.* In: *Deutsches Dante-Jb. 21,* 101–108

Le Goff, Jacques (1984) *Die Geburt des Fegefeuers.* Stuttgart

Goldmann, Zeev (1975) *Der Symbol der Lilie.* In: *Archiv f. Kulturgeschichte 57,* 247–299

Goldschmidt, Adolph (1900) *Die ältesten Psalterillustrationen.* In: *Repertorium für Kunstwissenschaft 23,* 265–273

Gorella, Arwed D. (1964) *Der Fall Baselitz und das Gespräch. Tendenzen* 5, H. 30, o. S.

Gornatowski, Alois (1936) *Rechts und links im antiken Aberglauben.* Diss., Breslau

Gosebruch, Martin (1962) *Giotto und die Entwicklung des neuzeitlichen Kunstbewußtseins.* Köln

Gothein, Eberhard (1886) *Die Culturentwicklung Süd-Italiens in Einzel-Darstellungen.* Breslau

Goya (1972) *Caprichos.* Zürich

– (1972) *Desastres de la Guerra.* Zürich

Grabmann, Martin (1926) *Mittelalterliches Geistesleben.* München

Graf, Friedrich Wilhelm (1984) *Artikel »Gesetz, VI. Neuzeit«.* In: *Theologische Realenzyklopädie,* Bd. XIII. Berlin / New York, 90–126

Graff, Hellmuth (1922) *Die Darstellungen der sakralen Einhornjagd in der altdeutschen Kunst.* Diss., Münster

Grandville (o. J.) *Das gesamte Werk.* Bd. 1/2. Herrsching

– (1976) *Bilder aus dem Staats- und Familienleben der Tiere,* Bd. 1 u. 2. Frankfurt a. M.

– (1979) *Verwandlungen von heute.* Dortmund

Grant, Michael (1981) *Klassiker der antiken Geschichtsschreibung.* München

– (1983) *Roms Cäsaren. Von Julius Caesar bis Domitian.* München

Grant, Michael/Hazel, John (1980) *Lexikon der antiken Mythen und Gestalten.* München

Grassi, Ernesto (1957) *Kunst und Mythos.* Hamburg

Grassl, Peter (1933/34–1934/35) *Der Ratschluss der Erlösung im Bilde dargestellt in Dorschhausen, Landsberg, Einsiedeln und von Führich.* In: *Die christliche Kunst 30,* 121–128; 31, 41–49

Grau, Gustav (1973) *Quellen und Verwandtschaften der älteren germanischen Darstellungen des Jüngsten Gerichts.* Walluf bei Wiesbaden

Graus, Johann (1894) *Das Einhorn und seine Jagd.* In: *Der Kirchenschmuck. Blätter des christlichen Kunstvereins der Diöcese Seckau 25,* 73–81

Green, Rosalie B. (1968) *Virtues and Vices in the Chapter House Vestibule in Salisbury.* In: *Journal of the Warburg and Courtauld Institutes 31,* 148–158

Green, Rosalie/Evans, Michael/Bischoff, Christine/Curschmann, Michael (1979) *Herrad of Hohenbourg – Hortus Deliciarum.* London

Greenhill, Eleanor Simmons (1954) *The child in the tree.* In: *Traditio 10,* 323–371

Gregorovius, Ferdinand (1857) *Die Grabmäler der Römischen Päpste.* Leipzig

Gressmann, Hugo (1905) *Der Ursprung der israelitisch-jüdischen Eschatologie.* Göttingen

– (1907) *Das salomonische Urteil.* In: *Deutsche Rundschau 130,* 212–228

– (1918) *Vom reichen Mann und armen Lazarus.* Berlin

Grisebach, August (1907) *Das deutsche Rathaus der Renaissance.* Berlin

Gröber, Gustav (1902) *Grundriß der Romanischen Philologie.* 2. Bd. 1. Abt. Straßburg

Grønbech, Vilhelm (1965) *Hellas. Griechische Geistesgeschichte.* Bd. 1, Reinbek bei Hamburg

– (1967) *Götter und Menschen. Griechische Geistesgeschichte.* Bd. 2, Reinbek bei Hamburg

Grof Stanislav und Christina (1984) *Jenseits des Todes. An den Toren des Bewußtseins.* München

Grossi, Paolo (1972) *Usus facti – La nozione di proprietà nella inaugurazione dell' età nuovo.* In: *Quaderni Fiorentini 1,* 287 ff.

Grossmann, Karl (1906) *Der Gemäldezyklus der Galerie der Maria von Medici von Peter Paul Rubens.* Straßburg

Gruber, Karl (1943) *Das deutsche Rathaus.* München

Grubmüller, Klaus (1977) *Meister Esopus. Untersuchungen zu Geschichte und Funktion der Fabel im Mittelalter.* Zürich / München

Grünberg, Betty/Maessen, Hubert, Hrsg. (1982) *Der Sprayer von Zürich – Kölner Totentanz.* Köln

Grundmann, Günter/Strich, Michael/Richey, Werner (1984) *Rechtsprichwörter.* Hanau

Gryphius, Andreas (1963) *Werke.* Weimar

Gutman, Harry B. (1958) *Zur Ikonologie der Fresken Raffaels in der Stanza della Segnatura.* In: *Zeitschr. f. Kunstgeschichte 21,* 27–39

Haak, Bob (1969) *Rembrandt – Sein Leben, sein Werk, seine Zeit.* Köln

Haas, Robert (1978) *Sachbeschädigung durch wildes Plakatieren? – Probleme des § 303 StGB – OLG Bremen und OLG Hamburg,* MDR 1976, 773. In: *Juristische Schulung, 14–19*

Haberditzl, F. M. (1907/09) *Die Lehrer des Rubens.* In: *Jb. d. kunsthist. Sammlungen d. Allerhöchsten Kaiserhauses 27,* 161–235

Habermas, Jürgen (1971) *Dogmatismus, Vernunft und Entscheidung – zu Theorie und Praxis in der verwissenschaftlichten Zivilisation* (1963). In: *Theorie und Praxis.* Frankfurt a. M., 307

– (1973) *Erkenntnis und Interesse.* Frankfurt a. M.

– (1981) *Theorie des kommunikativen Handelns,* Bd. 2: *Zur Kritik der funktionalistischen Vernunft.* Frankfurt a. M.

Habich, Georg (1922) *Die Medaillen der italienischen Renaissance.* Stuttgart / Berlin

– (1929–1934) *Die deutschen Schaumünzen des XVI. Jahrhunderts I. II.* München

Habicht Viktor Kurt (1930) *Celle und Wienhausen.* Berlin

Häussermann, Ulrich (1962) *Ewige Waage.* Köln

Haffke, Bernhard (1976) *Tiefenpsychologie und Generalprävention. Eine strafrechtstheoretische Untersuchung.* Aarau

Hagemann, Anton (1956) *Zur Deutung der Lilie.* In: *Zeitschr. f. Kunstgeschichte 19,* 198–200

Hagemann, Ernst (1982) *Der göttliche Pfeilschütze.* St. Michael

Hagemann, Hans-Rudolf (1960) *Der Processus Belial.* In: *Festschr. f. Max Gerwig.* Basel, 55

Hall, Marcia B. (1976) *Michelangelo's Last Judgment: Resurrection of the Body and Predestination.* In: *The Art Bulletin 58,* 85–92

Halm, Philipp Maria (1921/22) *Ikonographische Studien zum Armen-Seelen-Kultus.* In: *Münchener Jb. d. bildenden Kunst 12,* 1–24

Hamann, Richard (1934) *Das Grab Clemens II. im Bamberger Dom.* In: *Zeitschr. d. Deutschen Vereins f. Kunstwissenschaft 1,* 16–36

Hamdorf, Friedrich Wilhelm (1964) *Griechische Kulturpersonifikation der vorhellenistischen Zeit.* Mainz

Hamel, Joost Adrian van (1945) *De Eendracht van Het Land 1641.* Amsterdam

Hamm, Peter, Hrsg. (1984) *Welches Tier gehört zu dir? Eine poetische Arche Noah.* München / Wien

Hampe, Theodor (1904) *Nürnberger Ratsverlässe über Kunst und Künstler im Zeitalter der Spätgotik und Renaissance.* I. Bd. Wien

Hansmann, Wilfried (1981) *Die Apokalypse v. Angers.* Köln

Harbison, Craig (1976) *The last judgment in Sixteenth Century Northern Europe.* New York / London

– (1976a) *Reformation Iconography: Problems and Attitudes.* In: *Tribute to Wolfgang Stechow.* New York, 78–87

Harck, F. (1884) *Die Fresken im Palazzo Schifanoja in Ferrara.* In: *Jb. d. königl. preuß. Kunstsammlungen 5,* 99–127

Harlan Volker/Rappmann, Rainer/Schata, Peter (1976) *Soziale Plastik.* Achberg

Harms, Wolfgang/Paas, John Roger/Schilling, Michael/Wang, Andreas (1983) *Illustrierte Flugblätter des Barock.* Tübingen

Harms, Wolfgang/Rattay, Beate (1983) *Illustrierte Flugblätter aus den Jahrhunderten des Reformation und der Glaubenskämpfe.* Katalog. Coburg

Harthan, John (1977) *Stundenbücher und ihre Eigentümer.* Freiburg / Basel / Wien

Hartlaub, G. F. (1964) *Die Tugenden und Laster in der bildenden Kunst.* In: *Speculum artis 16/1,* 15–20

Haselbach, Hans, Hrsg. (1975) *Sénèque des IIII vertus. La Formula honestae vitae de Martin de Braga (pseudo-Sénèque) traduite et glosée par Jean Courtecuisse (1403).* Bern / Frankfurt a. M.

Haseloff, Günther (1936) *Die Psalterillustration im 13. Jahrhundert.* Diss., Göttingen

Hasse, Paul, Hrsg. (1897) *Miniaturen aus Handschriften des Staatsarchivs Lübeck.* Lübeck

Hasubek, Peter, Hrsg. (1982) *Die Fabelkunst. Theorie, Geschichte und Rezeption einer Gattung.* Berlin

–, Hrsg. (1983) *Fabelforschung.* Darmstadt

Hattenhauer, Hans (1983) *Pax et iustitia.* Hamburg

Hau, Elisabeth M. (1964) *Das Anstößige in der Kunst aus tiefenpsychologischer Sicht.* In: *littera, 27*

Hauber, Anton (1916) *Planetenkinderbilder und Sternbilder.* Straßburg

Hayes, John (1980) *The Art of Graham Sutherland.* Oxford

Hees, Georg (1952) *Der Einfluß von Brunetto Latinis »Tesoretto« auf Dantes »Divina Commedia«.* Diss., Hamburg

Hegel, Erdmund (1938) *Rembrandt und das Recht.* In: *Das Recht in der Kunst.* Berlin, 170–181

Hegel, Georg Wilhelm Friedrich (1807) *Phänomenologie des Geistes.* Bamberg / Würzburg.

– (1907) *Der Geist des Christentums und sein Schicksal.* In: Nohl (Hrsg.), *Hegels theologische Jugendschriften.* Tübingen, 243–342

Heider, Gustav (1861) *Beiträge zur christlichen Typologie aus Bilderhandschriften des Mittelalters.* In: *Jb. d. k. k. Zentralkommission für Baudenkmale V,* 1–128

Heinemann, Franz (1900) *Der Richter und die Rechtsgelehrten.* Leipzig

Heinrich von Burgus (1932) *Der Seele Rat.* Berlin

Heinsius, Maria (1968) *Der Paradiesgarten der Herrad von Landsberg*. Freiburg i. Br.

Heinze, Richard (1972) *Vom Geist des Römertums. Ausgewählte Aufsätze*. 4. Aufl. Darmstadt

– (1983) *Die Augusteische Kultur*. 4. Aufl. Darmstadt

Heinzel (1874) *Vier geistliche Gedichte*. In: *Zeitschr. f. Deutsches Altertum 17*, 1

Heinz-Mohr, Gerd (1984) *Lexikon der Symbole. Bilder und Zeichen der christlichen Kunst*. 8. Aufl. Darmstadt

Heitmann, Klaus (1958) *Fortuna und Virtus*. Köln / Graz

Heitsch, Ernst, Hrsg. (1966) *Hesiod*. Darmstadt

Heitz, Paul (1918) *Pestblätter des 15. Jahrhunderts*. Straßburg

Helck, Wolfgang (1980) *Wesen, Entstehung und Entwicklung altägyptischen »Rechts«*. In: Wolfgang Fikentscher/Herbert Franke/Oskar Köhler (Hrsg.), *Entstehung und Wandel rechtlicher Traditionen*. Freiburg / München, 303–324

Helliesen, Sidsel (1977) *Thronus Justitiae*. In: *Oud Holland 91*, 232–266

Henkel, Arthur/Schöne, Albrecht (1967) *Emblemata. Handbuch zur Sinnbildkunst des XVI. und XVII. Jahrhunderts*. Stuttgart

Henning, Edgar (1980) *Der häßliche Jurist*, Katalog. Hamburg

Herbst, Arnulf (1970) *Zur Ikonologie des barocken Kaisersaals*. In: *106. Bericht des Historischen Vereins für die Pflege der Geschichte des ehemaligen Fürstbistums Bamberg*, 207–344

Herkommer, Hubert (1976) *Heilsgeschichtliches Programm und Tugendlehre*. In: *Mitteilungen des Vereins für Geschichte der Stadt Nürnberg 63*, 192–216

Hermann, Hermann Julius (1898) *Miniaturhandschriften aus der Bibliothek des Herzogs Andrea Matteo III. Acquaviva*. In: *Jb. d. kunsthist. Sammlungen d. Allerhöchsten Kaiserhauses 19*, 147–216

Hermesdorf, P. F. J. M. u. a. (1978) *The examination and restoration of ›The last judgement‹ by Lucas van Leyden*. In: *Nederlands Kunsthistorisch Jaarboek 29*, 311–330

Herodot (1980) *Historien*. Bd. I/II. Hrsgg. und übers. von Josef Feix. 3. Aufl. München

Hermann, Toni (1934) *Der Bildschmuck der Deutsch-Ordensapokalypsen Heinrichs von Hesler*. Königsberg/Pr.

Hertling, Georg von (1914) *Historische Beiträge zur Philosophie*. Kempten / München

Herzner, Volker (1982) *Giottos Grabmal für Enrico Scrovegni*. In: *Münchner Jb. d. bildenden Kunst. Dritte Folge 33*, 39–66

Hesiod (1965) *Sämtliche Werke*. 2. Aufl. Bremen

– (1970) *Erga*. Erklärt von Ulrich von Wilamowitz-Moellendorff. 3. Aufl. Dublin / Zürich

– (1983) *Theogonie*. 2. Aufl. St. Augustin

– (1984) *Sämtliche Gedichte*. 2. Aufl. Darmstadt

Hesse, Konrad (1984) *Grundzüge des Verfassungsrechts der Bundesrepublik Deutschland*. 14. Aufl. Heidelberg

Heubach, Dittmar (1927) *Der Belial*. Straßburg

Hevesi, Ludwig (1978) *Goldene Gewissensbisse*. In: *Gustav Klimt. Die goldene Pforte*. Hrsgg. v. Otto Breicha. Salzburg

Hielmcrone, Ulf-Dietrich von (1974) *Die Darstellungen der Justitia im Landesteil Schleswig*. Diss., Kiel

Hildenbrand, Karl (1860) *Geschichte und System der Rechts- und Staatsphilosophie*. Leipzig

Hill, George Francis (1930) *A Corpus of Italian Medals of the Renaissance before Cellini I, II*. o. O.

Hinz, Berthold (1974) *Die Malerei im deutschen Faschismus*. München

Hirschfeld, Peter (1968) *Mäzene*. München – Berlin

Hirzel, Rudolf (1902) *Der Eid*. Ein Beitrag zu seiner Geschichte. Leipzig

– (1966) *Themis, Dike und Verwandtes*. Hildesheim

*Historisches Wörterbuch der Philosophie Bd. 1–6* (1971 ff.) Hrsg. Joachim Ritter und Karlfried Gründer. Darmstadt

Hitler, Adolf (1937) *Rede bei der Eröffnung der Ersten Großen Deutschen Kunstausstellung 1937*. In: *Völkischer Beobachter Nr. 200*

Hönn, Karl (1948) *Solon. Staatsmann und Weiser*. Wien

Hoffmann, Detlef (1972) *Die Welt der Spielkarte*. Leipzig

Hoffmann, Hartmut (1964) *Die beiden Schwerter im Hochmittelalter*. In: *Deutsches Archiv für die Erforschung des Mittelalters 20*, 78–114

Hoffmann, Hubert (1969) *Die geistigen Bindungen an Diesseits und Jenseits in der spätmittelalterlichen Didaktik*. Freiburg i. Br.

Hoffmann, Josef (1985) *Kunstfreiheit und Sacheigentum*. In: *Neue Juristische Wochenschrift*, 237–246

Hofmann, Christina (1985) *Das Spanische Hofzeremoniell von 1500–1700*. Frankfurt am Main / Bern / New York

Hofmann, Friedhelm (1985) *Mittelalterliche Apokalypsedarstellungen*. In: Richard W. Gassen/Bernhard Holeczek (Hrsg.), *Apokalypse – Ein Prinzip Hoffnung?* Ausstellungskatalog Ludwigshafen. Heidelberg, 21–39

Hofmann, Werner, Hrsg. (1979) *John Flaxman. Mythologie und Industrie*, Katalog. München

– (1980) *Der Traum der Vernunft, oder: Täter und Opfer*. In: *A. Kat. Goya – Das Zeitalter der Revolution*, Hamburger Kunsthalle. Hamburg / München, 52

–, Hrsg. (1980a) *Goya – Das Zeitalter der Revolution 1789–1830*, Katalog. München

–, Hrsg. (1983) *Luther und die Folgen für die Kunst*. München

– (1987) *Zauber der Medusa*. Wien

Holk, Lambert E. van (1981) *Justitia, Bild und Sinnbild im 17. Jahrhundert in den Niederlanden*. In: *Forschungen zur Rechtsarchäologie und Rechtlichen Volkskunde 3*, 155–199

– (1983) *Eine mittelalterliche Rechtslegende und ihre Darstellung in der Kunst des 17. Jahrhunderts*. In: *Forschungen zur Rechtsarchäologie und Rechtlichen Volkskunde 5*, 135–157

Holz, Hans Heinz (1972) *Vom Kunstwerk zur Ware – Studien zur Funktion des ästhetischen Gegenstandes im Spätkapitalismus*. Neuwied

Homer (1958) *Odyssee*. Übers. in deutsche Prosa von Wolfgang Schadewaldt. Hamburg

– (1959) *Legende von Homer dem fahrenden Sänger*. Aus dem Griechischen übertragen und erläutert von Wolfgang Schadewaldt. Zürich / Stuttgart

– (1961) *Ilias*. Übertragen von Hans Rupé. 2. Aufl. München

– (1961) *Odyssee*. Übertragen von Anton Weiher. 2. Aufl. München

– (1961) *Homerische Hymnen*. Hrsgg. und übertragen von Anton Weiher. 2. Aufl. München

– (1975) *Ilias*. Neue Übertragung von Wolfgang Schadewaldt. Frankfurt a. M.

Homey, Helge Hanns (1972) *Studien zur Alethia des Claudius Marius Victorius*. Diss., Bonn

Hommel, Hildebrecht, Hrsg. (1974) *Wege zu Aischylos*. Bd. I/II. Darmstadt

Horaz (1970) *Sämtliche Werke;* lateinisch und deutsch, übers. und hrsgg. von Hans Färber und Wilhelm Schöne. München

Horb, Felix (1956) *Zu Vincent Sellaerts Eklektizismus*. Stockholm

Horn, Norbert (1968) *Aequitas in den Lehren des Baldus*. Köln / Graz

Hornig, Christian (1987) *Giorgiones Spätwerk*. München

Hornung, Erik (1971) *Der Eine und die Vielen. Ägyptische Gottesvorstellungen*. Darmstadt

– Hrsg. und Übers. (1984) *Ägyptische Unterweltsbücher*. 2. Aufl. Darmstadt

Hubel, Achim (1987) *Berthold Furtmeyr und die Regensburger Buchmalerei des ausgehenden Mittelalters*. In: *Regensburger Buchmalerei-Ausstellungskatalog*. München, 111–118

Huber, Rudolf (1952) *Die Gerechtigkeitsbilder im Tübinger Rathaus*. In: *Tübinger Blätter 39*, 55–61

Hübner, Kurt (1985) *Die Wahrheit des Mythos*. München

Hufen, Friedhelm (1982) *Die Freiheit der Kunst in staatlichen Institutionen*. Baden-Baden

Huizinga, Johan (1932) *Über die Verknüpfung des Poetischen mit dem Theologischen bei Alanus de Insulis*. Amsterdam

– (1961) *Holländische Kultur im siebzehnten Jahrhundert*. Basel

– (1975) *Herbst des Mittelalters*. Stuttgart

d'Hulst, R.-A. (1974) *Jordaens Drawings*. I–IV. New York

– (1982) *Jacob Jordaens*. Stuttgart

Hultmann, J. E. (1902) *Guillaume de Deguileville*. Diss., Upsala

Hummel, B. (1979) *Drollige Thierbilder und Reime aus der Fabelwelt*. Frankfurt a. M.

Hunger, Herbert (1984) *Lexikon der griechischen und römischen Mythologie*. 6. Aufl. Reinbek bei Hamburg

Hunnicutt, Barron Blewett (1979) *Apollo Sol*. Diss., The Pennsylvania State University

Huyghe, René (1967) *Delacroix*. München

Illies, Joachim (1977) *Anthropologie des Tieres. Entwurf einer anderen Zoologie*. München

Imdahl, Max (1980) *Giottom Arenafresken*. München

Immaculate, Sister Mary (1942) *The Four Daughters of God in the GESTA ROMANORUM and the COURT OF SAPIENCE*. In: *Publications of the Modern Language Association of America 57*, 951–965

Irmer, Eugen (1890) *Die altfranzösische Bearbeitung der Formula honestae vitae des Martin von Braga*. Halle

Irmscher, Joahnnes, Hrsg. und Übers. (1978) *Antike Fabeln*. Berlin / Weimar

Irving, Clifford (1970) *Gefälscht. Das abenteuerliche Leben des größten Kunstfälschers unserer Zeit*. Stuttgart

Iwand, Hans J. (1980) *Glaubensgerechtigkeit und Luthers Lehre*. In: ders., *Glaubensgerechtigkeit*. Bd. II. München, 11

Iwanoyko, Eugeniusz (1976) *Ikonografia stropu Wielkiej Sali Rady w ratuszu gdańskim*. Poznań

– (1976a) *Apoteoza Gdańska*. Danzig

– (1986) *Sala Czerwona ratusza gdańskiego*. Warschau

s'Jacob, Henriette (1954) *Idealism and Realism*. Leiden

Jacobus de Voragine (1963) *Die Legenda aurea*. Übers. von Richard Benz. 4. Aufl. Heidelberg

Jaeger, Werner (1973) *Paideia. Die Formung des griechischen Menschen*. Bd. I–III. 5. und 4. Aufl. Berlin/New York

Jaffa, Harry V. (1957) *Thomas von Aquin als Interpret der aristotelischen Ethik*. In: *Philosophische Rundschau 5*, 135–152

James, Montague Rhodes (1927) *The Apocalypse in Art*. London

James, Montague Rhodes/Berenson, Bernhard, Hrsg. (1926) *Speculum Humanae Salvationis*. Oxford

Jansen, Franz (1933) *Die Helmarshausener Buchmalerei zur Zeit Heinrich des Löwen*. Hildesheim/Leipzig

Jantsch, Heinz G. (1959) *Studien zum Symbolischen in frühmittelhochdeutscher Literatur*. Tübingen

Jasbar, Gerald (1980) *Darstellungen antiker Götter im Ms. A. lo (Augustinus, De civitate Dei) der Bibliothek der Oberschule in Schulpforte (DDR)*. München

Jaszai, Géza (1968) *Die Pisaner Domkanzel*. München

Jauss, Hans Robert (1860) *Form und Auffassung der Allegorie in der Tradition der Psychomachia*. In: *Medium Aevum Vivum*. Festschr. f. Walther Bulst. Heidelberg, 179–206

Jeanroy, A. (1907) *La passion nostre dame et le »pèlerinage de L'âme«*. In: *Romania*, 361–368

Jedlicka, Gotthard (1964) *Die Angst vor dem Kunstwerk ist eine der vielen Formen der Angst vor dem Leben überhaupt.* In: *littera,* 25

Jenkins, Marianna (1972) *The Iconography of the Hall of the Consistory in the Palazzo Pubblico, Siena.* In: *The Art Bulletin 54,* 430–451

Jessen, Peter A. (1883) *Die Darstellung des Weltgerichts bis auf Michelangelo.* Berlin

Jhering, Rudolf von (1968) *Der Geist des römischen Rechts auf den verschiedenen Stufen seiner Entwicklung.* Bd. I–III. Aalen 1968

– (1963) *Der Kampf ums Recht.* Darmstadt

Johannes von Capua (1960) *Beispiele der alten Weisen.* Berlin (DDR)

Johannsen, Birgitte Boggild (1979) *Zum Thema der weltlichen Glorifikation des Herrscher- und Gelehrtengrabmals des Trecentos.* In: *Hafnia 6,* 81–105

Jones, Roger/Penny, Nicholas (1983) *Raffael.* München

Jónsdóttir, Selma (1959) *An II^th Century Byzantine Last Judgement in Iceland.* Reykjavik

Joost-Gaugier, Christiane L. (1976) *A Rediscovered Series of Uomini Famosi from Quattrocento Venice.* In: *The Art Bulletin 58,* 184–195

Joseph, H. W. B. (1934) *Aristotle's definition of moral virtue, and Plato's account of Justice in the soul.* In: *Philosophy 1934.* 168–181

Judson, J. Richard/Velde, Carl van de (1977) *Book Illustrations and Title-Pages. Corpus Rubenianum* Bd. 21. Brüssel

Juraschek, Franz von (1955) *Das Rätsel in Dürers Gottesschau.* Salzburg

Jursch, Hanna (1961) *Tradition und Neuschöpfung im altchristlichen Bilderkreis.* Berlin

Kästner, Erich (1969) *Gesammelte Schriften für Erwachsene.* München/Zürich

– (o. J.) *Die Konferenz der Tiere.* Frankfurt a. M./Berlin/Wien

Kahsnitz, Rainer (1970) *Gerechtigkeitsbilder.* In: *Lexikon der christlichen Ikonographie 2,* 134–140

Kaiser, Gert (1974) *Das Memento mori.* In: *Euphorion 68,* 337–370

Kaiser, Ingeborg (1974) *Die Tugend- und Lasterdarstellung im 16. Jahrhundert.* Diss., Salzburg

Kallab, Wolfgang (1903) *Die Deutung von Michelangelos Jüngstem Gerichte.* In: *Beiträge zur Kunstgeschichte,* 138

Kamp, Andreas (1985) *Die politische Philosophie des Aristoteles und ihre metaphysischen Grundlagen.* Freiburg i. Br.

Kampers, Franz (1897) *Mittelalterliche Sagen vom Paradiese und vom Holze des Kreuzes Christi in ihren vornehmsten Quellen und in ihren hervorstehendsten Typen.* In: *Jb. d. Görres-Gesellschaft zur Pflege der Wissenschaften,* 1–117

Kant, Immanuel (1964) *Werke. Bd. IV. Zum ewigen Frieden.* Frankfurt a. M.

Kantorowicz, Ernst E. (1957) *The King's Two Bodies.* Princeton

Karlovich, Attila (1982) *Autonome Praxis und heteronome Theorie: Ciceros Grundlegung der Gerechtigkeit.* Diss., Zürich

Kaspers, Heinrich (1965) *Vom Sachsenspiegel zum Code Napoléon.* 2. Aufl. Köln

Katalog Mainz (1968) *Werke alter Meister aus Privatbesitz.* Ausstellung

Katzenellenbogen, Adolf (1933) *Die Psychomachie in der Kunst des Mittelalters.* Hamburg

– (1939) *Allegories of the Virtues and Vices in Mediaeval Art.* London

– (1959) *The sculptural programs of Chartres Cathedral.* Baltimore

Kaufmann, Alexander (1862) *Caesarius von Heisterbach. Ein Beitrag zur Culturgeschichte des zwölften und dreizehnten Jahrhunderts.* Köln

Kaufmann, Arthur (1984) *Recht und Gnade in der Literatur.* In: *Neue Juristische Wochenschrift,* 1062–1069

Kaufmann, Ekkehard (1959) *Aequitas iudicium.* Frankfurt a. M.

Kaufmann-Bühler, Dieter (1951) *Begriff und Funktion der Dike in den Tragödien des Aischylos.* Heidelberg

Keil, Bruno (1916) *EIPHNH. Eine philologisch-antiquarische Untersuchung.* Leipzig

Keller, Harald (1942) *Giovanni Pisano.* Wien

Keller, Hiltgart L. (1933) *Mittelrheinische Buchmalereien in Handschriften aus dem Kreise der Hiltgart von Bingen.* Stuttgart

Kent, John P. C./Overbeck, Bernhard/Stylow, Armin U. (1973) *Die römische Münze.* München

Kerényi, Karl (1966) *Die Mythologie der Griechen.* Bd. I: *Die Götter- und Menschengeschichten;* Bd. II: *Die Heroengeschichten.* München

– (1966) *Humanistische Seelenforschung.* Werke I. München/Wien

– (1967) *Auf den Spuren des Mythos.* Werke II. München/Wien

– (1971) *Antike Religion.* Werke VII. München/Wien

– Hrsg. (1982) *Die Eröffnung des Zugangs zum Mythos.* 3. Aufl. Darmstadt

Kesser, Armin (1964) *Autun. Weltgericht und Auferstehung.* München

Kettler, Wilfried (1977) *Das Jüngste Gericht.* Berlin/New York

Keysser, Adolf (1919) *Recht und Juristen im Spiegel der Satire I, II.* Bad Rothenfelde

Kienapfel, Diethelm (1979) *Urkunden und andere Gewährschaftsträger.* Frankfurt a. M.

Kilbracken, Lord John Godley (1968) *Fälscher oder Meister? Der Fall van Meegeren.* Wien

Killy, Walter, Hrsg. (1984) *Mythographie der frühen Neuzeit. Ihre Anwendung in den Künsten.* Wiesbaden

*Kindler Malereilexikon* (1965), Bd. II, Zürich

Kinkel, Gottfried (1867) *Die Brüsseler Rathausbilder des Rogier van der Weyden und deren Copien in den burgundischen Tapeten zu Bern.* In: *Programm der eidgen. polytechnischen Schule für das Schuljahr 1867/68 bzw. das erste Halbjahr vom 14. Oktober bis 24. März 1868.* Zürich

Kirk, Geoffrey Stephen (1982) *Griechische Mythen.* Darmstadt

Kisch, Guido (1947) *The Cambyses Justice Medal.* In: *The Art Bulletin 29,* 122–123

– (1953) *Gerechtigkeitsbilder auf Basler Renaissance-Medaillen.* In: *Zeitschr. f. schweizerisches Recht NF 72,* 341–371

– (1955) *Recht und Gerechtigkeit in der Medaillenkunst.* Heidelberg

– (1958) *Die Aequitaslehre des Marsilius von Padua.* In: *Archiv d. histor. Vereins d. Kantons Bern,* 413

Kissel, Otto Rudolf (1984) *Justitia.* München

Klauner, Friderike (1981) *Die Gemäldegalerie des Kunsthistorischen Museums in Wien.* 2. Aufl. Salzburg/Wien

Klauner, Friderike/Heinz, Günther (1987) *Vom Himmel durch die Welt zur Hölle.* Salzburg

Klein, Peter K. (1985) *Zum Weltgerichtsbild der Reichenau.* In: *Studien zur mittelalterlichen Kunst 800–1250.* Festschr. f. Florentine Mütherich. München, 107–124

Kleinschmidt, Erich (1974) *Herrscherdarstellung.* Bern/München

Klemm, Elisabeth (1980) *Der Bamberger Psalter.* Wiesbaden

Klibansky, Erich (1925) *Gerichtsszene und Prozeßform in erzählenden deutschen Dichtungen des 12.–14. Jahrhunderts.* Berlin

Klinefelter, Ralph A. (1953) *The four Daughters of God: A new version.* In: *The Journal of English and Germanic Philology 52,* 90–95

Klingner, Friedrich (1961) *Römische Geisteswelt.* 4. Aufl. München

– (1967) *Virgil. Bucolica, Georgica, Aeneis.* Zürich/Stuttgart

Kloft, Hans, Hrsg. (1979) *Ideologie und Herrschaft in der Antike.* Darmstadt

Kloss, Ernst, Hrsg. (1925) *Speculum humanae salvationis.* München

Knab, Eckhart (1977) *Daniel Gran.* München/Wien

Knies, Wolfgang (1967) *Die Kunstfreiheit als verfassungsrechtliches Problem.* München

Knipping, John B. (1974) *Iconography of the Counter Reformation in the Netherlands.* I, II. Nieuwkoop/Leiden

Kocher, Gernot (1985) *Die Causa der Susanna.* In: *Forschungen zur Rechtsarchäologie und Rechtlichen Volkskunde 7,* 47–69

Köbler, Gerhard (1970) *Richten – Richter – Gericht.* In: *Zeitschr. f. Rechtsgeschichte – Germ. Abt. 87,* 57–113

Koehler, Wilhelm (1910) *Personifikationen abstrakter Begriffe auf römischen Münzen.* Diss., Königsberg i. Pr.

Köstler, Rudolf (1950) *Homerisches Recht.* Wien

Kohlberg, Lawrence (1971) *From Is to Ought.* In: Mischel (Hrsg.), *Cognitive Development and Epistemology.* New York/London, 151

Kohler, Josef/Scheel, Willy, Hrsg. (1902) *Die Carolina und ihre Vorgängerinnen,* Halle a. S.

Kolb, Herbert (1971) *Himmlisches und irdisches Gericht in karolingischer Theologie und althochdeutscher Dichtung.* In: *Frühmittelalterliche Studien 5,* 284–303

Kornemann, Ernst (1938/39) *Römische Geschichte,* Bd. I/II. Stuttgart

Koschatzky, Walter (1976) *Fälschung und Forschung in Zeichnung und Graphik.* In: *Fälschung und Forschung* a. a. O., 129

Kosegarten, Antje (1964) *Georg Baselitz – Visionen oder Provokationen eines Berliner Malers.* In: *die waage* (Zeitschr. der Grünenthal GmbH, Stolberg), 5, H. 4–5, 180

Kosmer, Ellen (1973–75) *A Study of the Style and Iconography of a Thirteenth-Century. Somme le roi,* I–III. Diss., Michigan

– (1978) *Gardens of Virtue in the middle ages.* In: *Journal of the Warburg and Courtauld Institutes 41,* 302–307

Kott, Jan (1975) *Gott-Essen. Interpretationen griechischer Tragödien.* München/Zürich

Kowallek, Rochus (1981) *Polemische Offensive für den Sprayer.* In: *Conrad/Zimmer* a. a. O. (o. S.)

Kraft, Heide (1976) *Die Bildallegorie der Kreuzigung Christi durch die Tugenden.* Diss., Berlin

Kramer, Helmut (1977) *Spiegel oder Zerrspiegel?* In: *Recht und Politik,* 82–88

Kranz-Michaelis, Charlotte (1976) *Rathäuser im deutschen Kaiserreich 1871–1918.* München

Kraus, Walther (1984) *Aus Allem Eines. Studien zur antiken Geistesgeschichte.* Heidelberg

Krefting, Achim (1937) *St. Michael und St. Georg in ihren geistesgeschichtlichen Beziehungen.* Jena

Kreis, Rudolf (1971) *Fabel und Tiergleichnis.* In: Heinz Ide (Hrsg.), *Projekt Deutschunterricht 1.* Stuttgart

Kretzenbacher, Leopold (1956) *Legende und Spiel vom Traumgesicht des Sünders und der Jenseitswaage.* In: *Rhein. Jb. f. Volkskunde 7,* 145–172

– (1958) *Die Seelenwaage.* Klagenfurt

– (1966) *Gericht über Adam und Eva.* In: *Carinthia 156,* 10–47

Kretzschmar, Robert (1985) *Alger von Lüttichs Traktat »De misericordia et iustitia«.* Sigmaringen

Kristeller, Paul (1910) *Einleitung zu: Die Tarocchi – Zwei italienische Kupferstichfolgen aus dem XV. Jahrhundert.* Berlin

Krönig, Ernst (1938) *Die sog. ›Gerechtigkeitsbilder‹ der altniederländischen Malerei.* In: *Das Recht in der Kunst.* Berlin, 198–208

Kroker, Ernst (1980) *Katechismus der Mythologie.* Leipzig

Kroos, Renate (1985) *Der Schrein des heiligen Servatius in Maastricht und die vier zugehörigen Reliquiare in Brüssel.* München

Krücke, Adolf (1905) *Der Nimbus und verwandte Attribute in der frühchristlichen Kunst.* Straßburg

Krüger, Eduard/Prinzing, Wilhelm/Hartmann, Lucrezia (1985) *250 Jahre Rathaus Schwäbisch Hall.* Schwäbisch Hall

Krüger, Heinrich (1910) *Was versteht Georg VII. unter Justitia und wie wendet er diesen Begriff im einzelnen praktisch an?* Diss., Greifswald

Krylow, Iwan Andrejewitsch (1960) *Sämtliche Fabeln.* Zürich

Küppers, Paul (1927) *Rathausbilder.* Bochum

Kuntze, Franz (1907) *Die Jagd des Einhorns in Wort und Bild.* In: *Archiv f. Kulturgeschichte 5,* 273–310

Kusch, Bernd-Udo (1981) *Chartres und das 20. Jahrhundert.* Schaffhausen

Kuypers, K. (1937) *Recht und Billigkeit bei Aristoteles.* In: *Mnemosyne. Ser. III.* Bibliotheca classica Batava 5, 289–301

Laborde, Alexandre de (1909) *Les manuscriptes a peintures de la Cité de Dieu de Saint Augustin.* I–III. Paris

Ladis, Andrew (1986) *The Legend of Giotto's Wit and the Arena Chapel.* In: *Art Bulletin 68,* 581–596

Lafond, Jean, Hrsg. (1929) *Un Livre d'Heures Rouennais.* Rouen

La Fontaine, Jean de (1978) *Sämtliche Fabeln.* Mit den Illustrationen von Grandville. München

– (o. J.) Die Fabeln. Gesamtausgabe. Mit über 300 Illustrationen von Gustave Doré. Wiesbaden

Lafuente Ferrari, Enrique (1954) *Trajano y el arte imperiale.* Madrid

Laigle, Mathilde (1912) *Le Livre des Trois Vertus de Christine de Pisan et son Milieu Historique et Littéraire.* Paris

Lambert, Malcolm D. (1961) *Franciscan Poverty. The doctrine of the absolute poverty of Christ and the apostles in the franciscan order 1210–1323.* London

Lammers, Joseph (1972) *Zum figürlichen Programm der Grabmäler der französischen Könige von Ludwig XI. bis zu Franz II.* Diss., Münster

Lange, H. (1932) *Die Wörter AEQUITAS und IUSTITIA auf römischen Münzen.* In: *Zeitschr. f. Rechtsgeschichte* – Rom. Abt. 52, 296–314

Langemeyer, Gerhard/u. a., Hrsg. (1984) *Mittel und Motive der Karikatur in fünf Jahrhunderten. Bild als Waffe.* München

Langosch, Karl (1931) *Arbores virtutum et viciorum.* In: *Studien zur lateinischen Dichtung des Mittelalters.* Ehrengabe für Karl Strecker. Dresden, 117–131

Lapide, Pinchas (1985) *Apokalypse als Hoffnungstheologie.* In: Richard W. Gassen/Bernhard Holiczek (Hrsg.), *Apokalypse – Ein Prinzip Hoffnung?* Ausstellungskatalog Ludwigshafen. Heidelberg, 10–14

Larisch, Norbert (1987) *Gerichtshaus Bremen.* Bremen

Latacz, Joachim, Hrsg. (1979) *Homer. Tradition und Neuerung.* Darmstadt

Latte, Kurt (1920) *Heiliges Recht.* Tübingen

– (1968) *Kleine Schriften zu Religion, Recht, Literatur und Sprache der Griechen und Römer.* München

Laun, Christiane (1979) *Bildkatechese im Spätmittelalter: Allegorische und typologische Auslegungen des Dekalogs.* Diss., Freiburg

Lavater, Johann Caspar (1984) *Physiognomische Fragmente zur Beförderung der Menschenkenntnis und Menschenliebe.* Stuttgart

Laverrenz, C. (1887) *Die Medaillen und Gedächtniszeichen der deutschen Hochschulen I, II.* Berlin

Lederle, Ursula (1937) *Gerechtigkeitsdarstellungen in deutschen und niederländischen Rathäusern.* Diss., Heidelberg

Ledig, Gerhard (1943) *Dantes »Göttliche Komödie« in den einzelnen Gesängen aus mittelalterlichem Denken erläutert.* Jena

Leemann-van Elck, P. (1939) *Zur Apokalypse und ihrem Bilderschmuck.* In: *Schweizerisches Gutenbergmuseum 25,* 86–94

Legner, Anton (1985) *Ornamenta Ecclesiae,* Katalog. Bd. I–III. Köln

Leibfried, Erwin (1982) *Fabel.* 4. Aufl. Stuttgart

– /Werle, Josef M. (1978) *Texte zur Theorie der Fabel.* Stuttgart

Leiss, Ludwig (1971) *Kunst im Konflikt. Kunst und Künstler im Widerstreit mit der ›Obrigkeit‹.* Berlin

Leitschuh, Franz Friedrich (1886) *Die Bambergische Halsgerichtsordnung.* In: *Repertorium für Kunstwissenschaft 9,* 59–70; 169–181, 361–362

Lepper-Mainzer, Gaby (1982) *Die Darstellung des Feldherrn Scipio Africanus.* Diss., Bochum

Lesky, Albin (1943) *Der Kommos der Choephoren.* Wien/Leipzig

– (1966) *Gesammelte Schriften. Aufsätze und Reden zu antiker und deutscher Dichtung und Kultur.* Bern/München

– (1971) *Geschichte der griechischen Literatur.* 3. Aufl. Bern/München

– (1972) *Die tragische Dichtung der Hellenen.* 3. Aufl. Göttingen

– (1984) *Die griechische Tragödie.* 5. Aufl. Stuttgart

Lessing, Erich (1972) *Die Odyssee.* Stuttgart/Hamburg/München

– (1985) *Die griechischen Sagen.* München

Lessing, Gotthold Ephraim (1967) *Fabeln. Abhandlungen über die Fabel.* Stuttgart

Levin, Harry (1969) *The Myth of the Golden Age in the Renaissance.* London

Levison, Wilhelm (1951/52) *Die mittelalterliche Lehre von den beiden Schwertern.* In: *Deutsches Archiv für die Erforschung des Mittelalters 9,* 14–42

Leyen, Friedrich von der/Spamer, Adolf (1910) *Die altdeutschen Wandteppiche im Regensburger Rathause.* Regensburg

Libby jr., Lester J. (1973) *Venetian History and Political Thought after 1509.* In: *Studies in the Renaissance 20,* 7–45

Lichtenberg, Georg Christoph (1974) *Aphorismen – Schriften – Briefe.* München

Liebersdorf-Weis, J. E. (1913) *Das Kirchenjahr in 156 gotischen Federzeichnungen. Ulrich von Lilienfeld und die Eichstätter Evangelienpostille.* Straßburg

Liebeschütz, Hans (1926) *Fulgentius Metaforalis.* Leipzig/Berlin

– (1930) *Das allegorische Weltbild der heiligen Hildegard von Bingen.* Leipzig/Berlin

Liebmann, Michael J. (1987) *Die »Allegorie der Gerechtigkeit« von Melchior Feselen.* In: ders., *Aus Spätmittelalter und Renaissance.* Weinheim, 177–183

Liebs, Detlef, Hrsg. und Übers. (1982) *Lateinische Rechtsregeln und Rechtssprichwörter.* Darmstadt

Liermann, Hans (1957) *Richter – Schreiber – Advokaten.* München

Lindner, Hermann (1975) *Didaktische Gattungsstruktur und narratives Spiel.* München

– (1978) *Fabeln der Neuzeit.* München

Linné, Carl von (1981) *Nemesis Divina.* München/Wien

Lipp, Karlheinz Andreas (1950) *Die Zurechnungslehre bei Aristoteles und Thomas von Aquin.* Diss., Göttingen

List-Freytag, Claudia (1985) *Beobachtungen zum Bildprogramm der Fonte Gaia Jacopo della Quercias.* In: *Münchner Jb. d. bildenden Kunst.* Dritte Folge 36, 57–71

*littera* (1964), Bd. 4: *Kunst vor dem Richter.* Hrsg.: littera-editionen. Walter Böckmann, Frankfurt a. M.

Lloyd-Jones, Hugh (1971) *The Justice of Zeus.* Berkeley/Los Angeles/London

Löcher, K. (1979) *Das Jüngste Gericht.* In: *Anzeiger des Germanischen Nationalmuseums,* 172–174

Löffler, Alexander (1928) *Schwäbische Buchmalerei in romanischer Zeit.* Augsburg

Löffler, Heinz (1922) *Ikonographie des Schmerzensmannes.* Diss., Berlin

Loening, Richard (1903) *Die Zurechnungslehre des Aristoteles.* Jena

Lohuizen-Mulder, Mab van (1977) *Raphael's Images of Justice, Humanity and Friendship.* Wassenaar

Ludwig, Gustav (1902) *Giovanni Bellinis sogenannte Madonna am See in den Uffizien, eine religiöse Allegorie.* In: *Jb. d. königl. preuß. Kunstsammlungen 23,* 163–186

*Friedrich Lübkers Reallexikon des klassischen Altertums* (1914), 8. Aufl. Berlin

Lueken, Wilhelm (1888) *Michael. Eine Darstellung in Vergleichung der jüdischen und der morgenländisch-christlichen Tradition vom Erzengel Michael.* Göttingen

Lülfing, Hans/Teitge, Hans-Erich (1981) *Handschriften und alte Drucke.* Wiesbaden

Lungagnini, Henrik (1970) *Zur Ikonographie der Lübecker Bilderfolge des Stefano Torelli.* In: *Niederdeutsche Beiträge zur Kunstgeschichte 9,* 179–194

Lurker, Manfred (1980) *Die Symbolbedeutung von Rechts und Links und ihr Niederschlag in der abendländisch-christlichen Kunst.* In: *Symbolon – Jahrbuch für Symbolforschung N. F. 5,* 95–128

Luther, Martin *Disputationen gegen die Antinomer,* WA (Weimarer Ausgabe) 39 I.

– (1981) *Tischreden.* Gesammelt von Johannes Aurifaber. Leipzig

Lutz, Jules/Perdrizet, Paul (1907/1909) *Speculum humanae salvationis, Texte critique. Traduction inédite de Jean Mielot (1448). Les sources et l'influence iconographique principalement sur l'art alsacien du XIVe siècle.* Bd. 1 u. 2. Leipzig/Mulhouse

Maass, Max Peter (1965) *Das Apokalyptische in der modernen Kunst.* München

Madden, Sarah Hanley (1975) *The lit de justice of the kings of france: Historical myth and constitutional event in late medieval and early modern times.* Diss., Iowa

Mader, Ludwig, Hrsg. und Übers. (1973) *Antike Fabeln.* München

Mäder, Eduard Johann (1971) *Der Streit der ›Töchter Gottes‹.* Bern/Frankfurt a. M.

Mähl, Sibylle (1969) *Quadriga Virtutum.* Köln/Wien

Mai, Paul (1979) *Sankt Michael in Bayern.* 2. Aufl. München/Zürich

Mâle, Emile (1907) *Die kirchliche Kunst des XIII. Jahrhunderts in Frankreich.* Straßburg

– (1927) *La clef des Allégories peintes et sculptées.* In: *Revue des deux mondes 3,* 106–129, 375–394

– (1931) *L'art religieux de la fin du moyen âge en France.* 4. Aufl. Paris

– (1932) *L'art religieux après le Concile de Trente.* Paris

– (1947) *L'art religieux du XII<sup>e</sup> siècle en France.* 5. Aufl. Paris

– (1948) *L'art religieux du XIII<sup>e</sup> siècle en France.* Paris

Malke, Lutz (1976) *Zur Ikonographie der »Vier letzten Dinge« vom ausgehenden Mittelalter bis zum Rokoko.* In: *Zeitschr. d. Deutschen Vereins f. Kunstwissenschaft 30,* 44–66

Mann, Golo/Heuss, Alfred, Hrsg. (1976) *Propyläen Weltgeschichte.* Frankfurt a. M./Berlin/Wien

Mansfeld, Jaap, Hrsg. und Übers. (1983) *Die Vorsokratiker I.* Stuttgart

Marcuse, Ludwig (1962) *Obszön. Geschichte einer Entrüstung.* München

Marie de France (1973) *Äsop.* München

– (1977) *Novellen und Fabeln.* Zürich

Marle, Raimond van (1971) *Iconographie de L'Art Profane au Moyen-Age et à la Renaissance.* Bd. II. *Allégories et Symboles.* New York

Marquard, Odo (1968) *Zur Bedeutung der Theorie des Unbewußten für eine Theorie der nicht mehr schönen Künste.* In: *Die nicht mehr schönen Künste. Grenzphänomene des Ästhetischen.* Hrsgg. von H. R. Jauß. München, 375

Marsch, Angelika (1980) *Bilder zur Augsburger Konfession und ihren Jubiläen.* Weißenhorn

Martens, Mina u. a. (1979) *Saint Michel et sa symbolique.* Brüssel

Martin, Conor (1951) *Some Medieval Commentaries on Aristotle's Politics.* In: *History 36,* 36–64

Martin, Henry (1926) *La Somme le Roi.* In: *Les Trésors des Bibliothèques de France.* Paris, 43–57

Martin, Peter (1983) *Martin Luther und die Bilder zur Apokalypse. Die Ikonographie der Illustrationen zur Offenbarung des Johannes in der Lutherbibel 1522 bis 1546.* Hamburg

Marx, Karl *Randglossen zum Programm der deutschen Arbeiterpartei,* MEW 19, 15

– *Das Kapital,* MEW 23

– *Grundrisse der Kritik der politischen Ökonomie, Rohentwurf von 1857/58.* Frankfurt a. M.

Maunz/Dürig/Herzog (1987) *Grundgesetzkommentar Bd. 1,* 6. Aufl.

McCorquodale, Charles (1981) *Bronzino.* London

McLeod, Enid (1976) *The Order of the Rose.* London

Medding, Wolfgang (1930) *Die Westportale der Kathedrale von Amiens und ihre Meister.* Augsburg

Meer, Frits van der (1938) *Maiestas Domini. Théophanies de l'Apocalypse Dans L'Art Chrétien.* Rom/Paris

– (1978) *Apokalypse.* Freiburg/Basel/Wien

Meiss, Millard (1936) *The Madonna of Humility.* In: *The Art Bulletin 18,* 435–442

– (1951) *Painting in Florence and Siena after the Black Death.* Princeton, New Jersey

Meister Richard (1946) *Der Nürnberger ›Tugendbrunnen‹ und die Tugendlehre innerhalb der mittelalterlichen Ethik.* In: *Anzeiger der Akademie der Wissenschaften in Wien.* Phil.-Hist. Kl. Nr. 15, 157–165

Melnikas, Anthony (1975) *The Corpus of the Miniatures in the Manuscripts of Decretum Gratiani.* I–III. Rom

Mende, Matthias, Hrsg. (1979) *Das alte Nürnberger Rathaus.* Nürnberg

Mennekes, Friedhelm (1985) *Am Ende der Tage wird es geschehen.* In: Richard W. Gassen/Bernhard Holeczek (Hrsg.), *Apokalypse – Ein Prinzip Hoffnung?* Ausstellungskatalog Ludwigshafen. Heidelberg, 15–20

Menut, Albert Douglas, Hrsg. (1940) *Maistre Nicole Oresme: Le Livre de Ethiques d'Aristote.* New York

– (1970) Einführung zu: *Maistre Nicole Oresme, Le Livre de Politiques d'Aristote.* Philadelphia

Meyer, Almut Agnes (1976) *Heilsgewißheit und Endzeiterwartung im deutschen Drama des 16. Jahrhunderts.* Heidelberg

Meyer, Bruno (1924) *Das Jüngste Gericht von Anton Möller im Danziger Artushof.* In: *Ostdeutsche Monatshefte H. 7,* 775–799

Meyer, Hans Bernhard (1961) *Zur Symbolik frühmittelalterlicher Majestasbilder.* In: *Das Münster 14,* 73–88

Mézières, Philippe de (1969) *Le Songe de Vieil Pèlerin.* Hrsgg. G. W. Coopland. Cambridge

Mezzatesta, Michael P. (1984) *Marcus Aurelius, Fray Antonio de Guevara, and the Ideal of the Perfect Prince in the Sixteenth Century.* In: *Art Bulletin 66,* 620–633

Michael, Wolfgang F. (1984) *Das deutsche Drama der Reformationszeit.* Bern/Frankfurt/Nancy/New York

Michalski, Sergiusz (1985) *Das Ausstattungsprogramm des Augsburger Rathauses.* In: *Elias Holl und das Augsburger Rathaus.* München, 77–90

Michel, Paul-Henri (1952) *La Psychomachie.* In: *Gazette des Beaux-Arts 6.* 40, 319–328

Michler, Wiebke (1968) *Die Wandmalereien im Nonnenchor.* Wienhausen

Michna, Christiane (1950) *Maria als Thron Salomonis.* Diss., Wien

Mielke, Hans (1967) *Hans Vredeman de Vries.* Diss., Berlin

Milesi, Richard (1915) *Mantegna und die Reliefs der Brauttruhen Paola Gonzagas.* Klagenfurt

Millar, Eric George, Hrsg. (1953) *An illuminated Manuscript of La Somme le Roy.* Oxford

Millon, Henry A./Nochlin, Linda, Hrsg. (1978) *Art and Architecture in the Service of Politics.* Cambridge (Mass.)/ London

Milošević, Desanka (1963) *Das Jüngste Gericht.* Recklingshausen

Mitscherlich, Alexander (1969) *Krankheit als Konflikt. Studien zur psychosomatischen Medizin I,* 4. Aufl. Frankfurt a. M.

Moé, Emile van (1929) *MS-Franc. 927 de la Bibliothéque Publique de Rouen.* In: *Trésor des bibliothéques de la France IX.* Paris, 3–15

– (1930) *Les Ethiques, Politiques et Economiques d'Aristote traduits par Nicole Oresme,* manuscript de la Bibl. de Rouen. In: *Les Trésors des Bibliothéques de France III.* Paris, 3–15

Moeller, Ernst von (1903) *Strauß und Kranich als Attribute der Gerechtigkeit.* In: *Zeitschr. f. christliche Kunst 16.* 76–88

– (1905) *Die Augenbinde der Justitia.* In: *Zeitschr. f. christliche Kunst 18,* 107–122, 141–152

– (1907) *Die Waage der Gerechtigkeit.* In: *Zeitschr. f. christliche Kunst 20,* 269, 291, 346

– (1908) *Die Zahlensymbolik in ihren Beziehungen zur Gerechtigkeit.* In: *Zeitschr. f. christliche Kunst 21,* 137–148

– (1908a) *Das Auge der Gerechtigkeit.* In: *Das Recht,* 305–310

– (1909) *Linea Justitae.* In: *Zeitschr. f. christliche Kunst 22,* 19–22

Molsdorf, Wilhelm (1920) *Führer durch den symbolischen und typologischen Bilderkreis der christlichen Kunst des Mittelalters.* Leipzig

– (1926) *Christliche Symbolik der mittelalterlichen Kunst.* Graz

– (1929/30) *Zur Darstellung der Gaben des Heiligen Geistes.* In: *Die christliche Kunst 26,* 112–116

Montaigne, Michel de (1953) *Essais.* Zürich

Moppert-Schmidt, Anita (1967) *Die Fresken von S. Angelo in Formis.* Diss., Basel

Moretti, Guiseppe (1962) *Die Ara Pacis Augustae.* Rom

Moritz, Karl Philipp (1979) *Götterlehre oder Mythologische Dichtungen der Alten.* Frankfurt a. M.

Morper, Johann Joseph (1956) *Der Sinngehalt des Bamberger Papstgrabes.* Bamberg

Morpurgo, Salomone (1933) *Bruto, »il buon giudice« nell' Udienza dell'Arte della Lana in Firenze.* In: *Miscellanea di Storia dell'Arte in onore di Igino Benvenuto Supino.* Florenz, 141–143

Mosselveld, J. H. van (1960) *Het schilderij »De gerechtigheid« te Geertruidenberg.* In: *De Brabantse Leeuw 9,* 55–60

Mühlestein, Hans/Schmidt, Georg (1983) *Ferdinand Hodler. Sein Leben und sein Werk.* Unveränderter um einen Bildteil ergänzter Nachdruck der 1942 erschienenen Ausgabe. Zürich

Mülbe, W. H. v. d. (1911) *Die Darstellung des jüngsten Gerichts an den romanischen und gotischen Kirchenportalen Frankreichs.* Leipzig

Müller, Bruno (1966) *Die Titelbilder der illustrierten Renner-Handschriften.* In: *102. Bericht d. Historischen Vereins f. d. Pflege d. Geschichte d. ehemaligen Fürstbistums Bamberg,* 271–306

Müller, Friedrich (1969) *Freiheit der Kunst als Problem der Grundrechtsdogmatik.* Berlin

Müller, Hans Georg/Wolff, Jürgen (1982) *Fabel und Parabel mit Materialien.* Stuttgart

Müller, Hans-Peter (1963) *Die himmlische Ratsversammlung.* In: *Zeitschr. f. d. neutestamentliche Wissenschaft und die Kunde d. älteren Kirche 54,* 254–267

Müller, Jürgen (1935) *Studien zur Ethik und Metaphysik des Thomasin von Circlaire.* Königsberg

Müller-Christensen, Sigrid (1960) *Das Grab des Papstes Clemens II. im Dom zu Bamberg.* Bamberg

*Münchener Kommentar* / Bearbeiter = Münchener Kommentar zum Bürgerlichen Gesetzbuch (1986), hrsgg. v. Kurt Rebmann und Franz-Jürgen Säcker, Bd. 4, Sachenrecht. 2. Aufl. München

Münz, Ludwig (1956) *Claudius Civilis, sein Antlitz und seine äußere Erscheinung.* In: *Konsthistorisk Tidskrift 25,* 58–69

Mütherich, Florentine (1986) *Das Evangeliar Heinrichs des Löwen und die Tradition des mittelalterlichen Herrscherbildes.* In: *Das Evangeliar Heinrichs des Löwen und das mittelalterliche Herrscherbild.* Ausstellungskatalog Bayer. Staatsbibliothek 35, 25–35

Mummenhoff, Ernst (1891) *Das Rathaus in Nürnberg.* Nürnberg

– (1913) *Rathaussaal und Ratsstube in Nürnberg.* In: *Deutsche Bauzeitung 47,* 957, 969

Murken, Axel Hinrich (1985) *Es ist eine Lust zu leben?* In: Richard W. Gassen/ Bernhard Holeczek (Hrsg.), *Apokalypse – Ein Prinzip Hoffnung?* Ausstellungskatalog Ludwigshafen. Heidelberg, 91–106

Murken-Altrogge, Christa/Murken, Axel Hinrich (1985) *Vom Expressionismus bis zur Soul and Body Art, »Prozesse der Freiheit«. Moderne Malerei für Einsteiger.* Köln

Mussolino, Giovanni (o. J.) *Torcello. Das Kleinod der Lagune.* Venedig

Nagy, Maria von (1962) *Die Wandbilder der Scrovegni-Kapelle zu Padua: Giottos Verhältnis zu seinen Quellen.* Bern/ München

Nelson Francis, W. (1942) *The Book of Vices and Virtues.* London

Nentwig, Max Arnold (1981) *Richter in Karikatur und Anekdote.* Köln

Nestle, Wilhelm (1901) *Euripides. Der Dichter der griechischen Aufklärung.* Stuttgart

– (1938) *Der Friedensgedanke in der antiken Welt.* Leipzig

Neuendorff, Dagmar (1982) *Studie zur Entwicklung der Herrscherdarstellung in der deutschsprachigen Literatur des 9.–12. Jahrhunderts.* Stockholm

Neumann, Friedrich/Vetter, Ewald (1977) *Zucht und schöne Sitte.* Wiesbaden

Neumüller, Willibrord O.S.B., Hrsg. (1972) *Speculum humanae salvationis.* Graz

Nigg, Walter/Gröning, Karl (1981) *Bleibt, ihr Engel, bleibt bei mir . . .* 4. Aufl. Frankfurt a. M./Berlin/Wien

Nilgen, Ursula (1985) *Amtsgenealogie und Amtsheiligkeit.* In: *Studien zur mittelalterlichen Kunst 800–1250.* Festschr. f. Florentine Mütherich. (Hrsg. Katharina Bierbrauer u. a.). München, 217–234

Nilsson, Martin P. (1950) *Griechischer Glaube.* München

– (1967) *Geschichte der griechischen Religion.* Bd. I: *Die Religion Griechenlands bis auf die griechische Weltherrschaft.* 3. Aufl. München

Noll, Peter (1980) *Kunst, Religion und Rechtsprechung. Juristische Anmerkungen zur Leidensgeschichte der »Gekreuzigten Frau« von Kurt Fahrner.* Basler Zeitung vom 26.1.1980

Noorden, Wolf Dieter v. (1969) *Die Freiheit der Kunst nach dem Grundgesetz (Art. 5 Abs. 3 S. 1 GG) und die Strafbarkeit der Verbreitung unzüchtiger Darstellungen (§184 Abs. 1 Nr. 1 StGB).* Diss., Köln

Nordenfalk, Carl (1956) *Some Facts about Rembrandt's Claudius Civilis.* In: *Konsthistorisk Tidskrift 25,* 71–93

Nordström, Folke (1956) *Virtues and Vices on the 14th Century Corbels in the Choir of Uppsala Cathedral.* Stockholm

Nothdurft, Klaus-Dieter (1963) *Studien zum Einfluß Senecas auf die Philosophie und Theologie des zwölften Jahrhunderts.* Leiden/Köln

Obermüller, Dagmar (1971) *Die Tugendkataloge der Kaiserchronik.* Diss., Heidelberg

Oechelhäuser, Adolf von (1885) *Dürers apokalyptische Reiter.* Berlin

– (1890) Der Bilderkreis zum Wälschen Gaste des Thomasin von Zerclaere. Heidelberg

Oehler, Klaus (1957) *Thomas von Aquin als Interpret der aristotelischen Ethik.* In: *Philosophische Rundschau 5,* 135–152

Oesterley, Hermann (1872) *Gesta Romanorum.* Berlin

Ogilvie, Robert Maxwell (1984) *. . . und bauten die Tempel wieder auf. Die Römer und ihre Götter im Zeitalter des Augustus.* München

Oppermann, Hans, Hrsg. (1980) *Wege zu Horaz.* 2. Aufl. Darmstadt

–, Hrsg. (1981) *Wege zu Vergil. Drei Jahrzehnte Begegnungen in Dichtung und Wissenschaft.* Darmstadt

–, Hrsg. (1983) *Römische Wertbegriffe.* 3. Aufl. Darmstadt

–, Hrsg. (1984) *Römertum.* 5. Aufl. Darmstadt

Orden, Stuart Copeland van (1972) *The ceiling frescoes in the Sala di Consistoro, Palazzo Pubblico, Siena, by Beccafumi Domenico.* Diss., Syracuse University

Orwell, George (1982) *Farm der Tiere.* Zürich

Osborne, John (1981) *The ›Particular Judgement‹: an early medieval wallpainting in the lower church of San Clemente, Rome.* In: *Burlington Magazine 123,* 334–341

Ostermeyer, Helmut (1972) *Strafrecht und Psychoanalyse.* München

Ott, Norbert H. (1983) *Rechtspraxis und Heilsgeschehen.* München/Zürich

Ott, Sieghard (1964) *Zur Freiheit der Kunst in der deutschen Rechtsprechung.* In: *littera,* 121

Otto, Harro (1985) *Anmerkung zum Beschluß des BVerfG v. 17.07.1984 – 1 BvR 816/82 = NJW 1985, 261.* In: *Neue Zeitschrift für Strafrecht,* 213–215

Otto, Walter Friedrich (1947) *Die Götter Griechenlands. Das Bild des Göttlichen im Spiegel des griechischen Geistes.* 3. Aufl. Frankfurt a. M.

– (1956) *Die Musen und der göttliche Ursprung des Singens und Sagens.* 2. Aufl. Düsseldorf/Köln

– (1956) *Theophania. Der Geist der altgriechischen Religion.* Hamburg

– (1963) *Die Wirklichkeit der Götter. Von der Unzerstörbarkeit griechischer Weltsicht.* Hamburg

– (1975) *Die Gestalt und das Sein.* 4. Aufl. Darmstadt

Overdiep, Door Mr. G. (1961) *Justitia, waar is uw blinddoek?* In: *Pro excolendo iure patrio 1761–1961.* Groningen, 87–122

Publius Ovidius Naso (Ovid) (1983) *Metamorphosen.* Hrsgg. und übers. von Erich Rösch. 10. Aufl. Darmstadt

Oyen, Hendrik van (1950) *Biblische Gerechtigkeit und weltliches Recht.* In: *Theologische Zeitschr. 6,* 270–292

Pächt, Otto/Thoss, Dagmar (1974–77) *Französische Schule I, II.* Wien

Paeseler, Wilhelm (1938) *Die römische Weltgerichtstafel im Vatikan.* In: *Kunstgeschichtl. Jb. d. Biblioteca Hertziana 2*

Panagiotou Konstantinos St. (1983) *Die ideale Form der Polis bei Homer und Hesiod.* Bochum

Panofsky, Erwin (1929) *»Imago Pietatis«. Ein Beitrag zur Typengeschichte des »Schmerzenmannes« und der Maria Mediatrix.* In: *Festschr. f. Max J. Friedländer.* Leipzig, 261

– (1930) *Hercules am Scheidewege und andere antike Bildstoffe in der neueren Kunst.* Leipzig/Berlin

– (1959) *Introducing Benignus Campus.* In: *Gazette des Beaux-Arts 53,* 257–270

– (1964) *Grabplastik.* Köln

– (1966) *›Good Government or Fortune‹?* In: *Gazette des Beaux-Arts 68,* 305–326

– (1977) *Das Leben und die Kunst Albrecht Dürers.* München

– (1978) *Sinn und Deutung in der bildenden Kunst.* Köln

– (1980) *Studien zu Ikonologie. Humanistische Themen in der Kunst der Renaissance.* Köln

Panofsky, Erwin und Dora (1962) *Pandora's Box.* 2. Aufl. New York

Paoletti, John T. (1979) *The Siena Baptistry Font. A Study of an Early Renaissance Collaborative Program, 1416–1434.* Diss., Yale University

Papaioannou, Kostas (1973) *Griechische Kunst.* 2. Aufl. Freiburg/Basel/Wien

Passional (1913) *Der Heiligen Leben und Leiden.* Leipzig

Paul, Jürgen (1963) *Die mittelalterlichen Kommunalpaläste in Italien.* Diss., Freiburg i. Br.

Der Kleine Pauly (1979) *Lexikon der Antike.* Bd. I–V. München

Pauly-Wissowa *Realencyclopädie der classischen Altertumswissenschaft* (ab 1893). Stuttgart

Pausanias (1972) *Beschreibung Griechenlands.* Bd. I/II. München

Pechstein, Klaus (1967) *Das Sebaldusgrab in Nürnberg.* Stuttgart

Peltzer, Rudolf Arthur (1911/12) *Der Hofmaler Hans von Aachen – Seine Schule und seine Zeit.* In: *Jb. d. Kunsthist. Sammlungen d. Allerhöchsten Kaiserhauses 30,* 59–182

Perdrizet, Paul (1908) *La vierge de Miséricorde étude d'un Théme iconographique.* Paris

– (1908a) *Speculum Humanae Salvationis.* Paris

Pernoud, Régine (1982) *Christine de Pisan.* Paris

Perrig, Alexander (1976) *Michelangelo Studien III. Das jüngste Gericht und seine Vorgeschichte.* Frankfurt/Bern

– (1987) *Albrecht Dürer oder die Heimlichkeit der deutschen Ketzerei.* Weinheim

Perry, Mary Philips (1912/1913) *On the psychostasis in Christian art I, II.* In: *Burlington Magazine 22,* 94–105, 208–218

Petas, František (1958) *Das Jüngste Gericht.* Prag

Peterich, Eckart (1941) *Göttinnen im Spiegel der Kunst.* Frankfurt a. M.

Pfeiffenberger, Selma (1966) *The Iconology of Giotto's Virtues and Vices at Padua.* Diss., Bryn Mawr College

Pfeiffer, Heinrich (1975) *Zur Ikonographie von Raffaels Disputà.* Rom

Pfeiffer, Wolfgang (1961) *Zu den Wand- und Deckenbildern der Lüneburger Gerichtslaube.* In: *Lüneburger Blätter 11/12,* 13–29

Pfister, Arnold (1937) *Das deutsche Speculum Humanae Salvationis.* Diss., Basel

Pfleger, Susanne (1985) *Aus der Apokalypse-Ikonographie: Der Erzengel Michael.* In: Richard W. Gassen/Bernhard Holeczek (Hrsg.), *Apokalypse – Ein Prinzip Hoffnung?* Ausstellungskatalog Ludwigshafen. Heidelberg, 50–62

– (1985a) *Die Apokalypse in der Gegenreformation.* In: Richard W. Gassen/Bernhard Holeczek (Hrsg.), *Apokalypse – Ein Prinzip Hoffnung?* Ausstellungskatalog Ludwigshafen. Heidelberg, 107–123

Pfohl, Gerhard, Hrsg. (1972) *Die griechische Elegie.* Darmstadt

Phaedrus (1975) *Liber Fabularum – Fabelbuch.* Stuttgart

Philostratos (1968) *Die Bilder.* München

Pilger, Robert (1880) *Die Dramatisierung der Susanna im 16. Jahrhundert.* In: *Zeitschr. f. deutsche Philologie 11,* 129–217

Pilz, Kurt (1970) *Das Sebaldusgrabmal.* Nürnberg

Pindar (1967) *Siegesgesänge und Fragmente.* München

Pinet, Marie-Josèphe (1927) *Christine de Pisan (1364–1430).* Paris

Piper, Ferdinand (1863) *Der Baum des Lebens.* In: *Evangelisches Jb.,* 2–94

– (1873) *Maria als Thron Salomons.* In: *Jb. f. Kunstwissenschaft.* Leipzig 5, 99–137

– (1972) *Mythologie und Symbolik der christlichen Kunst von der ältesten Zeit bis ins sechzehnte Jahrhundert.* Bd. 1. 2. Abt. Osnabrück

Piper, Hartmut (1950) *Europa im Weltgericht.* Hamburg

Pizan, Christine de (1986) *Das Buch von der Stadt der Frauen.* Berlin

Platon (1961) *Der Staat. Über das Gerechte.* Aus dem Griechischen übers. und erläutert von Otto Apelt. 8. Aufl. Hamburg

Pleister, Wolfgang (1982) *Persönlichkeit, Wille und Freiheit im Werke Jherings.* Ebelsbach

Plutarch (1979/80) *Große Griechen und Römer.* Bd. I–VI. München

Poeschke, Joachim (1973) *Die Sieneser Domkanzel des Nicola Pisano.* Berlin/New York

Pöschl, Viktor, Hrsg. (1983) *2000 Jahre Vergil. Ein Symposion.* Wiesbaden

Polacco, Renato (1986) *La Cattedrale di Torcello.* Treviso

Polaczek, Ernst (1928) *Zum Problem des Straßburger Gerichtspfeilers.* In: *Oberrheinische Kunst 3,* 148–151

Pope-Hennessy, John Wyndham (1972) *Italian Gothic Sculpture.* London/New York

Popelka, Liselotte (1956) *Susanna Hebraea. Theatrum castitatis sive Innocentia liberata.* Diss., Wien

Popitz, Ulrich (1982) *Von Odysseus bis Felix Krull. Gestalten der Weltliteratur in der Buchillustration des 19. und 20. Jahrhunderts.* Katalog. Berlin

Portig, Gustav (1885) *Das Weltgericht in der bildenden Kunst.* Heilbronn

Posener, Georges (1960) *Knaurs Lexikon der ägyptischen Kultur.* München/Zürich

Poser, Therese (1975) *Fabeln.* Stuttgart

Powicke, F. M. (1930) *Robert Grosseteste and the Nicomachean Ethics.* In: *British Academy (London): Proceedings of the British Academy 16,* 85–104

Preimesberger, Rudolf (1974) *Obeliscus Pamphilius.* In: *Münchner Jb. d. bildenden Kunst. Dritte Folge 25,* 77–162

Preller, L./Robert, Carl (1964) *Griechische Mythologie.* Bd. I: *Theogonie und Goetter.* 5. Aufl. Berlin/Zürich

Primmer, Adolf (1970) *Homerische Gerichtsszenen.* In: *Wiener Studien, N. F. 4* (83), 5–13

Prokopp, Maria (1985) *Pietro und Ambrogio Lorenzetti.* Berlin/Budapest/Warschau

*Propyläen Kunstgeschichte* (1967–74), Bd. I–XVIII. Berlin

Proudhon, Pierre Joseph (1896) *Was ist Eigentum.* Berlin

Puttfarken, Thomas (1980) *Golden Age and Justice in Sixteenth-Century Florentine Political Thought and Imagery: Observations on Three Pictures by Jacopo Zucchi.* In: *Journal of the Warburg and Courtauld Institutes 43,* 130–149

Rad, Gerhard von (1950) *»Gerechtigkeit« und »Leben« in der Kultsprache.* In: *Festschr. f. Alfred Bertholet.* Tübingen, 418–437

Radbruch, Gustav (1958) *Einführung in die Rechtswissenschaft.* 9. durchgearbeitete Aufl. nach dem Tode des Verfassers besorgt von Konrad Zweigert. Verbesserter Nachdruck, Stuttgart

Rade, Martin (1885) *Zur Apokalypse Dürers und Cranachs*. In: *Gesammelte Studien zur Kunstgeschichte. Festschr. Anton Springer*. Leipzig, 111–120

Rademacher, Franz (1964) *Der thronende Christus der Chorschranken aus Gustorf*. Köln/Graz

Rathe, Kurt (1927) *Der Richter auf dem Fabeltier*. In: *Festschr. f. Julius Schlosser*. Zürich/Leipzig/Wien, 187–205

Rauda, Wolfgang/Delling, Rudolf (1958) *Deutsche Rathäuser*. Frankfurt a. M.

Redepenning, Wilhelm (1875) *Ueber den Einfluß der aristotelischen Ethik auf die Moral des Thomas von Aquino*. Diss., Jena

Redig de Campos, Deoclecio (1936) *Eine unbekannte Darstellung des Jüngsten Gerichts aus dem elften Jahrhundert*. In: *Zeitschr. f. Kunstgeschichte 5*, 124–133

– (1984) *Raphaels Fresken in den Stanzen*. Stuttgart

Redlefsen, Ellen (1963) *Gerichts- und Gerechtigkeitsbilder im Bereich des Landgerichts Flensburg*. In: *Schleswig-Holst. Anzeiger*, 217–223

Reincke, H./Bolland, J. (1968) *Die Bilderhandschrift des Hamburger Stadtrechts von 1497*. Hamburg

Reinecke, Wilhelm (1925) *Das Rathaus in Lüneburg*. Lüneburg

– (1938) *Lüneburger Rechtsdenkmäler*. In: *Das Recht in der Kunst*. Berlin, 153–169

Reinhardt, Karl (1949) *Aischylos als Regisseur und Theologe*. Bern

– (1960) *Tradition und Geist. Gesammelte Essays zur Dichtung*. Göttingen

– (1961) *Die Ilias und ihr Dichter*. Göttingen

– (1966) *Vermächtnis der Antike. Gesammelte Essays zur Philosophie und Geschichtsschreibung*. 2. Aufl. Göttingen

– (1976) *Sophokles*. 4. Aufl. Frankfurt a. M.

– (1985) *Parmenides und die Geschichte der griechischen Philosophie*. 4. Aufl. Frankfurt a. M.

Reinhart, Uta (1978) *Lüneburgs Rathaus*. Lüneburg

Reiter (1902) *Einhornsspuren*. In: *Archiv f. christliche Kunst 20*, 33–35

Renner, Anna Maria (1927) *Der Erzengel Michael in der Geistes- und Kunstgeschichte*. Saarbrücken

Reucher, Theo (1983) *Die situative Weltsicht Homers. Eine Interpretation der Ilias*. Darmstadt

Reuschel, Karl (1906) *Die deutschen Weltgerichtsspiele des Mittelalters und der Reformationszeit*. Leipzig

Reuther, H. (1980) *Zur Wiedervorlage: Entartete Kunst*. Frankfurter Rundschau vom 29.9.1980

*RGRK*/Bearbeiter = Das Bürgerliche Gesetzbuch mit besonderer Berücksichtigung der Rechtsprechung des Reichsgerichts und des Bundesgerichtshofes (1979). Kommentar hrsg. von Mitgliedern des Bundesgerichtshofes Bd. III, 1. Teil §§ 854 – 1011. Berlin

Richter, Wolfgang, Hrsg. (1960) *Schöne Fabeln für jung und alt*. Frankfurt a. M./Berlin/Wien

Richter-Sherman, Claire (1977) *Some visual definitions in the illustrations of Aristotle's Nicomachean Ethics and Politics in the French translations of Nicole Oresme*. In: *Art Bulletin 59*, 320–330

Ricoeur, Paul (1974) *Hermeneutik und Psychoanalyse*. München

Ridder, Helmut (1964) *Freiheit der Kunst nach dem Grundgesetz*. Berlin

Ridder, Juliaan de (1979/80) *Gerechtigheidstaferelen in de 15de en de 16de eeuw*. In: *Genste Bijdragen tot de Kunstgeschiedenis 25*, 43–62

Rieger, Dietmar (1979) *Die französische Dichterin im Mittelalter: Marie de France – die »trobairitz« – Christine de Pisan*. In: Renate Baader/Dietmar Fricke (Hrsg.), *Die französische Autorin vom Mittelalter bis zur Gegenwart*. Wiesbaden, 29–48

Ries, Heide (1981) Jacques Callot: *Les Misères et les Malheurs de la Guerre*. Diss., Tübingen

Riess, Jonathan B. (1981) *Political Ideals in Medieval Italian Art. The Frescoes in the Palazzo dei Priori, Perugia (1297)*. Michigan

Ringshausen, Gerhard (1977) *Kunst und Wirklichkeitsdeutung um 1400*. In: *Städel-Jb. N.F. 6*, 209–230

Röhrig, Floridus Helmut (1959) *Rota in Medio Rotae. Forschungen zur biblischen Typologie des Mittelalters*. Diss., Wien

Rönnberg, W. (1888) *Das Erbrecht von Gortyna*. Berlin/Rostock

Röper, Hans C. (1975) *Das Stuckrelief »Jüngstes Gericht« in der Johanniskirche in Verden an der Aller*. In: *Das Münster 28*, 299–304

Rogers, Nicholas (1983) *The Particular Judgement: Two Earlier Examples of a Motif in Jan Mostaert's Lost Self-portrait*. In: *Oud Holland 97*, 125–127

Rohde, Erwin (1980) *Psyche. Seelencult und Unsterblichkeitsglaube der Griechen*. Darmstadt

Rohr, Alheidis von (1967) *Berthold Furtmeyr und die Regensburger Buchmalerei des 15. Jahrhunderts*. Diss., Bonn

Rohrbach, M. (1934) *Christine de Pisan (Ihr Weltbild und ihr geistiger Weg.)* Diss., Münster

Romain, Lothar/Wedewer, Rolf (1972) *Über Beuys*. Düsseldorf

Romdahl, Axel L. (1905) *Pieter Brueghel der Ältere und sein Kunstschaffen*. In: *Jb. d. kunsthist. Sammlungen d. Allerhöchsten Kaiserhauses 25*, 85–169

Ronig, Franz (1961) *Ein fehlendes Blatt der Handschrift Nr. 142/124 des Trierer Domschatzes*. In: *Archiv für mittelrheinische Kirchengeschichte 13*, 404–412

Roon-Bassermann, Elisabeth von (1956) *Dante und Aristoteles*. Freiburg

Roosval, Johanny (1950) *Die Seelenwägung Kaiser Heinrichs II. in der gotländischen Malerei*. In: *Zeitschr. f. Kunstwissenschaft 4*, 125–130

Ropertz, Hans-Rolf (1963) *Die Freiheit der Kunst nach dem Grundgesetz*. Diss., Darmstadt

Roscher, Wilhelm Heinrich (1977/78) *Ausführliches Lexikon der griechischen und römischen Mythologie*. Bd. I–VII. 2. Aufl. Hildesheim/New York

Rose, Herbert Jennings (1982) *Griechische Mythologie. Ein Handbuch*. 6. Aufl. München

Rosenberg, Charles Michael (1974) *Art in Ferrara during the Reign of Borso d'Este (1450–1471)*. Diss., Michigan

– (1979) *The Iconography of the Sala degli Stucchi in the Palazzo Schifanoia in Ferrara*. In: *The Art Bulletin 61*, 377–384

Rosenkranz, Karl (1969) *Ästhetik des Häßlichen*. Darmstadt

Rossiter, Evelyn (1984) *Die ägyptischen Totenbücher*. Fribourg/Genf

Rostosky, Friedrich (1938) *Kunst und Recht (II)*. In: *Das Recht in der Kunst*. Berlin, 20–35

Roth, Alfred G. (1965) *Einig und gerecht*. In: *Burgdorfer Jb.*, 102–106

Rowley, George (1958) *Ambrogio Lorenzetti. I und II*. Princeton/New Jersey

Rubinstein, Nicolai (1958) *Political Ideas in Sienese Art: the Frescoes by Ambrogio Lorenzetti and Taddeo di Bartolo in the Palazzo Pubblico*. In: *Journal of the Warburg and Courtauld Institutes 21*, 179–207

Runge, Karl (1948–1953) *Urheber- und Verlagsrecht*. Bonn

Ruppelt, Hans (1977) *Das Freiheitsverständnis in Psychoanalyse und Ethik*. In: *Zeitschr. f. katholische Theologie 99*, 25–46

Rupprecht, Bernhard/Hirmer, Max und Albert (1975) *Romanische Skulptur in Frankreich*. München

Rupprich, Hans (1931) *Das Klosterneuburger Tafelwerk des Nikolaus Virdunensis und seine Komposition*. In: *Jb. d. Österreichischen Leo-Gesellschaft*, 146–185

Ruschenbusch, Eberhard (1960) ΦΟΝΟ. *Zum Recht Drakons und seiner Bedeutung für das Werden des athenischen Staates*. In: *Historia 9*, 129–154

– (1966) ΣΟΛΩΝΟΣ ΝΟΜΟΙ. *Die Fragmente des Solonischen Gesetzeswerkes mit einer Text- und Überlieferungsgeschichte*. Wiesbaden

Sack, Fritz (1972) *Definition von Kriminalität als politisches Handeln: Der »labeling approach«*. In: *Kriminologisches Journal*, 3–31

Salomon, Max (1937) *Der Begriff der Gerechtigkeit bei Aristoteles*. Leiden

Sauer, Joseph (1964) *Symbolik des Kirchengebäudes und seiner Ausstattung in der Auffassung des Mittelalters*. 2. Aufl. Münster

Sauerländer, Willibald (1965) *Die Kathedrale von Chartres*. In: *Meilensteine Europäischer Kunst*. München, 131–170

– (1966) *Über die Komposition des Weltgerichts-Tympanons in Autun*. In: *Zeitschr. f. Kunstgeschichte 29*, 261–294

Saunders, O. Elfrida (1927) *Englische Buchmalerei*. Bd. 1. München

Saward, Susan Virginia (1973) *Ruben's Medici Cycle*. Diss., Bryn Mawr College

Saxl, Fritz (1927) *»Aller Tugenden und Laster Abbildung«*. In: *Festschr. f. Julius Schlosser*. Zürich/Leipzig/Wien

– (1942) *A spiritual Encyclopedia of the later middle ages*. In: *Journal of the Warburg and Courtland Institutes 5*, 82–137

– (1957) *Lectures I*. London

Schade, Günter/Flügel, Katharina/Kroll, Renate (1983) *Kunst der Reformationszeit*, Katalog. Berlin (DDR)

Schade, Werner (1977) *Die Malerfamilie Cranach*. Wien/München

Schadewaldt, Wolfgang, Hrsg. und Übers. (1958) *Homer: Odyssee*. Stuttgart

–, Hrsg. und Übers. (1959) *Legende von Homer dem fahrenden Sänger*. Zürich/Stuttgart

– (1965) *Von Homers Welt und Werk. Aufsätze und Auslegungen zur Homerischen Frage*. 4. Aufl. Stuttgart

–, Hrsg. u. teilw. Übers. (1968) *Sophokles: Tragödien*. Zürich/Stuttgart

Schaefer, G. (1871) *Das jüngste Gericht. Wandgemälde der Stadtkirche zu Wimpfen am Berg*. In: *Zeitschr. f. bildende Kunst 6*, 273

Schaefer, Lucie (1937) *Die Illustrationen zu den Handschriften der Christine de Pizan*. In: *Marburger Jb. f. Kunstwissenschaft 10*, 119–208

Schalk, Fritz (1964) *Die europäische Aufklärung*. In: *Propyläen Weltgeschichte* Bd. 7. Frankfurt a. M., 469–512

Scharr, Erwin, Hrsg. und Übers. (1960) *Römisches Privatrecht*. Zürich/Stuttgart

Schattenhofer, Michael (1972) *Das alte Rathaus in München*. München

Scheffer, Thassilo von (1934) *Die Kyprien*. München

– (o. J.) *Die Kultur der Griechen*. Stuttgart

–, Übers. *Hesiod: Sämtliche Werke*. 2. Aufl. Bremen

Schefold, Karl (1964) *Frühgriechische Sagenbilder*. München

– (1978) *Götter- und Heldensagen der Griechen in der spätarchaischen Kunst*. München

– (1981) *Die Göttersage in der klassischen und hellenistischen Kunst*. München

Scheibler, Ingeborg (1984) *Götter des Friedens in Hellas und Rom*. In: *Antike Welt 15*, 39

Schendel, A. van (1956) *Notes on the Support of Rembrandt's Claudius Civilis*. In: *Konsthistorisk Tidskrift 25*, 38–42

Scherer (1877) *Litteratur des zwölften Jhs.* In: *Zeitschr. f. Deutsches Altertum 21,* 414

Schick, Martin (1968) *Kunstwerkgarantie und Strafrecht dargestellt am Beispiel der Gotteslästerung und Religionsbeschimpfung.* Diss., Stuttgart

Schild, Wolfgang (1983) *Der Strafrichter in der Hauptverhandlung.* Heidelberg/Hamburg

– (1985) *Alte Gerichtsbarkeit.* 2. Aufl. München

– (1988) *Recht und Gerechtigkeit bei Christine de Pizan.* In: Erhard Mock (Hrsg.), *Mittelalterliche Rechts- und Sozialphilosophie* (in Druck)

Schiller, Gertrud (1955) *Die Offenbarung des Johannes.* Hamburg

– (1966 ff.) *Ikonographie d. christlichen Kunst I–IV.* Gütersloh

Schimmelbusch, Liselotte (1956) *Der Begriff der Iustitia in der Staatstheorie Friedrichs II.* Diss., Bonn

Schipperges, Heinrich (1979) *Die Welt der Engel bei Hildegard von Bingen.* 2. Aufl. Salzburg

Schlee, Ernst (1937) *Die Ikonographie der Paradiesesflüsse.* Leipzig

Schlegel, Johann Adolf (1965) *Fabeln und Erzählungen.* Stuttgart

Schlegel, Ursula (1957) *Zum Bildprogramm der Arena Kapelle.* In: *Zeitschr. f. Kunstgeschichte 20,* 125–146

Schlosser, Hanspeter (1966) *Die Daniel-Susanna-Erzählung in Bild und Literatur der christlichen Frühzeit.* In: *Tortula. Studien zu altchristlichen und byzantinischen Monumenten,* 243–249

Schlosser, Julius von (1896) *Giusto's Fresken in Padua und die Vorläufer der Stanza della Segnatura.* In: *Jb. d. Kunsthist. Sammlungen d. allerhöchsten Kaiserhauses 17,* 13–100

Schmid, Hans Heinrich (1968) *Gerechtigkeit als Weltordnung.* Tübingen

Schmidt, Heinrich und Margarethe (1981) *Die vergessene Bildersprache christlicher Kunst.* München

Schmidt, Leopold (1955) *Der Schuß auf den toten König.* In: *Österr. Zeitschr. f. Volkskunde 9,* 70–72

Schmidt-Brümmer, Horst (1982) *Wandmalerei: Zwischen Reklamekunst, Phantasie und Protest.* Köln

Schmieder, Hans-Heinrich (1982) *Kunst als Störung privater Rechte.* In: *Neue Juristische Wochenschrift,* 628–630

Schmitt, Otto (1948) *Zum Großen Mainzer Weltgericht.* In: *Jb. für das Bistum Mainz 3,* 310–320

Schmitt-Kammler, Arnulf (1978) *Die Schaffensfreiheit des Künstlers in Verträgen über künftige Geisteswerke.* Köln

Schmitz, H. (1922) *The Vienna Collection of Tapestries.* Wien

Schmitz, Wolfgang, Hrsg. (1980) *Der Teufelsprozess vor dem Weltgericht nach Ulrich Tenglers »Neuer Layenspiegel« von 1511.* Köln

Schneebalg-Perelman, Sophie (1973) *Les neuf preux et les sept vertus, tapisseries brodées d'après les cartons de Michel Coxcie et de Vredeman de Vriese.* In: *Musees royaux d'Art et d'Histoire Bruxelles 6/* 45, 201–227

Schneede, Uwe M. (1965) *Das repräsentative Gesellschaftsbild in der niederländischen Malerei des 17. Jahrhunderts und seine Grundlagen bei Hans Vredeman de Vries.* Diss., Kiel

Schneider, Bernd (1982) *Vergil,* Katalog. Wolfenbüttel

Schneider, Johannes W. (1981) *Michael und seine Verehrung im Abendland.* Dornach

Schneider, Reinhold (1958) *Das Weltgericht.* Freiburg

Schnittger, Doris (1887) *Jürgen Ovens. Ein Schleswig-Holsteinischer Rembrandt-Schüler.* In: *Repertorium für Kunstwissenschaft 10,* 139–152

Schnur, Harry C., Hrsg. und Übers. (1985) *Fabeln der Antike.* 2. Aufl. Darmstadt

–, Hrsg. und Übers. (1979) *Lateinische Fabeln des Mittelalters.* München

Schöne, Wolfgang (1939) *Dieric Bouts und seine Schule.* Frankfurt am Main

– (1959) *Die Bildgeschichte der christlichen Gottesgestalten in der abendländischen Kunst.* In: *Das Gottesbild im Abendland.* (Hrsgg. von Wolfgang Schöne u. a.). Witten

Schoenen, Paul (1969) *Die Kunst im Dienste des Rechts.* In: J. Wolffram/A. Klein (Hrsg.), *Recht und Rechtspflege in den Rheinlanden.* Köln, 439–488(–512 m. Abb.)

Sch.-Schr./Bearbeiter = Schönke, Adolf / Schröder, Horst *Strafgesetzbuch* (1985). Kommentar. 22. Aufl. München

Schopenhauer, Arthur (1972) *Sämtliche Werke.* Wiesbaden

Schorske, Carl E. (1985) *Österreichs ästhetische Kultur 1870–1914, Betrachtungen eines Historikers.* In: *A Kat Traum und Wirklichkeit – Wien 1870–1930,* Kunstverein Wien. Wien, 12–25

Schrade, Hubert (1930) *Beiträge zur Erklärung des Schmerzensmannbildes.* In: *Deutschkundliches. Friedrich Panzer zum 60. Geburtstage.* Heidelberg, 164–182

– (1964) *Franz von Assisi und Giotto.* Köln

Schramm, Percy Ernst (1928) *Die deutschen Kaiser und Könige in Bildern ihrer Zeit.* Band I, II. Berlin

– (1954–1956) *Herrschaftszeichen und Staatssymbolik.* Band I, II, III. Stuttgart

– (1966) *»Mitherrschaft im Himmel«: Ein Topos des Herrscherkults in christlicher Einkleidung.* In: *Festschr. f. Franz Dölger.* Heidelberg, 480–485

Schramm, Percy Ernst/ Mütherich, Florentine (1962) *Denkmale der deutschen Könige und Kaiser.* München

Schreiner, Rupert (1983) *Das Weltgerichtsfresko in Santa Maria Donnaregina zu Neapel. Materialien zur Weltgerichtsikonographie.* Diss., München

Schretlen, M. J. (1930) *Een Haarlemsch Stadsgezicht uit de 15de eeuw.* In: *Oud-Holland 47,* 122–129

Schrey, Heinz Horst, Hrsg. (1969) *Reich Gottes und der Welt. Die Lehre Luthers von den zwei Reichen.* Darmstadt

Schroeder, Hans-Werner (1982) *Mensch und Engel. Die Wirklichkeit der Hierarchien.* Frankfurt a. M.

Schroeder, Horst (1971) *Der Topos der Nine Worthies in Literatur und bildender Kunst.* Göttingen

Schubarth, Martin (1983) *Der Fahrner-Prozeß. Ein Beispiel für die Problematik von Kunst und Justiz.* Basel

Schubring, Paul (1902) *Das gute Regiment.* In: *Zeitschr. f. bildende Kunst,* 139–145

– (1931) *Illustrationen zu Dantes Göttlicher Komödie.* Zürich/Leipzig/Wien

Schümer, Dirk (1987) *Giottos Fresken in der Arenakapelle.* In: *Journal für Geschichte 4,* 16–27

Schütze, Gundolf (1973) *Gesellschaftskritische Tendenzen in deutschen Tierfabeln des 13. bis 15. Jahrhunderts.* Bern/Frankfurt a. M.

Schultheiss, Werner (1971) *Albrecht Dürers Beziehungen zum Recht.* In: *Albrecht Dürers Umwelt. Festschr. zum 500. Geburtstag Albrecht Dürers am 21. Mai 1971.* Nürnberg, 220

Schulze, Paul (1914) *Die Entwicklung der Hauptlaster- und Haupttugendlehre von Gregor dem Großen bis Petrus Lombardus und ihr Einfluß auf die frühdeutsche Literatur.* Diss., Greifswald

Schuster, Peter-Klaus (1982) *Das Bild der Bilder – zur Wirkungsgeschichte von Dürers Melancholiekupferstich.* In: *Idea. Jb. der Hamburger Kunsthalle 1,* 72–134

– (1985) *Der Mensch als sein eigener Schöpfer. Dürer und Beuys – oder: Das Bekenntnis zur Kreativität.* Süddeutsche Zeitung vom 22./23. 6. 1985

Schwab, Ute (1961) *Zum Thema des jüngsten Gerichts in der mittelhochdeutschen Literatur III.* In: *Annali 4,* 11

Schwabe, Jürgen (1977) *Probleme der Grundrechtsdogmatik.* Darmstadt

Schwander, Martin (1982) *Frau, Sexualität und Macht. Zur Geschichte von Kurt Fahrners »Bild einer gekreuzigten Frau unserer Zeit« 1959.* In: *KunstNachrichten 18,* 46

Schwarz, Reinhard (1981) *Die spätmittelalterliche Vorstellung vom richtenden Christus – ein Ausdruck religiöser Mentalität.* In: *Geschichte und Wissenschaft im Unterricht 32,* 526–553

Schweikhart, Gunter (1971) *Paolo Veronese in der Villa Soranza.* In: *Mitteilungen d. Kunsthist. Institutes in Florenz 15,* 187–205

Schweitzer, Bernhard (1931) *Dea Nemesis Regina.* In: *Jb. d. Deutschen Archäologischen Instituts 46,* 175 ff.

Schwendermann, Irene (1966) *Probleme humanistischer Moralistik in den emblematischen Werken des Guillaume de la Perriere.* Diss., Marburg

Schwinge, Ernst-Richard, Hrsg. (1968) *Euripides.* Darmstadt

Sedlmayr, Hans (1960) *Epochen und Werke.* Gesammelte Schriften zur Kunstgeschichte Band 2. Wien/München

Seeck, Gustav Adolf (1979) *Das griechische Drama.* Darmstadt

Seelmann, Kurt (1973) *Sozialismus und soziales Recht bei Gustav Radbruch.* Diss., München

– (1979) *Die Lehre des Fernando Vasquez de Menchaca vom dominum.* Köln/Berlin/Bonn/München

– (1981) *Strafzwecke und Wiedergutmachung.* In: *Zeitschr. f. Evangel. Ethik 25,* 44–55

Seibert, Jutta (1980) *Lexikon christlicher Kunst.* Freiburg/Basel/Wien

Seidel, Max (1977) *Ubera Matris.* In: *Städel-Jb. NF 6,* 41–98

Seidlmayer, Michael (1952) *Dantes Reichs- und Staatsidee.* Heidelberg

*Selbstdarstellung* (1973) *Künstler über sich.* (Hrsg.: Wulf Herzogenrath). Düsseldorf

Seneca (1970) *De clementia. Über die Güte.* Stuttgart

Seznec, Jean (1957) *Diderot and »The Justice of Trajan«.* In: *Journal of the Warburg and Courtauld Institutes 20,* 106–111

– (1961) *The Survival of the Pagan Gods.* New York

Shearman, John (1965) *Raphael's unexecuted projects for the Stanze.* In: *Festgabe f. Walter Friedländer,* Berlin, 158–180

Shorr, Dorothy C. (1956) *The Role of the Virgin in Giotto's Last Judgement.* In: *Art Bulletin 38,* 207–214

Simmet, Illa (1969) *Illustrationen zur Apokalypse des Johannes.* München

Simon, Andreas, Hrsg. (o. J.) *Der Wolf und das Lamm. Die schönsten Fabeln.* o. O.

Simon, Erika/Hirmer, Max und Albert (1981) *Die griechischen Vasen.* 2. Aufl. München

– (1985) *Die Götter der Griechen.* 3. Aufl. Darmstadt

Simon, Karl (1948) *Abendländische Gerechtigkeitsbilder.* Frankfurt a. M.

Simonides/Bakchylides (1969) *Gedichte.* München

Simson, Otto Georg von (1936) *Zur Genealogie der weltlichen Apotheose im Barock besonders der Medicigalerie des P. P. Rubens.* Leipzig/Straßburg/Zürich

Simson, Otto von (1977) *Gerard Davids Gerechtigkeitsbild und der spätmittelalterliche Humanismus.* In: *Festschr. f. Wolfgang Braunfels.* Tübingen, 349–356

Simson, Otto v./Kelch, Jan, Hrsg. (1973) *Neue Beiträge zur Rembrandt-Forschung.* Berlin

Sinding-Larsen, Staale (1974) *Christ in the council hall.* Rom

Skutsch, Karl Ludwig (1936) *Libramen aequum.* In: *Die Antike 12,* 49–64

Smith, Graham (1984) *Bronzino's Allegory of Happiness.* In: *Art Bulletin 66,* 390–398

Smits, K. (1933) *De Iconografie van de Nederlandsche Primitieven.* Amsterdam

Snell, Bruno, Hrsg. und Übers. (1938) *Leben und Meinungen der Sieben Weisen;* griechisch. München

–, Hrsg. und Übers. (1940) *Heraklit: Fragmente.* München
– (1980) *Die Entdeckung des Geistes.* 5. Aufl. Göttingen
Solon (1945) *Dichtungen. Sämtliche Fragmente.* 3. Aufl. München
Sommer, Ingrid, Hrsg. und Übers. (1975) *Homer: Ilias.* Frankfurt a. M.
– (1975a) *Der Aufbau der Ilias. Strukturen und Konzeptionen.* Frankfurt a. M.
–, Hrsg. (1976) *Wem ich zu gefallen suche. Fabeln und Lieder der Aufklärung. Mit Stichen von Daniel Chodowiecki.* Frankfurt a. M.
– (1978) *Die Anfänge der Philosophie bei den Griechen. Die Vorsokratiker und ihre Voraussetzungen.* Frankfurt a. M.
– (1982) *Die Anfänge der Geschichtsschreibung bei den Griechen. Herodot. Thukydides.* Frankfurt a. M.
Sommer, Johannes (1966) *Das Deckenbild der Michaeliskirche zu Hildesheim.* Hildesheim
Sophokles (1968) *Tragödien.* Aus dem Griechischen übers. von Wolfgang Schadewaldt und Ernst Buschor. Zürich/Stuttgart
– (1984) *Die Tragödien.* Übers. und eingeleitet von Heinrich Weinstock. 5. Aufl. Stuttgart
Southard, Edna Carter (1979) *The Frescoes in Siena's Palazzo Pubblico, 1289–1539.* Diss., Indiana University. New York/London
– (1980) *Ambrogio Lorenzetti's frescoes in the sala della pace: A change of names.* In: *Mitteilungen d. Kunsthist. Institutes in Florenz. 24,* 361–365
Speer, Albert (1970) *Erinnerungen.* Berlin
Speiser, William (1947) *Sankt Michael in der Kunst.* Basel
Spengler, Oswald (1961) *Jahre der Entscheidung.* München
Spiekerkötter, Gisela (1939) *Die Darstellung des Weltgerichts von 1500–1800 in Deutschland.* Diss., Berlin
Springer, A. (1884) *Das jüngste Gericht.* In: *Repertorium für Kunstwissenschaft 7,* 375–404
Staatliche Museen zu Berlin, Hauptstadt der DDR, Hrsg. (1983) *Kunst der Reformationszeit.* Berlin/West
Stadler, Johann Evangelist/Ginal, J. N. (1975) *Vollständiges Heiligen-Lexikon.* Hildesheim/New York
Staeck, Klaus (1980) *Kunst ist Öffentlichkeit.* In: *Kunst und Öffentlichkeit* (Hrsg.: Internationale Gesellschaft der Bildenden Künste [IGBK] Berlin). 184–187
Staeck, Klaus/Adelmann, Dieter (1976) *Der Bonner Bildersturm oder: Was die CDU von Demokratie hält.* Göttingen
– (1976a) *Die Kunst findet nicht im Saale statt.* Reinbek bei Hamburg
Stammler, Wolfgang, Hrsg. (1962) *Berner Weltgerichtsspiel.* Berlin
Starck, Christian (1981) *Die Grundrechte des Grundgesetzes. Juristische Schulung,* 237–246
Stechow, Wolfgang (1929) *Römische Gerichtsdarstellungen von Rembrandt und Bol.* In: *Oud-Holland 46,* 134–139
– (1942) *Shooting at Father's corpse.* In: *The Art Bulletin 24,* 213–225
– (1955) *Shooting at Father's corpse:* In: *The Art Bulletin 37,* 55–56
Steger, Hugo (1961) *David Rex et Propheta.* Nürnberg
Steigerwald, Frank Neidhart (1986) *Das Evangeliar Heinrichs des Löwen. Sein Bilderzyklus und seine Bestimmung für den Marienaltar des Braunschweiger Domes im Jahre 1188.* Offenbach/M./Braunschweig
Steinberg, Leo (1975) *Michelangelo's Last Judgment as Merciful Heresy.* In: *Art in America November–Dezember,* 49–63
Steinmann, Ernst (1899) *Chiaroscuri in den Stanzen Raffaels.* In: *Zeitschr. f. bildende Kunst 10,* 169–178
–, Hrsg. (1905) *Die Sixtinische Kapelle.* München, 516–553
– (1910) *Freskenzyklen der Spätrenaissance in Rom.* In: *Monatshefte für Kunstwissenschaft 3,* 45–58
– (1912) *Das Grabmal Pauls III. in St. Peter in Rom.* Rom
Stelzenberger, Johannes (1933) *Die Beziehungen der frühchristlichen Sittenlehre zur Ethik der Stoa.* München
Sternberger, Dolf (1950) *Figuren der Fabel.* Essays. Berlin/Frankfurt a. M.
Stettiner, Richard (1895/1905) *Die illustrierten Prudentiushandschriften I, II.* Berlin
Stintzing, Roderich (1867) *Geschichte der populären Literatur des römisch-kanonischen Rechts in Deutschland.* Leipzig
Stoll, H. W. (o. J.) *Mythologie der Griechen und Römer.* Stuttgart
Stolleis, Michael (1981) *Löwe und Fuchs.* In: *Festschr. f. H.-J. Schlochauer.* Berlin/New York, 151–163
Straub, A./Keller, G. (1879–1898) *Herrade de Landsperg, Hortus Deliciarum.* I–X. Straßburg
Stridbeck, Carl Gustaf (1956) *Bruegelstudien.* Uppsala
Strobach, Erich (1980) *Fabeln und Erzählungen für Kleine und Große.* Gütersloh
Strothmann, Friedrich Wilhelm (1930) *Die Gerichtsverhandlung als literarisches Motiv in der deutschen Literatur des ausgehenden Mittelalters.* Jena
Stubblebine, James H. (1969) *Giotto – The Arena Frescoes.* London
Studniczka, Franz (1911) *Das Gegenstück der Luduvisischen »Thronlehne«.* In: *Jb. d. kaiserl. Deutschen Archäologischen Instituts 26,* 50
Stürzinger, Jakob J., Hrsg. (1893) *Guillaume de Deguileville, Le Pèlerinage de Vie Humaine.* London
–, Hrsg. (1895) *Guillaume de Deguileville, Le Pèlerinage de l'Ame.* London
–, Hrsg. (1897) *Guillaume de Deguileville, Le Pèlerinage de Jhesucrist.* London
Stuffmann, Margret (1981) *Goya-Zeichnungen und Druckgraphik,* Katalog. Frankfurt a. M.
Stuhlfauth, Georg (1944) *Der Einhornaltar aus Kloster Dambeck.* In: *Marburger Jb. f. Kunstwissenschaft 13,* 171–186
Suckale, Robert (1977) *Arma Christi.* In: *Städel-Jb. NF. 6,* 177–208
Surigny, A. De (1869) *Le tabernacle d'Or San Michele.* In: *Annales archéologiques 26,* 26–46
Swarzenski, Georg (1932) *Aus dem Kunstkreis Heinrichs des Löwen.* In: *Städel-Jb. 7/8,* 241–397
Swarzenski, Hans (1933) *Die »Tugenden« kreuzigen Christus.* In: *Festschr. f. Walther Friedländer* (Maschin.-schr.). Berlin, 108–114
Synan, Edward A. (1973) *Cardinal Virtues in the Cosmos of Saint Bonaventure.* In: *Bonaventura 1274–1974.* Rom. III, 21–38
Tervarent, Guy de (1944) *Veritas and Justitia Triumphant.* In: *Journal of the Warburg and Courtauld Institutes 7,* 95–101
– (1946) *Les Enigmes de L'Art. L'Héritage Antique.* Paris
– (1958) *Attributs et symboles dans L'Art profane. 1450–1600.* Genf
– (1966) *Les tapisseries de la Rédemption au Musée du Cinquantenaire du Bruxelles et leurs sources d'inspiration.* In: *Academie Royale des Sciences des Lettres et des Beaux Arts de Belgique (Bruxelles) / Classe de Beaux Arts. Bulletin 48,* 5. Ser., 26–40
Tetzlaff, Ingeborg (1976) *Romanische Kapitelle in Frankreich.* Köln
– (1982) *Romanische Portale in Frankreich.* Köln
Thadden, Maria von (1951) *Die Ikonographie der Caritas in der Kunst des Mittelalters.* Bonn
Theison, Johannes (1975) *Der auserwählte Richter.* Göttingen
Theuerkauff, Christian (1977) *Iustitia.* In: *Der Mensch um 1500.* Katalog Ausstellung Skulpturengalerie der Staatlichen Museen Preußischer Kulturbesitz. Berlin, 173–177
Thiele, Georg (1905) *Der illustrierte lateinische Aesop in der Handschrift des Ademar.* Leiden
Thirion, Jacques (1975) *Gravures et panneaux sculptés de la Renaissance. Figures de Vertus d'après Goltzius.* In: *Pantheon 33,* 207–215
Thomas, Marcel, Hrsg. (1973) *The Rohan Book of Hours.* London
Thomas, Michael (1970) *Zur kulturgeschichtlichen Einordnung der Armenbibel mit »Speculum humanae salvationis« unter Berücksichtigung des »Liber Figurarum« in der Joachim de Fiore-Handschrift der Sächsischen Landesbibliothek Dresden (Mscr. Dresden A 121).* In: *Archiv f. Kulturgeschichte 52,* 192–225
– (1975) *Der Erlösungsgedanke im theologischen Programm der Arenakapelle.* In: *Franziskanische Studien 57,* 47–96
– (1975a) *Heilsspiegel und Gottesschau.* In: *Freiburger Zeitschr. f. Philosophie und Theologie 22,* 204–233
Thomson, W. G. (1909/1910) *An old english embroidery of Justice and Peace.* In: *Burlington Magazine 16,* 227 + 228
Thoss, Dagmar (1978) *Französische Gotik und Renaissance in Meisterwerken der Buchmalerei.* Graz
Thoss, Peter (1983) *Schützt StrGB Art. 145 auch das Aussehen einer Sache?* In: *Schweizerische Zeitschrift für Strafrecht 100,* 215–225
Thür, Gerhard (1970) *Zum δικάζειν bei Homer.* In: *Zeitschr. f. Rechtsgeschichte – Rom. Abt. 87,* 426–444
Thulin, Oskar (1955) *Cranach-Altäre der Reformation.* Berlin
Thullier, Rosalind (1982) *Graham Sutherland. Inspirations.* Guildford Surrey (GB)
Thurber, James (1967) *75 Fabeln für Zeitgenossen.* Reinbek bei Hamburg
Tietze, Hans (1926) *Michelangelos Jüngstes Gericht und die Nachwelt.* In: *Festschr. f. Paul Clemen.* Bonn, 429–434
Tikkanen, Johan Jakob (1975) *Die Psalterillustration im Mittelalter.* Soest
Tintelnot, Hans (1951) *Die barocke Freskomalerei in Deutschland.* München
Tisdall, Caroline (1979) *Josef Beuys.* New York
Torriti, Piero (1960) *Una statua della »Giustizia« di Giovanni Pisano per il monumento funebre a Margherita di Brabante in Genova.* In: *Commentari Rivista di Critica e Storia dell'arte 11,* 231–236
Toscano, Guiseppe M. (1960) *Il pensiero cristiano nell'arte.* I–III. Bergamo
Traver, Hope (1907) *The four daughters of god.* Pennsylvania
– (1925) *The Four Daughters of God: A Mirror of Changing Doctrine.* New York
Trencsényi-Waldapfel, Imre (1966) *Untersuchungen zur Religionsgeschichte.* Amsterdam
Trier, Eduard (1952) *Die Propheten des Kölner Rathauses.* Diss., Bonn
– (1953) *Die Prophetenfiguren des Kölner Rathauses I.* In: *Wallraf-Richartz-Jb. 15,* 79–102
– (1957) *Die Prophetenfiguren des Kölner Rathauses II.* In: *Wallraf-Richartz-Jb. 19,* 195–224
Troescher, Georg (1939) *Weltgerichtsbilder in Rathäusern und Gerichtsstätten.* In: *Wallraf-Richartz-Jb. 11,* 139
Trude, Peter (1955) *Der Begriff der Gerechtigkeit in der aristotelischen Rechts- und Staatsphilosophie.* Berlin
Tsouyopoulos, Nelly (1966) *Strafe im frühgriechischen Denken.* Freiburg/München
Tuve, Rosemond (1963) *Notes on the Virtues and Vices. Part I: Two Fifteenth-Century Lines of Dependence on the Thirteenth and Twelfth Centuries.* In: *Journal of the Warburg and Courtauld Institutes 26,* 264–303
– (1964) *Notes on the Virtues and Vices. Part II: ›Hely‹; Two Missing Notes in the Somme le Roi Illuminator; the Unicorn; ›Sevens‹ in the Belleville Breviary and some Psalters on Horae.*

In: *Journal of the Warburg and Courtauld Institutes 27,* 42–72
– (1966) *Allegorical Imagery. Some Mediaeval Books and Their Posterity.* Princeton/New Jersey
*Gli Uffizi* (1979), Bestandskatalog. Florenz
Ulmer, Eugen (1980) *Urheber- und Verlagsrecht.* 3. Aufl. Berlin
Unterkirchner, Franz (1963) *Ambraser Handschriften.* In: *Jb. d. Kunsthistorischen Sammlungen in Wien,* 225–264
Unverfehrt, Gerd, Hrsg. (1980) *La Caricature. Bildsatire in Frankreich 1830–1835,* Katalog. Göttingen
Valentien, Freerk (1966) *Frühchristliche und frühmittelalterliche Voraussetzungen für eine Majestas-Darstellung des 12. Jahrhunderts.* In: *Tortulae. Studien zu altchristlichen und byzantinischen Monumenten,* 285–292
Vecchi, Pier Luigi de (1983) *Raffael – Das malerische Werk.* Freiburg i. Br.
Vecchio, Giorgio del (1950) *Die Gerechtigkeit.* 2. Aufl. Basel
Verdier, Philippe (1952/53) *L'Allegoria della Misericordia e della Guistizia di Giambellino agli Uffizi.* In: *Atti dell'Istituto Veneto di Scienze, Lettere ed Arti 111,* 97–116
– (1973) *Les staurothèques mosanes et leur iconographie du Jugement dernier.* In: *Cahiers de Civilisation médiévale 16,* 97–121, 199–213
Vergil (1970) *Landleben. Bucolica-Georgica-Catalepton-Vergil-Viten* München
– (1979) *Aeneis.* Mit 136 Holzschnitten der 1502 in Straßburg erschienenen Ausgabe. München
– (1983) *Aeneis.* 6. Aufl. Darmstadt
Verheyen, Egon (1971) *The Paintings in the Studiolo of Isabella d'Este at Mantua.* New York
Vetter, Ewald M. (1954) *Mariologische Tafelbilder des 15. Jahrhunderts und das Defensorium des Franz von Retz.* Diss., Heidelberg
Vierneisel, Klaus/Zanker, Paul, Hrsg. (1979) *Die Bildnisse des Augustus. Herrscherbild und Politik im kaiserlichen Rom,* Katalog. München
Vieweg, Richard (1962) *Mass und Messen in kulturgeschichtlicher Sicht.* Wiesbaden
Vignau-Wilberg, Thea (1982) *Christoph Murer und die »XL Emblemata Miscella Nova«.* Bern
Voigt, Rüdiger, Hrsg. (1983) *Abschied vom Recht?* Frankfurt a. M.
Volkmann, Ludwig (1892) *Bildliche Darstellungen zu Dante's Divina Commedia bis zum Ausgang der Renaissance.* Leipzig
– (1924) *Hieroglyphik und Emblematik bei Giorgio Vasari.* In: *Werden und Wirken. Festgruß für Karl W. Hiersemann.* Leipzig, 407–419
Voll, Karl (1914) *Italienische Meister.* Leipzig
*Dr. Vollmer's Wörterbuch der Mythologie aller Völker* (1983), 3. Aufl. Leipzig
Volz, Paul (1934) *Die Eschatologie der jüdischen Gemeinde im neutestamentlichen Zeitalter.* Tübingen
Voss, Georg (1884) *Das Jüngste Gericht in der bildenden Kunst des frühen Mittelalters.* Diss., Leipzig
Waal, H. van de (1952) *Drie Eeuwen. Vaderlandsche Geschied-Uitbeelding 1500–1800.* I, II. Den Haag
– (1956) *The Iconological Background of Rembrandt's Civilis.* In: *Konsthistorisk Tidskrift 25,* 11–25
Wach, Joachim (1949) *Hugo of St. Victor on the Virtues and the Vices.* In: *Anglican Theological Review 31,* 25–33
Wadell, Maj-Brit (1969) *Fons Pietatis.* Göteborg
Wadstein, Ernst (1895/96) *Die eschatologische Ideengruppe: Antichrist-Weltsabbat – Weltende und Weltgericht.* In: *Zeitschr. f. wissenschaftl. Theologie 38,* 58–616; 39, 79–157, 251–293
Walch, Doris (1973) *CARITAS. Zur Rezeption des »mandatum novum« in altdeutschen Texten.* Göppingen
Walcher, Moltheim von (1907) *Die Darstellungen der mystischen Einhornjagd in der Kunst des XV. und XVI. Jahrhunderts.* In: *Kunst und Kunsthandwerk 10,* 635–654
Wallace, Richard W. (1967) *Salvator Rosa's Justice appearing to the Peasants.* In: *Journal of the Warburg and Courtauld Institutes 30,* 431–434
Walter, Christopher (1968) *Two Notes on the Deesis.* In: *Revue des études byzantines 26,* 311–336 (m. Abb.)
Walter, Hans (1971) *Griechische Götter.* München
Walter, Joseph, Hrsg. (1952) *Herrade de Landsberg: Hortus Deliciarum.* Straßburg/Paris
Walter, Renate von (1972) *Das Augsburger Rathaus.* Augsburg
Walther, Hans (1984) *Das Streitgedicht in der lateinischen Literatur des Mittelalters.* Hildesheim/Zürich/New York
Walzer, Albert (1938) *Das Bildprogramm an den mittelalterlichen Kirchenportalen Frankreichs und Deutschlands.* In: *Festschr. f. Wilhelm Pinder,* 140
Wappenschmidt, Heinz-Toni (1981) *Studien zur Ausstattung des deutschen Rathaussaales in der 2. Hälfte des 19. Jahrhunderts bis 1918.* Bonn
Warburg, Aby M. (1980) *Ausgewählte Schriften und Würdigungen.* Baden-Baden
Warnke, Martin, Hrsg. (1984) *Politische Architektur in Europa.* Köln
Watson, Arthur (1934) *The early iconography of the tree of Jesse.* London/Edinburgh/Glasgow/New York
Weber, Ingrid (1975) *Deutsche, Niederländische und Französische Renaissanceplaketten 1500–1650.* I, II. München
Weber, Wilhelm (1960) *Die Wandlung der Weltgerichtsdarstellungen.* In: *Saarheimat 8/9,* 2–12
Weebers, W. P. J. A. (o. J.) *Isack Mes – Genreschilder te Dordrecht 1622–1668.* o. O.
Wegner, Wolfgang (1957) *Beiträge zum graphischen Werk Daniel Hopfers.* In: *Zeitschr. für Kunstgeschichte 20,* 239–259
Weihsmann, Helmut (1982) *Initiativen zur Veränderung des Straßenbildes in europäischen Städten.* In: Schmidt-Brümmer a. a. O., 137 ff.
Weis, Adolf (1947) *Zur Symbolik der Bildwerke am Südportal des Münsters von Straßburg.* Diss., Freiburg i. Br.
– (1985) *Die Madonna Platytera.* Königstein im Taunus
Weiser, Artur (1966) *Die Psalmen.* 7. Aufl. Göttingen
Weis-Liebersdorf (1913) *Das Kirchenjahr in 156 gotischen Federzeichnungen. Ulrich von Lilienfeld und die Eichstätter Evangelienpostille.* Straßburg
Weitenkampf, Frank (1921) *The Place of Duerer's Apocalypse.* In: *Bulletin of the New York Public Library 25,* 81–83
Wentzel, Hans (1947) *Die Lüneburger Ratsstube von Albert von Soest.* Hamburg
Wescher, R./Steinbart, Kurt (1927) *Vincent Sellaer.* In: *Münchner Jb. d. bildenden Kunst NF 4,* 356–365
Wickhoff, Franz (1883) *Der Saal des großen Rathes zu Venedig in seinem alten Schmucke.* In: *Repertorium für Kunstwissenschaft 6.* 1–37
– (1893) *Die Bibliothek Julius II.* In: *Jb. d. königl. preuß. Kunstsammlungen 14,* 49
Widmann, S. (o. J.) *Illustrierte Weltgeschichte.* 2. Aufl. München
Wiegand, Friedrich (1886) *Der Erzengel Michael in der bildenden Kunst.* Stuttgart
Wilamowitz-Moellendorf, Ulrich von (1979/1981/1984) *Euripides Herakles.* Bd. 1–3. Darmstadt
– (1984) *Der Glaube der Hellenen.* Bd. I/II. 2. Aufl. Darmstadt
Wilfing, Wolfgang (1985) *Spiegel der Gerechtigkeit.* Wien/Graz
Wili, Walter (1930) *Vergil.* München
Wilkonson, Catherine (1971) *The Iconography of Bernini's tomb of Urban VIII.* In: *L'Arte 4–74.* H. 14, 54–68
Willard, Charity Cannon (1950) *The three virtues of Christine de Pisan.* In: *The Boston Public Library Quarterly 2*
– (1966) *The manuscript tradition of the livre des trois vertus and Christine de Pizan's audience.* In: *Journal of the History of ideas 27,* 433–444
– (1984) *The Franco-Italian professional writer Christine de Pizan.* In: *Katharina M. Wilson* (Hrsg.), *Medieval Women Writers.* Manchester, 333–364
Williams, Gwyn A. (1978) *Goya.* Reinbek bei Hamburg
Williams, John (1977) *Frühe spanische Buchmalerei.* München
Willoughby, Edwin Eliott (1928) *The Chances of Salvation in Mediaeval Thought.* In: *Speculum 3,* 397
Wind, Edgar (1937/1938) *Platonic Justice, designed by Raphael.* In: *Journal of the Warburg and Courtauld Institutes 1,* 69–70
– (1937/38a) *Charity.* In: *Journal of the Warburg and Courtauld Institutes 1,* 322–330
– (1938/39) *The Four Elements in Raphael's »Stanza della Segnatura«.* In: *Journal of the Warburg and Courtauld Institutes 2,* 75–79
– (1981) *Heidnische Mysterien in der Renaissance.* Frankfurt a. M.
Windisch, Ernst (1985) *Justitia. Porträt eines Mädchens, Porträt eines Vogels.* In: *Festschr. f. Hildebert Kirchner.* München, 393–411
Windfuhr, Manfred, Hrsg. (1965) *Deutsche Fabeln des 18. Jahrhunderts.* Stuttgart
Winkler, Friedrich (1913) *Simon Marmion als Miniaturmaler.* In: *Jb. d. Königl. Preuß. Kunstsammlungen 33,* 251–280
– (1925) *Die flämische Buchmalerei des XV. und XVI. Jahrhunderts.* Leipzig
Wirth, Karl-August (1974) *Eine bekannte Quellenschrift – neu gelesen.* In: *Münchner Jb. der Bildenden Kunst 25,* 47–76
– (1985) *Auf den Spuren einer frühen Heilsspiegel-Handschrift vom Oberrhein.* In: *Jb. d. Zentralinstitutes für Kunstgeschichte 1,* 115–204
Wittkower, Rudolf (1966) *Gian Lorenzo Bernini.* London
– (1984) *Allegorie und der Wandel der Symbole in Antike und Renaissance.* Köln
Wohlhaupter, Eugen (1931) *Aequitas canonica.* Paderborn
Wolf, Erik (1950–1956) *Griechisches Rechtsdenken.* Bd. I–III. Frankfurt a. M.
Wolff, Hans Julius (1961) *Beiträge zur Rechtsgeschichte Altgriechenlands und des hellenistisch-römischen Ägypten.* Weimar
– (1980) *Vorgeschichte und Entstehung des Rechtsbegriffs im frühen Griechentum.* In: Wolfgang Fikentscher/Herbert Franke/Oskar Köhler (Hrsg.) *Entstehung und Wandel rechtlicher Traditionen.* Freiburg/München, 557–579
Wolff, Ludwig, Hrsg. (1953) *Die Dichtungen Könemanns.* Neumünster
Wolters, Wolfgang (1976) *La Scultura Veneziana Gotica (1300–1460).* Text- und Bildband. Venedig
– Hrsg. (1979) *Die Skulpturen von San Marco in Venedig.* München/Berlin
– (1983) *Der Bilderschmuck des Dogenpalastes.* Wiesbaden
– (1986) *Krieg und Frieden in den Bildern des Dogenpalastes.* In: *Krieg und Frieden im Horizont des Renaissancehumanismus,* 139–161
Wood, D. T. B. (1911/12) *Tapestries Of The Seven Deadly Sins.* In: *The Burlington Magazine 20,* 210–222, 277–289
Woodford, Archer (1953) *Mediaeval Iconography of the virtues; A poetic portraiture.* In: *Speculum 28,* 521–524
Würtenberger, Thomas (1951) *Der Kampf gegen das Kunstfälschertum in der deutschen und schweizerischen Strafrechtspflege.* Wiesbaden

– (1970) *Das Kunstfälschertum. Entstehung und Bekämpfung eines Verbrechens vom Anfang des 15. bis zum Ende des 18. Jahrhunderts.* 2. Aufl. Leipzig
– (1971) *Albrecht Dürer.* Frankfurt a. M.
– (1977) *Vom strafrechtlichen Kunstbegriff.* In: *Festschr. f. Eduard Dreher.* Berlin, 79
– (1983) *Satire und Karikatur in der Rechtsprechung.* In: *Neue Juristische Wochenschrift,* 1144–1151
– (1985) *Soziale Lebensformen des Künstlers und die Entstehung des Kunstfälschertums.* In: *Neue Juristische Wochenschrift,* 1586–1591
Wyss, Robert L. (1957) *Die neun Helden. Eine ikonographische Studie.* In: *Zeitschr. f. schweizerische Archäologie und Kunstgeschichte 17,* 73–106
– (1960) *Vier Hortus Conclusus-Darstellungen im Schweizerischen Landesmuseum.* In. *Zeitschr. f. Schweizerische Archäologie und Kunstgeschichte 20,* 113–124 (Taf. 47–52)
Yates, Frances A. (1947) *The French Academies of the sixteenth Century.* London
Yenal, E. (1982) *Christine de Pisan.* New York/London
Ysselsteyn, G. T. van (1969) *Tapestry. The most expensive industry of the XVth and XVIth Centuries.* Brüssel
Zacher, Inge (1973) *Aufgaben eines zentralen Fälschungsarchivs.* In: *Fälschung und Forschung* a. a. O., 199 ff.
Zahlten, Johannes (1979) *Creatio mundi.* Stuttgart
Zdekauer, Lodovico (1909) *L'idea della Giustizia e la sua immagine nelle arti figurative.* Macerata
Zechlin, Lothar (1982) *Gerichtliche Verbote zeitkritischer Kunst.* In: *Kritische Justiz,* 248–262
– (1984) *Kunstfreiheit, Strafrecht, Satire.* In: *Neue Juristische Wochenschrift,* 1091–1093
Zeeden, Ernst Walter (1968) *Deutsche Kultur in der frühen Neuzeit.* Frankfurt a. M.
Zeller, Adolf, Bearbeiter (1979) *Die Kunstdenkmale der Stadt Hildesheim.* In: *Kunstdenkmälerinventare Niedersachsens.* Bd. 25, 83–87
Zerner, Henri (1969) *Die Schule von Fontainebleau. Das graphische Werk.* Wien/München
Ziegler, H. S. (1938) *Kunst und Recht (I).* In: *Das Recht in der Kunst.* Berlin, 13–19
Zielcke, Andreas (1988). *Täter und Opfer. Zu einem grundlegenden Mythos des Strafrechts*
Zimmermann, Gunter (1987) *Die politische Bedeutung der Zwei-Reiche-Lehre.* In: *Zeitschr. f. Evangelische Ethik 4,* 392–410
Zimmermann, Margarete (1986) *Einleitung zu: Christine de Pizan, Das Buch von der Stadt der Frauen.* Berlin, 9–33
Zlat, Mieczyslaw (1977) *Das Rathaus zu Breslau.* Breslau
Zöbeley, Günter (1985) *Zur Garantie der Kunstfreiheit der gerichtlichen Praxis.* In: Neue Juristische Wochenschrift, 254–258
Zöckler, Otto (1904) *Die Tugendlehre des Christentums geschichtlich dargestellt in der Entwicklung ihrer Lehrformen, mit besonderer Rücksicht auf deren zahlensymbolische Einkleidung.* Gütersloh
Zoff, Otto (1923) *Die sieben Todsünden und die sieben Hauptttugenden.* Potsdam
Zürcher Sprayer (1978) *mein revoltieren, mein sprayen.* Dokumentation von Fotos, Zeichnungen und Texten, ausgewählt und zusammengestellt vom Zürcher Sprayer. Bern
Zupnik, Irving L. (1972) *Appearance and Reality in Bruegel's Virtues.* In: *Evolution génerale et développements regionaux en histoire de L'art,* 745–753
Zweite, Armin (1981) *Joseph Beuys. Arbeiten aus Münchener Sammlungen.* Mit einem Text von Armin Zweite. Ausstellungskatalog zur Joseph Beuys-Ausstellung in der Städtischen Galerie im Lenbach-Haus, München. München

# Abbildungsnachweis

ACL, Brüssel Abb. 182, 397
Alinari, Florenz Abb. 19–21, 39, 40, 63, 66, 67, 116, 117, 127, 132–134, 136, 151–153, 172, 179, 200 a–e/t/w–y, 220, 224, 322–324
Allard Pierson Museum, Amsterdam Abb. 27
The American Numismatic Society, New York Abb. 42c
Amt f. Denkmalpflege, Lübeck Abb. 216
Archäologisches Museum, Athen Abb. 1, 9–11
Archiv d. Autoren Abb. 2, 61, 62, 65, 69, 70, 72, 77, 78, 81, 82, 84, 86, 87, 92, 94, 98, 99, 101, 106, 108, 110, 114, 121–123, 125, 131, 138, 149, 160, 165, 167, 169, 171, 181, 187, 188, 190, 200 g/m/n, p/r/u, 210–213, 218, 222, 223, 225–227, 231, 236, 237, 251, 254, 256, 262, 264, 271, 281, 285, 299, 306, 307, 309, 310, 312–315, 341, 342, 352, 362, 364, 374, 384, 389–391, 395, 398, 403, 414
Archiv DuMont Buchverlag Abb. 207, 208, 215, 320, 343, 349, 355, 376, 377, 378a/b, 379, 387, 394a
Archives départementales de la Seine-Martime, Rouen Abb. 115
Artothek, Planegg Abb. 14
Ashmolean Museum, Oxford Abb. 13

Bayerisches Nationalmuseum, München Abb. 200h/k
Bayerische Staatsbibliothek, München Abb. 53, 71, 79, 80, 161, 340
Jacques Belat, Porrentruy/Schweiz Abb. 328
Klaus G. Beyer AFIAP, Weimar Abb. 158, 332
Biblioteca Ambrosiana, Mailand Abb. 173
Bibliothèque Municipal, Rouen Abb. 174
Bibliothèque Nationale, Paris Abb. 83, 85, 88, 119, 120, 140, 163a–c, 176, 183, 186, 193a/b, 194, 200f., 274, 287, 333, 380a/b, 409, 410
Bibliothèque Royale Albert I., Brüssel Abb. 107, 156, 196, 197, 201
Bildarchiv Preußischer Kulturbesitz (Jörg P. Anders), Berlin Abb. 4, 15, 25a, 104, 124, 145, 336
blow up Fachlabor, München Abb. 6a/b, 33
Osvaldo Böhm, Venedig Abb. 89, 159, 229, 230
British Library, London Abb. 184
British Museum, London Abb. 29, 34, 42d, 43–45, 64
Bulliard-Siza, Genf Abb. 195

Calcografía Nacional, Madrid Abb. 316a–d, 317a/b, 318
Chomon-Perino, Turin Abb. 26
Maurice Chuzeville, Malakoff/Hauts-de-Seine Abb. 32, 35
Elio Ciol, Casarsa/Pordenone Abb. 126
Civici Musei, Brescia Abb. 248, 258
H.-P. Cordes, Hamburg Abb. 408
Courtauld Institute Galleries, London Abb. 7

Carl Victor Dahmen, Köln Abb. 405
A. Dingjan, Den Haag Abb. 219

Fasching, Wilhelmsburg Abb. 170
The Fine Arts Museum, San Francisco Abb. 272
Fitzwilliam Museum, Cambridge Abb. 344
Foto Lufin, Padua Abb. 56
Foto Marburg Abb. 95–97, 144, 203, 238, 243, 244, 329, 381, 382, 388
Frans Hals Museum, Haarlem Abb. 257
Fotostudio Otto, Wien Abb. 12, 41
Frequin-Photos, Voorburg Abb. 234, 339
Verlag Dieter Fricke, Frankfurt/M. Abb. 406
Margot Fürst, Stuttgart Abb. 130

Germanisches Nationalmuseum, Nürnberg Abb. 301
Galerie Glöckner, Köln Abb. 354
Giraudon, Paris Abb. 57, 68, 142, 148, 164, 168, 249, 359

Graphische Sammlung Albertina, Wien Abb. 283

Hauptamt für Hochbauwesen, Nürnberg Abb. 137, 204
Haußmann Reprotechnik, Darmstadt Abb. 31
Heinrich Heidersberger, Wolfsburg Abb. 399
Hessische Landesbibliothek, Darmstadt Abb. 325a/b
Herzog August Bibliothek, Wolfenbüttel Abb. 30, 112, 150, 162, 189, 239, 275–279, 284, 286, 288–291, 294, 295, 297, 298, 300, 302–304, 308
Photocolor Hinz, Allschwil (Schweiz) Abb. 385, 401
Hirmer Fotoarchiv, München Abb. 42b

B. P. Keiser, Braunschweig Abb. 252
Kestner-Museum, Hannover Abb. 327
Ralph Kleinhempel, Hamburg Abb. 334, 351
Königliche Bibliothek, Kopenhagen Abb. 102
Koninklijk Museum voor Schone Kunsten, Antwerpen Frontispiz
Hartwig Koppermann, München Abb. 22
Lilo Krech, Krefeld Abb. 283
Kunstmuseum Basel Abb. 58, 191, 235, 259, 282, 412
Kunstmuseum Bern Abb. 411
Kunstmuseum Düsseldorf Abb. 209, 372
Kunstsammlungen Veste Coburg Abb. 48
Kunstsammlungen zu Weimar Abb. 16

Lambeth Palace Library, London, und His Grace the Archbishop of Canterbury Abb. 155
Landesbildstelle Hannover Abb. 393
Landesmuseum Klagenfurt, Foto Schwarz Abb. 250
M. Lenzinger, Burgdorf (Schweiz) Abb. 217
Lichtbildwerkstätte ›Alpenland‹, Wien Abb. 147, 175, 263
Ingeborg Limmer, Bamberg Abb. 139

François Martin, Genf Abb. 228
MAS, Barcelona Abb. 55
Metropolitan Museum, New York Abb. 255
Murgioni Nadia, Rom Abb. 326
Musées Royaux des Beaux-Arts, Brüssel Abb. 73a/b
Museo Archeologico, Florenz Abb. 8
Museum Boymans-van Beuningen, Rotterdam Abb. 214
Museum of Fine Arts, Boston Abb. 49
Museum Folkwang, Essen Abb. 371
The Museum of Modern Art, New York Abb. 357, 386

Galerie Nierendorf, Berlin Abb. 373
G. Nimatallah, Rom Abb. 91
Karl Nowalinski, Danzig Abb. 100

Österreichische Nationalbibliothek, Wien Abb. 109, 166, 198a/b, 199, 200g/o/p/s, 202

Patrimonio Nacional, Madrid Abb. 177, 178
Pedicini, Neapel Abb. 129
Philadelphia Museum of Art Abb. 375
Photothèque des musées de la Ville de Paris Abb. 358, 360
The Pierpont Morgan Library, New York Abb. 157, 242
Donato Pineider, Florenz Abb. 319
Prado, Madrid Abb. 366–370

S. Rebsamen, Bern Abb. 245
Rheinisches Bildarchiv, Köln Abb. 154, 232, 233, 246, 413
Jean Roubier, Paris Abb. 52
C. Ruffel, Cherbourg Abb. 113

Scala, Florenz Abb. 54, 75, 76, 90, 200i, 205a/b, 206, 240, 247, 261, Umschlagabbildung vorn
Schloß Nymphenburg, München Abb. 200l/q
Schnütgen-Museum, Köln Abb. 60
Service photographique de la Réunion des musées nationaux, Paris Abb. 18a, 25b, 74, 111, 118, 192, 241, 361, 363, 365
Soprintendenza archeologica, Neapel Abb. 28, 36
Soprintendenza archeologica, Rom Abb. 38, 47
Soprintendenza per i Beni Artistici, Siena Abb. 135
Soprintendenza per i Beni Culturali, Genua Abb. 200v, 266
Spectrum Foto, Berlin Abb. 347
Staatliche Graphische Sammlung, München Abb. 337
Staatliche Museen Berlin (Ost) Abb. 5, 23, 42a, 392
Staatsarchiv Nürnberg Abb. 396
Staatsbibliothek Bamberg (Alfons Steher) Abb. 103
Staatsarchiv Lüneburg Abb. 260
Stadtgeschichtliche Museen, Nürnberg Abb. 265, 267–270
Edition Staeck, Heidelberg Abb. 402, 404
Stedelijke Musea, Brügge Abb. 253a/b
Stedelijk Museum, Oudenaarde (Belgien) Abb. 185
Süddeutscher Verlag, Bilderdienst, München Abb. 59
Széchényi Nationalbibliothek, Budapest Abb. 330, 331
A. Szenczi Mária, Budapest Abb. 128

Universitätsbibliothek München Abb. 93
Universitätsbibliothek Utrecht Abb. 50, 51

Vatikanische Bibliothek Abb. 18b, 141, 143, 146, 193b
Victoria and Albert Museum, London Abb. 338

Hans-Dieter Weber, Köln Abb. 400
Galerie Welz, Salzburg Abb. 348
Hans-Jürgen Wohlfahrt, Ratzeburg Abb. 346, 350, 356

Sammlung Ludwig Zach, Waldburg Abb. 335
P. Zigrossi, Rom Abb. 180
Zwicker-Berberich, Würzburg Abb. 105

**aus Publikationen:**
Aesop *Die Diebe und der Hahn,* © Verlag Philip Reclam jun., Leipzig 1975: Abb. 273, 280, 292
Edward Gorey *Katz und Fuchs und Hund und Hummer,* © 1979 by Diogenes Verlag AG, Zürich: Abb. 296, 305
*Kölner Totentanz,* Verlag Walter König, Köln: Abb. 407
Erich Kästner *Die Konferenz der Tiere,* Europa-Verlag, Zürich: Abb 311
W. H. Roscher *Ausführliches Lexikon der griechischen und römischen Mythologie (1884–1937),* mit freundlicher Genehmigung des Verlags B. G. Teubner, Stuttgart: Abb. 3, 24, 46
Gustav Schwab *Sagen des klassischen Altertums,* Insel-Verlag, Frankfurt/M.: Abb. 17a–e, 37a–d
Ingrid Sommer (Hrsg) *Wem ich zu gefallen suche,* Insel Verlag, Frankfurt/M.: Abb. 293
Albert Speer *Erinnerungen,* Verlag Ullstein, Berlin: Abb. 394b–d
A. Paul Weber *Kunst und Widerstand,* Elefanten Press: Abb. 345

# Copyright-Nachweis

© Bauhaus-Archiv, Berlin: Walter Gropius (Abb. 381)
© VG Bild-Kunst, Bonn, 1988: Karl Arnold (Abb. 414), Ernst Barlach (Abb. 408), Max Beckmann (Abb. 384), Joseph Beuys (Abb. 232), Salvador Dali (Abb. 375), Max Ernst (Abb. 385), George Grosz (Abb. 378a/b, 379) Pablo Picasso (Abb. 376), Wolf Vostell (Abb. 399, 400), A. Paul Weber (Abb. 345, 346, 350, 356)
© 1988, Copyright by COSMOPRESS, Genf: René Magritte (Abb. 349, 357), Graham Sutherland (Abb. 403)
© Diogenes-Verlag AG, Zürich: Edward Gorey (Abb. 296, 305)
© Otto Dix Stiftung, Vaduz: Otto Dix (Abb. 372, 378)
© Europa-Verlag, Zürich: Walter Trier (Abb. 311)
© Dr. Wolfgang und Ingeborg Henze, Campione d'Italia: Ernst Ludwig Kirchner (Abb. 383)
© Johanna Hegenbarth, Dresden: Josef Hegenbarth (Abb. 273, 280, 292)
© Agence Hoffman, Paris: Jean Effel (Abb. 299, 307)
© Familie Schlemmer, Nachlaß Oskar Schlemmer, Badenweiler 1988: Oskar Schlemmer, (Abb. 386)
© Galerie Welz, Salzburg: Gustav Klimt (Abb. 348)
© Galerie Werner, Köln, Georg Baselitz (Abb. 413)

# Register

# *Danksagung*

Das Zustandekommen eines Buches aus der Feder von fünf Autoren ist nur mit der Unterstützung vieler Menschen möglich. Den meisten werden die Autoren privat und persönlich danken.

Hier ist Dank zu sagen zunächst allen Mitarbeitern in den Archiven, Bibliotheken, Instituten und Museen, die Material zur Verfügung gestellt haben. Besonders seien das Zentralinstitut für Kunstgeschichte in München und das Nederlands Centrum voor Rechtshistorische Documentatie en Rechtsikonographie in Amsterdam (Frau Direktor Dr. Margariet Becker-Moelands) genannt.

Die letzten Arbeiten (Fahnenlesen, Bibliographie, Register) wurden in Bielefeld am Lehrstuhl Schild durchgeführt. Dafür und für die vielen Vor- und Zuarbeiten für das zweite und dritte Kapitel ist zu danken allen Mitarbeitern, vor allem Marianne Kluge, Hildegard Kaib, Ulrich Andermann und Holger Flachmann.

Dank gebührt schließlich dem Verlag: Herrn Ernst Brücher für Anregung, Unterstützung und Geduld, sowie Frau Christa Lück und Herrn Winfried Konnertz, die durch ihr großes Engagement gezeigt haben, daß auch ihnen dieses Buch am Herzen lag.

Die Herausgeber